裁判文书
说理原论

刘树德　著

FUNDAMENTAL THEORY OF
REASONING IN JUDICIAL DECISIONS

法律出版社 LAW PRESS · CHINA
北京

图书在版编目(CIP)数据

裁判文书说理原论 / 刘树德著. -- 北京 : 法律出版社, 2023(2023.4 重印)
ISBN 978-7-5197-7445-5

Ⅰ. ①裁… Ⅱ. ①刘… Ⅲ. ①审判-法律文书-研究-中国 Ⅳ. ①D926.134

中国版本图书馆 CIP 数据核字(2022)第 251473 号

裁判文书说理原论
CAIPAN WENSHU SHUOLI YUANLUN

刘树德 著

策划编辑 沈小英
责任编辑 毛镜澄 邹 星
装帧设计 汪奇峰

出版发行 法律出版社
编辑统筹 法治与经济出版分社
责任校对 李慧艳
责任印制 吕亚莉
经 销 新华书店

开本 710 毫米×1000 毫米 1/16
印张 31.25 字数 436 千
版本 2023 年 2 月第 1 版
印次 2023 年 4 月第 2 次印刷
印刷 固安华明印业有限公司

地址:北京市丰台区莲花池西里 7 号(100073)
网址:www.lawpress.com.cn
投稿邮箱:info@lawpress.com.cn
举报盗版邮箱:jbwq@lawpress.com.cn

销售电话:010-83938349
客服电话:010-83938350
咨询电话:010-63939796

书号:ISBN 978-7-5197-7445-5
定价:168.00 元
凡购买本社图书,如有印装错误,我社负责退换。电话:010-83938349

序言一
树德法官和他的裁判文书说理

胡云腾*

近几年来，信息网络已经成为学术交流、研讨的热地，一些陈年旧作也不时被人重发在网络上，聊补一些网友精神世界的怀旧情绪。我多年前为《审判业务专家是怎样炼成的》一书所写的序言2022年年初也被人重发到网上，该书是最高人民法院行政庭一级高级法官蔡小雪同志退休后所著，我在序言中除赞扬小雪法官的审判经验外，还讲到了与小雪法官工作和交往的一些往事。树德博士看到后颇感兴趣，此时他新著《裁判文书说理原论》刚刚“杀青”，便请我为他的这本新著写序，我问他写什么样的序言，他说按照蔡小雪著作序言的风格写序就很满意了。我与树德博士都在中国人民大学法学院获得博士学位，同为刑法学专业，且在最高人民法院共事近20年，其中一起在研究室工作也有若干年。多年前，我也曾关注裁判文书说理问题，

---

* 中国法学会案例法学研究会会长，最高人民法院原副部级专委，二级大法官。

故既不便推辞,也不想推辞。

树德博士当年以湖南高考文科名列前茅成绩考入中国人民大学,毕业后接着攻读法学硕士、博士学位研究生,取得学位后进入最高人民法院工作至今。从当年的莘莘学子到今日的资深法官,可谓岁月不居、造化育人。我以为,对于一个能坚持继续学习的法官来说,法院也是学校,而最高人民法院不啻为学习法律研究法学条件最好的学校,无疑也是水平最高的司法学府。树德博士是坚持继续学习的典型,他边工作、边研究、边做学问,很少把时间花在休闲和交往上,日积月累、卓然有成,发表、出版了大量法学研究和案例研究成果,是最高人民法院在职人员中发表学术成果最多的中青年法官之一,很早就成为一名学者型法官。我还在担任研究室主任时,有一天树德博士来到我的办公室,送一本书给我,并说这是他最新出版的专著。我早听说树德博士是一名“多产”法官,不时有新作问世,便随口说道:“你写了那么多书,咋还没有人家写的一本书有名啊?”言下之意,他写的书与那些法学名著还有差距,也有点告诫他不要“翘尾巴”的意思。树德博士听后嘿嘿一笑,说自己还要努力,并称平日只有写书撰文的爱好,对其他没啥兴趣,打牌下棋都不会。我觉得,在大多数读书人参加工作后就不大读书更不大写书的工作氛围中,当个读书人、写书人是寂寞的,也是执着的,而树德博士却乐此不疲。

树德博士在最高人民法院司法改革办公室工作了很长一段时间,参与了很多司法改革举措的形成过程,裁判文书说理改革便是其一,并执笔起草了最高人民法院《关于加强和规范裁判文书释法说理的指导意见》(法发〔2018〕10 号,以下简称《指导意见》)。这项任务并不顺利轻松,因为问题复杂、争议颇多、经验不足、无先例可循。从调研起草到提交审判委员会讨论,花了较长时间,做了大量工作,最高人民法院审判委员会第一次讨论时,委员还提了不少修改意见和建议,我时任最高人民法院审判委员会专职委员,在审判委员会发言就是我的本职工作,觉得发言多就是工作卖力的表现,故常常是发言最多的委员之一。对于树德博士起草的文稿，我当然也不会客气和保留，提了不少意见和建议，有些意见还比较犀利，如果查阅审判委员会当天的讨论记录，我可能不幸又成为提意见最多的委员。可喜可贺的是，这个文件在最高人民法院审判委员会讨论的文件中，算是比较顺利通过的。从指导意见发布实施后亦获得了广泛好评，树德博士作为起草人，作出的贡献是独特的。

难能可贵的是，树德博士总结起草司法文件及相关工作经验，博采法学、法律界相关研究成果精华，深入研究思考，写成《裁判文书说理原论》一书，这是裁判文书说理领域具有代表意义的新成果，或许也会成为树德博士众多学术研究著作中的代表性著作，首先应当予以点赞和祝贺！本书取名“原论”，蕴含的是既有原创性理论，又有基本原理之意，体现了树德博士锐意创新裁判文书说理基础理论的追求。以我之见，本书的特色主要有：

一是涉猎广泛、汇通中外。树德博士收集、阅览了国内外大量相关立法、司法文件和学术研究成果，采用综合研判的方式，对域外的裁判文书说理情况进行了富有深度的评介，资料相当丰富，不乏新的见解。还以德国为例，将中、德两国裁判文书说理的要求、特点和效果等进行了研究，使人颇受启发。其对一些国家、地区的宪法和基本法律中关于裁判文书制作及其说理规定的评介，开阔视野。书中对新中国成立以来最高人民法院出台的关于裁判文书说理方面的规定和资料的系统梳理，展示了人民法院在加强裁判文书说理方面作出的长期努力。裁判文书说理不是法官乃至法院工作层面的小事情，而是涉及国家宪法、法律实施乃至法治建设的大问题。

二是体现了理论研究与工作研究的有机结合。裁判文书说理既是一个理念和理论问题，更是一个实践和工作问题，是让法官重视和掌握的司法理念、审判技能和工作要求。故理论研究只有密切联系司法实际，才能给司法实践提供指导,法官群体才会爱看。树德博士在本书中,既结合裁判文书说理的文件规定和相关案例娓娓道来,又把司法审判活动如何理解与适用诉讼制度、法律原则、刑事理论与实务问题、民商事诉讼理论与实务问题结合起来分别进行阐述,把法官在主持审判活动、进行裁判说理和制作裁判文书时所遇到的相关问题,都纳入讨论和研究的范围,其内容远远超过了裁判文书说理的范畴,可以说既是研究裁判文书说理的专著,也是论述相关审判理论的一部作品。读者从中不仅可以读到其有关裁判文书说理的观点意见,也可以看到其对相关法学理论和司法制度的见解和看法,这种既围绕裁判文书说理展开论述,又不限于论述裁判文书说理的研究思路,体现了树德博士对法学理论前沿问题的了解和对司法审判工作的熟悉,对于读者全面、深度了解裁判文书说理及其相关问题,富有启发。

三是对裁判文书说理的理论知识进行了类型化构思。本书逻辑体系的突出特点,可能也是本书的最大特色,是将裁判文书说理的理论与实务问题划分为概念论、比较论、本体论、方法论、制度论和具象论等板块,并在每一个板块分别进行了富有概念创新、知识创新和体系创新的论述。尽管这种板块式的分类论述只是树德博士的一家之言,不一定就能立起裁判文书说理的理论大厦,也不一定能够得到法学、法律界其他研究者的颔首认同,但无疑是树德博士构建裁判文书说理的知识结构和理论体系的一个大胆尝试。这种尝试有助于将裁判文书说理问题的研究引向深入,并吸引更多的法学、法律人关注、研究裁判文书说理问题。对于丰富裁判文书说理的话语体系和知识体系,进而深化裁判文书研究和审判理论研究,将会产生积极影响。

四是为深入推进裁判文书说理制度机制完善提供了可资借鉴的有益参考。裁判文书说理涉及彰显司法公正和维护司法权威,关乎人民群众在每一个司法案件中感受到公平正义,可谓小中有大、意义重大。进入新时代以来,党中央的文件多次强调这个问题,最高人民法院还把加强裁判文书说理作为司法改革项目，并要求将天理、国法、人情和社会主义核心价值观融入司法解释和司法案件的处理之中。贯彻落实党中央和最高人民法院的相关要求，必须针对裁判文书说理方面存在的问题，深入推进相关制度机制改革。树德博士在书中虽然未就裁判文书说理改革进行专门论述，但在书中不少地方也谈到了裁判说理存在的问题及其背后的深层次问题，并针对这些问题提出了自己的见解，有的见解就是完善裁判文书说理的意见建议。我在未退休之前，研究过法院诉讼文书的样式问题和裁判文书说理问题，还主编了一本《最新刑事诉讼文书样式》（人民法院出版社 2020 年版），深感不仅法院的诉讼文书存在制作不规范和说理不到位问题，其他执法司法机关的法律文书同样存在制作不规范和说理不到位问题。因此，国家有必要从加强法律实施体系建设、规范法律文书样式、强化法律文书释法说理着眼，出台一部法律文书法，专门就执法司法机关法律文书的种类、样式、内容、说理、效力、制作和执行等方面作出规定，供执法司法机关遵循，以提高执法司法规范化水平，强化法律文书的权威性和执行力，让人民群众在每一个执法、司法活动中感受到公平正义。

另外，我也想讲一点本书意犹未尽和值得商榷之处，例如，在我看来，裁判文书说理只是裁判说理的一个方面，还有一个方面是裁判活动说理，裁判文书说理和裁判活动说理密不可分、相得益彰。如何发挥这两方面的作用，还值得深入研究。又如，裁判文书说理的内容，在实践中也有必说之理、可说之理和不可说之理之分，有的理虽然明摆在那里，但为了保护隐私、维护尊严、保障当事人权益及保守秘密等，说理就可以简略或者变通。我曾经见过一个被告人酒后奸杀其母的案子，一审法院判其死刑后，其兄、姐居然为其求情，二审法院驳回时并没有详细述说道理，而是采取高度抽象、概括的语言论证了被告人的行为达到了极其严重、不容宽恕的程度，此类案件的说理是少说胜于多说。还有如被害人的过错，我国传统文化历来就有死者为大或为尊者讳言的传统，尤其对于已经死亡的被害人的过错，说理时一定要掌握好分寸，只能简说或者点到为止，不宜多说。再如，书中个别板块的内容也不够均衡，其中本体论就像全书的一个“大肚子”，显得过多，有些列入本体论的章节，也可以视为方法论的内容，如援引文件和学术观点说理等，与方法论似乎更近。当然，以上这些问题只是见仁见智的个人看法，也不一定正确。

写到这里，本该收笔了。可是，这个话题不仅让我意犹未尽，而且使我产生了想说点什么的冲动，所以想接着树德博士的话，谈谈我对裁判文书说理包括裁判活动说理的一些看法，算是先睹树德博士新著后的“借题发挥”，主要想表达以下观点和看法。

第一，裁判说理说的是当事人之理。从理的来源上讲，裁判说理说的是当事人之理，不是法官或法院之理。当事人是案件纠纷的当事人，案件纠纷的发生起因、发展情形和最终结果，均是其行为造成的，故孰对孰错自在其中，当事人对其行为负责，自然对其行为中的裁判之理拥有所有权，至少是拥有占有权。常言道，发生纠纷的哪一方占理、哪一方不占理，讲的就是当事人有没有理。俗话说“有理走遍天下、无理寸步难行”，说的也是当事人之理。在理论上和实践中，有人以为理是法官写进裁判文书的，以为裁判说的理就是法官之理或者法院之理，这是不全面的。裁判说理主要是法官用当事人的理来论证裁判结论的理由，或是支持胜诉当事人的理由或者否定败诉当事人的理由。即裁判之理的内容，还是来自当事人，来自案件纠纷本身。

第二，裁判说理重在保障当事人说理。就当事人而言，在诉讼活动中说理是法定权利，三大诉讼法及相关司法解释都规定了当事人依法拥有举证权、辩护权等诉权，这些权利就是保障当事人能在诉讼中把自己所占的理、拥有的理向法庭说清楚。在我看来，当事人的说理权是宪法中的言论自由权的重要组成部分，甚至比一般的言论自由还金贵，因为说理权涉及当事人生命、自由、财产的处置，是当事人最重要的诉权。国家保障和尊重当事人的诉权,重在保障和尊重当事人的说理权,让当事人把理说出来,说完说透,是尊重当事人诉权的关键。我当年在最高人民法院第二巡回法庭推行的“最后一问”制度,[1]就是出于尊重当事人诉权的考虑。从功利角度讲,让当事人及其代理人充分行使说理权利,不仅有体现以审判为中心及让庭审发挥决定性作用的意蕴,而且也是督促当事人积极履行诉讼义务的必然要求。在各类诉讼中,一方面,都要明确“谁说理,谁举证”的责任,刑事案件证明犯罪的责任由检察机关负责,故证明犯罪的说理也应当由检察机关承担;另一方面,被告人及其辩护人有证明无罪、罪轻的权利。相应地,其也有权利、有义务向法庭提出无罪和罪轻的理由。至于民事诉讼,在充分保障当事人说理权的情况下,如果当事人有理不说,躺在权利上睡大觉,一旦败诉了,也只能由当事人承担败诉之责。

第三,裁判说理是司法职权和义务。从法官角度看,裁判说理既是法官依法拥有的一项审判权力,也是法官应当履行的一项审判义务。正因为既是审判权力又是审判义务,所以审判法官必须依法履行,不履行就是不依法履职,拒不说理、说理不当造成严重后果的,可能会给法官惹来麻烦。民间至今还有人称诉讼为“讨个说法”“讨个公道”的说法,讨不到的还会上诉、申诉等,这里的“讨公道”和“讨说法”,除要讨个实体处理结果外,还要讨个“理儿”,所以法官不能拒绝说理。事实上,我国三大诉讼法及相关司法解释已经把裁判说理纳入裁判权的范围,明确为一项工作任务和审判职责,要求法官对于当事人及其代理人/辩护人在裁判过程中提出的诉求、主张的道理作出回应,不得置之不理。相应地,将裁判说理纳入审判权范围,有利于增强法官的说理意识,提高裁判说理地位,提升裁判说理水平。从学理上讲,

---

〔1〕“最后一问”是我在最高人民法院第二巡回法庭倡导的工作要求,主旨是法官在接待当事人及其代理人时,特别是在开庭过程中,一要让当事人把话说完,不要打断;二要在当事人表示话说完以后,法官还要问一句“您还有问题吗”;三要直到当事人说“没有了”为止。该要求实行以后,当事人和代理人非常欢迎,在实现案结事了、化解信访矛盾中发挥了非常重要的作用。

将裁判说理视同审判职权，符合审判权是判断权的属性。因为裁判说理就是评理，即评判哪一方当事人有理、哪一方无理，也是对当事人所说之理作出判断。我们在裁判文书中经常能够看到“对这个问题，本院评判如下”之类的表述，这就是典型的评理，也是典型的说理。

第四，裁判说理是口头说理和书面说理的统一。裁判说理既包括裁判文书说理，也包括裁判活动说理，前者是书面说理，后者是口头说理。两者都很重要，不可偏废。在我看来，裁判文书说理主要是文来文往，遣词造句未免谨慎。何况，有的当事人只关心判决主文，不一定认真看裁判文书说理，故裁判文书说理好不一定就能取得好的效果。而裁判活动说理由于交流方式灵活，口头语言更加生动，法官在审判活动中当面向当事人及其委托人说理，相当于“人来人往”，且必然在说理过程中会与当事人进行交流，能够观察到当事人的反映，故这种互动式说理的效果，一定好于单向式的裁判文书说理。在我看来，裁判活动说理已经当面把道理向当事人及其代理人说过了，当事人业已明白了自己有理无理，法官便会省去闭庭后搜肠刮肚进行裁判文书说理的工作量。就这个问题，我曾经写过一篇文章，比较详细地介绍了我的观点。当时，北京有位基层人民法院院长看到此文后，对我主张裁判活动说理的观点很是认同。还把文章内容编辑加工后，改造成为指导法官裁判说理的意见，要求全院法官参照遵循。这件事给我的启示是，裁判说理不仅要因案件不同而异，而且要因法院的层级不同而异。高层级法院的裁判说理要强化文书说理，低层级法院审理的案件，由于多数是调解案件、简易程序案件和事实清楚的当庭裁判案件，法律适用问题并不复杂，故裁判说理应当重在当面向当事人进行口头说理。

第五，不断拓展裁判说理的内涵。裁判说理要说哪些理，至今还有不同的见解。我曾经综合理论与实务界的观点，将裁判说理分为事理、法理、学理、情理和文理，并讲了五理的地位和意义。其中，事理就是事情的来龙去脉和本来面目，决定案件纠纷的是非曲直，故是说理的基础和关键，无论是裁判活动说理,还是裁判文书说理,主要说的都是事理。常言道,“事实胜于雄辩”,讲的就是这个意思。法理就是法律根据,找到案件纠纷应当适用的法律条款,告诉当事人为什么要适用该条款,解释法律条款的含义,就是说法理。学理就是法学理论观点,与事理和法理关系密切。在事理和法理还不足以说服当事人时,运用学理来论证裁判公正,有时就很重要。在法学、法律界,有人把法理当作法学理论,甚至当作法理学的法理,这未免过了。法理学的法理固然泛于案件处理过程中,但泛在不等于泛化。把裁判说理都说成法理,未免把法理庸俗化。至于情理,人们都很熟悉,就是人之常情、社情民意。古人说的“天理、国法、人情”中的“人情”,说的就是情理。最后是文理,就是说理的逻辑思路、语言表述和遣词造句等,也可以说是裁判说理的文字功夫,是说理能力即语言表达、文字应用和说理内容的统一,故是说理的重要方面。当然,裁判说理的五理只是一个大概分类,可能还有宣示政策的说理、彰显核心价值观的说理等,但都可以纳入五理之中,不必另述。树德博士在书中也提到了我讲的五理问题,但他并不完全赞同我的说法,如认为文理不是裁判之理等。

第六,裁判说理重在因案说理。在裁判说理的方法论上,我没有什么研究,回想我主持审理和参与讨论的若干典型案例,感到裁判说理似乎没有什么现成的模式或方法,能够做到因案说理、灵活说理、突出重点、抓住要点、简明扼要或一语中的,就是上佳的说理。如果说有什么共性,大体上有以下几点:一要根据裁判文书的格式要求,法官不能完全不顾裁判文书样式的约束信马由缰说理;二要立足案件纠纷的具体情况,准确、客观说清案件纠纷的全貌,说理也要坚持以事实为根据;三要根据当事人争议的各类问题,分别理出先后顺序,尔后一一评论判断;四要围绕裁判主文,构建论证实体裁判公正的四梁八柱;五要按照服判息诉的需要,尽量让当事人和关注者感受到实体裁判公正和裁判逻辑的无懈可击。另从五理的论说上,大体上说事理一般是采取客观介述娓娓道来的方式,让人感到法官认定的案情真实可信;说法理一般要采取明确引用的方式,必要时加以解释或释明;说学理一般要采取引用通说和共识的方式,让人感受到理论即真理的力量,不易说晦涩的学术观点或一家之言;说情理一般要说普罗大众的看法和情感,能够通达人性的内心深处,让普通人颔首称是;说文理要语言质朴平实,语言华丽卖弄文采反而不美。另外,还要处理好与当事人及其委托人说理的关系,当事人说理恰当的,即可采用;说理啰唆的,加以提炼概括;说理有对有错的,有所取舍;说理不到位的,可以补充;当事人没有说出来的理,法官可以在事实证据的基础上加以发挥;等等。总之,最好的说理方法是联系案件实际,有一说一、有二说二,力戒固定范式和面面俱到。

第七,正确把握裁判说理的标准。裁判说理到位不到位、充分不充分乃至透彻不透彻,要有客观的评判标准,但这个标准不在文章中,也不在文件中,而在当事人和人民群众的感受中,在具体案件中,故裁判说理充分并无一个适用于所有案件的统一标准。前已指出,由于案件纠纷的过程和情节不同,收集在案的事实证据状况不同,案件中存在的争议不同,以及当事人和社会公众对裁判说理的认知和感受不同等,故裁判说理的具体内容和评价标准也应当有所不同。有的案件裁判说理需要条分缕析、详细道来,有的只要言简意赅、一语中的。如深圳市南山区人民法院 2019 年审理的“贺某奎编辑人类基因案”,涉及的法律适用问题非常复杂,案件的定性和处罚争议极大,裁判说理必须尽可能详备。相反,发案数量排名第一的“醉酒驾驶案”,只要驾驶员血液里酒精含量达到公检法三机关联发文件规定的浓度,行为人即构成犯罪,酒精含量的鉴定意见既是定罪证据,也是最有力的说理理由。习近平总书记从释法说理工作要求的角度,对裁判说理进行了深刻论述,为我们正确理解裁判说理的标准指明了方向,他指出:“要坚持以法为据、以理服人、以情感人,既要义正词严讲清‘法理’,又要循循善诱讲明‘事理’,感同身受讲透‘情理’,让当事人胜负皆明、心服口服。”这里的“清”“明”“透”3 字,体现了法理情的说理标准,可谓画龙点睛之笔。即说事理要以“讲清楚”为标准，这与刑事诉讼法规定的事实清楚息息相通；说法理要以“讲明白”为标准，要用当事人易懂的语言讲明白法律依据和含义；说情理要以“讲透彻”为标准，要讲直达人心、能够引起当事人共鸣的常理常情。另外，无论说事理还是说法理，抑或说情理，都要坚持目标导向，经得起政治效果、法律效果和社会效果的检验；要让胜诉的当事人胜得清清楚楚，败诉当事人败得明明白白，使其不仅口服，而且心服。

第八，健全、完善裁判说理的保障和配套机制。前文已指出，裁判说理不是一个孤立的问题，涉及司法体制机制、诉讼程序、法官素质、说理能力和技术支持等多方面。要从根本上解决裁判说理存在的各种问题，需要进一步深化裁判说理制度机制改革，加强配套保障机制建设。一要建立裁判说理的责任豁免机制，非故意歪曲事理、法理等错误说理不受谴责和追究，以鼓励当事人、司法人员敢于说理、畅所欲言，依法行使自由说理的权利和权力。二要建立保障重大疑难复杂案件正确说理的程序机制，用好合议庭合议制度、专业法官会议制度和审判委员会制度，将裁判说理纳入讨论内容，遇到说理难题时，还可以听取专家学者、人大代表、政协委员的意见建议，集中集体智慧用于裁判说理，这也是多年来人民法院审理一些大案要案和社会公众广泛关注的影响性案件时，保障裁判说理正确稳妥及实现案件处理“三个效果”统一的成功经验。三要建立裁判说理的社会供给机制和法学理论观点服务司法裁判的成果转化机制，不仅要适时通过网络媒体“众筹”裁判说理的群众智慧，而且要适时将有指导价值的理论创新成果及时运用于裁判说理，如哪些理论观点可以用于裁判说理，在什么案件及什么情形下可以采用等，从而加强理论与实务的互动，解决裁判说理学理支撑不足的短板。四要加强涉诉人员裁判说理的能力、素质养成，通过线上线下开展研讨培训，不仅让制作裁判文书的审判人员重视并善于说理，还要让涉诉的当事人重视并善于说理，参与诉讼的辩护人、代理人重视并善于说理，以及办理案件的侦查人员和公诉人员重视并善于说理，如此方能从根本上、整体上提高裁判说理的质量和水平。

以上是我读了树德博士新著后的“借题发挥”,权作抛砖引玉,是为序。

胡云腾

2022 年 5 月 21 日

序言二
裁判文书是司法理性的终极表征

龙宗智*

由裁判的使命和文书的性质所决定，裁判文书应当说理。刘树德法官所著《裁判文书说理原论》一书，在阐明裁判文书为何要说理的基础上，全面分析了裁判文书如何说理的路径、方式以及具体的方法。作者研究这一问题，具有他人所不具有的站位和资源，同时他本人又对此孜孜不倦、长期耕耘，因此能在制度、理论与实践方面均深度展开且有效结合。这一成果对理论工作者会有诸多启迪，对裁判实践更具参考的价值，相信各位读者阅读后会感受我所言不虚。

树德托我作序，意不在推介而在延展对相关问题的讨论，这也正符合我的意思——书序的主要作用应当是引导读者进一步的思考。然而，受领"任务"后好些天未能建立问题意识，直到一天在书架前浏览，看到一本专论"科学表征"的书目（魏屹东：

---

* 四川大学法学院资深教授。

《科学表征:从结构解析到语境建构》,科学出版社 2018 年版,国家哲学社科科学成果文库成果),想到裁判文书不就是司法活动最重要的“表征”吗,不就是司法理性最集中的体现吗?随之脑海中跳出一个命题——“裁判文书是司法理性的终极表征”,并逐渐形成一个“表征”论述的结构。

一、解题

为理解上述命题,需要解析某些基本概念。首先是“理性”(rationality)概念。这个词已经有无数定义,但从一般用语角度,是指认知真理,依靠证据和逻辑推理的精神品质。“理性”有时也指“合理性”(reasonability),此时强调命题符合事理、逻辑及情境要求。其次是“表征”(representation)概念。近年来,哲学家尤其是科学哲学的研究者普遍认为,“科学表征已经成为科学哲学的一个核心概念”。表征的含义同样十分复杂且解释多义,而从最普遍和实用的意义上讲,一是具有工具性,即表征是“我们用来表征某物的东西”;二是具有精神内涵:“表征是一种科学解释,具有解析力。”因此可以说,裁判文书作为一种思想载体表征了司法理性。最后是关于“终极表征”概念。因现代诉讼,由诉的提出与回应、程序的展开、心证的形成,到作出裁判而终结诉讼,是一个法行为过程,亦是一种“对抗与判定”的结构。诉讼中的攻击防御经裁判一锤定音,裁判文书则是对一个诉讼过程的终结性处置及其理由论证,司法理性在裁判文书中集中体现,因此称为“终极表征”,凸显其对诉讼阶段的终结作用及重要意义,似不为过。

二、内里与表征

表征具有一定的外部性,其工具作用和解释力,需要内在支撑。一是表征自身的代表性和解释力;二是表征使用者的使用能力,包括分析推理的能力。即如哲学家吉尔所称:“没有表征者就没有表征。”作为裁判者意志和意识表征的裁判文书,它的理性力量也来源这两个方面:一方面,是案件自身的力量，是指法院所认定事实和适用法律的准确性与正当性；另一方面，来自裁判者的说理能力。但是，这种说理能力不仅是语言表达的水平，更应包括审查证据、判定事实、选择程序，以及审时度势适用法律对案件允当处置的能力。目前，在审判实践中出现的“不愿说理、不会说理”的问题背后，有复杂的原因。有的是因为裁判确定的案件构造本身有问题，因此难以展开分析，即所谓“离不直，则气不壮”；有的则与裁判者的分析判断和说理能力不足相关。例如，近期看到一个有组织犯罪的裁判例，一审开庭近50天，诉讼对抗激烈，辩护律师提出大量辩护意见，判决书虽有部分归纳，但对辩护意见缺乏对应的分析说理，对逐项指控，仅以“公诉机关指控的事实清楚，证据确实、充分，该起指控成立”终结。据我所见，类似裁判说理不足的问题，在部分刑事案件，尤其是有组织犯罪案件裁判中常能看到。问题的关键在于，裁判者能否坚持“以事实为根据，以法律为准绳”的原则，为裁判说理提供内在根据。

当然，说理能力也取决于裁判者的分析、思辨能力。从本书中也可以看到，作者所称“说理”，并非简单地运用语言，而是运用事实、法律分析方法的思辨及其展开过程。因此，裁判者可以自觉学习一些方法。例如，在裁判中如何展开法官心证形成过程是一个难题，但法官可以通过学习将事实与规范相结合的“要件事实分析法”，对证据群作结构分析的“证据构造分析法”，以及着重心证分析的“合理怀疑排除分析法”等，提高证据分析与事实论证的水平。

三、分寸感的价值

裁判是司法理性的作业，而理性在裁判中的要求，一是事实认定，有根有据；二是辨法析理，准确精当。总之，关键在于言事论理恰如其分。即使裁判结论正确，说理也要有分寸感。否则就可能逾越真理界限而趋于谬误；同时也须不回避弱项和瑕疵，避免分析片面。目前，部分裁判文书说理缺乏上述分寸感,而且这一缺陷在实践中往往被忽略。

以最高人民法院刑事审判业务部门于2021年发布的第1409号参考案例(载最高人民法院刑事审判第一、二、三、四、五庭编:《刑事审判参考》总第127辑,人民法院出版社2021年版)为例。该案基本情况是,湖南省浏阳市人民检察院指控被告人苏某花犯开设赌场罪,向浏阳市人民法院提起公诉,移送苏某花签署的认罪认罚具结书,建议对苏某花在有期徒刑8个月以上10个月以下判处刑罚,并处罚金。法院审理后认为,根据案件具体情况量刑建议过重,在没有要求检察机关调整量刑建议的情况下,以同一罪名从轻判处被告有期徒刑5个月,罚金3000元。一审宣判后,检察机关以法院在事先并未书面或口头征求检察院是否调整量刑建议的情况下径行在量刑建议幅度以下作出判决,违反《刑事诉讼法》第201条之规定,量刑畸轻为由,提起抗诉。二审法院认为,原审法院依法径行作出判决,"程序上确有瑕疵",但量刑并无不当,对当事人诉讼权利没有实质影响,保证了公正审判,因此裁定驳回抗诉,维持原判。然而,该案被选定为参考案例时,其裁判理由并未引用二审对"程序上确有瑕疵"的认定,反称:"一审未告知调整量刑建议不属于程序违法,据此提出抗诉不符合法律规定。"

该案二审法院在程序处理上不发回重审,在实体处置上维持原判,我不持异议(虽然最高人民检察院的文件规定,遇这种情况一般应以程序违法提起抗诉),但指导案例阐述判决理由否认程序的违法性,并称抗诉不合法,则显然不当。因为一审不告知检察机关调整量刑建议迳行判决,是直接违背《刑事诉讼法》第201条第2款以及最高人民法院、最高人民检察院、公安部、国家安全部、司法部《关于适用认罪认罚从宽制度的指导意见》第41条规定的;在程序法理上,此种迳行判决的做法,形成所谓"突袭性裁判",使控诉方不能充分利用法律程序提供的攻击防御机会。因此,审判程序存在明显的合法性瑕疵。但因禁止突袭性裁判的重点,是保障受到不利裁判的当事人的申辩权,在刑事诉讼中即为辩护权,而在该案中辩护权没有受到侵犯,仅公诉权受到妨碍,且考虑程序代价,可以将其视为程序瑕疵,而不作为《刑事诉讼法》第 238 条规定的需要发回重审的“程序违法”。也就是说,程序瑕疵应当在指导案例分析中予以确认,不宜在缺乏此种限制的情况下称“审判程序合法”及“抗诉违法”,否则就有逾越法理界限乃至强词夺理之嫌。而且将此种言说确立为刑事审判方面的指导案例,虽非正式的最高人民法院指导性案例,仍可能产生鼓励或纵容不依法告知的负面实践效应。可见,即使裁判处置无误,但理由表达也需要充分注意准确性及分寸感。

四、理性与感性

裁判文书是司法理性的表征,但裁判之理是否也可采取感性的方式表达,这是一个问题。与此相关的问题是,表征集体意志的法院裁判文书,是否也可以带有审判法官的个人色彩。提出这个问题,是因为近年来,尤其是实行司法责任制以来,在似乎千篇一面的规范化裁判文书外,偶尔看到一些具有个人色彩,乃至颇具文采的裁判文书。这类文书不仅被法律人注意,有的还在各种媒体中被转载,引起社会关注。例如,贵州省雷山县人民法院对一起环境资源行政诉讼案件的一审判决书。该文书论述应受保护的传统村落,既有宏观层面的概括,又有微观具象的展露,既援引唐宋诗人李白、苏轼的诗句,又借用当代作家冯骥才的警言,流泻思接古今的感怀。判决说理称:“传统村落保护的态度、力度,取决于认识的广度、深度,拷问着今人的智识、良知……但风筝离不开那根线,传统村落那一丝乡愁……敲开老家的门,放下疲惫的行囊,拾起木屋的芳香,继续优雅于袅袅炊烟和悠悠牧歌,继续吮吸熟悉的味道,循着儿时的痕迹,简单地吃食、散漫地谈笑、安全地入睡、开心地醒来,让日子单纯而温馨、淳朴而从容,重享城市人艳羡的‘生存福利’,该是何等惬意!”审判长吴章义法官称,判决书要着重阐明传统村落的重要价值,唤醒人们的保护意识,放大价值引导功能,成为普法载体。但不能写得干巴巴、冷冰冰,释法明理要体现温情,用个性化语言展示法律的人性化。

我认为，中国判词，自古就有教喻功能，而且不少判词文采斐然，可作文学范本。判决书说理，固然应当主要表征司法理性，体现规范性、权威性及法院集体人格，但也可在适当的案件、必要的情景中体现办案法官的个人风格，包括适当地使用对仗、排比、比喻、形容等修辞手法，偶尔也可使用诗性语言以增强感染力，以使裁判文书在理性说服的同时，也发挥感性召唤的作用。但对此应注意两点：其一，需注意分寸。保持裁判文书严谨规范的基调，文学语言不宜过于铺张。其二，不妨适当表换行文主体。基本裁判理由叙述，应以“本院”为主体。而个性化的，具有感性特征的语言，既然是基于法官的个性和个人感受，就不宜用“本院认为”“本院指出”这类集体意志表征，而可用“合议庭法官认为”或类似表述，从而开启个性化的表述方式。

最后，还要就说理问题发点感想。易中天先生曾说，中国人思维中最缺两个东西，一个是逻辑，另一个是证据。裁判文书说理，不仅有助于提高裁判的公信力，而且可以倡导和培育民众讲理即讲证据、重逻辑的习惯，在这个意义上，以司法说理为主旨的本书，功业不可小觑。

龙宗智

2022 年 4 月 23 日

让大数据说话：裁判文书说理进步了吗（代前言）

最高人民法院原院长肖扬在1998年全国高级法院院长会议上指出，“现在的裁判文书千篇一面，缺乏认证断理的过程，看不出裁判结果的形成过程，缺乏说服力，严重影响了公正司法的形象”。最高人民法院院长周强在2022年全国高级法院院长会议上要求，广大法官要“发挥司法智慧，努力创造符合时代精神、满足人民期盼、引领规则导向的伟大判决”。如果说，最高人民法院原院长肖扬在对当时裁判文书说理作出“号脉诊断”的基础上发出了“为何裁判文书千篇一面”的疑问，那么，最高人民法院院长周强立足伟大的中国特色社会主义新时代和“让审理者裁判，由裁判者负责”的司法体制改革核心目标对广大法官提出“发挥司法智慧，创造伟大判决”的号召，无疑是破解之策。此处就裁判文书说理（以刑事裁判为重点）作些粗浅思考。

一、裁判文书说理面临新环境与新挑战

随着我国经济、法律、社会、文化、技术各方面的发展与变

化,人民群众亦对司法提出了更多的新需求和高标准。为此,各级人民法院始终秉持"公正司法、司法为民"的立场和理念,围绕解决人民群众司法需求与司法供给之间的矛盾,不断推进司法体制机制改革,充分发挥审判职能作用,最大限度地满足人民群众司法方面的获得感、幸福感。其中,持续不断地推进和深化司法公开就是重要一环和关键之举。下列有关裁判文书上网的推进历程就足以证明最高人民法院的坚定决心和不懈恒心。

1. 2007 年 6 月 4 日最高人民法院印发的《关于加强人民法院审判公开工作的若干意见》(法发〔2007〕20 号)提出,"各高级人民法院应当根据本辖区内的情况制定通过出版物、局域网、互联网等方式公布生效裁判文书的具体办法,逐步加大生效裁判文书公开的力度"。

2. 2009 年 3 月 17 日最高人民法院发布的《人民法院第三个五年改革纲要(2009—2013)》(法发〔2009〕14 号)提出,"研究建立裁判文书网上发布制度和执行案件信息的网上查询制度"。

3. 2009 年 12 月 8 日最高人民法院印发的《关于司法公开的六项规定》(法发〔2009〕58 号)中"文书公开"部分提出,"除涉及国家秘密、未成年人犯罪、个人隐私以及其他不适宜公开的案件和调解结案的案件外,人民法院的裁判文书可以在互联网上公开发布。当事人对于在互联网上公开裁判文书提出异议并有正当理由的,人民法院可以决定不在互联网上发布"。

4. 2010 年 11 月 21 日最高人民法院印发的《关于人民法院在互联网公布裁判文书的规定》(法发〔2010〕48 号,已部分失效)第 2 条规定:"人民法院的生效裁判文书可以在互联网公布,但有下列情形之一的除外:(一)涉及国家秘密、个人隐私和未成年人犯罪的;(二)以调解方式结案的;(三)当事人明确请求不在互联网公布并有正当理由,且不涉及公共利益的;(四)其他不宜在互联网公布的。最高人民法院和高级人民法院具有法律适用指导意义的生效裁判文书应当在互联网公布。"

5. 2013 年 6 月 27 日最高人民法院办公厅印发的《最高人民法院裁判文

书上网公布暂行办法》（法办发〔2013〕10号）第3条规定，最高人民法院发生法律效力的判决书、裁定书、决定书应当在中国裁判文书网公布，但法律另有规定的除外。

6.2013年11月21日最高人民法院印发的《关于推进司法公开三大平台建设的若干意见》（法发〔2013〕13号）中“推进裁判文书公开平台建设”部分提出，最高人民法院建立中国裁判文书网，作为全国法院统一的裁判文书公开平台。地方各级人民法院应当在政务网站的醒目位置设置中国裁判文书网的网址链接。

7.2013年11月21日最高人民法院发布的《关于人民法院在互联网公布裁判文书的规定》（法释〔2013〕26号，已失效）第4条规定：“人民法院的生效裁判文书应当在互联网公布，但有下列情形之一的除外：（一）涉及国家秘密、个人隐私的；（二）涉及未成年人违法犯罪的；（三）以调解方式结案的；（四）其他不宜在互联网公布的。”

8.2016年8月29日最高人民法院发布的《关于人民法院在互联网公布裁判文书的规定》（法释〔2016〕19号）第3条规定：“人民法院作出的下列裁判文书应当在互联网公布：（一）刑事、民事、行政判决书；（二）刑事、民事、行政、执行裁定书；（三）支付令；（四）刑事、民事、行政、执行驳回申诉通知书；（五）国家赔偿决定书；（六）强制医疗决定书或者驳回强制医疗申请的决定书；（七）刑罚执行与变更决定书；（八）对妨害诉讼行为、执行行为作出的拘留、罚款决定书，提前解除拘留决定书，因对不服拘留、罚款等制裁决定申请复议而作出的复议决定书；（九）行政调解书、民事公益诉讼调解书；（十）其他有中止、终结诉讼程序作用或者对当事人实体权益有影响、对当事人程序权益有重大影响的裁判文书。”第4条规定：“人民法院作出的裁判文书有下列情形之一的，不在互联网公布：（一）涉及国家秘密的；（二）未成年人犯罪的；（三）以调解方式结案或者确认人民调解协议效力的，但为保护国家利益、社会公共利益、他人合法权益确有必要公开的除外；（四）离婚诉讼或者涉及未成年子女抚养、监护的；（五）人民法院认为不宜在互联网公布的其他情形。”第 6 条规定：“不在互联网公布的裁判文书，应当公布案号、审理法院、裁判日期及不公开理由，但公布上述信息可能泄露国家秘密的除外。”

从上述规范性文件中可以得知以下几点：一是互联网公布裁判文书的范围、类型逐步扩大；二是互联网公开裁判文书经历了选择性公开到“公开为原则，不公开为例外”的变化（从“可以公开”到“应当公开”的变化）；三是适用“不宜公开”兜底项的管控日趋严格；四是强调互联网公开裁判文书的及时性（从 30 日压缩至 7 日）。

伴随上述规范性文件的出台，下列几个重要节点值得铭记：（1）2013 年 7 月 1 日“中国裁判文书网”正式开通，率先向全社会公布最高人民法院生效裁判文书，标志裁判文书上网公开工作迈出历史性一步。（2）2014 年 1 月 1 日，全国各级法院生效裁判文书均在中国裁判文书网公布，并于 2015 年 6 月实现全国四级法院全覆盖、案件类型全覆盖和办案法官全覆盖。（3）2015 年 12 月 15 日，中国裁判文书网全新改版上线，增加了一键智能查询、关联文书查询、个性化服务等功能，并开通蒙、藏、维吾尔、朝鲜、哈萨克 5 种民族语言裁判文书的浏览和下载功能。（4）2016 年 8 月 30 日，中国裁判文书网 App 手机客户端同时上线运行。截至 2020 年上半年，中国裁判文书网共公布全国各级法院生效裁判文书全文超过 7855 万篇，访问量超过 368 亿次，单日最高访问量高达 5000 万人次，访问范围覆盖全球 210 多个国家和地区，已经成为全球最大体量的裁判文书公开平台。

习近平总书记强调，“全党同志一定要永远与人民同呼吸、共命运、心连心，永远把人民对美好生活的向往作为奋斗目标，以永不懈怠的精神状态和一往无前的奋斗姿态，继续朝着实现中华民族伟大复兴的宏伟目标奋勇前进”。可以说，人民群众的司法形式公开需求向实质公开需求的拓展与升华，无疑是人民法院不断深化司法公开包括裁判文书说理改革的不竭动力。1999 年 10 月 20 日发布的《人民法院五年改革纲要》、2009 年 3 月 17 日发布的《人民法院第三个五年改革纲要（2009—2013）》均对裁判文书改革作了安排，但从实际效果来看，裁判文书说理性不强、说理不充分、论证不到位等问题仍未得以较好地解决，进而使一些案件不时地成为热点敏感案件，严重损害司法公信力。立足新时代建设中国特色社会主义的新要求，党的十八届三中全会《中共中央关于全面深化改革若干重大问题的决定》、党的十八届四中全会《中共中央关于全面推进依法治国若干重大问题的决定》从更高层面对裁判文书的说理性或者释法说理方面的改革作出“增强法律文书说理性”“加强法律文书释法说理”的新部署和安排。为此，最高人民法院 2014 年 7 月 4 日发布、2015 年 2 月 4 日修订的《关于全面深化人民法院改革的意见——人民法院第四个五年改革纲要（2014—2018）》（以下简称《人民法院第四个五年改革纲要》）除在“完善民事诉讼证明规则”“强化审级监督”“健全主审法官、合议庭办案机制”中涉及有关裁判文书改革的内容外，又专列“推动裁判文书说理改革”条目，即“根据不同审级和案件类型，实现裁判文书的繁简分流，加强对当事人争议较大、法律关系复杂、社会关注度较高的一审案件，以及所有的二审案件、再审案件、审判委员会讨论决定案件裁判文书的说理性。对事实清楚、权利义务关系明确、当事人争议不大的一审民商事案件和事实清楚、证据确实充分、被告人认罪的一审轻微刑事案件，使用简化的裁判文书，通过填充要素、简化格式，提高裁判效率。重视律师辩护代理意见，对于律师依法提出的辩护代理意见未予采纳的，应当在裁判文书中说明理由。完善裁判文书说理的刚性约束机制和激励机制，建立裁判文书说理的评价体系，将裁判文书的说理水平作为法官业绩评价和晋级、选升的重要因素。最高人民法院于 2018 年 6 月 1 日发布的《指导意见》，既是落实中央《中共中央关于全面深化改革若干重大问题的决定》《中共中央关于全面依法治国若干重大问题的决定》《人民法院第四个五年改革纲要》具体任务的实际举措，又是作为未来一个时期指导全国法院裁判文书释法说理工作的重要文件。正如最高人民法院李少平副院长所言，裁判文书释法说理改革是“深化依法治国实践和提升国家治理能力的基础工程”“展示法院公正形象的载体工程”“提高司法产品质量和审判效率的优化工程”“推进司法公开的升华工程”“改善人民群众公平正义获得感的民生工程”。[1] 立足于此,无论是实务界还是理论界,结合《指导意见》的具体规定进行深入、全面、系统的研究,无疑具有重大的实践指导功能和学术理论价值。

二、刑事裁判文书说理的进步与不足

新中国成立以来,伴随刑事法治的跌宕起伏,刑事裁判文书经历了一个从继承借鉴到自主探索、从初具雏形到基本成型、从不完善到逐渐完善的发展过程。从样式来看,(1)1951 年,司法部颁布《诉讼用纸格式》,对部分诉讼文书进行格式统一,司法实践中一些地区法官沿用民国时期或者陕甘宁边区的刑事判决文书样式(“主文—事实—理由”模式)。(2)1954 年,在中国司法工作者访苏代表团访问苏联回国后,我国刑事裁判文书样式调整采用“事实—理由—主文”模式。(3)改革开放以来,特别是 1979 年《刑法》和《刑事诉讼法》的实施,标志刑事法治事业进入重建阶段。1980 年 6 月司法部颁发了《诉讼文书样式》,供人民法院参照。1992 年 6 月最高人民法院发布《法院诉讼文书样式(试行)》,初步解决了我国诉讼文书制作格式的规范化、统一化问题。(4)适应 1996 年修正后的《刑事诉讼法》实施的需要,1999 年 4 月,最高人民法院发布《法院刑事诉讼文书样式》,共有 45 种样式,供各级人民法院参照执行。2003 年 3 月,最高人民法院补充了关于适用普通程序审理“被告人认罪案件”的判决书样式。2009 年 10 月,最高人民法院又发布《一审未成年人刑事案件适用普通程序的刑事判决书样式和一审未成年人刑事公诉案件适用简易程序的刑事判决书样式的通知》,增加了相关文书

[1] 参见李少平:《新时代裁判文书释法说理改革的功能定位及重点聚焦》,载最高人民法院司法改革领导小组办公室编:《最高人民法院关于加强和规范裁判文书释法说理的指导意见理解与适用》,中国法制出版社 2018 年版,“序言”第 2 ~5 页。

样式。可以说，至此，我国现行刑事裁判文书已经实现了从封闭到公开、从简单到翔实、从强职权主义到"职权 + 当事人"主义的基本转变。

从说理来看，(1)1949 ~ 1951 年，按照《诉讼用纸格式》制作的大多数刑事判决书主要是根据事实情况说理，不涉及法律适用说理（当时尚未有刑事实体法和程序法出台）。(2)1954 年，刑事判决书的说理部分，趋于求简。至 1957 年"反右"运动以后，刑事判决书的说理部分过于简化，几乎流于公式化，说理模糊、说理不足，情况严重。[1] 为此，1961 年 5 月 18 日最高人民法院发出的《关于改进审判文书质量问题的通知》（〔61〕法行字第 47 号）要求，"写判决书和裁定书，一定要把事实、理由叙述清楚，文理要通顺，要合乎逻辑，力避前后矛盾；上诉案件的判决书或裁定书上驳斥上诉理由时，一定要针对上诉的理由来批驳，要说得有理有据"。(3)1992 年《法院诉讼文书样式（试行）》从三个方面促进刑事裁判文书说理改革：一是"事实认定说理"，写明三方事实，即控方事实、辩方事实和法院查明的事实；二是"适用法律说理"，法院根据庭审查明的事实、证据，认定被告人是否犯罪、犯什么罪、从轻或从重处罚的理由，评析控、辩双方关于适用法律的意见和理由；三是"程序说理"，增写案件由来和审判过程。(4)《法院刑事诉讼文书样式》下发后，刑事裁判文书的修订重点突出了控辩式的审理方式，将人民检察院的指控和被告人的辩解、辩护人的辩护意见分列表述；"经审理查明"部分的事实和证据的表述，由试行样式的较原则、简单的写法，修改为层次较清晰、具体的写法，强调对证据要进行分析和认证；"理由"部分删去试行样式中有关对控辩理由不能成立时"予以批驳"的表达方式，同时明确规定："控辩双方关于适用法律方面的意见，应当有分析地表示是否予以采纳，并阐明理由。"随后，最高人民法院不时地通过发布文件、会议纪要、优秀裁判文书等方式指导刑事裁判文书说理工作，例如，2007 年 8 月 28 日最高人民法院《关于进

---

〔1〕 参见李滇：《建国 60 年刑事判决书说理制度的回溯与展望》，载《行政与法》2009 年第 10 期。

一步加强刑事审判工作的决定》(法发〔2007〕28号)第30条提出,“进一步提高裁判文书的质量,强化说理性,详细阐明裁判理由,辨法析理,增强裁判的公信力”。可以说,随着刑事立法的不断修改完善和刑事司法公正高效权威的逐步提升,刑事裁判文书说理改革亦伴随刑事司法公开制度改革继续向前深化和推进,刑事裁判文书说理在总体上亦有较好进展。

需要指出的是,因未能对相对长时间段的所有刑事裁判文书进行实证和大数据分析(如1996年《刑事诉讼法》修改前后各5年),自然就难以对其说理的整体特点、变化态势等作出数量化的评估报告。当然,学术界或实务界间或进行过刑事裁判文书说理方面的小样本分析,例如,以某法院自2010年10月至2011年9月共97份刑事判决书为研究样本,经实证分析量刑说理得出:在这些样本中,附加刑完全不说理的判决书占比64.95%;63份并处罚金的文书均没有对并处罚金进行量刑说理;33份判处缓刑的文书记载了缓刑理由,但过于抽象和简单,普遍缺乏对被告人人格等具体个人情况的反映;量刑说理方式缺乏个案特色,常常套用相同的文字对被告人的量刑情节进行简单描述和论证,缺乏针对性,给人“千案一面”的感觉;量刑心证过程和计算方法不够透明与公开等。[1] 无疑,这样的实证分析所得出的结论究竟有多大的代表性(立足全国法院某时间段的刑事裁判文书)仍是一个疑问。

正如司法实践中间或会出现精彩说理的优秀裁判文书,例如,“被告人褚某某、罗某某、乔某某贪污、巨额财产来源不明案”一审刑事判决书,[2]“被告人熊某职务侵占案”一审刑事判决书,[3]“念某投放危险物质案”二审

---

〔1〕 参见李琴:《刑事判决书量刑说理问题实证研究——以D法院97份刑事判决书为样本》,载《中国刑事法杂志》2012年第6期。

〔2〕 云南省高级人民法院刑事判决书,(1998)云高刑初字第1号,参见《中华人民共和国最高人民法院公报》1999年第2期。

〔3〕 成都高新技术产业开发区人民法院刑事判决书,(2010)高新刑初字第98号,参见颜九红、鲁玉兰:《刑事裁判文书常见问题与建议》,中国法制出版社2015年版,第145~154页。

刑事附带民事判决书，[1]“于某水盗窃案”一审刑事判决书，[2]“聂某斌故意杀人、强奸妇女再审案”刑事判决书，[3]“于某故意伤害案”二审刑事附带民事判决书，[4]“余某平交通肇事案”二审刑事判决书，[5]等等，我们亦从一些刑事裁判文书中可发现说理方面存在的待完善之处，进而需要采取有针对性的改进和完善举措，具体包括：

1. 审查判断证据说理。有的只列采信的证据，未列不予采信的证据；有的过于冗长地罗列证据，对证据可采信一概而论、分析模糊，简单地一句表述即“上述证据经庭审举证、质证，本院对言词证据相互印证的部分及其他证据予以确认”；有的把无关的证据列举进来；有的将已经查明的证据遗漏；有的把未经查明的证据列入；等等。一是要列明证据的标题，且清楚反映证据证明的内容；二是要对证据存在的矛盾作出反映和说明；三是要充分体现认证和采信证据的过程，对经过庭审质证的证据效力以及是否采纳作出客观入理的分析；四是要切实遵循证据规则，从客观性、合法性和关联性方面对证据的证明力作出评价；五是根据个案选择证据的叙述方法，案件简单或者被告人没有异议的，可以集中列举，简要概括证据内容；案件复杂或者被告人有异议的，应当逐一列举，详细述明证据内容。

2. 认定事实说理。有的仅确认证据和事实的结论，未能明确反映法官内心对这些证据和事实确信的推断过程，而仅在罗列案件证据后，附缀一句“上述事实有经当庭举证、质证，本院予以确认的证据证实”，并直接套用公式化表述：“事实清楚，证据确实、充分，指控的罪名成立。本院认为，被告人构成某罪”；有的叙述事实条理不清晰，重点不突出，详略不得当。一是要将证据的分析认证与案件事实的确认紧密结合，清晰反映用证据认定事实的

---

[1] 福建省高级人民法院刑事附带民事判决书，(2012)闽刑终字第10号。
[2] 广东省惠州市惠阳区人民法院刑事判决书，(2014)惠阳法刑二初字第83号。
[3] 中华人民共和国最高人民法院刑事判决书，(2016)最高法刑再3号。
[4] 山东省高级人民法院刑事附带民事判决书，(2017)鲁刑终字第151号。
[5] 北京市第一中级人民法院二审刑事判决书，(2019)京01刑终字第628号。

推断过程。二是因案件类型不同,“事理”的具体叙述宜有所侧重,但一般包括作案时间、地点、作案人和被害人、作案动机、目的、手段、情节、结果、作案后态度等。三是叙述事实要层次清楚、条理明晰,一般按时间先后顺序叙述;一人犯数罪的,应当按照罪行主次的顺序叙述;一般共同犯罪案件,应当以主犯为主线进行叙述;集团犯罪案件,先综述集团的形成和共同的犯罪行为,再按首要分子、主犯、从犯、胁从犯或者罪重、罪轻的顺序分别叙述各被告人的犯罪事实。

3. 适用法律说理。有的未能准确地“找法”;有的缺乏事实、理由与裁判结论之间的逻辑关系,即未能清晰地呈现要件事实涵摄于法律规范的动态过程(疑难案件需要多次往返、穿梭于事实与规范之间);有的缺乏对适用法律条款所蕴含的精神和法理的翔实阐释;有的未能严格遵循犯罪构成理论体系的逻辑顺序来进行定罪判断,即“四要件犯罪论体系”的犯罪客体→犯罪客观方面→犯罪主体→犯罪主观方面,“三阶层犯罪论体系”的构成要件该当性→违法性→有责性;有的未能选择合适的法律解释方法或者未能综合性地采用多种法律解释方法或者未能遵循法律解释方法位阶来解释法律条款;有的量刑说理普遍不足,甚至缺失,〔1〕未能清晰阐释量刑情节、量刑过程及量刑理由,量刑说理还呈现不重视“附加刑说理”“缓刑说理”“量刑幅度选择说理”的特点;等等。为此,要在准确“找法”的基础上,选择一种或者数种法律解释方法,对法律条款作出符合立法目的、最大限度地体现“法律效果和社会效果有机统一”的个案解释;要强化要件事实与法律规范“耦合”的说理论证;要强化量刑说理,切实改变不重视量刑说理的局面,德国法官

〔1〕 有学者认为,为公众普遍关注的“许某案”重审刑事判决书 140 个字的量刑说理,“鉴于许某是在发现银行自动柜员机出现异常后产生犯意,采用持卡窃取金融机构经营资金的手段,其行为与有预谋或者采取破坏手段盗窃金融机构的犯罪有所不同;从案发具有一定偶然性看,许某犯罪的主观恶性尚不是很大。根据本案具体的犯罪事实、犯罪情节和对于社会的危害程度,对许某可在法定刑以下判处刑罚”,不足以将从无期徒刑降至 5 年有期徒刑这巨大的落差解释清楚。参见颜九红、鲁玉兰:《刑事裁判文书常见问题与建议》,中国法制出版社 2015 年版,第 66 页。

充分考虑和全面衡量控辩双方的量刑意见和建议,通过公开量刑的具体事实根据和相关法律依据,具体列明在量刑过程中应考虑的对被告人有利和不利的各种情节,清晰展现“确定量刑基准—调整刑罚幅度—确定宣告刑”的量刑步骤和精细化的量刑过程,最终给出一个说理过程具有说服力的量刑结果。〔1〕 英国则在借鉴行政法领域中的理由说明制度基础上建立了刑事裁判上的法定强制的量刑说理制度。1973 年英格兰及威尔士《刑事法院权力法》第20 条规定,治安法官在对21 岁以上的人科处第一次监禁时,必须说明理由。1994 年英国《刑事审判与公共秩序法》第 48 条第 2 款规定,如果由于考虑了有罪答辩事项,法庭对被告人作出了较之通常情况下轻的量刑,那么法院应在公开的法庭上说明这一事实。2003 年英国《刑事审判法》第 174 条规定,量刑法官有说明判刑理由并解释判刑效果的义务;量刑法官必须在公开的法庭上,以通俗的语言和一般的术语说明其决定所判刑罚的理由。〔2〕

4. 程序性说理。这方面比较突出的问题是“重指控,轻辩护”的倾向,对起诉书指控的事实一字不落地“照搬”,而对于被告人及其辩护人的辩护意见则“高度概括”,有违司法中立性、公正性、客观性、对等性原则,间或会因概括的不准确、精简的不恰当而妨害被告人辩护权的正当有效行使。德国刑事法官“善于抓住控辩双方争议的焦点问题,并针对控辩双方的争议焦点,具体而深入地予以分析,以便逐一回应双方的争议焦点,形成判决理由,目的在于消除控辩双方可能存在的质疑和顾虑”。〔3〕 换言之,法官要从庭审质证、辩论的过程中准确概括出控辩双方对犯罪证据、事实、主体、法律适用等一方面或数个方面的争议,进而有的放矢地释明和说理。正如有学者所

---

〔1〕 参见曹波:《德国刑事判决书说理方法探微——以马斯洛依故意杀人一案刑事判决书为视角》,载陈兴良主编:《刑事法评论》第 33 卷,北京大学出版社 2013 年版,第 327 ~ 329 页。

〔2〕 参见康黎:《量刑说理初探》,载《中国刑事法杂志》2008 年第 11 期。

〔3〕 参见曹波:《德国刑事判决书说理方法探微——以马斯洛依故意杀人一案刑事判决书为视角》,载陈兴良主编:《刑事法评论》第 33 卷,北京大学出版社 2013 年版,第 327 ~ 329 页。

言,“裁判说理,不但要将事实认定、证据采信、法律适用、定罪量刑的依据和理由说清楚、说透彻,而且也要对控辩双方提出的意见特别是辩护意见——作出合法、合理的评判,把是否采纳的情况和理由说清楚。不仅要在法庭上说,而且要在裁判文书上说,并且公布于众”。[1]

三、结论:让大数据说话

如同上述刑事裁判文书说理的整体状况、变化态势欠缺大数据实证分析一样,学术界和实务界对此种说理现状的形成原因及其机理亦缺乏全面、完整的调查实证研究,更多地停留在简单的“原因素描”之上,例如,基层法院法官案件较多、工作压力大,没有足够的时间用于判决书的精细说理,审级较高的法院包括最高人民法院亦因办案任务重而影响对下级法院指导审判工作的开展,进而给审判质量(包括说理)带来消极影响;判决书说理质量尚未纳入法官绩效考核范围,远没有受到像主审结案数、改判发还案件数、再审案件数、引发信访数次等指标那样的关注;法官愿意采取“少说为佳”的保守策略或者仅在审理报告中予以详说;判决书不载明文书制作者、不反映少数意见等做法有碍法官个体说理积极性的发挥;[2]“四要件”犯罪构成理论及其思维相比“三阶层”犯罪论体系及其思维而言,不利于刑事裁判文书

[1] 参见颜九红、鲁玉兰:《刑事裁判文书常见问题与建议》,中国法制出版社2015年版,第184页。

[2] 美国法院判决书,(1)除极少数例外,都由撰写判决书的个人署名,而不是审判庭署名;(2)多数意见、并存意见、反对意见并存的制度,激励法官的竞争和对抗,更愿意表现说理才华和能力,更需花时间和精力去加强论证来提升判决对包括异议法官在内受众的说服力。参见苏力:《判决书的背后》,载《法学研究》2001年第3期。

的精致化说理；〔1〕最高人民法院相关部门下发的刑事裁判文书样式及其结构安排，亦存在不便于说理、易重复说理之处，需要作出相应调整，〔2〕司法责任制转型阶段部分员额法官独立履职能力（包括文书制作和写作能力）尚有欠缺、绝大部分文书不再实行行政式逐级审核把关，致使说理质量有所下降；等等。显然，上述这些“原因”或者“因素”与裁判文书说理不足均有或多或少的联系，但究竟各自有多大的“原因力”，确实有必要选取较长时期的全样本或者大样本，借助大数据和人工智能分析，进而得出较科学、准确的实证结论，即让大数据回答：裁判文书说理有无进步、有多少进步、哪些领域（如刑事、民事、商事、知识产权、行政等）或者环节（证据审查判断、认定事实、适用法律、行使自由裁量权等）有进步。

〔1〕 德国波恩州法院关于“哈逊姆·马斯洛依故意杀人未遂案”的判决书（参见冯军主编：《比较刑法研究》，中国人民大学出版社2007年版，第443～454页），首先是对定罪量刑的宣告，之后便是判决理由的详细阐释，具体分为“被告人背景调查—客观行为事实—主观心理事实—证据认定—法律评价（定罪）—法律评价（量刑）—司法处遇—诉讼费用承担”，环环相扣，细致而严密，严格遵循“事实判断先于价值判断、客观判断先于主观判断、形式判断先于实质判断、定型判断先于个别判断”的逻辑思维（参见孙智超：《中德两国判决书制作风格初探》，载《刑事法评论》2013年第2期，北京大学出版社2013年版，第291～301页）。该判决书的定罪说理部分，具体运用德国三阶层犯罪构成要件体系理论，层次分明、论证严密、说理透彻。

〔2〕 参见刘树德：《无理不成“书”——裁判文书说理23讲》，中国检察出版社2020年版，第19～52页；最高人民法院司法改革领导小组办公室编：《最高人民法院关于加强和规范裁判文书释法说理的指导意见理解与适用》，中国法制出版社2018年版，第170～193页。

目录

第一章
裁判文书说理的概念论
——文件·学理表达

裁判文书，旧称“判词”，又称“例案”文章，具体是一个国家或者地区掌理司法权的机构依照诉讼程序对具体纠纷进行裁断的过程和结果的书面记录。此章在梳理系列规范性文件和学说有关裁判文书的“理由”“说理”“论证”“论述”“说理性”等诸多表述的基础上，意图从中管窥裁判文书说理问题“言说热闹却又止步不前”的部分原因所在，进而对何为“裁判文书说理”作出自己的界定。

一、裁判文书说理的文件表达

裁判文书的权威性，从外在看，源于司法权力的国家强制属性，从内在说，归属裁判文书的说理性；前者是“以力压人”，后者是“以理服人”。为此，世界有些国家的宪法对此作了规定，例如，土耳其共和国《宪法》第 141 条规定：“法院审判一律公开。全部或者部分审判得基于公共道德或公共安全的绝对需要而决定秘密进行。对未成年人的审判由法律作特别规定。所有法院判决一律以书面形式作出,并附理由说明。”比利时《联邦宪法》第 149 条规定:“所有判决均须说明理由。判决公开进行宣读。”荷兰王国《宪法》第 121 条规定:“除议会法令规定的情形外,审判应公开进行,判决应说明其所依据的理由并向社会公布。”西班牙王国《宪法》第 120 条规定:“司法程序公开,程序法有特别规定的除外。诉讼,特别是刑事案件,以口头形式为主。判决必须包含判决理由,并公开宣判。”希腊《宪法》第 93 条规定:“每一法院判决必须详细地和完整地说明理由并且必须公开宣判……对于不同意见的公布应当是强制性的。法律应当详细说明关于任何不同意见载入公报相关方面的事务,以及对其进行公布的条件与前提。”巴西联邦共和国《宪法》第 93 条规定:“司法机构的判决均应公开进行,所有判决必须理由充分,否则无效;但在涉及利益相关人隐私的案件中,以不影响公共信息利益为前提,法律可以将特定场合的出席人员限定于当事人及其律师,或仅限定于后者。”苏里南共和国《宪法》第 136 条规定:“所有判决都应陈述其所依据的理由,刑事案件的判决还应写明作出处罚所依据的法律条文。除法律规定的例外情况外,案件审理应公开进行。法律规定应受处罚的行为,不应判处有期徒刑的,不适用第一款的规定。宣判应公开进行。”

同时,更多的国家则是在刑事诉讼法(典)或者民事诉讼法(典)中对此作出更为具体的规定,例如,德国《民事诉讼法典》(以下简称 ZPO)第 313 条规定,“1. 判决书应记载:(1)当事人,其法定代理人与诉讼代理人;(2)法院,参与裁判的法官的姓名;(3)言词辩论终结的日期;(4)判决主文;(5)事实;(6)裁判理由。2. 事实项下,应特别表明提出的申请,并简略地叙明提出的请求以及所用攻击防御方法的主要内容。因案件和诉讼的不同情况,应该引用书状、记录和其他文件。3. 裁判理由项下,应简略地、扼要地记载从事实和法律两方面作出裁判所依据的论据”;第 313 条之一规定:“1. 如果对于判决肯定不会提起上诉时,判决可以不记载事实。如果当事人并且至迟于言辞辩论终结后第二天表示不必记载裁判理由时,判决也可以不记载理由。2. 在下列情况,不适用前款规定……"[1] 德国《刑事诉讼法典》第 34 条规定:"可以通过法律救济提出异议的裁判,以及对申请拒绝的裁决,应当附有理由。"日本《民事诉讼法》[2] 第 253 条规定:"判决书应记载下列事项:主文、事实、理由、口头辩论的终结日期、当事人及法定代理人、法院。"日本《刑事诉讼法典》第 44 条规定:"裁判,应当附具理由。不得上诉的裁定或者命令,不需要附具理由。但依照第 428 条第 2 款的规定可以提出异议的裁定,不在此限。"韩国《民事诉讼法》第 208 条规定:"1. 判决书应记载下列事项:(1)当事人与法定代理人;(2)主文;(3)请求的主旨及上诉的主旨;(4)理由;(5)辩论结束日期;不经辩论作出判决的,宣告判决日期;(6)法院。2. 判决书的理由应记载对当事人的主张以及其他攻击、防御方法作出的判断,以致可以将主文认定为正当的程度……"韩国《刑事诉讼法》第 39 条规定,"裁判应明示理由。但是,不允许上诉的决定或者命令除外";第 323 条规定:"1. 宣告刑罚的,应在判决理由记载构成犯罪的事实、证据的要旨及法律的适用。2. 若对构成法律上犯罪成立阻却理由或者加重、减免刑罚理由的事实作出陈述时,应记载对此的判断。"俄罗斯联邦《刑事诉讼法典》[3] 第 303 条规定,"……刑事判决用法庭审理时使用的语言制作,由开始部分、叙事和理由部分及结论部分组成";第 305 条规定,"1. 无罪判决书的叙事和理由部

[1] 据我国学者介绍,德国的判决书分为前文、主文、事实说明、判决理由、法官的签名,其中,"事实说明"要简单地概述双方当事人同意的事实、当事人主张的事实以及法院调查到的证据提要,"判决理由"包括法院评论证据的价值,指出判决所依据的法律理由。参见沈达明编著:《比较民事诉讼法初论》(上册),中信出版社 1991 年版,第 185 ~ 186 页。

[2] 参见陈刚主编:《比较民事诉讼法》(总第 6 卷),中国法制出版社 2007 年版,第 340 页。

[3] 《俄罗斯联邦刑事诉讼法典》,黄道秀译,中国政法大学出版社 2003 年版。其第 297 条规定:"1. 刑事判决应该是合法的、根据充分的和公正的。2. 刑事判决的做出如果依照本法典的要求并正确适用刑事法律,刑事判决被认为是合法的、根据充分的和公正的。"与之对应的是,修改之前的俄罗斯联邦《刑事诉讼法典》第 301 条规定:"法院的刑事判决必须是合法的和有根据的。法院必须将刑事判决建立在审判庭已经审查过的证据的基础之上。法院的刑事判决必须是说明理由的。"

分应该叙述以下内容:(1)所提出指控的实质;(2)法庭所确认的刑事案件情节;(3)宣告受审人无罪的根据和证明这些根据的证据;(4)法院推翻指控方所提交的证据的理由;(5)对附带民事诉讼作出判决的理由……";第 307 条规定:"有罪判决书的叙事和理由部分应该包括:(1)描述法庭认为得到证明的犯罪行为,并指出实施犯罪的地点、时间和方式,罪过的形式,犯罪的动机、目的和后果;(2)法庭据以对受审人做出结论的证据,以及法庭推翻其他证据的理由;(3)指出减轻和加重刑罚的情节,而如果认为某一部分的指控证据不足或者确认定罪不正确,则还要说明变更指控的根据和理由;(4)解决所有与判处刑罚、免除刑罚或免于服刑、适用其他感化措施有关的问题的理由;(5)说明解决本法典第 299 条所列其他问题的根据。"

就我国而言,2012 年 8 月 31 日修正的《民事诉讼法》第 152 条规定,"判决书应当写明判决结果和作出该判决的理由。判决书内容包括:(一)案由、诉讼请求、争议的事实和理由;(二)判决认定的事实和理由、适用的法律和理由;(三)判决结果和诉讼费用的负担;(四)上诉期间和上诉的法院";第 154 条第 3 款规定:"裁定书应当写明裁定结果和作出该裁定的理由。"2021 年 3 月 1 日施行的最高人民法院《关于适用〈中华人民共和国刑事诉讼法〉的解释》(以下简称《刑事诉讼法解释》)第 300 条第 1 款规定:"裁判文书应当写明裁判依据,阐释裁判理由,反映控辩双方的意见并说明采纳或者不予采纳的理由。"此外,最高人民法院制定或者发布的系列文件对说理、论证等均有所规定,具体包括:

1. 1950 年 10 月 14 日最高人民法院华东分院针对上海市高级人民法院请示发出的《关于纠正对反革命犯的轻刑倾向的指示》指出,"在理由内仅说什么'前关犯罪事实已据被告供认不讳,自堪认定犯罪属实'。如果被告不承认在公安局的口供,就说他不肯坦白,思想顽固,就作为多判徒刑的理由,不从全盘情况去细心推研,藉以明确罪责。因此,在判决的论证上,显然是空泛无力,不足使人信服"。

2. 1979 年最高人民法院《人民法院审判民事案件程序制度的规定(试行)》提出,“判决书要叙述事实清楚,是非责任分明,说理充分有力,引用政策法律准确恰当,文字简练,用词准确,通俗易懂。判决书的内容应包括原告人和被告人简况、案由、事实、理由、判处结果”。

3. 1999 年 3 月 10 日最高人民法院《关于开展“审判质量年”活动的通知》指出,“要严格按照法院诉讼文书样式制作裁判文书,裁判文书应当具有严密的逻辑性、严肃的法律性和严谨的科学性,做到叙述事实清楚,列举证据具体充分,论证说理透彻有力,引用法律条款准确”。

4. 1999 年 10 月 20 日最高人民法院《关于印发〈人民法院五年改革纲要〉的通知》规定,“加快裁判文书的改革步伐,提高裁判文书的质量。改革的重点是加强对质证中有争议证据的分析、认证,增强判决的说理性;通过裁判文书,不仅记录裁判过程,而且公开裁判理由,使裁判文书成为向社会公众展示司法公正形象的载体,进行法制教育的生动教材”。

5. 2002 年 8 月 12 日最高人民法院《关于人民法院合议庭工作的若干规定》第 10 条规定,“合议庭成员进行评议的时候……同意他人意见的,也应当提出事实根据和法律依据,进行分析论证”。

6. 2003 年 7 月 21 日最高人民法院《关于我国法院审理涉外商事案件适用法律情况的通报》提出,“仍有不少人民法院对适用法律问题意识不强,甚至在裁判文书中没有对适用法律问题进行任何分析和论述”。

7. 2004 年 10 月 21 日最高人民法院《关于进一步加强人民法院基层建设的决定》提出,“进一步规范各类裁判文书制作标准,统一全国法院裁判文书制作式样,注重裁判文书的说理性”。

8. 2006 年 6 月 27 日最高人民法院《关于加强民事裁判文书制作工作的通知》提出,“要增强判案的说理性,努力做到‘辨法析理、胜败皆明’。针对当事人争议焦点,要详尽地阐述裁判的理由,简繁得当地制作裁判文书。不仅要对实体判决的理由进行阐述,而且要对诉讼证据的采信与否进行说明”。

9. 2009年2月13日最高人民法院《关于进一步加强司法便民工作的若干意见》提出，“人民法院的裁判文书……要力求论证充分、说理透彻、适用法律适当，让当事人信服”。

10. 2009年6月1日施行的最高人民法院《人民法院量刑程序指导意见（试行）》第11条提出，“裁判文书中的量刑说理，一般包括以下内容：(1)已经查明的量刑事实及其对量刑的影响；(2)是否采纳公诉人、当事人和辩护人、诉讼代理人的量刑意见及其理由；(3)人民法院的量刑理由和法律依据”。

11. 2009年9月17日最高人民法院《关于进一步加强和规范执行工作的若干意见》提出，“要增强裁判文书的说理性，强化判后答疑制度，促使当事人服判息诉，案结事了；要努力提高裁判文书质量，增强说理性，对双方的权利义务要表述准确、清晰，并充分考虑判项的可执行性”。

12. 2009年12月8日最高人民法院《关于司法公开的六项规定》提出，“裁判文书应当充分表述当事人的诉辩意见、证据的采信理由、事实的认定、适用法律的推理与解释过程，做到说理公开”。

13. 2012年2月28日最高人民法院《关于在审判执行工作中切实规范自由裁量权行使保障法律统一适用的指导意见》第10条规定，“要加强裁判文书中对案件事实认定理由的论证，使当事人和社会公众知悉法院对证据材料的认定及采信理由。要公开援引和适用的法律条文，并结合案件事实阐明法律适用的理由，充分论述自由裁量结果的正当性和合理性，提高司法裁判的公信力和权威性”。

14. 2018年6月1日最高人民法院《指导意见》[1]对裁判文书说理的目

---

〔1〕 2021年1月19日最高人民法院《关于深入推进社会主义核心价值观融入裁判文书释法说理的指导意见》对强化运用社会主义核心价值观释法说理的基本原则、具体范围、方法等作了具体规定。

的与价值、基本原则、主要类型、繁简分流、援引法律文件、辅助论据、文书样式、保障机制、评估机制等作了全面系统的规定。

综合上述我国规范性文件的表述来看,可得知以下几点:

1. 不同时期、不同文件分别使用过“论证(性、方法)”“说理(性)”“论述”“认证说理”“论证说理”“分析和论述”“分析论证”“辨法析理”“释法说理”等术语。

2. 同一术语在不同文件中所针对的对象不一致,(1)“说理”在有的文件中针对“法律适用的解释、程序问题的释明和裁判活动”,例如,2013 年 9 月 6 日最高人民法院《关于切实践行司法为民、大力加强公正司法、不断提高司法公信力的若干意见》提出,“加强对法律适用的解释、程序问题的释明和裁判活动的说理,裁判文书要认真对待、全面回应当事人提出的主张和意见,具体说明法院采纳或不采纳的理由及依据。在诉讼过程中,对当事人提出的申请或质疑,应及时给予回应并说明理由”。(2)在有的文件中针对“判案理由”,例如,2006 年 6 月 27 日最高人民法院《关于加强民事裁判文书制作工作的通知》提出,“要强调案件事实的公开性和完整性、证据认定的逻辑性、判案理由的说理性以及文字语言的准确性,突出对重点争议证据的认证说理以及对当事人诉讼请求的辨法析理”。(3)在有的文件中针对“争议事实认定”,例如,2005 年 7 月 15 日最高人民法院《关于在全国法院民事和行政审判部门开展“规范司法行为、促进司法公正”专项整改活动的通知》提出,“各级人民法院要树立‘辨法析理,胜败皆服’的价值追求,准确把握当事人争议焦点,强化对争议事实认定的说理,强化裁判理由的论证,避免一些基本的技术性错误等”。

3. 同一术语在不同文件中表达内容的具体程度有别,例如,“论证”,有的仅笼统地说“在判决的论证上”(显然不明确此处的“论证”是针对什么),有的明确地指出了“论证”的对象,即“公诉机关指控的犯罪是否成立,被告人的行为是否构成犯罪,犯的什么罪,应否从轻、减轻、免除处罚或者从重处罚”，或者“案件争议的焦点”，或者“普通程序案件定性及审理结果”，或者“行政机关及其工作人员所作的具体行政行为是否合法，原告的合法权益是否被侵害，与被诉具体行政行为之间是否存在因果关系等”。

4. 针对相同或者相似的对象，不同的文件使用了不同的术语，例如，有的文件明确区分了“说理”与“论证”，即“说理”是针对“争议事实认定”，“论证”是针对“裁判理由”；有的文件中的“论证”是针对“案件事实认定理由”。

上述这些问题不仅同样存在于专门针对裁判文书样式所作的相关文件之中，同样也存在于相关裁判文书样式的说明之中。前者具体包括下列文件：

1. 1993 年 4 月 21 日最高人民法院《关于〈法院诉讼文书样式（试行）〉若干问题的解答》第 26 条，即“问：对维持原判的案件，要否引用实体法？在什么地方引用实体法？答：维持原判是程序问题，只须引用程序法。在理由部分说理时可以援用实体法进行论证”。

2. 1999 年 4 月 30 日最高人民法院《关于印发〈法院刑事诉讼文书样式〉（样本）的通知》指出，“目前裁判文书存在两大缺点……二是不说理或者说理不充分，理由部分没理由，只引用法条；不阐明适用法律的道理”。

3. 2001 年 6 月 15 日最高人民法院办公厅《关于实施〈法院刑事诉讼文书样式〉若干问题的解答》第 14 条，即“问：对自首或者立功或者累犯等情节，在裁判文书中应当如何表述？答：按照修订样式的要求，对自首、立功等情节的认定应当写在事实部分，并写明确认自首、立功等情节成立的证据；对具有自首、立功等情节的被告人如何处罚的论述，则应当在理由部分进行表述”；第 20 条，即“问：检察机关指控被告人犯数罪，经审理确认其中一罪因证据不足、指控犯罪不能成立的，判决结果部分是否予以表述？答：只需在判决理由部分就证据不足、指控的犯罪不能成立予以充分论证即可，在判决结果中不再表述”。

4. 2004 年 12 月 8 日最高人民法院《关于印发的〈一审行政判决书样式

（试行）〉的通知》提出，"本院认为……（运用行政实体及程序法律规范，对具体行政行为合法性进行分析论证，对各方当事人的诉讼理由逐一分析，论证是否成立，表明是否予以支持或采纳，并说明理由）。依照……（写明判决依据的行政诉讼法以及相关司法解释的条、款、项、目）之规定，判决如下"。

5.2009 年 10 月 12 日最高人民法院办公厅《关于印发一审未成年人刑事案件适用普通程序的刑事判决书样式和一审未成年人刑事公诉案件适用简易程序的刑事判决书样式的通知》提出，"本院认为……根据查证属实的事实、证据和有关法律规定，论证公诉机关指控的犯罪是否成立，被告人的行为是否构成犯罪，犯的什么罪，应否从轻、减轻、免除处罚或者从重处罚。对于控、辩双方关于适用法律方面的意见，应当有分析地表示是否予以采纳，并阐明理由"。

同时，从 1992 年"样式 1 即刑事判决书（一审公诉案件用）"〔1〕和 1999 年"样式 1"即刑事判决书（一审公诉案件适用普通程序用）〔2〕的"理由部分"的"说明"比较中也可看出。1992 年"样式 1"指出，"理由是判决的灵魂，是将犯罪事实和判决结果有机地联系在一起的纽带。其核心内容是针对案情特点，运用法律规定、政策精神与犯罪构成原理和要件，分析被告人的行为的实质，论证应该如何处理，为下文的判决结果定好格调。反对说些空话、套话，千篇一律。在说理时，力求系统透彻，逻辑严密，无懈可击。注意运用法律术语，力求语言精练"。1999 年"样式 1"指出，"理由是判决的灵魂，是将犯罪事实和判决结果有机联系在一起的纽带。其核心内容是针对案情特点，运用法律规定、政策精神和犯罪构成理论，阐述公诉机关的指控

〔1〕"样式 1"即刑事判决书（一审公诉案件用）具体由首部、事实、理由、判决结果和尾部 5 个部分组成。参见最高人民法院办公厅编：《法院诉讼文书样式（试行）》，吉林人民出版社 1992 年版，第 8 页。

〔2〕"样式 1"即刑事判决书（一审公诉案件适用普通程序用）由首部、事实、理由、判决结果和尾部 5 个部分组成。参见最高人民法院办公厅编：《法院刑事诉讼文书样式（样本）》，人民法院出版社 1999 年版，第 9 页。

是否成立，被告人的行为是否构成犯罪，犯的什么罪，依法应当如何处理，为判决结果打下基础”；“理由的论述一定要有针对性，有个性。要注意结合具体案情，充分摆事实、讲道理。说理力求透彻，逻辑严密，无懈可击，使理由具有较强的思想性和说服力。防止理由部分不说理或者说理不充分，只引用法律条文，不阐明适用法律的道理；切忌说空话、套话，理由千篇一律，只有共性，没有个性。尽量使用法律术语，并注意语言精练”。显然，两份“说明”中，前者采用了“论证”和“说理”的表述，后者采用了“论述”和“说理”的表述；前者的“论证”针对“（被告人的行为）应该如何处理”，后者的“论述”系针对“（裁判文书）的理由部分”，即“其核心内容——针对案情特点，运用法律规定、政策精神和犯罪构成理论，阐述公诉机关的指控是否成立，被告人的行为是否构成犯罪，犯的什么罪，依法应当如何处理”。

二、裁判文书说理的学理表达

从国内诉讼法学者的论述来看，上述我国规范性文件中所存在的问题也存在，具体包括：

1. 针对（民事判决书）内容的“理由”，有学者认为，“法院在判决书中须写明对证据的分析、评价、采信与否等认定事由的理由”；[1] 有学者认为，“认定事实的理由包括法官对当事人所举证据的认证结论，运用证据推断案件事实的逻辑过程等”。[2] 前者仅单独地从证据层面加以表述，后者还涉及证据与事实认定的勾连。

2. 针对（民事判决书）的“理由部分”，有学者认为，（判决书）的“理由部分”是“法院在查明事实的基础上，分清是非，说明当事人提出的哪些事实可以确定，提出的哪些主张应予支持，哪些不能支持”。[3] 有学者认为，“判决

---

〔1〕 参见李浩：《民事诉讼法学》（第2版），法律出版社2014年版，第315页。

〔2〕 参见汤维建主编：《民事诉讼法学》（第2版），北京大学出版社2014年版，第234页。

〔3〕 参见潘剑锋主编：《民事诉讼法》，浙江大学出版社2008年版，第295页。

理由包括对案件事实的认定和法律的适用两个方面的内容”。[1] 有学者认为，“判决理由”包括“人民法院认定的案件事实以及认定案件事实所依据的证据；人民法院处理该民事案件所适用的法律、法规”。[2] 有学者认为，“裁判文书的基本结构，除首部、尾部和程序事项外，还有事实构成、裁判理由和裁判主文三部分核心内容。事实的主张、证据的提供与获取以及由证据到事实的证明过程，应当记载于‘事实构成部分’；对证明结果的综合评价和对法律事实的综合认定（要件事实），以及证明结果和所认定的事实是否已经满足适用法律的前提条件（法律要件），并据此推导出对某一规范的适用（如果法律规范清晰且单一）、解释（如果不够清晰）和选择（如果有多个选项）的结论，应当写入‘裁判理由部分’；在根据事实认定而确定法律适用的基础上，得出的裁判结果，写入‘裁判主文部分’”，“判决理由是指法官据以作出判决的事实和法律理由”，“在判决理由部分，法官应当对当事人提出的支持其权利（或法律关系）主张的理由作出回应，包括对裁判的事实和法律依据进行总结，作为对裁判主文的前提和理由说明”。[3] 第一种观点将其限定在事实方面，第二种观点认为其涉及事实认定和法律适用两个方面，第三种观点认为其涉及事实、证据及适用的法律等三方面（未显示出裁判过程的动态性），第四种观点认为其涉及要件事实的“认定”、法律要件的“满足”以及裁判结论的“推导”，体现了裁判过程的动态属性。

3. 针对（刑事判决书的）“理由部分”，有学者认为，“裁判理由”是“把案件的事实与适用的法律相结合的部分，对事实与法律的结合要充分地论述加以说明，使判决有理有据、合理合法”。[4] 有学者认为，“判决理由部分”的核心内容是针对具体案件的特点，根据法律规定，阐明控方的指控是否成

---

〔1〕 参见谭兵、李浩主编：《民事诉讼法学》（第2版），法律出版社2013年版，第336页。
〔2〕 参见陈桂明主编：《民事诉讼法》，中国人民大学出版社2009年版，第308页。
〔3〕 参见江伟主编：《民事诉讼法学》，北京大学出版社2012年版，第110～111页。
〔4〕 参见陈卫东、严军兴主编：《刑事诉讼法通论》，法律出版社1996年版，第342页。

立，被告人的行为是否构成犯罪，情节轻重与否，依法应当如何处理。[1] 显然，前者强调“案件的事实与适用的法律相结合”，（或许）蕴含着二者之间“涵摄”的动态过程；后者更偏重法律适用，未能体现其与事实认定相互“涵摄”的动态属性。

4.“论述”“分析和论证”“说理”“论证”“分析论证”的表述均存在，例如，有学者认为，“判决的示范性和引导性需要通过判决书关于判决理由的论述以及判决主文等宣示出来”。[2] 有学者认为，“人民法院阐述民事判决理由，应遵循四个原则：一要有针对性，即要针对原告的诉讼请求、被告的答辩意见及反诉要求、第三人的陈述、争执焦点进行具体、深入地分析和论证……四要有论理性，法官要根据相关法律理论、原则以及具体的法律规范阐明个案中蕴含的法律问题，做到说理有力、论证严谨”。[3] 有学者认为，“判决书的理由部分是判决合法性与正当性的充分体现，是对法院判决所认定的事实、证据进行的高度概括，并依据有关法律、法规，说明法院对争议的焦点和纠纷的性质、当事人责任有无、责任分担等各方面的分析论证和意见”。[4]

5.“论证”针对的对象。有学者认为，（裁判文书的）“本院认为部分”，在认定事实的基础上，人民法院要根据法律、法规对案件的性质及如何认定进行充分论证。[5] 有学者认为，（判决书）的“事实”部分主要包括：(1)人民检察院指控被告人犯罪的事实和证据；(2)被告人进行的供述、辩解和辩护人醍醐的辩护意见的要旨；(3)法庭审理查明的事实和据以定案的证据。此处“据以定案的证据”，首先必须经过法庭的举证和质证，其次必须在判决书

---

〔1〕 参见樊崇义主编：《刑事诉讼法学》，法律出版社 2004 年版，第 407 页；张建伟：《刑事诉讼法》（第 2 版），高等教育出版社 2009 年版，第 322 页。

〔2〕 参见谭兵、李浩主编：《民事诉讼法学》（第 2 版），法律出版社 2013 年版，第 336 页。

〔3〕 参见田平安主编：《民事诉讼法》（第 4 版），中国人民大学出版社 2013 年版，第 271～272 页。

〔4〕 参见张艳丽主编：《民事诉讼法》，北京大学出版社 2013 年版，第 452～453 页。

〔5〕 参见江伟主编：《民事诉讼法》（第 3 版），中国人民大学出版社 2007 年版，第 365 页。

中对已采纳的证据和未予采纳的证据的理由进行说明和论证。[1] 显然，前者的“论证”系针对“案件的性质及如何认定”，后者的“论证”系针对“已采纳的证据和未予采纳的证据的理由”。

三、裁判文书说理的再界定

综上可见，“理论”与“实践”存在“反向”的“相结合”，即“理论”未能对“说理”“论证”“论述”等进行合理的界定，以致“实践”存在随意、不规范地使用的情况，同时，“实践”也未对“理论”的改善和提升起到积极的促进作用。这样的分歧就是在法理学界和哲学界也同样存在。例如，针对裁判文书中的事实认定是否需要“论证”，就存在两种观点：“肯定说”认为，“在处理个案的过程中，从事实的认定到法律的解释与选择，每一步都应给出充分的论证，避免简单化或引用并不充分的依据而牵强地得出结论”。[2]“否定说”认为，“各国司法制度对事实问题从来都是以不给分析和论证的判断来解决的（在英美法中主要是陪审团，在大陆法系及英美法系中不用陪审团的案件中用法官的自由心证），并且早在60年前哲学研究就已经指出在事实问题上，论证无法获得比认定更强有力的结论”。[3] 再如，针对“说理”“论证”“推理”的关系，有学者认为，“说理就是推理和论证”，“加强裁判文书的‘说理’就是加强法律推理（或法律论证）”。[4] 实践中，推理与论证这两种活动往往是交织在一起，同时出现。法律推理既用于法律论证，也用于法律证立（justification of law）当中。[5]

---

〔1〕参见张建伟：《刑事诉讼法》，高等教育出版社2009年版，第322页。

〔2〕参见戚渊等：《法律论证与法学方法》，山东人民出版社2008年版，第89页。

〔3〕参见［美］理查德·波斯纳：《波斯纳法官司法反思录》，苏力译，北京大学出版社2014年版，序言“司法如何穿过错综复杂”第12页。苏力同时指出，最高人民法院发布的《人民法院五年改革纲要（1999—2003）》提出，在判决书中加强对事实认定的论证是并未被众多法学家指出的一个“错误”。

〔4〕参见余继田：《实质法律推理研究》，中国政法大学出版社2013年版，第278页。

〔5〕参见焦宝乾：《三段论推理在法律论证中的作用探讨》，载《法制与社会发展》2007年第1期。

同一术语或者语词在不同的学科、不同的场合有不同的内涵和外延,被作出不同的界定,实乃正常。例如,政治学者认为,“说理”是一种理性交流、表达看法、解释主张,并对别人可能有说服作用的话语形式。[1] 哲学者认为,哲学之区分于一般说理,在于穷理,“哲学通过说理达乎道。哲学的突出特点在于它关乎说理”;[2]“所谓哲学,大致就是穷理”,即“从一个道理追向另一个道理”;[3]“哲学,大致即指追索根本的道理(不是抽象程度最高的道理,是更接近深层道理、理后之理、理中之理)”。[4] 但是,正如德国学者阿列克西所说的,“不同言说者就系统的词汇不得使用不同的含义”。[5] 也就是说,针对同一话题,则必须对相关术语作出基本一致的界定,否则就没法促成共识甚至引发无谓的争论。

首先,就涉及裁判文书的“说理”“论证”等术语的界定而言,可参照哲学者的如下若干认识:“说理”和“论证”都不是移植词,并不对应某个特定的西语词。“说理”有时被英译为“reason-giving”,但“说理”比“reason-giving”(一般是指给某个特定的看法或主张提供理由)更宽泛,例如,“物极必反”,“人难免一死”均是穷理达到的一个道理,不一定是在给特定的看法或主张提供理由;“说理”在很多场合也英译为“argumentation”或“argument”(既可以是说理过程,也可以是说理内容即论据、道理本身),但“说理”不一定是争论,至少并不突出争论这层意思,而“argumentation”比较凸显争论这一层意思;“说理”有时还英译为“reasoning”(推论、提供理由)。[6]“论证”在汉英词典中有许多相应的语词,包括“reason”“reasoning”“justification”“argument”“argumentation”“demonstration”“proof”“verification”“explanation”

---

〔1〕 参见徐贲:《明亮的对话——公共说理十八讲》,中信出版社2014年版,第30页。

〔2〕 参见陈嘉映:《说理》,华夏出版社2014年版,第2页。

〔3〕 参见陈嘉映:《说理》,华夏出版社2014年版,第4页。

〔4〕 参见陈嘉映:《说理》,华夏出版社2014年版,第28页。

〔5〕 参见[荷兰]伊芙琳·T.菲特丽丝:《法律论证原理——司法裁决之证立理论概览》,张其山等译,商务印书馆2005年版,第63页。

〔6〕 参见陈嘉映:《说理》,华夏出版社2014年版,第21~22页。

"exposition""evaluation"等。"论证可以视作较为正式的说理,基本意思在于为看法给出理由、提供理据",[1]"论证,简单说就是讲出所以然",[2]"论证,从根本上说,是一种自成一统的理解方式——通过对所以然的探究把东一处西一处的道理联系起来,以获得整体的眼光或者综观(Uebersicht)",[3]"论证,往往与争论有关,总是针对或隐或显的反对意见(他人的反对意见或者自己心中的怀疑)"。[4]

其次,要结合裁判活动或过程的特点加以考虑。各国的裁判文书作为记载法官办理案件过程及作出裁判结论的书面载体,如何记载以及记载哪些内容,均可能存在差别。此方面的原因是多方面的,既受到各国不同的诉讼模式(当事人主义和职权主义)、办案思维模式(判例法模式或者成文法模式)的影响,也受各国具体的裁判文书样式、结构的影响(前述各国诉讼法典对判决书记载内容的要求就存在差别),同时还受各国制作裁判文书习惯、传统的影响(前述法国现行判决书受传统的影响就不注重裁判说理)等。但是,无论从静态的传统解释学和司法三段论来理解,还是从动态的现代诠释学和事实—规范涵摄论来考察,法官办案过程的核心部分包括:案件(法律)事实的认定(包括证据的合法性、关联性、充足性分析以及依照证据法原理和规则利用证据证明法律事实的存在)、法律规范的确定(包括法律规范的寻找、解释、选择及冲突的排除)、裁判推理(包括推理过程及得出裁判结论)。可以说,这三大部分中均会要求法官作出某种或者某些"结论"进而需要其"说理"(或者"提供理由")。例如,法官为何采信一方当事人提供的证据,而不采信另一方当事人提供的证据,为何就某一事实的认定要实行举证责任倒置,为何判断某一方当事人提供的证据不足以证明某一法律事实的

---

[1] 参见陈嘉映:《说理》,华夏出版社 2014 年版,第 190 页。
[2] 参见陈嘉映:《说理》,华夏出版社 2014 年版,第 193 页。
[3] 参见陈嘉映:《说理》,华夏出版社 2014 年版,第 215 页。
[4] 参见陈嘉映:《说理》,华夏出版社 2014 年版,第 190 页。

存在,为何采用此种解释方法得出的结论而不采用彼种解释方法得出的结论,为何选择此法律原则而非彼法律原则作出最终的裁判依据,为何选择此法律适用原则而非彼法律适用原则来排除法律冲突的存在或者选择最终适用的法律依据(例如,在法条竞合中,是选择重法优先于轻法,还是选择特殊法优先于一般法),如何从已经认定的法律事实和确定的法律规范推理出此种而非彼种裁判结论以及此种裁判结论比彼种裁判结论更具有可接受性(或者更具合理性、公正性、正当性)等。

最后,有必要厘清"说理(性)""论证(性)"等术语的各自所指及相互关系,具体要注意以下几点:一是区分狭义的"说理"和广义的"说理"。[1] 狭义的"说理",是指法官为其作出的"结论"提供某种"理由";"论证",是指法官为其"说理"而进行的"再说理"(进行可接受性或者正当性论证[2])。二是区分"说理性"与"说理"、"论证性"与"论证"等术语,"说理性""论证性"属于名词性或者形容词性术语,是对裁判文书(或者法官)说理或者论证的程度、水平、状态的评价,而"说理""论证"属于动词性术语,是法官裁判案件过程(最终表现为裁判文书)的组成部分。三是区分"说理""论证"与其他既有的相关范畴或者术语。裁判文书的"说理"与"论证"本身是裁判过程的组成部分,有其特定的所指,不能混淆于既有的专门术语或者范畴,包括"案件事实的认定""证据的质证、认证与采信""法律规范的解释""法律(裁判)

[1] 有学者提出的"五理说",即裁判文书说的"理"包括5种:"事理""法理""学理""情理""文理"(参见胡云腾:《裁判文书说理的多维思考》,载《法制资讯》2011年第8期),显然属于最广义的"说理"(其中"文理"即"说理的语言、形式和技巧"已不属于"说理"本身)。

[2] 关于论证的可接受性或者正当性的具体标准,论证学家存在不同意见,例如,荷兰学者菲特丽丝认为,要使法律裁决的证立可被接受,法律论证必须符合两方面的正当性标准:一是在实质向度上,论证必须是可接受的:事实必须是众所周知的或已获证明的,且法律规则必须是有效的或是对某一有效法律规则所作的可以接受的解释;二是在形式向度上,论证必须是正确的:裁决必须是从证立所提出的理由中得出。德国学者哈贝马斯认为,论辩不仅要满足理想言谈情境的形式要求,也要满足特定的、实质性的道义要求;交往理性存在3个层次:作为结果的逻辑论证层次、作为程序(procedure)的对话论证层次和作为过程(process)的修辞论证层次。参见[荷]伊芙琳·T.菲特丽丝:《法律论证原理——司法裁决之证立理论概览》,商务印书馆2005年版,第23、63页。

推理”“法律适用”等。也就是说,这些专门的术语或者范畴或许与“说理”“论证”有某方面的关联,但本身不是“说理”或者“论证”。

正如德国学者阿列克西和哈贝马斯所主张的,论证的正当性有赖系列规则的遵循,例如,“任何言说者不得自相矛盾”“不同言说者就相同的词汇不得使用不同的含意”“对论辩主题之外的陈述或规范提出质疑者,负有举证(论证)之责”“任何能言说者均可参加论辩”“任何人均可对任何主张提出质疑,任何人均可在言说中提出任何主张,任何人均可表达其立场、期望和需求”等。[1] 此文就“裁判文书说理”的规范、文件、学理上的“言说”进行了一番“说理”与“论证”,其中既包括针对对方的“言说”提出的“质疑”,也包括自己对此论题的“主张”或“立场”,并进行了“论证”;至于“说理”与“论证”的可接受性或者正当性如何,期待方家的再“说理”与“论证”。

---

〔1〕 参见[荷]伊芙琳·T.菲特丽丝:《法律论证原理——司法裁决之证立理论概览》,商务印书馆2005年版,第63~64页。

第二章
裁判文书说理的本体论(一)
——民事裁判文书结构·说理模式*

从《关于全面依法治国若干重大问题的决定》来看,"加强法律文书释法说理"是为了"让人民群众在每一个司法案件中感受到公平正义,提高司法公信力"从而"全面推进依法治国"。可以说,"加强法律文书释法说理"的根本目的在于定分止争,使当事人服判息诉。"说理"只是手段,同时不能只局限于"裁判文书"说理。裁判说理改革既涉及程序,又涉及实体,呈现法院、当事人、法律职业共同体、社会公众等多条说理线索并存的复线结构,是一项系统的法律工程。[1]我国古代最高司法机构称大理寺、大理员,司法官员称"理";清末、民国法官为"推

---

* 此部分系与袁力合作而成,曾以《德国民事裁判文书结构与说理的关联分析》为题,载《法律适用》2017 年第 1 期。

〔1〕 参见赵朝琴:《规范裁判文书说理问题的多维度透视》,载《人民法治》2015 年第 10 期。

事”；[1]现行法称裁判者断案的公文为“判决书”。可以说，“说理”自古以来一直是审判机关的核心要务。“判”不可或缺的前提是裁决者辨明案情，古今中外对此都不会有太多的争议。但如何“判”、怎么“决”，说理的道路、方法乃至技术标准等均值得继续作深入思考。

一、裁判文书说理的两种模式

如何完善、改进我国当前裁判体系的说理机制与标准，从参照系看，目前学术界与实务界大致有两种选择：一是主张借鉴大陆法系，尤其是德国模式；[2]二是对英美法系的修辞、感化说理模式予以高度评价与关注。[3]道路问题是最根本的问题。根植于中华文明“大一统”思想的中央集权制必然要求“法令由一统”，法官必须摒弃个人的主观价值取向，在法典价值体系内对规范进行文字、技术和逻辑的解释与说明。同时，我国古代盛行的“注经式”律学思维，[4]在国家主权主义的支配下，法官、司法机关定分止争，说理只能是传递主权者的价值，而不能造法。从经济方面来看，令出一门有利于统一市场的形成，从而“反哺”国家存续之向心力。不可否认的是，历史在不断发展、社会生活纷繁复杂。如何缓冲“大一统”中相对稳定之意识与历史发展中相对活跃之物质间固有的结构性张力是国家法治建设、构建定分止争与说理机制所面临的、治国层面上的哲学考题；如何回应国家与时代的上述需求，提供切实可行的、具操作性的手段，将我国法治建设推进深入发展，是摆在学术界与实务界面前亟待解决的理论与实践命题。

本书尝试从定分止争、说理的视角，以德国民事判决书为中心，重点围

---

〔1〕参见白泉民：《关于加强裁判文书说理的几点思考》，载《山东审判》2015年第1期。

〔2〕参见葛云松：《法学教育的理想》，载《中外法学》2014年第2期。

〔3〕参见苏力：《判决书的背后》，载《法学研究》2001年第3期；凌斌：《法官如何说理：中国经验与普遍原理》，载《中国法学》2015年第5期；刘星：《判决书“附带”：以中国基层司法“法官后语”实践为主线》，载《中国法学》2013年第1期。

〔4〕参见封丽霞：《偶然还是必然：中国近现代选择与继受大陆法系法典化模式原因分析》，载《金陵法律评论》2003年第1期。

绕民事裁判过程中涉及的步骤与技术分析,结合我国审判实践,尝试厘清民事裁判文书结构·说理模式的框架、机制、技术标准以及相关的辅助机制。

二、德国民事裁判文书结构·说理模式

(一)说理受众

确定判决书说理之对象或者受众貌似一简单的识别问题,其实不然。一般认为判决书的说理受众包括当事人、其他诉讼参与人,上下级法院的法官、法律职业共同体以及社会公众。由此一来,判决书既要认定事实适用法律准确、层次清晰、逻辑严密、有针对性、说理透彻,[1]又要繁简分流、重点突出,[2]还要情法结合、发展出一套说服公众的修辞技术。[3] 总之,要把事理、法理、学理、情理和文理"综合地、整体地"说好。[4]这么多的期待都压在判决书上,显然是不可承受之重。这些因素是否存在天然的冲突,有没有不可调和的矛盾?回答以上问题前,我们可先从如何确定受众这一思考与观察点出发,比对德国(民事)判决书这个参照系。笔者认为,如果一定要抽象界定(德国民事)判决书的受众,那么就应是"判决书之受众为一切潜在的读者"。依此理解,只要按接触、阅读判决书之先后就能很好地确定说理受众之重要性的排序问题。

1. 承办法官

法官作为成文者是判决书的首位阅读者,也是最重要的受众。这似乎是一个悖论,其实不然。在我国裁判文书说理之所以推行得不好,原因之一是缺乏激励机制。[5]在德国激励法官充分说理的不是评优之类的举措,而首

---

〔1〕 参见胡云腾:《论裁判文书的说理》,载《法律适用》2009 年第 3 期。
〔2〕 参见李滇、樊华中:《刚弱两需分野下我国判决说理模式——以 S 市 F 区法院判决书为样本的研究》,载《法制与社会发展》2015 年第 3 期。
〔3〕 参见凌斌:《法民关系影响下的法律思维及其完善》,载《法商研究》2015 年第 5 期。
〔4〕 参见胡云腾:《论裁判文书的说理》,载《法律适用》2009 年第 3 期。
〔5〕 参见罗灿:《司法改革背景下裁判文书说理的规范与加强》,载《人民法治》2015 年第 10 期。

先是不被上级法院改判,这种制度上的鞭策存在于办理每个案件各个具体细节。初任法官到岗的第一天,老法官就会告诉你,法官工作的唯一目的就是写“Instanzen”(各审级)“Fest”(牢固)的判决书。法官在签发自己写的判决书前都会站在当事人和上级法院的角度,仔细阅读若干遍,尽力不留任何上诉理由,以致不被发改。[1]法官只有在自己说服了自己,进行了自我监督后,才会出于内心之确信,根据ZPO第311条以“人民(主权者)的名义”作出判决。[2]这与我国《论语》中“己所不欲,勿施于人”的传统道德标准遥相呼应。

2. 当事人、其他诉讼参与人、执行员

当事人、其他诉讼参与人作为受众很好理解,因为他们是诉讼的主体与参与者。但为何执行员是判决书的受众?这涉及德国法中审执分离的制度设计:德国的民事程序分为认知程序(Kenntnisverfahren)和强制执行程序(Zwangsvollstreckungsverfahren)。(根据事实与法律)断案的只能是受过专业训练的法官,执行人员只负责实现认知程序的结果。只有将定分止争的任务固定在有相应专业人员支撑的认知程序,才能确保法律适用的统一,并提高执行的效率。因德国法规定强制执行的依据不是判决书,而是判决主文(§§704,724,725 ZPO),所以,执行员从法官助理那儿得到的强制执行文本之内容只有判决书首部和判决主文,不包含案情和判决理由部分。只

---

[1] 2012年德国萨克森州(德累斯顿)州法院案件数据统计(Geschäftsstatistik 2012 der ordentlichen Gerichtsbarkeit Oberlandesgericht Dresden):(民事案件)中院(一审)11,432件;基层法院一审48,093;其中上诉2043件,(在上诉案件中)撤销或发回重审39件,改判298件。由此可以看出,只有3.4%左右的案件上诉,而只有0.56%(千分之5点6)上诉成功,载http://www.justiz.sachsen.de/olg/download/Geschaeftsstatistik_2012.pdf,最后访问日期:2013年12月5日。

[2] 参见艾文:《知识产权的裁判说理——访北京知识产权法院副院长宋鱼水》,载《人民法治》2015年第10期。就像宋鱼水法官认为的那样,“说理毕竟是手段,其最终服务的是此案是否经受住真理的考验,换句话说,其考验的是法官的内心,定力、判断力、正确性如何,所以,法官……将判决书的规则高高举起,使一份言之有理的判决在当事人乃至社会的发展中不断放大”。

有在特别情况下,如确定众多执行标的的需要,执行债权人才会申请附带事实和判决理由部分的强制执行文本。正是审执分离制度从形式上隔绝了执行员了解案情与判由的可能,当事人向执行员异议根本没有意义,因为其既没有程序法上的审判权限,也不了解案件的任何情况。对于执行员来说,判决主文只要具备自我解释(Selbsterklärend)、无须回看判决书(案情与判决理由部分)就能清晰执行的功能就够了。笔者认为,这属于典型的德国模式下的程序性的定分止争(说理)功能。这里的"理"也许不是我们通常意义上的"说"理,而是程序中蕴含的"法理",是为程序参与者提供的行为之"理",(不)说理之"理",方便相关人员在特定情形下澄清疑问,从而达到止争的目的,避免了不断"翻煎饼"的恶性循环。在此模式下,如果被执行人试图与执行员论"理",一定会得到执行员非常有礼貌的回答:"对不起,您说的情况我并不清楚。我只负责执行。您看执行文本中只写明您应支付 X 先生一百万元以及自 8 月 1 日以来的延期利息。请配合执行。"

3. 上下级法院、法律职业共同体

判决书对法律职业共同体(含上下级法院的法官)说理的主要目的是实现专业监督、形成统一的裁判标准、完善法律体系、为说理体系积累素材。为达到以上目的,作为法律职业共同体交流通道的判决书(内容),应具备一套十分完善的专业技术体系。本书会在相应部分予以介绍。

4. 社会公众

如果针对法律职业共同体要求的是法言法语、逻辑严密,那么对社会公众的说理则要求通俗易懂,顺应民众的情感。只有这样,才能"让人民群众在每一个司法案件中感受到公平正义"。

判决书受众的多样性与差异化是否会导致说理方法与路径的选择上出现不可调和的冲突?严谨的法律思维、专业分析是否会妨碍普通民众对裁判所说"理"的理解?等等。带着这些疑问,我们接下来开始本书的技术探讨。

(二)说理的框架与技术标准

“说理”(定分止争)并非一项独立成型的程序制度,也就是说,其充分实现涉及民事诉讼的方方面面。为了使本书的探讨有章可循,必须首先确定说理的框架,才能做到有的放矢。无论是理论界,还是实践部门,大家都已经意识到判决书的结构是说理的关键组成部分。[1] 此处采结构与内容比对性倒推之方法以探求中德民事裁判的说理机制。[2]

1. 判决主文(Urteilstenor)

从法律体系、民事诉讼的整体大局观上看,判决主文是法治国家建设的“众妙之门”,就像一座巨大的灯塔、定海神针,引导实体与诉讼中的一切。[3] 判决主文是程序与实体的结合点,诉讼活动的最终产品不是判决书,而是(可执行的)判决主文。一切事实的认定(程序)与法律适用(实体)之根本目的在于得出判决主文。从这一观点出发,笔者主张:不是判决理由,而是判决主文才是整个民事诉讼的定分止争机制之灵魂所在、说理之灵魂所在。目前,我国裁判说理存在的最大问题是,对于为什么说、说什么(内容)、怎么说(标准)没有统一的标准。只要有了以上的认识之锚,大多数有关说理的分歧是可以得到有效化解的。换言之,判决书的一切说理必须以判决书主文为轴心展开。

作为强制执行的依据,判决主文必须简短、无歧义、可执行、完整以及受

[1] 参见曹志勋:《对民事判决书结构与说理的重塑》,载《中国法学》2015 年第 4 期。

[2] 由于篇幅的关系,笔者要明确以下 3 点:首先,本书主要探讨民事判决书中说理的主体部分,对首部和法官签名部分不予深究;其次,本书只比对有可比性的、能得出对我国裁判说理改革有帮助的关键节点,并不追求全面;最后,本书以给付之诉为蓝本,因为只有给付之诉需要执行,是最完整的程序类型。

[3] van den Hoevel, Die Tenorierung im Zivilurteil, S. 1, Verlag Franz Vahlen, 4. Aufl. 2007; Wallisch, Die Tenorierung zivilgerichtlicher Entscheidungen-Eine Übung für Rechtsreferendare, Jus 2006, 799.

限于当事人的诉求。[1]德国民事裁判主文置于首部,不同于我国置于尾部,主要理由是:第一,当事人与社会公众拿到判决书那一刻的心理需求首先就是知晓判决结果,其次才是根据的案情与理由。第二,基于技术上更深层次的考虑,这是法律职业共同体交流与制约的需要。德国民事裁判文书的整体结构(§ 313 Ⅰ ZPO)是"以人民的名义…… ×××法官……于××××年××月××日,审理 ××× 一案,现判决:判决主文(A 向 B……),根据的是以下案情……(事实部分),因为……(判决理由部分)"。[2]笔者将这种结构称为"一句式"即在此结构下,整个判决书从逻辑上看就是一句话。而在这句话、这种结构里,判决主文的纲领性作用体现在以下两个方面:其一,法官开门见山,充满底气地将自己之内心确信以判决主文的形式外化为对判决的宣告,充分体现法院、法律程序一锤定音的庄严性与权威性。其二,一句式用"根据式陈述"(Urteilstil)的表达方式成文,强制法官公开判决之根据链(详见后文的"案情"与"判决理由"部分)以方便受众,尤其是法律职业共同体的监督。检查链条中每一环节的完整性,在一定格式规范的定位下是很容易完成的(详见后文"案情"与"判决理由"部分)。

德国民事裁判主文的结构写法契合其对执行员说理功能的发挥。具体是,法官在判决理由部分写明了(赔偿)分项,并对之加权,之后只将总数额写入主文(总额式主文)。例如,以交通事故责任纠纷为例,判决主文表述为"……判决 ×××向 ×××支付……",而非"判决 ××× 向××× 赔偿医药费×××、护理费×××、营养费×××……",这样可以防止案件事实部分(医药费等)、实体法概念(如"赔偿")进入主文和"分列名目"的叠加。这种写法蕴含非常深刻的程序设计方面的考量:首先,这是维护既判力的需

[1] Knöringer, Die Assessorklausur im Zivilprozess, S. 11, C. H. Beck, 12. Aufl., 2008; BGH NJW 1988, 128, 2006, 1062; NJW-RR 2010, 275; OLG Frankfurt MDR 1977, 56; BGH WM 1980, 343.

[2] MüKo-ZPO § 313 Rn. 14, 4. Aufl., 2013; Zöller/Vollkommer § 313 Rn. 2, 29. Aufl., 2011.

要。若案情认定部分,如分项定性或数额计算有偏差,只要不影响判决主文的内容,判决主文(执行依据)就不用改。定性、计算偏差和笔误等只需经案情修正程序(§§319,320 ZPO)作相应调整即可。[1] 其次,总额式主文是审执分离的必然要求。强制执行文本中不但不能出现案件事实,更不能出现分列项的事实;否则,被执行人有可能就单项内容提出各自(有理或无理)的抗辩,造成在不该说理的地方说理。判决主文"简洁"标准最重要的功能就是屏蔽审判信息进入执行阶段,防止说理错位,避免在执行程序中产生纠纷。[2] 至于像"赔偿"这样的实体法概念进入判决主文,更有损判决书的专业性。"赔偿"对应的原因是实体争议的案情。试想,执行员对被执行人说"请您赔偿×××一万元",显然会触及被执行人"论理"的敏感神经。而"支付"作为中立性词语,对应的则是程序法上的给付之诉、强制执行文本中的判决主文和执行员的物理动作(要求被执行人"支付")。笔者认为,我国判决主文中使用"支付"一词更专业、实用。

2. 案情(Tatbestand)

无论在哪个国家,由于一般的当事人没有受过专业法律训练,其对案件的描述必然是综合的、无序的;既包含了案情,也包含了对法律适用的意见,甚至还会出现与案件无关的陈述。不接受调解,进入诉讼中的当事人双方一般都会认为自己"有理",都为争取对自己有利的判决无所不用其极。随着案件的深入发展,必然累积了大量的、无序的各种陈述与诉材(Streitstoff)。如何有序、有效地处理这些参差不齐、犬牙交错的诉材,去除对审判没有意义的诉材,最终在定分止争原则的引领下形成对判决(判决理由——法律适用部分)有用的"案情"是审判工作中一项极其重要的工序。其关系审判的效率与质量,关系当事人在审判工作中对司法公正、公信的感

[1] BVerfG NJW 1992, 1496, BAG NZA 2006, 439, 400, OLG Hamm MDR 1977, 760.

[2] 如果执行程序中出现新情况,那么被执行人或第三人只能提起执行异议之诉;而执行异议之诉也是属认知程序,有专业法官进行裁判。

受,关系承办法官的幸福感,关系我国民事诉讼体系构建的成败。立足于此,笔者认为,有学者如下观点即“裁判说理可划分为生成阶段之审判过程说理与外化阶段之裁判文书说理”,将我国裁判说理的认识层次提升到了一个新的高度。[1] 在此之前,我国学界、实务界往往把“定分止争”等同“说理”,把“说理”等同“裁判说理”,把“裁判说理”等同“裁判文书说理”,把“裁判文书说理”等同“判决书说理”,最后把“判决书说理”等同“判决理由说理”。(民事)利益纠纷的复合性决定了定分止争更多的是“审判过程说理”,而“判决理由”中解决的是非判不可的那一部分,当然其是定分止争机制中的核心部分。“生成阶段之审判过程说理”是德国裁判体系设计的隐性部分,一般不记载于任何教科书当中,只有亲历者才能体会其强大。在这一过程中,法官在整理诉材中形成内心确信,即首先说服自己,并在指引当事人导入“有效”诉材时,让当事人说服对方或择机说服当事人,充分发挥作为主权价值的媒介传递程序与实体法法典中的各种制度之价值,这些无疑对定分止争、服判息诉起到至关重要的作用。[2]

探讨如何实现在审判过程中说理,在程序的框架内说理、定分止争(程序说理),还得回到判决书的结构上来。程序说理的任务是:以民事诉讼当事人主义为原则,充分调动当事人的能力,借力打力,穷尽诉材,确定争点,并

---

〔1〕 参见赵朝琴:《规范裁判文书说理问题的多维度透视》,载《人民法治》2015 年第 10 期。

〔2〕 笔者曾在基层人民法院调研的过程中被问到一个非常奇特的问题:为尽可能实现无改判、无上访、无投诉,提高司法公信力,能不能在“判决前征求当事人的意见,即向其公开判决意见的核心内容……”,即“能否把判决书稿拿来征求当事人的意见”?笔者明白该尝试的目的是要将当事人的抗辩在宣判前消化好,一是法官出于有把握通过法律适用定分止争、说服当事人的底气;二是出于对当事人缠讼的担忧。笔者认为,德国纠纷解决机制中包含了调解、仲裁与诉讼(判决)3 种路径。从技术层面上看,以上路径应该是调解或仲裁的范畴;而结构上则处于调解、仲裁与诉讼(判决)三者之间。综合考虑,既然法院是国家裁判机关,是定分止争的最后救济,如何在诉讼过程中消化、吸收当事人抗辩与不满,回归程序说理的框架中来才是正解。Schwäzler, Schiedsgerichtsverfahren und Mediation als Alternativen zur öffentlichen Gerichtsbarkeit, liechtenstein-journal 4/2011, S. 113.

在此基础上发现定案的要点(§ 139 ZPO Materielle Prozessleitung[1])。用宋鱼水法官的话讲,就是“通常对当事人的焦点审理也是递进式的,一个问题接着一个问题的揭示,最后在庭审辩论中,能够达到当事人的说理已经很深了,只是看看法官更倾向于哪种观点”。[2]这是民事诉讼的普遍实然结构。但从德国裁判实践来看,必须从程序说理的高度规划,使诉讼资源整体性地“物尽其用”,不但借力陈情制度让当事人说服当事人,让其自行穷理;更重要的是,通过程序的设计与审判技巧的运用,“让当事人准备庭审”,将法官的工作量降到最低。这才是民事审判实战的真谛所在。以此思想维度为出发点,可以发现,现行最高人民法院推行的“九二式”民事判决书“原告诉称、被告辩称、经审理查明”的结构没有加工、整理诉材,协调诉讼活动,为庭审与判决理由奠定基础的功能。理由是,“九二式”民事裁判文书是按主体划分的,而不是按民事诉讼结构划分的。这种模式必然导致诉材淤积。淤积的诉材必然导致不想说理、说不清理、说理错位,乃至某些文书的乱说理。实际上,我国审判实践也出现了如遗漏关键事实、事实没有证据的支撑、对证据缺乏分析、事实叙述与说理不一致或矛盾、叙述繁简不当等问题。[3]这些问题也引起了学界与实务界的重视。[4]我国民事诉讼应该如何构建案情部分的生成机制?笔者认为,这只能采取体系解决的方法,即分解成案情生成机制和程序定位两大方面来加以考虑。

预防诉材的淤积、对不同案件进行源头疏导是不二的选择。在我国司法改革中,繁简分流一直是一项十分重要的内容。在实践中,基层法院承担

---

〔1〕 Stürner, Die richtliche Auflärung im Zivilprozeß, J. C. B Mohr (Paul Siebeck), 1982, S. 28 ff.; BGH NJW-RR 1993, 569; NJW 2002, 3317, 3320; NJW 2003, 3626, 3628.

〔2〕 参见艾文:《知识产权的裁判说理——访北京知识产权法院副院长宋鱼水》,载《人民法治》2015 年第 10 期。

〔3〕 参见雷鑫、黄文德:《当前法院裁判文书存在的问题及原因分析》,载《法律适用》2010 年第 1 期。

〔4〕 参见邹碧华:《要件审判九步法》,法律出版社 2010 年版,第 116 页以下。

90%以上的审判工作,其中简易程序约占80%。[1] 一些法院按繁简分流、类案总结的路径探索不同的文书模式。理论上,也有学者提出“弱需与刚需说理”的路径。[2] 笔者比对裁判实践后发现,德国民事诉讼对诉材淤积的预防与疏导采取的体系设计是通用式判决书与微程序相结合的方式。“通用式判决书”即只规定一种判决书结构(§313 ZPO)——包含首部、主文、案情、判由和法官签名;其中,案情与判由可以根据不同的案件性质予以省略(§§313a,313b ZPO),例如,当庭宣判,当事人表示不予上诉的、缺席判决的、被告承认对方诉求等。德国这种通用式判决书结构更符合诉讼规律,便于法官记忆与操作。这种做法类似为战斗部队配备通用机枪,根据任务不同装填不同的弹药,而不是根据不同任务选择不同的枪械与弹药。其设计思路与目前我国地方法院文书类型化设计刚好相反。

如果说,单一文书结构是通用式机枪,那么不同弹种,即微程序的结构与功能的设计将十分关键。我国《民事诉讼法》试图将简易程序作为繁简分流之工具的办法并未起到应有的疏导效果。该法第157条“事实清楚、权利义务关系明确、争议不大”,这一表述放在实体法尚值得商榷,置于程序法中显然有违审判规律。理由是,从认知的逻辑上讲,没有一件案件的法官能在审理案件、接触诉材前就确定事实是否清楚、权利义务关系是否明确。这条看似合理的规定在实践中已引发诸多问题。据笔者在多家基层法院调研了解,立案庭一般在作完形式审查后,都会先将案件立为简易程序,并据此确定开庭日期。当主审法官发现案件必须适用普通程序时,还要作相应的裁定、在审管系统里更改信息、重新排期并通知当事人。德国《民事诉讼法》并没有前置性的、硬性的程序类型规定,承办法官接到诉状与答辩状、初步了解案情后,会根据要件审判方法确定案件的可判度(Entscheidungsreife),即

---

〔1〕 参见傅郁林:《繁简分流与程序保障》,载《法学研究》2003年第1期。

〔2〕 参见李滇、樊华中:《刚弱两需分野下我国判决说理模式新探——以S市F区法院判决书为样本的研究》,载《法制与社会发展》2015年第3期。

当事人提供的材料是否已经充分了请求权之要件?从这一刻起,承办法官在一定规则的指导下开始争点的整理,区分有争议与无争议案情;并根据要件审判的规则确定原告提供的诉材是否已充分了请求权,被告的诉材是否已构成实质抗辩。如果根据目前的诉材不能判决(Nicht Entscheidungsreif),那么,德国《民事诉讼法》第 272 Ⅱ条(§ 272 Ⅱ ZPO)通过第 250 条(§275 ZPO)、第 276 条(§ 276 ZPO)和第 128 条(§ 128 ZPO)给了承办法官几个工具。承办法官会决定启动书面前置程序(Schriftliches Vorverfahren, § 276 ZPO),让附有陈情责任和证明责任的当事人在规定期限内继续提供材料。此程序的目的就是收集诉材、整理争点,为庭审做准备。[1] 在德国审判实践中,法官起到的作用更多的是组织诉讼,诉讼制度的设计是尽量将诉讼责任与压力转移给当事人,而不是将确认"事实是否清楚、权利义务关系是否明确、争议大小"责任压在法官的身上。通过书面前置程序,当事人双方在法官的指引下将书面诉材源源不断地引入诉讼。而承办法官每次在收到当事人新诉材时都会阅读并判断该诉材是否构成争议?请求权所有要件是否已充分?在法官的引导下,当事人双方你来我往地几次书面交锋下来,就把该提交的诉材提交了,把该说的意见说了。当法官根据个人审判经验认为,当事人双方都已无诉材要补充,即词穷理尽时,或诉材已经充分了请求权或抗辩权的要件时,在征得双方当事人的同意后,可不开庭而直接判决(§ 128 Ⅰ ZPO)。[2] 如果当事人不同意,[3]更多的是承办法官觉得书面审理不能完全形成内心确信时,那么其将根据第 275 条(§ 275 ZPO)决定第一次开庭(Früher Erster Termin),然后根据第一次开庭的情况,决定是否

---

〔1〕 Thomas/Putzo, § 276 Rn. 1., 2011 32. Aufl.; Stein/Jonas/Leipold, § 276 Rn. 4, 5, 2002, 22. Aufl.

〔2〕 Deubner, Gedanken zur richterlichen Verfahrensbeschleunigungspflicht, FS Lücke, C. H. Beck, 1997, S. 51.

〔3〕 Baumfalk, Zivilprozess Stagen und Examen, S. 30, Alpmann und Schmidt Juristische Lehrgänge Verlag, 2006 9 Aufl.

需要再开庭[§ 276, 庭审主要部分(Haupttermin)]。此外,在庭前组织方面,德国审判实践技术与微程序的组合具有以下特点:同样的需求,德国裁判实践中不组织当事人与其他诉讼参与人到庭,因为这样会增加当事人的讼累。德国审判实践通过书面前置程序避免了当事人和承办法官的讼累,确保承办法官全程参与诉材的整理与认知。不仅如此,书面前置程序中放手让当事人充分交锋,借力打力,调动当事人及其诉讼代理人穷尽诉材,并极大地缓解了法官说理的压力;同时,给予了承办法官足够的程序空间来应付各种情况:最简单的案子,书面审,经双方当事人同意不开庭,直接判决;稍微复杂的案件,书面交锋,穷尽诉材后,一次开庭解决问题;大型案件可根据进展决定开庭次数。在德国审判实践中,一切程序的安排都是顺应案件审判的发展而形成的,没有固定的简易程序或庭前会议的制约,可以说是充分理解了"兵无常势,水无常形"的真谛,达到了"上善若水"。笔者认为,在当事人主义大趋势下,民事审判要将庭前准备的争点整理部分分流成书面准备程序和第一次开庭的质证环节;将大部分诉材形成与穷理的诉讼压力分配给当事人,从而让法官专司裁判。从民事诉讼结构上讲,当事人承担诉讼压力是天然的状态。由于民事案件数量巨大,制度上不可能像刑事诉讼那样,对案情的生成作职权主义的安排。当事人承担民事诉讼压力的法理依据及根本原因在于,诉讼确定的是当事人之间的私益纠纷,法院作为司法机构,没有宪法上的授权与义务投入过多的司法公共资源。当事人是民事案件的亲历者,离案情最近,他们相对法官来说,在案情生成方面有天然的优势与便利。

以上流程是法官断案的一种专业思考方式与路径,在德国民事审判实务技术上称为"关联求证法"(Relation)。这种司法技术的目的是以最快、最经济的路径得出判决的主文。[1]这种技术之所以称为关联求证法,是因为它

---

〔1〕 Anders/Gehle, Das Assessorexamen im Zivilrecht, S. 4, Werner Verlag, 2008, Aufl. 9.

要处理的是民事诉讼中特有的两种(原被告)案情,法官作为判断与思考者在未得出内心确信前,必须通过一定的机制在当事人双方提供的诉材“丛林”中规范自己的思考,探求案情,形成内心确信,最后得出判决主文。只有这样,承办法官才能把理说清、说透,把当事人说服。换言之,若单纯地出于朴素逻辑地认为,民事判决文书主文是法院根据认定事实、适用法律而得出的结论,因而宜将主文放在判决书尾部,显然,这是法官思考、形成内心判决确信的路径,而不是判决的路径。

此外,笔者建议用“案情”代替“事实”不仅是源于哲学与逻辑层面上之考虑,更重要的是,希望理顺我国民事诉讼的结构与效能。在生成机制上,德国裁判文书之所以命名为“案情”,是出于民事诉讼当事人诉讼地位平等与自由处分原则的考虑。根据自由处分原则,德国民事判决书将当事人没有争议的(承认的, § 288 ZPO 或不反驳的, § 138 Ⅱ, Ⅲ ZPO)部分放在“案情”(Tatbestand)之首。下面根据当事人平等原则,着重讨论争议部分。我国对“案件事实”的表述是“诉称、辩称、审理查明”;德国民事诉讼法对“案情”的表述是“原告称、被告称”,用的是“称”(Behaupten)这一中性词。除降低当事人对抗性的附带效应外,更重要的第一层技术考量是,区分当事人提出的、有争议的“案情”(Tatsachenbehauptung)与“法律意见”(Rechtsansichten)。我国“诉称、辩称”的思路不但没有区分有争议的案情,而且必然导致法官在成文判决书中将当事人提供的“事实”与适用法律的个人见解一并陈述,从而直接导致法律适用的极大混乱。结合上面对关联求证技术的解释,读者应不难发现,德国裁判技术为整合形成“判决理由”(Entscheidungsgründe)所需“案情”,在有序性和简洁性上设置了双重保险:第一重保险是上面提到的、通过微程序流程将与判决无关的诉材剔除,在思路上整理出争点与法律适用难点;第二重保险是通过“案情”部分的格式,强制法官将争点以成文的方式外化。德国民事诉讼就是以这样的裁判技术一层一层地把从当事人方面提交来的、综合的、无序的信息过滤、加工,“裁剪”

出符合“判决理由”三段论推理要求的“案情”。

德国裁判一直遵循这样的原理:“当事人给案情、法院给法律(结果)。”至于如何适用法律(法律意见)是法官的事,当事人可提出法律适用意见,但仅供法官参考,其不能进入判决书中的“案情”部分(Tatbestand)。[1] 德国法官业务培训的第一要务就是区分有争议和无争议的“案情”与“法律意见”,统一对有争议“案情”(Tatsachen)用“称”(behaupten)、对“法律意见”用“认为”(...ist der Meinung)来表示。除非缺乏当事人相关法律意见之陈述会导致案情部分的阅读、理解困难,否则,其法律意见,即当事人“认为……”的部分一律不得进入判决书的“案情”部分。作此区分的技术背景是,德国诉讼理论将“实事”(Tatsachen)定义为:所有存在于客观世界中,能够被证明、被感知的,现在或将来的、外在或内在的、积极或消极的数据(Daten)。[2] 整理争点是对争议“案情”的整理,而不是对争议“法律意见”的整理。这一步对应的是判决理由中三段论推理中的小前提,即“案情”部分的证明责任。由于法律(适用)意见是当事人主观的判断,不属于可以证明的范围,而属于法官适用法律的职责范围,所以“法律意见”不能被收入“案情”之中。德国判决书“案情”部分以上安排的第二层技术考量是方便法律职业共同体阅读。专业人士拿到判决书阅读“案情”部分时十分清楚,第一段就是无争议的事实(采用直陈式表述),看到“称”(behaupten)就知道是原告还是被告的“有争议”的陈述,并为准备阅读判决理由中证明责任部分又贴上“记忆的标签”。德国判决书中“案”部分格局的第三层技术考量最深刻,即区分有争议与无争议案情的首要指向是繁简分流、优化法官的办案流程,强制法官在办案的过程中对案件诉材进行深度地整理,将适用法律与说理的注意力集中在当事人有争议的部分。法官在收到诉讼材料时会自觉对比、审查双方的陈述是否一致,整理争点。经过整理当事人的几次交锋,法

---

〔1〕 关于法官回应当事人的各种法律意见、抗辩等的标准,请看本章的判决理由部分。

〔2〕 Anders/Gehle, Das Assessorexamen im Zivilrecht, S. 13, Werner Verlag, 2008, Aufl. 9.

官对案件的各种法律与利益纠纷情况基本了如指掌,为主持庭前调解、法庭调查(举证、质证)、当庭解释事实认定与适用法律的情况打下坚实的信息基础,大大提高了办案的效率。

值得注意的是,我国民事判决书的"事实部分"有"经审理查明"这一表述,而在德国民事判决书中的"案情部分"并没有。德国的"案情"部分主要是无争议的案情,原告陈情与被告陈情。"经审理查明"强调的是法院的职权主义,而现代民事审判已转向当事人主义。这不仅是形式上体现民事诉讼当事人地位平等的需要,更是程序优化、合理分配诉讼资源和说理服人、定分止争的必然要求。德国裁判实践"案情"部分只梳理出争议部分,对应民事诉讼中的证明责任。如此一来,(证据)说理之压力已顺理成章地落到了相关当事人的头上,如果其因证明失败而败诉,将大大增加其服判息诉的可能性。这是私法中自己责任之伦理设计的力量体现。这是德国民事裁判技术中蕴含的定分止争、说理的设计。对于此类借力打力的设计,应该引起我国理论界与实务界的高度关注,并力争结合我国审判实践汲取其中有益的养分。定分止争机制设计的最高境界是布阵,用程序机制规制当事人服判的必然性。因此,法院把"经审理查明"的责任揽到自身后得出的"事实"和根据当事人陈情或证明不能得出的"案情",哪一种更适合作为服判息诉之推理、定案的依据?笔者认为,答案不言自明。

除以上部分外,德国民事判决书"案情"部分还有一特殊组成部分,那就是程序历史记录(Prozessgeschichte)。由于判决主文是判决书的灵魂与核心,一切与其无关,不能对主文提供支撑的文字都是多余的,只会造成判决书的臃肿。所以,法官办案的过程(如向当事人发出陈情处分、证明裁定、鉴定、勘验等)在一般情况下不能进入案情。因为这些办案过程所产生的结果(如当事人提供的陈情、证据等)已收入了对判决有用的"案情"部分。但是,如果在办案过程中出现了对判决主文中的诉讼费用之形成起到关键影响的程序(如当事人增加、减少、变更诉求等),那么,这些程序的过程必须收入程序历史记录,以便受众理解主文中与费用有关的部分。其他重大程序事件,如举证、质证、失辩、申请第三人参加诉讼等,也应在程序历史上予以收录,否则在判决理由中无法对相应的法律适用提供依据。

德国裁判技术之所以花如此大的精力来设计案情生成机制,其主要目的除为“判决理由”提供合格的产品外,还有一重要的目的,即理顺审级资源和说理关系。“案情”(Tatbestand)在德国民事诉讼中有证据作用,是证明庭审的证据(§ 314 S.1 ZPO)。法官在庭审一开始时就会询问当事人是否依据之前的书面前置程序中厘清的争点作为开庭的基础,加上书记官在庭审时记录了当事人对诉求与陈述的变更等,案情会起到固定第一审判决诉材的作用。案情的法定证据定位,使第二审法院在推翻第一审事实认定时,必须逾越严格的证据规则,在一般情况下,要做到这一点十分不容易。由于第一审法院与第二审法院相比,与案件和当事人在时空上最近,拥有的审判资源最多,所以程序法理上必须要求和保障第一审法院把案情部分坐实;除非出现新的案件事实,第一审法院程序违法或有确切事由怀疑第一审认定之案情的正确性与完整性(§ 529 ZPO),第二审法院不得推翻第一审认定的事实。

3. 判决理由

从形式上看,承办法官在关联求证法的指引下,引导当事人穷尽诉材、完成诉材收集,特别是结束法庭调查后(Prozessleitung, § 136 ZPO),此时法官其实已形成了对案件结果的内心确信,否则其不会结束法庭调查(§§ 136 Ⅳ,296a ZPO)。从这一刻起,其已经具备了形成“判决理由”(Entscheidungsgründe)的思路与基础。而形成判决书中的判决理由只是法官内在关联性求证思维的一种外化,是法官裁判工作中最容易做的一部分,只需遵循一定的方式书写即可。法官审理、得出判决的(思考)过程使用的是关联求证法,形成文字用的是“求证式陈述”(Gutachtenstil)——其基本结构是“如果（要件）……那么（法律效果）……”。[1]值得注意的是,法官思考的过程并不反映在判决书中。德国民事判决书的书写方式是“根据式陈述”(Urteilstil)——其基本结构是“判决如下(法律效果)……因为(要件)……因为(要件)……”。同样是请求交付标的物的权利:如果用求证式陈述(Gutachtenstil)写,应该是“如果合同成立,那么甲可以请求乙交付标的物并转移所有权;合同成立的前提是要约……承诺……要约是希望与他人订立合同的意思表示。甲向乙寄出合同书,希望与其订立合同,所以是要约,承诺是……所以合同成立,甲可请求……”(求证式陈述是一种假设式的、开发性的思维路径,并不预设结果,目的是强制成文者寻找、充分要件并为之提供佐证,规范求证的路径);但用根据式陈述(Urteilstil)写,则应该是“甲可以请求乙交付标的物并转移所有权,因为他们间的合同成立,(合同成立是)因为有要约,因为甲向乙寄出合同书;而且也有承诺,因为……”,以上是标准的逻辑表述,虽然略简单,但主要是为了说明两种陈述模式的制度目的。当然,在成文时可采不同文风,丰富表达方式,因篇幅所限,不予展开。根据式陈述的思维路径是结论性的,即强制法官通过根据式陈述向判决书的受众公开判决的依据,以便接受判决书受众的审查。无论是求证式陈述,还是根据式陈述,其使用的都是形式逻辑中的三段论。其唯一区别在于:求证式的大小前提在前,结论在后;而根据式则是结论在前,而前提在后。一个是规范思考路径,另一个则是公开决定、思考的根据。两者有完全不同的技术功能。

判决理由虽是法官审判工作中最容易的一部分,但有极其重要的说理、息讼服判的功能。写好判决理由,是一个完美判决的“最后一公里”,承办法官对此必须有清晰认识。因为前面的程序引导得再好,争点、诉材整理得再清楚,思考得再缜密,这一切更多的是存在于法官的脑海中,如果没有体现

---

[1] 关联求证法(Relation)是一种收集、整理、判断诉求的形成判决的实务技术,由于篇幅所限,在此不予展开。

在判决理由上,没有“可视化”这一步,不但会影响司法的公正与公信,而且会招致当事人的上诉、上级法院的发改。

对判决理由生成与评判标准的探讨还是得回到判决主文这一“定海神针”上来。判决理由是对决定判决主文所依据的事实与法律的简短总结(§ 313 Ⅲ ZPO),其本质以判决主文为标的、以民事实体法之请求权体系、结合诉讼法的技术构件而进行的一种逻辑说理。成文的方法是这样的:判决理由在对判决结果进行简单介绍后,就会通过引用请求权规范(Anspruchsgrundlage)直接进入主题,并通过对请求权规范要件和抗辩要件逐个予以解析,最终确认原告陈情、举证是否充分了其请求权规范的要件,被告陈情、举证是否充分其抗辩的要件。要件式说理的长处是针对性强,由于法官在前期审理时就对案情进行了有效的梳理,在形成判决理由时只需将相关案情(含证据)“代入”请求权或抗辩的要件中即可得出每个要件充分与否。按请求权要件的顺序书写判决理由不但有针对性,而且层次十分清晰,所以也无须对判决理由安排标题。不仅专业人士按要件思维可以迅速理解相关内容,就算是当事人和普通民众也能十分清晰地了解判决理由的思路,因为每一要件都是在一个实体请求权规范下自成一体的推理与论述。

目前,在判决理由中应当说理,而且是通过要件说理的共识正在逐步形成,这些都已经不是说理机制的主要问题。当下,主要问题是在我国目前案多人少的环境下,如何在法律技术上和物理上完成判决理由中要件三段论推理并成文的问题。如何通过各种辅助机制帮助法官减负在此暂且不谈,此处主要介绍一些成文技巧,集中回应我国“裁判文书说理”讨论中涉及的相关问题。判决理由成文者遇到的首个问题是“对请求权要件书写的详略标准究竟如何把握”?要件审判与三段论推理密不可分。在确定一个请求权规范成立时,从理论上讲,都必须对每个要件的充分与否作逻辑上的确认;但在实践中若严格执行此标准,不仅会导致判决理由的臃肿、影响可读性,而且会占用成文法官大量的时间。可以肯定的是,就算在对法律适用逻辑要求最苛刻的德国审判实践中,也没有一个法官会这样做。根据 § 313 Ⅲ ZPO,判决理由是对决定判决主文所依据的事实与法律的简短总结,这就是程序法对法官自由裁量成文繁简度的授权。由于判决理由的目的在于公开支撑判决主文的依据、定分止争,所以法官成文时应该只针对当事人有争议的或自己认为对案件裁判结果有重大影响的要件进行三段论推理。举一简单例子:侵权责任构成要件有行为、损害、因果关系、过错和违法性阻却事由。在用根据式陈述成文时可以考虑如下的推理表述:"本法庭认为,甲向乙投掷石块,致其头部骨折已构成《侵权责任法》第六条的侵权行为。但是出于维护自身合法权益的正当防卫,乙当时虽携带赃物逃离了现场,但甲的追击行为客观上使得乙并未完全取得赃物的占有,其侵权行为仍在进行;至于头部骨折按本法庭的意见并不能构成防卫过当,因为……" 以上的例子主要想说明以下几点:第一,当事人无争议的事实一律直接用不推理的、直接认定的直陈式表述。例如,"投掷石块"不能再从文字上明确对应要件中的"行为","致"不能再对应"因果关系","头部骨折"不能再对应"损害"。第二,判决理由受众默认的共识,如"投掷石块"是故意,"造成头部骨折"是过失等,对得出法律效果没有本质的区别,在成文时由于考虑到阅读的习惯与方便,可以不予表述。同理,对于受众熟悉的抗辩事由,如"正当防卫"等,也可以不予引用法条,因为引用法条的作用只是在于规制成文者思维路径,以及方便受众监督。第三,对于有争议的事实或重大法律适用意见分歧,可以考虑采取"半三段论推理"(Halbsubsumtion),〔1〕即直接陈述法律要件,如"出于维护自身合法权益",紧接着填充要件事实。在裁判成文实务中,原则上禁止使用完整的三段论推理陈述。一是没必要,二是会影响成文的流畅性与文书的可读性。要件审判采用三段论,无论是规制思考,还是成文,其目的并非形式上的逻辑,而是实质上的争点、要点说理。

---

〔1〕 "Halbsubsumtion"一词在字典,甚至网络上都查不到,因为这是一法官实践工作中发育、创造出来的技术用语。

德国概念法学、法教义学的定位与特色十分容易让人认为,在此逻辑体系下的德国判决书说理是专业人士间的一种智力游戏,而普通民众将被排除在专业对话之外,因而不能达到息讼服判的效果。[1]其实不然。按德国法的标准,最好的判决书不是只有法律专家才看得懂的判决书,而是不懂法律的普通民众无须参考任何资料,仅通过阅读判决理由就能看懂的判决书。这正是德国概念法学与逻辑力量强大之处。在三段论中:法律要件(概念)是大前提,案件(事实)是小前提,法律效果是结论。其中,大前提即法学概念是抽象的,的确对没有法律专业知识的普通民众来说是难以理解的。这一点往往会被作为否定概念法学实现其定分止争之社会功能的论据反复提出。此处必须澄清的是:三段论本身的任务就是要将普遍、抽象的,甚至是晦涩的一般法学概念,通过涵摄而使之具体化,使其能为没有任何专业背景知识的人所能理解。

承担这项功能的技术构件是三段论中的媒介概念或称为中间概念(Mittelbegriff)。[2] 这是法律适用、定分止争、说理中十分关键的构件,承载将抽象法律之理输送传递给普通受众的重任。它的使命就是将大前提(法律规范)中抽象的概念一直细化到可以明确的、易于理解的、直接适用于案件的事实。

在此举一最简单的返回原物请求权的例子予以说明:如果甲是那20箱货物的所有人,而乙又是无权占有,那么,甲可请求乙返回那20箱货物。首先,那20箱黄金必须是动产。动产是不动产以外的物。物是有形(占据一定空间)的客体,不动产是不可移动,或因移动而损害其价值或改变其性质的物。20箱黄金占据了一定的空间,且不因移动而损害其价值或改变其性质。所以那20箱黄金是动产。

---

[1] 参见凌斌:《法官如何说理:中国经验与普遍原理》,载《中国法学》2015年第5期。

[2] Schmalz, Methoenlehre, S. 66 ff., NOMOS 1998, 4. Aufl.; Schapp, Methodenlehre des Zivilrechts, S. 64 ff., Mohr Siebeck, 1997.

以上推理中的“物”“不动产”就是用于稀释“动产”这一抽象法律概念的媒介概念,法律适用中三段论推理的使命就是要(通过若干个媒介概念)将抽象的法律概念稀释到用生活中的普通经验能够理解,而不需要任何法律专业知识背景。媒介概念(链)将抽象的法学概念不断稀释、不断向具体的案情靠拢,直至当事人根据其一般生活经验就能理解。本章“判决理由”第一段关于合同、要约等的表述就是媒介概念最好的例子,合同的概念是抽象的,但是经过要约、承诺、意思表示等媒介概念的稀释后,当事人就算没有法律专业知识,结合案情也能够理解:在订货单上的签名(案情)从法律上判断,是会发生法律效果的表意行为……因而合同成立。如何在判决理由中充分结合案情,综合运用请求权规范体系和逻辑推理,最终生成普通民众所能理解的判决理由,涉及的内容众多,由于篇幅的关系在此不予赘述。从定分止争与说理的角度看,媒介概念的作用首先是架起了蕴含于抽象法律规则体系内的价值体系与普通民众的桥梁,从而充分缓解了大一统、国家主权主义下的定分止争与说理机制的刚性。其次,媒介概念确定了说理的深度与繁简程度的标准。在我国审判实践中出现的疑惑是:说理究竟应该说到什么程度才算把理说透?在要件审判的框架下,对以上技术问题的标准回答是:将有争议的要件通过(若干)媒介概念一直细化到可以明确的、直接适用于当事人一方所陈述的案情。通过这一标准,法官才能意识到判决书中的“案情”部分与“判决理由”部分的功能性关联,并自觉地用于指导裁判活动。这样就把抽象规范体系中蕴含的法理传递给了(没有法律专业知识的)当事人。换言之,民众只有明白法律适用,方才有服判息诉的伦理基础。

另外一些与不具备法律专业知识的普通受众有关的问题还包括:如何看待“情理”在文书说理机制中的定位?感化性修辞是否应该进入判决书?“法官后语”[1]或判后答疑是否可取?如何处理“法理”与“情理”的关系固

---

〔1〕 参见刘星:《判决书“附带”:以中国基层司法“法官后语”实践为主线》,载《中国法学》2013 年第 1 期。

然涉及"法民关系",[1]更值得关注的是,如何让作为"天天吸收负能量,而要输出正能量"的法官能拥有"强大的灵魂"[2]去坚守审判事业。笔者之所以将承办法官定位为判决书的首要受众,也有这方面的考虑。判决理由是法官对自己内心世界定分止争最佳的"心灵鸡汤"。从技术角度讲,笔者十分认同如下观点,"一部好的法律,立法机关在立法时已经充分考虑……裁判文书的说理性,就是把法中所蕴含的情理开发出来……不允许法外用情……如果对此还有疑惑,那就说明我们还没有真正理解法律"。[3]前文提及,从国家主权主义的角度看,法官作为司法机关落实定分止争机制的职员,其要务是在法定的程序框架内、在纠纷的解决过程中,向当事人传递法典体系内在的价值体系。在此必须再次强调程序说理的重要性。

笔者认为,法官在判决理由成文时不应该过多,甚至不应该运用修辞的手法。理由是,判决书是法官代表主权者传递法律秩序与价值的载体,具有公文的正式性与严肃性。法官必须在法定的要件内成文,对要件阐释决定了文字的思路、层次、深度与广度。换言之,要件规制了法官说理的范围,目的在于使其方便受众监督。要件审判的哲理在于强制法官以可检验的方式对要件表态,而修辞说理往往会弱化这方面的制度目的。法官在成文时必须时刻意识到,自己是在履行国家公务,从事的是职务行为,而不是可以掺杂个人感情色彩的私人行为。在英美法系国家中,注重修辞说理是以其判例法的司法传统为背景,而大陆法系的"理"更多的是蕴含在成文法里,法官只要正确适用法律就可达到充分说理的效果。[4]即使要修辞,也应该受到判决书格式、要件内容与层次的制约,绝对不能漫无边际地长篇大论。至于"法官后语"的做法也值得进一步研究,在当下强调"当面说理",反对判后答

---

〔1〕 参见凌斌:《法官如何说理:中国经验与普遍原理》,载《中国法学》2015年第5期。

〔2〕 此句系笔者在一次对基层人民法院调研时从陈昶屹法官(海淀区人民法院中关村法庭副庭长)处偶得。

〔3〕 参见胡云腾:《论裁判文书的说理》,载《法律适用》2009年第3期。

〔4〕 参见胡云腾:《论裁判文书的说理》,载《法律适用》2009年第3期。

疑的立场可能更可取。[1]道德与情感的关怀更多的是诉调对接、纠纷多元化解决机制应当分流的压力,而不是作为终局裁判者的法官所能承担的任务。如果法官出于个人感情的需要,认为有必要对当事人进行一定的教化,那么也宜在庭上,而不是在判后。

三、申论:裁判文书说理的辅助机制与法学支撑

以上主要是从技术层面上探讨要件审判说理、定分止争的机制。维持、保障这一机制良好运作,无疑离不开缜密的程序设计、高效的裁判技巧以及严密的法律适用逻辑。各种构件可以说是环环相扣,密不可分。除以上这些外,该系统的运作还有赖其他相关辅助机制的有效运作。此处附带介绍其中重要的组成部分。[2]

(一)诉讼代理、诉讼费用和法律援助制度

任何权利的实现都需要成本。越是法治发达的国家,诉讼代理制度越完善,这是法治专业化的必然趋势。对于德国(民事)裁判来说,虽然有"当事人给案情,法官给(法律)结果"的传统,而且法官在程序运作时会作一定的引导。但是,如果能有专业律师协助当事人,将使诉讼的定分止争功能更加完善。代理律师除能在起诉阶段就整理好明确的诉求,为准确执行提供依据,帮助当事人对应各种诉讼情况外,更重要的是,配合法官完成程序说理。前文提到,法官是通过引导当事人按要件体系导入、梳理、分流诉材,整理争点与法律适用争议焦点的。在此过程中,法官会将陈情与证明的压力转移给当事人,在有诉讼代理人的情况下,实际上就是将诉讼压力转移到职业律师身上。

---

[1] 参见魏胜强:《当面说理、强化修辞与重点推进——关于提高我国判决书制作水平的思考》,载《法律科学(西北政法大学学报)》2012年第5期。

[2] 由于篇幅所限,本书不探讨法院内部的专业分工(国内称"员额制")、信息化辅助系统等其他辅助机制。

(二)审级制度、法官特殊保护机制

本书在多处尤其在判决理由部分强调,程序与实体规则本身就蕴含了经过主权者精心设计的价值体系;法官的唯一任务是正确适用法律。从操作层面上看,法官只要、只能按自己对法律的理解来适用法律。只要这样做了,就理应受到保护、得到内心的平静。没有一个法官可以要求另一法官按自己的心证结果判案。刚性适用法律是不是会造成作为法律适用机器的法官在断案时"不近人情",从而"犯众怒"? 笔者认为,以上的担心往往是没有必要的。因规则疏漏、冲突、过时或认识上的偏差所造成的裁判结果上的差异(所谓的"同案异判")的情况严重影响了审判机关在普通民众心目中的司法权威与公信力,是定分止争、说理机制必须解决的问题。〔1〕类案处理完全可以,也必须通过理顺审级制度来解决。笔者在探讨说理的道路时就提到,如何缓冲"大一统"中相对稳定之意识与历史发展中相对活跃之物质间固有的结构性张力是我国法治建设、构建定分止争与说理机制所面临的、治国层面上的哲学考题。对这一问题的最好回答是理顺我国的审级关系,通过充分利用审级资源来发现、解决问题,并及时将掌握的新情况反映在立法层面上。具体的技术路径可以参考德国的三审级模式。〔2〕 首先,争取让审判资源最丰富的第一审法院固定好案件的"事实"部分,消化大部分普通的案件(技术路径本章已详细介绍);其次通过程序规则的办法要求第一审法官使用要件审判的方法,发现法律规范体系中的漏洞、冲突以及社会生活中发生的新情况。在此基础上,开放审级通道。德国民事诉讼的具体做法是这样的:根据 § § 511 Ⅳ Nr. 1,2, 543 Ⅱ Nr. 1,2 ZPO ,第一审法院认为案件有标杆意义、对规范体系的发展有帮助或对保证法律适用的统一性有帮助的,可以(无论案值大小)允许当事人上诉到第二审;第二审仍解决不了,可以到

---

〔1〕 参见江国华:《"类似案件类似处理"并非"同案同判"》,载《南方日报》2015 年 10 月 20 日,ZC02 版。

〔2〕 Bettermann, Die Beschwer als Rechtsmitelvoraussetzung im deutschen Zivilproess, ZZP 1969, 24.

第三审。[1]由于德国只有四级法院,所以第三审实际上就是通过联邦法院统一了类案的审判标准。通过以上的制度设计,在时空上最接近案情的第一审法院实际上已经承担了为主权者发现最新社会情况与主权者价值相矛盾、相冲突的情况,并源源不断地将这些(因为是个案)细微的不正常状态以通过审级通道上呈的重要任务。笔者细细品味 § § 511 Ⅳ Nr. 1,2 和 543 Ⅱ Nr. 1,2 ZPO 两条貌似要件一致的规定[2]后发现,其实里面暗含治国之玄机。只因两个字"需要"(Erfordert)。"需要"上级法院"树立该案件的标杆意义、发展规范体系或保证法律适用的统一性"。不仅如此,下级法院的案件上呈对上级法院具有拘束力。由于德国民事诉讼没有审限制度的规定,所有联邦法院在收到上呈的案件后一般都会等待、观望一段时间,看看类案在全国的发生率和社会反映。各地州高院上呈的类案中必定是经过当事人的律师,第一审、第二审的高素质法官处理过的,几乎穷尽所有思考点的案子。在此基础上,联邦法院作出的判决基本上就可以通过对某个要件的解释统一处理某类型的案件。当法典体系的要件类案判决积累到一定程度,该部分规范(与社会发展相适应)的结构将显现出来。立法机关再进行大的修法,将类案的结构法典化,从而很好地对立统一了"大一统"中相对稳定之意识与历史发展中相对活跃之物质间固有的结构性张力。

从宏观角度讲,我国可以放手让拥有最丰富审判资源的基层法院去将现有法律规范体系中存在的要件冲突、矛盾发现、发掘出来,将规范体系与社会发现相阻的问题通过开放的审级上呈至最高审判机关。这样构架审级的另一好处是能为法官,尤其是基层法院法官提供更好的保护机制。只要法官适用法律,且就只能在自己认知的能力范围内适用法律和裁判,只要不

---

[1] Kahlke, Zur Funktion von Beschwer und Rechtsschutzbedürfnis im Rechtsmittelverfahren, ZZP 1981, 423; Rimmelspracher, Die Rechtsmittel im Zivilprozess nach der Reform, Jura 2002, 11, Schmidt, Zugang zur Berufsinstanz, ZZP 1995, 147.

[2] BVerfG NJW 2004, 1371 ff., BVerfG NJW 2011, 2276, BGHZ 151, 221, BGHZ 154, 288, 291, BT-Drucks. 14/4722, S. 93.

枉法裁判,法律就没必要因其在裁判过程中因各种原因而造成的审判瑕疵追究其责任。因为如果审级开放的话,瑕疵判决并非生效判决,对当事人的诉讼与实体权利没有重大影响。此外,对法官的特殊(Spruchrichterprivileg)保护必须是多方面和多维度的。由于篇幅关系,此处只简单介绍德国法官民事免责的设计。行使裁判权(包括自由裁量权)是一项高风险行为,因为错误的判决会导致执行错误或其他损害,侵害当事人的民事权益。为维护法官的独立审判,国家必须加以保护。[1]理论上,被错误执行人可以根据侵权责任法起诉法官,要求其承担损害赔偿责任。根据 § 839 Ⅱ BGB 的规定,法官侵权责任的构成要件比一般侵权责任多了一项:构成犯罪,即必须构成枉法裁判(§ 339 StGB)。虽然该罪名的主观要件是间接故意,但根据刑法学界的通说,法官对自己判决的正确性有疑虑的不构成该罪名的间接故意;只有法官对其判决“有错误之可能”处于无所谓时才构成间接故意。[2]德国刑法通说设计:首先,将法定的“间接故意”几乎转变为“故意”;其次,用刑法威慑法官必须写好判决理由。因为如果判决理由写不好,情节严重的是有可能入刑的。当然,德国刑事审判的实践对该要件的把握是十分严格的,几乎没有法官会因为写不好判决理由而被追究民事和刑事责任。[3]

---

〔1〕 BGH NJW 66, 246, BGH NJW 68, 989, BGH NJW 11, 1072.

〔2〕 BGHSt 40,276, JuS 77,357, JZ 73, 548, Jura 81, 81.

〔3〕 BVerfG NJW 80, 1093, BGHSt 47, 106, 115, NJW 80, 217.

第三章

裁判文书说理的本体论(二)

——"裁判依据/裁判理由"之辨

在中国司法语境中,"以事实为依据,以法律为准绳"实乃耳熟能详的司法原则或者司法政策,但是,该原则或者政策在裁判文书特别是裁判说理中的具体化或者实践化仍衍生出了诸多具有"中国特色"的争论性问题,例如,此处要论及的"裁判理由"与"裁判依据"两个范畴的内涵如何界定,究竟是何种关系,即种属关系、并列关系还是其他关系?宪法条款和指导性案例在裁判文书中的效力究竟如何定位,即只能作为裁判理由还是亦可以作为裁判依据?等等。

一、问题的提出

2009年11月4日施行的最高人民法院《关于裁判文书引用法律、法规等规范性法律文件的规定》(法释〔2009〕14号,以下简称《引用规定》)第1条规定:"人民法院的裁判文书应当依法引用相关法律、法规等规范性法律文件作为裁判依据。”第 6 条规定:“对于本规定第三条、第四条、第五条规定之外的规范性文件,根据审理案件的需要,经审查认定为合法有效的,可以作为裁判说理的依据。”2018 年 6 月 13 日施行的最高人民法院《指导意见》第 13 条规定:“除依据法律法规、司法解释的规定外,法官可以运用下列论据论证裁判理由,以提高裁判结论的正当性和可接受性:最高人民法院发布的指导性案例;最高人民法院发布的非司法解释类审判业务规范性文件;公理、情理、经验法则、交易惯例、民间规约、职业伦理;立法说明等立法材料;采取历史、体系、比较等法律解释方法时使用的材料;法理及通行学术观点;与法律、司法解释等规范性法律文件不相冲突的其他论据。”《引用规定》提出了“裁判依据”和“裁判说理的依据”范畴,《指导意见》提出了“论证裁判理由的论据”[1]范畴。“概念乃是解决法律问题所必不可少的工具。没有限定严格的专门概念,我们便不能清楚和理智地思考法律问题”[2],这些司法文件所提出的上述范畴是有其法理依据还是存有随意使用之嫌疑,进而有无必要从法理层面进行辨析,并为裁判文书中宪法条款和指导性案例的效力定位即裁判理由抑或裁判依据的争论提供统一的话语基础,可以说就是本书所要论及的问题之所在。

---

〔1〕 英国学者拉兹关于“运作性依据”(是指那些抽象的、指示了行动类型的依据,这些依据内含了“应当/不应当”的规范性要求)和“辅助性依据”(对特定的抽象行为依据进行具体化的依据,其任务是在运作性依据所指示的一些行动类型中,确定哪个具体的行动是妥当的)的区分及裁判地位的分析,值得借鉴。转引自陈林林:《法律方法比较研究——以法律解释为基点的考察》,浙江大学出版社 2014 年版,第 32 页。

〔2〕 参见[美]E. 博登海默:《法理学:法律哲学与法律方法》,邓正来译,中国政法大学出版社 1999 年版,第 486 页。

二、“裁判依据”与“裁判理由”的法理之辨

(一)什么是裁判依据[1]

2007 年 4 月 1 日施行的最高人民法院《关于司法解释工作的规定》第 27 条规定:“司法解释施行后,人民法院作为裁判依据的,应当在司法文书中援引。人民法院同时引用法律和司法解释作为裁判依据的,应当先援引法律,后援引司法解释。”[2]2009 年 11 月 4 日施行的《引用规定》将“裁判依据”(第 1 条)和“裁判说理的依据”(第 6 条)并列;2021 年 3 月 1 日施行的最高人民法院《刑事诉讼法解释》第 300 条第 1 款规定,“裁判文书应当写明裁判依据,阐释裁判理由,反映控辩双方的意见并说明采纳或者不予采纳的理由”,则将“裁判依据”和“裁判理由”并列。但是,上述司法解释或者非司法解释类规范性文件既未对这些范畴作进一步的细化与明确,也未对这些范

---

[1] 与之类似的表述还有“判决依据”“审判依据”“裁决依据”“规范依据”“论证依据”“理论依据”,例如,“判决依据是在后来案件中也要适用的原则,它宣示了对所有当事人有拘束力的法律”(参见陈林林:《法律方法比较研究——以法律解释为基点的考察》,浙江大学出版社 2014 年版,第 41 页);“形式正义与实质正义在个案中的冲突,主要集中表现为个案审判依据即司法标准的选择”[参见孙笑侠:《法的现象与观念——中国法的两仪相对关系》(修订四版),光明日报出版社 2018 年版,第 221 ~ 22 页];“政策或者政治主张可以指导立法但不能取代立法,可以作为适用法律的参照以补充法律遗漏,但不能直接作为审判依据”[参见孙笑侠:《法的现象与观念——中国法的两仪相对关系》(修订四版),光明日报出版社 2018 年版,第 316 页];“陪审团的裁决依据经常是一些不为法律所承认的实质性理由”(参见陈林林:《法律方法比较研究——以法律解释为基点的考察》,浙江大学出版社 2014 年版,第 71 页);“司法解释对各级人民法院裁判具有直接的法律拘束力,成了人民法院裁判案件时必须优先考虑和适用的规范依据”(参见陈林林:《法律方法比较研究——以法律解释为基点的考察》,浙江大学出版社 2014 年版,第 211 页);“对法官裁判依据的证成不能只局限于法律原则,比如情理在必要时可以作为论证依据”(参见胡君:《原则裁判论——基于当代中国司法实践的理论反思》,中国政法大学出版社 2012 年版,第 160 页);“审判规范是针对具体案件的个别规范”,“是法律解释的一种结果,是个案判决的理论依据”(参见陈金钊:《论审判规范》,载《比较法研究》1999 年第 3、4 期)。

[2] 1997 年 7 月 1 日施行的最高人民法院《关于司法解释工作的若干规定》(法发〔1997〕15 号)第 14 条规定:“司法解释与有关法律规定一并作为人民法院判决或者裁定的依据时,应当在司法文书中援引。援引司法解释作为判决或者裁定的依据,应当先引用适用的法律条款,再引用适用的司法解释条款。”

畴的关系予以澄清。其实,无论是这些范畴的内涵界定,还是其关系辨析,均存有细究的必要。

就"裁判依据"而言,有学者认为,裁判依据是司法裁判推理论证最终作出决定的规范基础。根据最高人民法院发布的一系列裁判文书制作规范的相关规定,裁判依据在判决书中应以"依照……之规定,判决如下"的格式出现,且所援用条文一般须源于法律、法规等规范性文件。[1] 有学者认为,裁判依据是有效裁判得以作出的规范基础,是"依法裁判"之"法"的载体,在通常情况下,法官只需在裁判文书中指明裁判所依据之法律规范的出处,即相关的制定法名称及其条款号即可。[2] 有学者认为,裁判依据首先是指法律条文、司法解释等规范和法院认定的案件事实及相应的有真实性的证据,再延伸至包括指导性案例、学界的通说或主流学说、商业惯例等。[3] 有学者认为,裁判依据既包括事实依据,也包括法律规则依据。[4] 上述观点至少可以引发如下几点思考:一是裁判依据是仅限于规范依据,还是同时包括事实依据和规则依据;二是作为裁判依据的"规范基础"相对裁判结论而言,是限于最终论证环节的,还是同时包括整过论证过程的;三是从论证层次而言,裁判依据是限于第一层次,还是同时延伸至第一层次以下的其他层次;四是裁判依据的外延宽于还是窄于裁判理由;五是裁判理由是仅指静态的推理理

---

〔1〕 参见余军等:《中国宪法司法适用之实证研究》,中国政法大学出版社2018年版,第147页。

〔2〕 参见雷磊:《从"看得见的正义"到"说得出的正义"——基于最高人民法院〈关于加强和规范裁判文书释法说理的指导意见〉的解读与反思》,载《法学》2018年第1期。类似观点,"法官解释法律的首要目的在于寻找裁判依据,也就是说,通过解释法律而确定解决纠纷所依据的法律规范",参见王利明:《法律解释学导论——以民法为视角》(第2版),法律出版社2018年版,第51页。

〔3〕 此系清华大学法学院王亚新教授通过微信(2018年11月13日18:52)对笔者提出的"'裁判依据'定义如何下?如何与'裁判理由'区分?"的回复。他同时认为,裁判理由是运用这些依据进行的论证说理,是对法官推论的结构层次和逻辑的表述。

〔4〕 此系吉林大学法学院宋显忠教授通过微信(2018年11月13日21:34)对笔者提出的"'裁判依据'定义如何下?如何与'裁判理由'区分?"的回复。他同时认为,裁判理由则是裁判推理的根据,除事实和法律依据外,还包括法官意见(法官对证据和规则的选择、解释与判断)和法官的推理过程。裁判理由要比裁判依据范围大且宽泛,可以说,裁判理由是对裁判依据的补充。

由,还是同时包括静态的推理理由和动态的推理过程。

综上,“裁判依据”在不同的语境中有不同的界定,实乃正常。此处着重指出以下几点:

1. 就审判/诉讼原则而言,“裁判依据”包括事实依据和法律依据,就是“以事实为根据,以法律为准绳”。2017 年修正的《民事诉讼法》第 7 条规定:“人民法院审理民事案件,以事实为根据,以法律为准绳。”2017 年修正的《行政诉讼法》第 5 条规定:“人民法院审理行政案件,以事实为根据,以法律为准绳。”2018 年修正的《刑事诉讼法》第 6 条规定:“人民法院、人民检察院和公安机关进行刑事诉讼,必须依靠群众,必须以事实为根据,以法律为准绳。”2018 年修订的《人民法院组织法》第 6 条规定:“人民法院坚持司法公正,以事实为根据,以法律为准绳,遵守法定程序,依法保护个人和组织的诉讼权利和其他合法权益,尊重和保障人权。”

2. 就裁判文书样式而言,裁判依据是限于裁判结论所依据的最终的规范基础,即目前裁判文书样式中“依照……(参照……),作出如下判决:”中的省略号所指的内容。[1] 民事、行政、刑事裁判的“最终的规范基础”是有所区别的。[2] 2021 年 1 月 1 日施行的《民法典》第 10 条规定:“处理民事纠纷,应当依照法律;法律没有规定的,可以适用习惯,但是不得违背公序良

〔1〕 2009 年 11 月 4 日施行的《引用规定》第 3 条、第 4 条、第 5 条对刑事裁判文书、民事裁判文书、行政裁判文书引用法律规范性文件作为裁判依据进行了明确规定。其第 3 条规定,“刑事裁判文书应当引用法律、法律解释或者司法解释。刑事附带民事诉讼裁判文书引用规范性法律文件,同时适用本规定第四条规定”;第 4 条规定,“民事裁判文书应当引用法律、法律解释或者司法解释。对于应当适用的行政法规、地方性法规或者自治条例和单行条例,可以直接引用”;第 5 条规定,“行政裁判文书应当引用法律、法律解释、行政法规或者司法解释。对于应当适用的地方性法规、自治条例和单行条例、国务院或者国务院授权的部门公布的行政法规解释或者行政规章,可以直接引用”。

〔2〕 法理学界哈特和德沃金的著名论战中的一个核心问题就是,疑难案件的最终裁判依据问题,德沃金反对哈特的实证主义规则模式论,主张“规则—政策—原则模式论”,即在疑难案件审判中不仅依照规则,而且依照原则(公平、正义的要求或者其他道德层面的要求)和政策(关于社会的某些经济、政治或者社会问题的改善)[R. Dworkin ,Taking Rights Seriously ,Harverd University Press ,(Seventeenth printing 1999),p. 22 – 23]。

俗。”2018 年 6 月 13 日施行的《指导意见》第 7 条规定：“民事案件没有明确的法律规定作为裁判直接依据的，法官应当首先寻找最相类似的法律规定作出裁判；如果没有最相类似的法律规定，法官可以依据习惯、法律原则、立法目的等作出裁判，并合理运用法律方法对裁判依据进行充分论证和说理。”受“依法行政”的影响，行政裁判的“最终规范基础”不完全等同民事裁判的“最终规范基础”，2017 年修正的《行政诉讼法》第 63 条规定：“人民法院审理行政案件，以法律和行政法规、地方性法规为依据。地方性法规适用于本行政区域内发生的行政案件。人民法院审理民族自治地方的行政案件，并以该民族自治地方的自治条例和单行条例为依据。人民法院审理行政案件，参照规章。”若行政诉讼个案没有这些规范性文件作为“最终规范基础”时，法院完全可以参照前述民事裁判的做法。而刑事裁判则受“罪刑法定原则”和现代刑事司法理念的约束，“最终的规范基础”只能是现行有效的刑法规范（就定罪而言，必须存在刑法分则性规范）。[1]

3. 就裁判文书说理而言，“裁判依据”存有多层次的划分。裁判文书说理是独任法官或者合议庭在制作裁判文书过程中围绕审查判断证据、认定案件事实、法律适用等方面的争议焦点、裁判论点和推理过程，论证裁判主文的合法性和正当性的活动。[2] 此定义具体概括为以下方面：（1）裁判文书主要立足 4 个方面或者环节进行说理：“审查判断证据”—“认定案件事实”—“法律适用”—“行使自由裁量权”；（2）裁判文书重点聚焦 2 个中心进行说理：“争议焦点”和“裁判论点”；（3）裁判文书着重围绕两个方面内容进行说理：“推理过程”和“合法性和正当性的理由”。“裁判文书说理”既不同

---

〔1〕 河北省固安县某法庭 1991 年审理民事案件时，适用外国关于“藐视法庭罪”在程序上不同于一般刑事诉讼的法律原则，追究孟某光等人刑事责任。参见中国应用法学研究所编：《人民法院案例选》（第 3 辑），人民法院出版社 1993 年版，第 91 页。

〔2〕 2018 年 6 月 13 日施行的《指导意见》第 1 条规定，“裁判文书释法说理的目的是通过阐明裁判结论的形成过程和正当性理由，提高裁判的可接受性，实现法律效果和社会效果的有机统一”，间接涉及了“裁判文书说理”的部分内涵。

于“裁判说理”“庭审说理”“判后说理”,也不同于“裁判论证”“裁判解释”,更不同于“裁判理由”和“裁判文书说理部分”。“裁判文书说理”具体包括“审查证据判断说理”“认定案件事实说理”“法律适用说理”“自由裁量权说理”4 种类型或者四个方面内容。[1] 从裁判文书说理论证的层次来说,裁判文书最终的结论证成是奠基于系列不同层次论证的结果(论据、论证、论点或结论)之上的,即初端的论证服务于中端的论证,最后共同服务于终端的论证。此种论证贯穿“审查判断证据”“认定案件事实”“法律适用”3 个环节,例如,当事人提出某个关键或者争议证据,法官经过审查判断后得出是否采纳的结论,其中证据规则属于“论据”的范畴,审查判断过程属于“论证”,关于证据是否采纳的结论属于“论点”;法官运用证据证明和认定案件事实中,采信的证据属于“论据”,遵循案件事实的规则与方法来认定事实的过程属于“论证”,关于事实是否认定的结论属于“论点”;法官针对已认定的事实来适用法律中,已认定的事实和找到的法律规范属于“论据”,不断拉近和“耦合”案件事实和法律规范的过程属于“论证”,得出的裁判结果属于“论点”。既然裁判文书说理是一个(就简单案件而言)或者多个层次(就疑难案件而言)论证裁判主文的过程,那么,在裁判主文的得出奠基于第二层

[1] 此处“认定案件事实说理”与“适用法律说理”的划分仅具有相对的意义,理由是,正如中外学者所言,“认定案件事实”与“适用法律”是不可切分的“往返”和“互动”过程。德国学者指出,法的适用是一个将事实与规范类比的过程,在此过程中,法律规范和案件事实相互诠释,通过对案件事实的分析,得出一个具体化了的“犯罪构成”,通过对法律规范的解释,案件事实接近类型事实;比较的对象是“意义”(法的意义),在此意义中,犯罪构成与案件事实相互“适应”,法律规范才能被适用(参见[德]考夫曼:《法哲学的问题史》,载[德]考夫曼、哈斯默尔主编:《当代法哲学和法律理论导论》,郑永流译,法律出版社 2002 年版,第 186 页)。我国学者也认为,“事实归类与寻找、解释法律规范这两个步骤不是各自独立且严格二分的两个行为,而是一个互相关联、不断比对的互动过程”(参见任彦君:《刑事疑案适用法律方法研究》,中国人民大学出版社 2016 年版,第 66 页);“案件事实的确认和法律规范的解释是交互进行的,即以事实为依据确定规范的意义,以规范为依据认定和筛选案件事实”(参见任彦君:《刑事疑案适用法律方法研究》,中国人民大学出版社 2016 年版,第 39 ~ 40 页);“判断主体的目光不断流连往返于案件事实与法律规范之间,以规范为依据去筛选事实,以事实为依据去诠释或解释规范,以期能够使规范与事实相匹配”(参见任彦君:《刑事疑案适用法律方法研究》,中国人民大学出版社 2016 年版,第 109 页)。

次甚至第三层次(有时还有更多层次)的裁判论点之际,“裁判依据”也同样存在多个层次的划分,显然不能限定于“最终的规范基础”。

(二)什么是裁判理由[1]

裁判文书说理即裁判文书载明“裁判理由”是经历了一个历史发展过程的。据说在西欧,法官必须在判决书上写明理由的义务只是在 19 世纪才出现的。在 17～18 世纪,法国和日耳曼国家的法院都不写明判决理由,其理论根据是:(1)他们是经君主授权从事审判的;(2)直到 18 世纪中叶,日耳曼法律援引罗马法的传统,拒绝把判决理由告诉当事人。18 世纪的法国人约斯(Jousse)甚至劝告法官不要说明理由,以免败诉当事人的挑剔导致讼争的重起,所以当时的判决只有主文(dictun)。理由空洞到了只有一句话——“考虑了应考虑的各点之后”。[2] 进入现代民主法治时代,裁判文书说理乃是普遍性[3]的司法样态,只是各国司法说理要求、说理方式等有所不同而已。

裁判(文书)说理是现代司法的本质属性所决定的。司法相对其他纠纷解决机制如调解、仲裁、决斗、抓阄等而言,最主要特点就是法院/法官遵循诉讼程序、以国家强制力为保障、居中作出裁判。“正当程序要求在强制方式下形成的结论,必须说明理由——说服决定者主观思想的东西以及说服

---

[1] 与此类似的表述还有“判决理由”“法律理由”,例如,“现代司法制度要求法官作出裁判时必须阐明判决理由”(参见陈林林:《法律方法比较研究——以法律解释为基点的考察》,浙江大学出版社 2014 年版,第 213 页);法律格言“法律的理由是其灵魂所在”(Tatio legis est anima legis)、“法律理由消失,法律本身也不存在”(Cessante ratione legis cessat et ipsa lex);再如,有学者认为,规范性法律文件开头部分“为了……根据……制定本法”的表述部分就是“法律理由”,具体分为法律性理由(是指表明该规定的合法性的理由,即该规定在效力上的基础)和事实性理由(是指表明该规定的合理性的理由,即该规定在道德上的基础);“法律理由”是法律的柔性要素,有别于法律规范、法律注解等刚性要素。参见孙笑侠:《法的现象与观念——中国法的两仪相对关系》(修订四版),光明日报出版社 2018 年版,第 16、18 页。

[2] 参见沈达明编著:《比较民事诉讼法初论》(下册),中信出版社 1991 年版,第 245 页。

[3] 当然,如今也存有这样的法律谑语,即“我愿给法官一个建议:在判决书里绝不要附理由。因为你的判决可能正确,但理由一定会弄错”(参见陈新民:《公法学札记》,法律出版社 2010 年版,第 357 页)。这也多少表明裁判文书说理的不易。

其他人的那些东西”。[1] “司法‘定分止争’功能的发挥,离不开相应的司法机制,包括程序的感染力、判词的说理论证。”[2]司法权相对立法权、行政权[3]而言,是一种判断权,但司法又并非一种纯粹的判断,按照菲特丽丝(Eveline Feteris)的观点,“任何提出法律命题的人都被期待提出论据去支持它”,[4]因而,司法裁判是一种举出理由支持某种主张或判断的活动,[5]是一种法律推理(legal reasoning)或法律论证(legal argumentation)的过程。可以说,作为“依(据)法裁判”[6]的司法裁判也是一种依(据)法裁判的论证活动。[7] 我国学者同样认为,作为追求个案正义的司法裁判大体上具备以下三大要素:一是要具备规范基础,即法官的论证绝不能只是纯粹的道德论证或者价值诉求,而必须在现有的法律体系内寻找规范基础(如一般法律原则)作为这种价值的支撑;二是要运用法学方法,即通过运用法律人共同体所普遍承认的法学方法,保证裁判结论与主流价值或道德保持一致;三是要承担论证负担,即法官在超越依法裁判的层次去追求个案正义时,负有义务

---

〔1〕 参见孙笑侠:《法的现象与观念——中国法的两仪相对关系》(修订四版),光明日报出版社2018年版,第144页。

〔2〕 参见孙笑侠:《法的现象与观念——中国法的两仪相对关系》(修订四版),光明日报出版社2018年版,第255页。

〔3〕 在现代法治社会,无论是立法还是行政,同样也需要说明理由,只是说理要求、说理内容、说理方式等方面会表现出差异。行政官僚色彩最浓、程序传统最淡漠的法国,1979年汲取行政程序法之精髓——说明理由的行政程序,制定了《行政行为说明理由和改善行政机关和公民关系法》,该法规定,对当事人不利和对一般原则作出例外规定的具体行政处理必须说明理由。

〔4〕 参见雷磊:《从“看得见的正义”到“说得出的正义”——基于最高人民法院〈关于加强和规范裁判文书释法说理的指导意见〉的解读与反思》,载《法学》2019年第1期。

〔5〕 参见颜厥安:《法、理性与论证——Robert Alxey的法论证理论》,载颜厥安:《法与实践理性》,台北,允晨文化实业股份有限公司2003年版,第98页。

〔6〕 参见[美]庞德:《法理学》(第2卷),邓正来译,中国政法大学出版社2007年版,第134页。庞德使用了“权威性资料体系”的表述。

〔7〕 参见泮伟江:《当代中国法治的分析与建构》,中国法制出版社2012年版,第35页。

来证立其所采取的价值判断[1]具备规范基础,此种证立可以通过理性的论证来展开,从而使价值判断符合宪法和社会主流价值且可以适用于个案。[2]

就当下立法例而言,一些国家的宪法(基本法)和诉讼法专门对裁判说理进行了详略不一的规定。例如,土耳其共和国《宪法》第141条规定:“所有法院判决一律以书面形式作出,并附理由说明。”比利时《联邦宪法》第149条规定:“所有判决均须说明理由。”荷兰王国《宪法》第121条规定:“除议会法令规定的情形外,审判应公开进行,判决应说明其所依据的理由并向社会公布。”西班牙王国《宪法》第120条规定:“判决必须包含判决理由,并公开宣判。”希腊《宪法》第93条规定:“每一法院判决必须详细地和完整地说明理由并且必须公开宣判。”巴西联邦共和国《宪法》第93条规定:“司法机构的判决均应公开进行,所有判决必须理由充分,否则无效。”苏里南共和国《宪法》第136条规定:“所有判决都应陈述其所依据的理由,刑事案件的判决还应写明作出处罚所依据的法律条文。”ZPO第313条规定:“1.判决书应记载……(4)判决主文;(5)事实;(6)裁判理由……3.裁判理由项下,应简略地、扼要地记载从事实和法律两方面作出裁判所依据的论据。”[3]日本《民事诉讼法》[4]第253条规定:“判决书应记载下列事项:主文、事实、理由、口头辩论的终结日期、当事人及法定代理人、法院。”日本《刑事诉讼法典》[5]第44条规定:“裁判,应当附具理由。”韩国《民事诉讼法》第208条规

[1] 正如有学者所言,“在多样化和多元化的社会背景下,法律适用不再是田园诗般的静态的逻辑推演,而必须加入多样化的社会价值的考量”(参见孔祥俊:《论法律效果与社会效果的统一——一项基本司法政策的法理分析》,载《法律适用》2005年第1期)。此种“加入多元化的社会价值的考量”无疑是最高人民法院提出的司法政策“坚持法律效果和社会效果(法律效果、政治效果、社会效果)有机统一”的本质要求,只是随之裁判论证负担会加重。

[2] 参见舒国滢、王夏昊、雷磊:《法学方法论》,中国政法大学出版社2018年版,第174~175页。

[3] 据我国学者介绍,德国的判决书分为前文、主文、事实说明、判决理由、法官的签名,其中,“事实说明”要简单地概述双方当事人同意的事实、当事人主张的事实以及法院调查到的证据提要,“判决理由”包括法院评论证据的价值,指出判决所依据的法律理由。参见沈达明编著:《比较民事诉讼法初论》(上册),中信出版社1991年版,第185~186页。

[4] 参见陈刚主编:《比较民事诉讼法》(总第6卷),中国法制出版社2007年版,第340页。

[5] 《日本刑事诉讼法典》,宋英辉译,中国政法大学出版社2000年版。

定:“1.判决书应记载下列事项……(2)主文;(3)请求的主旨及上诉的主旨;(4)理由……2.判决书的理由应记载对当事人的主张以及其他攻击、防御方法作出的判断,以致可以将主文认定为正当的程度……”韩国《刑事诉讼法》第39条规定,“裁判应明示理由。但是,不允许上诉的决定或者命令除外”;第323条规定,“1.宣告刑罚的,应在判决理由记载构成犯罪的事实、证据的要旨及法律的适用”。俄罗斯联邦《刑事诉讼法典》[1]第303条规定,“……刑事判决用法庭审理时使用的语言制作,由开始部分、叙事和理由部分及结论部分组成”;第305条规定,“1.无罪判决书的叙事和理由部分应该叙述以下内容:(1)所提出指控的实质;(2)法庭所确认的刑事案件情节;(3)宣告受审人无罪的根据和证明这些根据的证据;(4)法院推翻指控方所提交的证据的理由;(5)对附带民事诉讼作出判决的理由……”;第307条规定:“有罪判决书的叙事和理由部分应该包括:(1)描述法庭认为得到证明的犯罪行为,并指出实施犯罪的地点、时间和方式,罪过的形式,犯罪的动机、目的和后果;(2)法庭据以对受审人做出结论的证据,以及法庭推翻其他证据的理由;(3)指出减轻和加重刑罚的情节,而如果认为某一部分的指控证据不足或者确认定罪不正确,则还要说明变更指控的根据和理由;(4)解决所有与判处刑罚、免除刑罚或免于服刑、适用其他感化措施有关的问题的理由;(5)说明解决本法典第299条所列其他问题的根据。”2018年修正的我国《民事诉讼法》第152条规定:“判决书应当写明判决结果和作出该判决的理由。判决书内容包括:(一)案由、诉讼请求、争议的事实和理由;(二)判决认定的事实和理由、适用的法律和理由;(三)判决结果和诉讼费用的负担;(四)上诉期

---

[1] 《俄罗斯联邦刑事诉讼法典》,黄道秀译,中国政法大学出版社2003年版。其第297条规定:“1.刑事判决应该是合法的、根据充分的和公正的。2.刑事判决的做出如果依照本法典的要求并正确适用刑事法律,刑事判决被认为是合法的、根据充分的和公正的。”与之对应的是,修改之前的俄罗斯联邦《刑事诉讼法典》第301条规定:“法院的刑事判决必须是合法的和有根据的。法院必须将刑事判决建立在审判庭已经审查过的证据的基础之上。法院的刑事判决必须是说明理由的。”(《俄罗斯联邦刑事诉讼法典》,苏方道等译,中国政法大学出版社1999年版。)

间和上诉的法院";第154条第3款规定:"裁定书应当写明裁定结果和作出该裁定的理由。"

结合上述各国诉讼法的规定来看,裁判理由可作不同分类。其一是按照裁判理由的说服受众来分,即德国埃塞尔(Esser)的观点,判决的理由这一术语可作两种解释:一是指判决所根据的理由(begründung),二是指判决的心理动机(motivation)。比利时学者班来门认为,两者是不能等同的,前者是客观的,是指怎样说服其他人,后者是主观的,指什么东西说服了法官。[1]其二是按照裁判理由的属性来分,裁判理由包括裁判事实性理由和裁判规范性理由。"司法裁判的结论建立在恰当的法律规范和被正确陈述的案件事实(亦即证据事实)的基础之上",[2]因此,裁判事实性理由就是裁判依据证据所认定的案件事实及其根据和理由,裁判规范性理由既包括裁判所依据的法律规范,也包括适用法律规范的理由(如类推适用所依据的法律理由或立法理由、学界围绕相关条款的适用所提出的法教义学观点,尤其是通说)等。其三是按照裁判理由在裁判论证中的位阶层次来分,包括最终结论的裁判理由和论证最终裁判理由的理由。以裁判规范性理由为例,从法律规范的证立而言,具体可分为"权威理由"和"实质理由"两类,前者是指因其他条件而非其内容来支持某个法律命题的理由(如法律渊源是最重要的权威理由),目的是为法律命题及依据法律命题得出的裁判结论提供权威性和合法性,后者是一种通过其内容来支持某个法律命题的理由,目的是增强司法裁判的说服力和裁判结论的正当性。[3] 显然,此处的"权威理由"有的是"最终结论的裁判规范性理由"(裁判文书样式中"依照……作出如下判决"的省略号表述内容,即作为"最终的裁判规范性依据"的规范性文件),有的

---

〔1〕 参见沈达明编著:《比较民事诉讼法初论》(下册),中信出版社1991年版,第245页。

〔2〕 参见雷磊:《从"看得见的正义"到"说得出的正义"——基于最高人民法院〈关于加强和规范裁判文书释法说理的指导意见〉的解读与反思》,载《法学》2019年第1期。

〔3〕 参见雷磊:《从"看得见的正义"到"说得出的正义"——基于最高人民法院〈关于加强和规范裁判文书释法说理的指导意见〉的解读与反思》,载《法学》2019年第1期。

是“论证最终裁判理由的理由”(裁判说理部分所援引的规范性法律文件),而“实质理由”往往就是“论证最终裁判理由的理由”。此种二分法,不仅与法律论证的内部证成(按照司法三段论,经由大前提、小前提推理出结论)和外部证成(证明大、小前提的成立)相契合,更是与当下司法哲学从严格规则主义向司法能动主义(或者自由裁量主义)〔1〕、从形式公正向实质公正〔2〕、从形式理性向实质理性转变相呼应。〔3〕

(三)“裁判依据”和“裁判理由”的关系框定

综上,“裁判依据”和“裁判理由”的关系,应在同一的语境中来加以框定,否则会得出似是而非的、经不起推敲和追问的结论。2009 年 7 月 13 日《引用规定》第 1 条和第 6 条分别使用了“裁判依据”和“裁判说理依据”〔4〕的表述,只有从裁判结论的“最终的规范基础”(最终的裁判规范性理由)及“最终的裁判理由的理由”的区分角度而言有一定的合理性,若不作此种限定而广义地理解,就会显示出不妥之处,理由是,无论是“裁判依据”还是“裁判说理的依据”相对于“裁判结论”而言应该都是“裁判理由”(“裁判结论的

〔1〕 参见孙笑侠:《法的现象与观念——中国法的两仪相对关系》(修订四版),光明日报出版社 2018 年版,第 212 页以下。

〔2〕 美国学者昂格尔分析当代(“后自由主义社会”)“福利国家”和“合作国家”的发展对法治的影响主要表现为以下 3 种趋势:一是在立法、行政、审判中,迅速地扩张使用无固定内容的标准和一般性条款;二是从形式主义向目的性或政策导向的法律推理的转变,从关注形式公正向关心程序公正或实质公正转变;三是私法与公法界限的消除,出现了社会法。参见[美]昂格尔:《现代社会中的法律》,吴玉章、周汉华译,中国政法大学出版社 1994 年版,第 181 页。

〔3〕 其实,这也是“合法(性)”与“合理(性)”的关系问题,“马克思精辟地分析了‘合理’与‘合法’之间的内在关系……‘合法’必须以‘合理’为前提条件,‘合理’则是‘合法’的内在根据;‘合理’必须得到法律的承认,而‘合法’则体现了法律对合理性事物的保障。换言之,只有合理的法律(权利已变成法律),才具有普遍性和必然性”。参见公丕祥:《马克思法哲学思想论述》,河南人民出版社 1992 年版,第 259 页。

〔4〕 此种划分可从德国学者将法律渊源划分为法律认知的渊源和法律创设的渊源受到启发。参见[德]马蒂亚斯·耶施泰特:《法理论有什么用?》,雷磊译,中国政法大学出版社 2018 年版,第 99 页。

论据”或者“裁判结论的说理依据”)。[1] 因为从论证层次来说,裁判文书最终的结论证成是奠基于系列不同层次论证的结果(论据、论证、论点或结论)之上的,即初端的论证服务于中端的论证,最后共同服务于终端的论证。此种论证贯穿“审查判断证据”“认定案件事实”“法律适用”3 个环节,例如,当事人提出某个关键或者争议证据,法官经过审查判断后得出是否采纳的结论,其中证据规则属于“论据”的范畴,审查判断过程属于“论证”,关于证据是否采纳的结论属于“论点”;法官运用证据证明和认定案件事实中,采信的证据属于“论据”,遵循案件事实的规则与方法来认定事实的过程属于“论证”,关于事实是否认定的结论属于“论点”;法官针对已认定的事实来适用法律中,已认定的事实和找到的法律规范属于“论据”,不断拉近和“耦合”案件事实和法律规范的过程属于“论证”,得出的裁判结果属于“论点”。

综上,就裁判文书中“裁判依据”和“裁判理由”的关系框定而言,具体应注意以下两点:一是要区分事实性依据/理由和规范性依据/理由。二是要注意不同论证层次[2]的裁判依据/理由,具体分为最终的裁判理由和强化或者补强最终裁判理由的理由[3]。据此,裁判文书样式中“依照……作出

---

[1] 正如美国学者指出的,“概念是解决法律问题所必需的和必不可少的工具,没有限定严格的专门概念,我们便不能清楚和理性地思考法律问题”。参见[美]E. 博登海默:《法理学:法哲学与法律方法》,邓正来译,中国政法大学出版社 1999 年版,第 488 ~ 489 页。“裁判依据”与“裁判说理的依据”两个范畴显然不属于并列关系。

[2] 例如,麦考密克的“一阶—二阶证成”模型(一阶证成是指法官如何依据某条法律来证明判决结论的正确性,这往往是一个形式推理的过程;二阶证成是指在判决依据的选择上,法官如何证明自己的选择是正确的)。参见陈林林:《法律方法比较研究——以法律解释为基点的考察》,浙江大学出版社 2014 年版,第 207 页。

[3] 有学者“将作为判决结果的依据称为判决理由中的第一性依据,将作为援引、选择这些依据的依据称为判决理由的第二性依据”。参见陈林林:《裁判的进路与方法》,中国政法大学出版社 2007 年版,第 9 页;陈林林:《法律方法比较研究——以法律解释为基点的考察》,浙江大学出版社 2014 年版,第 69 页。

如下判决”[1]中省略号表述内容仅限于“最终的规范性理由”,即得出裁判结论的最终的规范基础。

三、宪法条款与指导性案例的“理由·依据”定位

(一)裁判文书中宪法条款的效力定位:裁判理由抑或是裁判依据

就宪法审查制度而言,域外主要存在两种模式:一是以普通法院为审查机关的美国式分散审查模式;二是以宪法法院为审查机关的欧陆式集中审查模式。党的十八届三中全会《关于全面深化改革若干重大问题的决定》和党的十八届四中全会《关于全面推进依法治国若干重大问题的决定》分别提出的改革部署即“要进一步健全宪法实施监督机制和程序,把全面贯彻实施宪法提高到一个新水平”,“完善全国人大及其常委会宪法监督制度,健全宪法解释程序机制。加强备案审查制度和能力建设,把所有规范性文件纳入备案审查范围,依法撤销和纠正违宪违法的规范性文件,禁止地方制发带有立法性质的文件”的具体方案出台之前,当下宪法实施仍是“政治实施主导,法律实施并存”的“双轨制”。

就宪法在个案裁判中的具体适用而言,呈现出如下两个鲜明特点:一是最高人民法院总体上坚持个案裁判不得援引宪法作为裁判依据的立场,这直接或者间接地表现在几个规范性文件的规定之中:

1.1955年7月30日最高人民法院针对新疆维吾尔自治区高级人民法院请示作出的《关于在刑事判决中不宜援引宪法作论罪科刑的依据的复函》指出,“中华人民共和国宪法是我国国家的根本法,也是一切法律的‘母

[1] 此处“依照……”不同于《宪法》第131条“人民法院依照法律规定独立行使审判权”中的“依照法律”。按照宪法学者的观点,此处“依照法律”是“狭义的,具体是指《宪法》《人民法院组织法》《刑事诉讼法》《民事诉讼法》《行政诉讼法》等。它包含两方面含义:一是法院的独立审判权依法取得,并依法获得保障;二是要对独立审判权作出限制或干涉,也应有法律的规定”[参见蔡定剑:《宪法精解》(第2版),法律出版社2006年版,第441页]。也就是说,此处“依照法律”是指法院审判权的来源为法律授权,而不是法院依据法律、法规作出个案裁判。参见余军等:《中国宪法司法适用之实证研究》,中国政法大学出版社2018年版,第119页。

法'……在刑事方面,它并不规定如何论罪科刑的问题,据此,我们同意你院的意见,在刑事判决中,宪法不宜引为论罪科刑的依据"。

2.1986年10月28日最高人民法院针对江苏省高级人民法院的请示作出的《关于人民法院制作法律文书如何引用法律规范性文件的批复》指出,"人民法院在依法审理民事和经济纠纷案件制作法律文书时,对于全国人民代表大会及其常务委员会制定的法律,国务院制定的行政法规,均可引用……凡与宪法、法律、行政法规不相抵触的,可在办案时参照执行,但不要引用。最高人民法院提出的贯彻执行各种法律的意见以及批复等,应当贯彻执行,但也不宜直接引用",此《批复》回避了"全国人民代表大会及其常务委员会制定的法律"是否包括宪法以及宪法能否被引用作为裁判依据的问题。

3.1988年最高人民法院《关于雇工合同"工伤概不负责"是否有效的批复》规定,对劳动者实行劳动保护,在我国宪法中已有明文规定,这是劳动者所享有的权利。"工伤概不负责"的行为,既不符合宪法和有关法律的规定,也严重违反了社会主义公德,应属于无效的民事行为。此《批复》意味着法院可以引用宪法作为说理依据。

4.2009年11月4日施行的《引用规定》第1条规定,"人民法院的裁判文书应当依法引用相关法律、法规等规范性文件作为裁判依据",同样未对作为裁判依据的"相关法律、法规等规范性文件"是否包括宪法作出明确界定。

5.2016年8月1日施行的《人民法院民事裁判文书制作规范》"裁判依据"部分则明确提出,"裁判文书不得引用宪法和各级人民法院关于审判工作的指导性文件、会议纪要、各审判业务庭的答复意见以及人民法院与有关部门联合下发的文件作为裁判依据,但其体现的原则和精神可以在说理部分予以阐述"。

二是地方各级法院在部分民事、刑事、行政案件裁判文书中援引宪法,

具体表现为以下情形:第一种情形是将宪法作为裁判理由援引,具体又细分为两种情况:

其一,“非解释性适用”,即在裁判理由中援引宪法,但未对相关的宪法规定进行任何解释或阐释或者无法识别出其所具体援引的宪法条款,具体包括以下情形:

1. 直接列明所援引的宪法条款,如“潘某某、李某某非法拘禁案”,其裁判文书援引《宪法》第 37 条之规定后表述,“具体到本案,虽然被告人闫某某是为了索要其合法债务而对被害人采取的非法拘禁行为,不同于一般纯粹的限制被害人人身自由为目的的非法拘禁,但即使被害人作为担保人未履行担保还款义务,被告人也不应采取上述犯罪行为,而应当用合法的手段和途径维护其合法权益”。

2. 仅出现“宪法”一词,且能合理推知其所援引的宪法条款,如“博兴县锦秋街道菜园社区居民委员会与盖某某侵害集体经济组织成员权益案”的裁判文书表述,“不应对村集体成员给予差别待遇,故盖某某基于其村集体成员资格请求村委会给予其无差别的福利待遇的请求符合民法的公平原则和宪法的人权原则,本院予以支持”。“蔡某某诉常明军等五人名誉权纠纷案”的裁判文书表述,“被告常某甲、宋某某、吕某某、常某乙、李某某以维护自身合法权益为由,通过向县纪委、县检察院递交控告书的形式反映问题,其行为符合我国《宪法》的规定,属于合法范畴”;“范某某诉樊城区人民政府拆迁行为违法及行政赔偿案”的裁判文书表述,“根据《中华人民共和国宪法》《中华人民共和国物权法》等相关法律规定,公民合法的私有财产受法律保护。上诉人范某某位于襄阳市樊城区兴武街 6 组前街 276 – 10 号的房屋依法办理了土地使用证和房屋所有权证,其房屋所有权和使用权受法律保护”。

3. 仅出现“宪法”一词,且无法识别出其所具体援引的宪法条款,如“邵某某与苏某某等财产损害赔偿案”的裁判文书表述,“本案系道路交通事故引发的财产损害赔偿纠纷。根据我国宪法、民事法律的有关规定,因故意或过失造成他人人身、身体或其他权益损害的,赔偿义务人对损害后果应依法承担相应的赔偿责任”。

其二,“解释性适用”,即在裁判理由中援引宪法规定,并对其进行一定程度的解释或者阐释(包括文义解释、体系解释和目的解释),具体表现包括:

1. 裁判文书作了简略的文义解释,如“顾某某、吴某某等与南通市商务局不履行法定职责案”的裁判文书表述,“本院认为,我国宪法规定,公民享有广泛的权利,包括公民批评权、建议权、控告权、检举权等权利。举报权利是对检举权、控告权的进一步发展,是公民依法向有关专门机关检举揭发违纪、违法或犯罪行为的权利。检举、举报人的权利包括选择受理机关的权利、决定是否实名举报的权利、获得保护的权利、查询结果和申请复议的权利,等等。因此,检举、举报权利实际上是一种民主监督权利……并非一种实体法意义上的权利”。

2. 裁判文书作了适当的体系解释,如“曹某某与颜某某赡养纠纷案”的裁判文书表述,“羊有跪乳之恩,鸦有反哺之义。中国是礼仪之邦,尊老、敬老、爱老是中华民族的传统美德。每个人都会有老去的时候,赡养老人不仅是道德规范的要求,更是法律规定每个公民应当履行的义务。我国从《宪法》、《老年人权益保障法》、原《婚姻法》、《刑法》等多个法律规定了子女对老人的赡养义务。而且法律规定的完整的赡养义务不仅包括物质供养,还包括精神慰藉和生活照料。子女应当妥善安排好老年人的住房,不得强迫老年人迁居条件低劣的房屋,更不得让老年人流离失所。子女不仅要赡养父母,而且要尊敬父母、关心父母,在家庭生活中的各个方面给予父母扶持、照顾。赡养父母是一项法定义务,任何人不得以任何理由拒绝履行赡养义务”。

3. 裁判文书作了详细的目的解释,如“吉林科龙优质种(肉)牛繁育有限公司与九台市(现九台区)西营城街道办事处杨家岗村村民委员会合同纠纷案”的裁判文书表述,“法院认为:一、我国征地制度分为土地征收和土地征用。2004 年,全国人大对《宪法》相关内容修改前,国家因建设需要使用农村集体土地,无论是将农村集体土地所有权收归国有,还是短期使用,一直都统称为征用。2004 年 3 月,全国人大对《宪法》作了修改,将《宪法》原第十条‘国家为了公共利益需要,可以依照法律规定对土地实行征用’,修改为‘国家为了公共利益的需要,可以依照法律规定对土地实行征收或者征用并给予补偿’。根据《中华人民共和国宪法修正案》,同年十届人大常委会第十一次会议对《中华人民共和国土地管理法》的相关条款也进行了相应的修正。在第十届全国人民代表大会第二次会议上,时任副委员长王兆国所作的关于《中华人民共和国宪法修正案(草案)》第十条修改说明为,‘这样修改,主要的考虑是:征收和征用既有共同之处,又有不同之处。共同之处在于,都是为了公共利益需要,都要经过法定程序,都要依法给予补偿。不同之处在于,征收主要是所有权的改变,征用只是使用权的改变。宪法第十条第三款关于土地征用的规定,以及根据这一规定的土地管理法,没有区分上述两种情形,统称“征用”。从实际内容看,土地管理法既规定了农村集体所有的土地转为国有土地的情形,实质上是征收;又规定了临时用地的情形,实质上是征用。为了理顺市场经济条件下因征收、征用而发生的不同的财产关系,区分征收和征用两种不同情形是必要的’。2007 年 10 月 1 日开始实施的《中华人民共和国物权法》(本案发生在该法实施之前)第四十二条规定,‘为了公共利益需要,依照法律规定的权限和程序可以征收集体所有的土地和单位、个人的房屋及其他不动产’。该法第四十四条规定,‘因抢险、救灾等紧急需要,依照法律规定的权限和程序可以征用单位、个人的不动产或者动产。被征用的不动产或者动产使用后,应当返还被征用人’。二、对‘公共利益需要’之界定。土地征收和征用都是为了公共利益需要。但目前法律没有对公共利益作出定义性规定。2011 年 1 月 21 日公布实施的《国有土地上房屋征收与补偿条例》第八条对哪些情形属于'公共利益需要'作了列举式规定,'为了保障国家安全,促进国民经济和社会发展等公共利益的需要,有下列情形之一,确需征收房屋的,由市、县级人民政府作出房屋征收决定:(一)国防和外交的需要;(二)由政府组织实施的能源、交通、水利等基础设施建设的需要;(三)由政府组织实施的科技、教育、文化、卫生、体育、环境和资源保护、防灾减灾、文物保护、社会福利、市政公用等公共事业的需要;(四)由政府组织实施的保障性安居工程建设的需要;(五)由政府依照城乡规划法有关规定组织实施的对危房集中、基础设施落后等地段进行旧城区改建的需要;(六)法律、行政法规规定的其他公共利益的需要'。上述规定所适用的对象只是针对国有土地上的房屋征收的行政行为,但该立法精神可以在处理农村土地征收和征用纠纷时予以参考"。

第二种情形是将宪法作为裁判依据援引。"援用宪法作为裁判依据对当事人所形成之客观拘束力自然强于在裁判说理部分中援引宪法的效力。"从实践个案来看,援引宪法作为裁判依据的情形具体包括:(1)单独援引宪法条款作为裁判依据,如"黄某某诉李某某买卖合同纠纷案",法院单独以《宪法》第10条为依据认定系争合同无效。(2)同时援引宪法条款和非法律规范(如党的政策)作为裁判依据,如"怀安县左卫镇冀家庄村民委员会与李某某土地承包合同纠纷案",法院援引《宪法》第10条,同时"参照1985年中共中央一号文件",作出驳回原告解除承包户合同的诉讼请求的判决。(3)同时援引宪法条款和其他法律规范作为裁判依据,如"陈某某与佛山市顺德区乐从镇荷村村资产管理办公室侵害集体经济组织成员权益纠纷案",法院援引《宪法》第13条和原《民法通则》的相关条款,认定任何人不得违法侵犯原告在股份社的股份分红和量化分红的合法财产,作出相应判决。

第三种情形是将宪法作为诉求与回应的载体,即当事人在诉讼进程中主动援引宪法作为诉讼主张的理由,法院在裁判说理部分对其作出相应的回应。从实践个案来看,既有当事人一方援引的,也有当事人双方援引的,还有当事人三方(包括诉讼第三人)援引的;从法院对此的回应来看,具体分为"予以回应"和"未予回应"两种情形。其中,"予以回应"的情形又具体包括:

1."直接回应型",即直接围绕当事人之涉宪诉求作出符合逻辑的论证和结论,如"魏某甲、魏某乙与魏某丙土地租赁合同纠纷案",被上诉人(原审原告)魏某甲辩称,"《宪法》规定土地使用权可以依照法律的规定转让,本案诉争土地属于农村土地,应当按照《农村土地承包法》的规定转让",法院认为,"根据《中华人民共和国宪法》第十条规定:'农村和城市郊区的土地,除由法律规定属于国家所有的以外,属于集体所有;宅基地和自留地、自留山,也属于集体所有',《中华人民共和国农村土地承包法》第二条规定:'本法所称农村土地,是指农民集体所有和国家所有依法由农民集体使用的耕地、林地、草地,以及其他依法用于农业的土地',因此,魏某乙、魏某丙认为本案诉争土地是先辈遗留下来的宅基地、滩涂及沙洲不属于《中华人民共和国农村土地承包法》的调整对象于法无据,本院不予支持"。

2."间接回应型",即通过回避或者径行确认受质疑法律规范的合宪性,抑或是简单、粗略地认定其不属于案件受诉范围或审理范围,从而模糊地回应当事人。如"孙某某、胡某某与长沙市芙蓉区民政局不履行婚姻登记法定职责案",二审法院认为,"根据起诉状,本案孙某某、胡某某的诉讼请求是请求判令芙蓉区民政局为其办理结婚登记。根据《婚姻法》第二条、第五条、第八条等相关规定,办理结婚登记的必须是男女双方。两上诉人均为男性,明显不符合法律规定的办理结婚登记的条件,其要求判令被上诉人为其办理结婚登记,理由不成立……上诉人提出刑法中聚众淫乱罪的处罚对象包括同性,婚姻登记也应该涵盖同性,婚姻法中的'男女平等'应当解释为男女可以平等地和男方结婚,也可以平等地和女方结婚等,其理解明显超出婚姻法相关规定中'男女'的文义范围,属于曲解法律,不予采信。上诉人认为根据宪法等关于平等和人权的要求,婚姻登记排除同性是歧视,对同性申请婚姻登记应予办理,该主张系否认法律的效力,理由不成立,不予支持”。

正如有学者通过实证分析所得出的结论认为,司法个案裁判文书援引宪法呈现以下几个特征:一是法院对宪法的适用、援引在形式上呈现十分明显的“非解释性”“简约化”现象。二是宪法文本中基本国策条款、基本权利条款、社会权条款、宪法义务条款在解释适用过程中未能区别对待。三是基本权利条款“私法化”适用,即法官大多并不区分宪法基本权利(公法上的权利)和民法权利(私法上的权利)所能适用的法律关系与拘束对象的不同。四是法院在民事案件中以宪法为依据或者以宪法和其他法律规范为共同依据作出“违宪”判断,导致“违宪”主体的泛化。〔1〕 基于此种“两极”现象(最高人民法院的“谨慎立场”和地方法院的“积极引用”)的存在,再之具体个案裁判文书中援引宪法条款作为裁判理由有无必要(是否存在戴宪法“高帽”和逃逸高位阶条款的嫌疑)、援引宪法特定条款作为裁判依据(往往伴有低位阶的法律规范)是否合适的争论,〔2〕笔者认为,最高人民法院确有必要出台规范性文件,一方面,从正面统一规范和指引各级法院援引宪法作为裁判说理依据(论证裁判结论最终理由的理由),包括援引宪法的表达方式、解释宪法的方法等;另一方面,从反面规定不得无必要地援引宪法作为裁判依据(裁判结论的最终规范基础)。

(二)裁判文书中指导性案例的效力定位:裁判理由抑或是裁判依据

2015 年 5 月 13 日施行的《〈最高人民法院关于案例指导工作的规定〉实施细则》(以下简称《实施细则》)第 10 条规定:“各级人民法院审理类似案件参照指导性案例的,应当将指导性案例作为裁判理由引述,但不作为裁判依据引用。”2016 年 8 月 1 日施行的《人民法院民事裁判文书制作规范》“裁

〔1〕 参见余军等:《中国宪法司法适用之实证研究》,中国政法大学出版社 2018 年版,第 206 页。
〔2〕 参见余军等:《中国宪法司法适用之实证研究》,中国政法大学出版社 2018 年版,第 127 页。

判依据”部分仍然强调,“指导性案例不作为裁判依据引用”。[1]这两份司法文件同样提出了“裁判依据”和“裁判理由”的范畴,并对指导性案例在裁判文书中的效力与功能作了官方的正式表达。

实务界代表人士对此有了认识上的变化:曾经认为指导性案例的裁判要点可以作为裁判说理依据引用,不宜作为裁判依据引用,理由是,如果说指导性案例的裁判要点可以作为裁判依据引用,容易产生把指导性案例当作类似于英美法系国家判例的误解;[2]现在则认为指导性案例的裁判要点既可以作为说理的依据引用,也可以作为裁判的依据引用,理由是指导性案例是最高人民法院审判委员会讨论确定的,其裁判要点是最高人民法院审判委员会总结出来的审判经验和裁判规则,可以视为与司法解释具有相似的效力。同时主张,指导性案例的裁判要点像司法解释一样可以在裁判文书中引用,引用的顺序可以放在引用法律、行政法规和司法解释之后。比如,某人民法院审结一起国家工作人员受贿案件,其裁判文书在引用刑法和司法解释相关条文后,认为有必要参照指导性案例3的,就可以这样表述:“依照中华人民共和国刑法第三百八十五条,最高人民法院最高人民检察院关于办理贪污贿赂刑事案件若干问题的解释第一条,参照最高人民法院第3号指导性案例,判决如下……”[3]

笔者认为,上述认识的变化仍值得从“裁判理由”和“裁判依据”的关系

---

[1] 此种定位也得到了学界的认同,例如,王利明教授认为,“参照的含义首先意味着其(指导性案例——引者注)不是法律渊源,不能直接作为裁判依据”,“参照的含义还表现在,法官可以在说理部分直接援引指导性案例……从这个意义上讲,指导性案例可以成为说理的理由”。参见王利明:《法律解释学导论——以民法为视角》(第2版),法律出版社2018年版,第753页。

[2] 2015年最高人民法院发布的《实施细则》第10条规定:“各级人民法院审理类似案件参照指导性案例的,应当将指导性案例作为裁判理由引述,但不作为裁判依据引用。”

[3] 参见胡云腾:《关于参照指导性案例的几个问题》,载《人民法院报》2018年8月1日,第5版。

框定角度加以申论。[1] 其一,“裁判理由”和“裁判依据”的区分必须严格限定在同一语境中,不宜笼统地、大而化之地宣称指导性案例只可作为裁判说理依据(裁判理由),不宜作为裁判依据。理由是,正如前文所论述的,在此语境中,“裁判理由”和“裁判依据”均是裁判结论的“裁判理由”,而在彼语境中,“裁判依据”仅是指裁判结论的“最终的规范性理由”,而“裁判理由”同时包括裁判结论的最终的理由以及“最终理由”的证成理由。其二,要“类型化”地看待指导性案例的裁判要点的功能。从最高人民法院目前公布的指导性案例来看,“裁判要点”具体包括3种:

1.“裁判规则型”,如“王某成等非法买卖、储存危险物质案”的“裁判要点”,即“‘非法买卖’毒害性物质,是指违反法律和国家主管部门规定,未经有关主管部门批准许可,擅自购买或者出售毒害性物质的行为,并不需要兼有买进和卖出的行为”;“杨某虎等贪污案”的“裁判要点”,即“贪污罪中的‘利用职务上的便利’,是指利用职务上主管、管理、经手公共财物的权力及方便条件,既包括利用本人职务上主管、管理公共财物的职务便利,也包括利用职务上有隶属关系的其他国家工作人员的职务便利”;等等。

2.“裁判理念型”,如“李某故意杀人案”的“裁判要点”,“对于因民间矛盾引发的故意杀人案件,被告人犯罪手段残忍,且系累犯,论罪应当判处死刑,但被告人亲属主动协助公安机关将其抓捕归案,并积极赔偿的,人民法院根据案件具体情节,从尽量化解社会矛盾角度考虑,可以依法判处被告人死刑,缓期二年执行,同时决定限制减刑”;“王某才故意杀人案”的“裁判要点”,即“因恋爱、婚姻矛盾激化引发的故意杀人案件,被告人犯罪手段残忍,论罪应当判处死刑,但被告人具有坦白悔罪、积极赔偿等从轻处罚情节,同

---

[1] 需要指出的是,在德国,“先例之所以值得适用,主要是因为先例的说理论证能力而非形式拘束力”(参见陈林林:《法律方法比较研究——以法律解释为基点的考察》,浙江大学出版社2014年版,第180页)。因此,此种延伸思考只有立足于我国当下立法权与审判权的宪法定位及各种国家权力具体运行的现实语境,方有其意义。

时被害人亲属要求严惩的,人民法院根据案件性质、犯罪情节、危害后果和被告人的主观恶性及人身危险性,可以依法判处被告人死刑,缓期二年执行,同时决定限制减刑,以有效化解社会矛盾,促进社会和谐";"董某某、宋某某抢劫案"的"裁判要点",即"对判处管制或者宣告缓刑的未成年被告人,可以根据其犯罪的具体情况以及禁止事项与所犯罪行的关联程度,对其适用'禁止令'。对于未成年人因上网诱发犯罪的,可以禁止其在一定期限内进入网吧等特定场所";等等。

3. "裁判方法型",如"潘某梅、陈某受贿案"的"裁判要点",即"……受贿数额按照交易时当地市场价格与实际支付价格的差额计算"等。

正如胡云腾大法官所指出的,"指导性案例的裁判要点本质上属于对法律法规条文或者法律规范的一种解释('裁判规则型'——笔者注),通常是对法律法规进行一定程度的细化、明确或补充,而不是修改或新立,故一般不能独立作为司法裁判的规则或者准据",[1]即使属于"裁判规则型"的"裁判要点","一般"也不能作为裁判结论的"最终的规范性理由",但若其"例外"地属于"造法性解释"(民事审判领域),则完全可以作为裁判结论的"最终的规范性理由"(当然,大多情形要依附具体的蕴含着法律后果的法渊源或法规范)。如"贾某宇诉春海餐厅人身伤害纠纷案",[2]北京市海淀区人

〔1〕 参见胡云腾:《关于参照指导性案例的几个问题》,载《人民法院报》2018年8月1日,第5版。

〔2〕 案情及判决情况:1995年3月8日19时许,原告贾某宇与家人及邻居在被告春海餐厅聚餐,在就餐期间,春海餐厅使用的石油气气罐发生爆炸,致贾某宇面部、双手烧伤。贾某宇向法院提起诉讼,要求气罐的生产者气雾剂公司和厨房用具厂以及春海餐厅承担赔偿责任。海淀区人民法院认为,事故发生时,贾某宇尚未成年,但身心发育正常。烧伤造成的片状疤痕对其容貌产生了明显影响,并使之劳动能力部分受限,严重地妨碍了其学习、生活和健康。除肉体痛苦外,无可置疑地给其精神造成了终身悔憾与痛苦,甚至可能导致其心理情感、思想行为的变异,其精神损害是显而易见的,必须给予抚慰与补偿。

民法院采用填补法律漏洞[1]的方法,弥补了原《民法通则》第119条(侵害健康权)并没有规定精神损害赔偿的缺失,形成了“侵害健康权的,可以判处精神损害赔偿”的裁判规则,此先例就可与原《民法通则》第119条(在立法没有作出补充完善之际)共同成为判决此类案件的裁判依据。

综上,无论是最高司法机关制定的司法解释及非司法解释类规范性文件,还是学界针对宪法条款和指导性案例在裁判文书中的实践效力的讨论,均存在对“裁判理由”和“裁判依据”的混淆理解和泛化使用,进而导致实务界、理论界以及实务界与理论界之间存有“无谓争论”或“片面正确”。可以说,此种因不同学者基于不同的视角或者语境各自提出“新论断”“新观点”“新命题”,随之基于相互之间的非同一语境或者视角进行“商榷”或者“争鸣”,造成一番学术热闹景象,绝非此一例,例如,刑法学界的“形式解释论”与“实质解释论”之争,[2]法理学界的“形式法治”与“实质法治”之争[3]、“法治反对解释”与“法治不反对解释”之争,[4]诉讼法学界“客观真实”与“法律真实”之争[5]、“职权主义”与“当事人主义”之争[6]等,均多少存在非同一语境的争论。显然,此实乃需要学术界和实务界共同努力来避免的不良现象。

---

[1] 法律漏洞的填补又称法律补充或法律续造,是指在存在法律漏洞的情况下,由法官根据一定的标准和程序,针对特定的待决案件,寻找妥当的法律规则,并据此进行相关的案件裁判。法律漏洞填补的方法包括类推适用、目的性扩张、目的性限缩、基于习惯法的填补漏洞、基于比较法的填补漏洞、基于法律原则的填补漏洞。参见王利明:《法律解释学导论——以民法为视角》(第2版),法律出版社2018年版,第563~566页。

[2] 参见刘树德:《司法改革:热问题与冷思考》,人民法院出版社2014年版,第165页以下。

[3] 参见夏勇:《法治是什么?——渊源、规诫与价值》,载《中国检察官》2006年第2期。

[4] 参见范进学:《“法治反对解释”吗?——与陈金钊教授商榷》,载《法制与社会发展》2008年第1期;陈金钊:《对“法治反对解释”命题的诠释——答范进学教授的质疑》,载《法制与社会发展》2008年第1期。

[5] 参见陈瑞华:《刑事证据法》(第3版),北京大学出版社2018年版,“导论”部分。

[6] 参见陈瑞华:《刑事诉讼的前沿问题》(第4版),中国人民大学出版社2013年版,“前言”部分。

第四章
裁判文书说理的本体论(三)
——审查判断证据说理*

裁判文书证据说理是相对案件事实认定说理、法律适用说理和自由裁量权行使说理而言的。审查判断证据是司法裁判的逻辑起点,是事实认定的前提和基础。法官不能通过亲身感知来判断事实的真伪,只能依据程序法规定的证明方式和司法证明方法,对客观存在的物品、亲历者的记忆等进行间接认识从而查明事实。除自认事实和无争议事实外的法律事实,法官均需予以查明。原告的诉讼主张和被告的反驳意见往往针锋相对,在此情形下,法官通过对证据的审查判断来认定相关事实。审查判断证据的过程映射案件事实的由来,为事实认定提供正当性依据。当诉讼各方对证据存在争议,案件证据相互矛盾、真伪不明时,法官应当对证据的认定过程及是否采纳的理由进行充

---

* 此部分系与杨惠惠合作而成,曾以《裁判文书证据说理的实证分析与规诫提炼》为题,原载《法律适用》2020 年第 6 期。

分论证。否则,诉讼各方难以理解事实的形成过程和正当裁判的理由,尤其败诉一方难以服判息诉。可以说,法官只有对证据认定进行充分说理而不回避说理,方能明晰审查思路,让目光在证据与事实之间不断往返,将事实认知由感性认识上升到理性认识,建立起证据与事实之间的"应然"关系。唯有如此,才能使诉讼各方对裁判结果既能"知其然",亦能"知其所以然"。

一、审查判断证据说理的问题归整

为考察司法实践中裁判文书审查判断证据说理存在的问题,此处从"中国裁判文书网"随机选取刑事、民事、行政判决书各 50 份,得到研究样本共计 150 份,[1] 经过梳理和研究发现,裁判文书证据说理至少存在以下五个方面的主要问题。

(一)要素不全:遗漏重要说理要素,不能全面反映证据认定的过程

裁判文书说理的程序正义标准,与庭审程序进程的再现和说理要素的充分表达息息相关,是尊重说理程序法律属性的应有之义,是说理的底线要求。[2] 最高人民法院《指导意见》强调,裁判文书说理要阐明事理,说明裁判所认定的案件事实及其根据和理由,展示案件事实认定的客观性、公正性和准确性。裁判文书认定事实,是根据当事人举证、质证和法庭调查核实证据的情况,运用证据规则和司法证明方法对证据进行分析认定。审查判断证据是法官在诉讼中对证据进行分析、研究和判断,找出它们与案件事实之间的客观联系,确定其证据能力有无和证明力大小的活动。[3] 法官对证据的合法性、真实性、关联性,以及证据能否形成完整证据链等问题的审查认

---

〔1〕 案例选自最高人民法院"中国裁判文书网"(http://wenshu.court.gov.cn/),系以"刑事判决书""民事判决书""行政判决书"为关键词随机选取的已审结并公开上网的 150 例判决书,选取时间为 2017 年 7 月 1 日至 2018 年 7 月 1 日,登录日期为 2018 年 7 月 23 日。

〔2〕 参见赵朝琴、刘树德:《关于裁判文书说理责任制度构建的思考》,载《法律适用》2017 年第 23 期。

〔3〕 参见何家弘、张卫平主编:《简明证据法学》,中国人民大学出版社 2007 年版,第 298 页。

定属于主观认识的范畴,应当将心证予以开示。在实践中,裁判文书对证据认定过程的开示仍显不足,例如,裁判文书仅阐述已采纳证据的内容和证明目的,缺乏对未采纳证据的认定过程及理由的论述;采用概括说理方式直接提出认定结论,缺乏对关键证据或争议证据的针对性说理;对于全案证据证明力的分析,缺少对是否形成完整证据链的论证等。在样本中,针对证据说理要素的表达,仅有15.3%的判决书进行了完整阐述,27.3%的判决书进行了比较完整的阐述,57.4%的判决书阐述不完整。其中,刑事、民事、行政判决书存在遗漏证据说理要素问题的分别占各自样本的60%、44%、68%(见图4-1)。

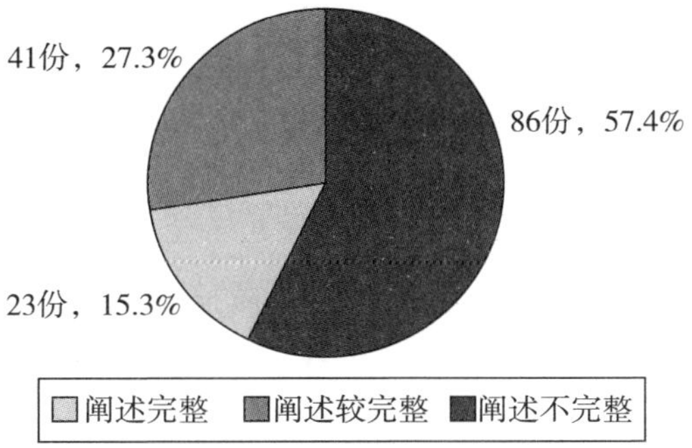

图4-1　证据说理要素表达的情况

【案例1】[1]“张某与郑某离婚纠纷案”一审民事判决书节选:上述事实,有原、被告双方当事人的庭审陈述、证人原告母亲杨某、女儿张某、儿子张某明的证词,被告的9次汇款票据、写给原告及其父母信件、摔伤骨折后在南郑县(现南郑区)医院报告单、20××南民初字第××号民事判决书等证据。经当庭举证、质证载卷,应予认定。

该案证据说理部分采用了“上述事实,有……为证”的较常见的列举式表述方式。其仅对证据名称进行罗列,没有阐述被告的质证意见,对证据采

〔1〕本书所列案例均根据中国裁判文书网已发布的案件简化、提炼而来。

纳的理由避而不谈,无法全面反映举证、质证和认证的过程。因此,诉讼各方或社会公众难以从裁判文书中看出证据与事实之间存在何种关联性。在实践中,不服裁判的当事人或被告人,多数情形下是对证据和事实认定存在异议,遗漏重要说理要素的裁判文书难以发挥司法定分止争的功能。

(二)争点不明:采用简单归纳说理方式,论证难以实现理想效果

争点,是指当事人在诉讼中争议的具体事项,是诉讼各方呈请法官审理的对象,争点整理被认为是案件审理的“主线”或“脊梁”。[1] 一方当事人主张,而另一方当事人否认或抗辩,争点即可形成,但如果另一方当事人对相对方当事人主张的事实予以承认,则形成自认,不构成争点。[2]《指导意见》提出,裁判文书说理要针对诉讼主张和诉讼争点,结合庭审情况进行说理,做到有的放矢。在诉讼涉及的争议事项比较广泛的案件中,固定争点既能合理限缩审理范围,也能有效引导诉辩争锋。以民事审判为例,在繁复细微的证据之间建立联系,辨析请求权及抗辩权基础规范所涵摄的全部要件事实,整理并固定争点,引导各方当事人围绕争点进行诉辩对抗,充分听取各方诉讼意见,从而审清案件事实,再围绕争点进行说理论证,形成有说服力的裁判文书。当前,随着裁判文书改革的不断推进,裁判文书不说理的情形已较罕见,但说理与当事人的争点不能对应起来的问题较突出,对各方当事人之间争点的回应不够充分。尤其在证据复杂的案件中,没有整理和固定好争点,使证据说理缺乏针对性、说理过程重点不突出,明显影响到说理效果。样本中,23.3%的判决书围绕诉讼争点进行说理,1.3%的判决书因缺席判决无法形成争点,75.4%的判决书没有归纳诉讼争点。刑事、民事、行政判决书没有围绕争点进行说理的分别占各自样本的96%、58%、72%(见图4-2)。

---

〔1〕 参见邹碧华:《要件审判九步法》,法律出版社2010年版,第116页。

〔2〕 参见[日]兼子一、竹下守夫:《民事诉讼法》,白绿铉译,法律出版社1995年版,第81~82页。

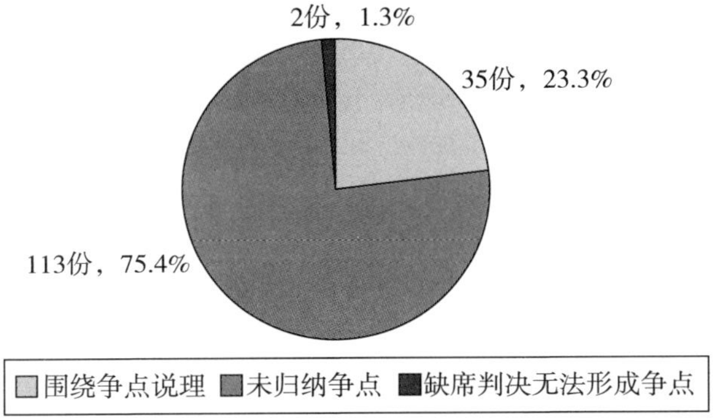

图4-2　归纳争议焦点的情况

【案例2】“某金属厂诉某区人社局劳动和社会保障行政确认案”行政判决书节选：经庭审质证，被告提交的事实证据和程序证据，内容真实、来源和形式合法，与该案有关，具有证据效力和证明力，予以采信。原告提供的车间租赁合同和郑某某户籍证明，与该案无关，不予采信；原告提供的陆某某证明、张某某证明，系证人证言，证人均未出庭，证言的真实性无法确定，不予采信；原告提供的录音证据，真实性无法确认，不予采信。第三人提供的证据与该案无关，不予采信。

该案证据的主要争点是原告提供的车间租赁合同能否证明原告与第三人之间没有建立劳动合同关系。在证据说理过程中，裁判文书没有阐述诉讼相对方的质证意见，没有进一步对争点进行归纳。对争议证据的认定结论为“与本案无关，不予采信”，没有具体分析证据不予采信的理由。因忽视争议证据认定过程的论证，使裁判文书对原告诉讼主张的回应不足，说理明显缺乏针对性和说服力。

(三)逻辑不清：证据认证过程欠缺推理逻辑或逻辑模糊

案件事实的认识方法包括“经验事实的验证方法”和“逻辑分析方法”，此两种认识方法均可提高事实认知的客观性。[1] 经验与逻辑之间相互联

〔1〕 参见杨仁寿：《法学方法论》(第2版)，中国政法大学出版社2013年版，第52~64页。

系、相辅相成,法官在裁判时既应遵循经验的指引,也应重视逻辑理性的规制作用。《指导意见》要求,裁判文书说理,要围绕证据审查判断、事实认定、法律适用进行,反映推理过程,做到层次分明。遵循规律的法律逻辑思考,是以事实之间的逻辑关系为依据的思考进程。[1] 说理逻辑清晰严谨,是裁判文书事实清楚、论理透彻的重要保证。在实务中,多数案件的证据呈现纷杂无序的特征,如果没有条理清晰的说理思路,则犹如管中窥豹,难以形成对证据的全面认识和分析,不仅可能影响到认证结论的客观性,说理内容也不足以让当事人理解并信服。虽然《民事裁判文书样式》和《人民法院民事裁判文书制作规范》已对裁判文书格式和各部分内容提出了明确要求,但在实践中个案裁判文书层次不清、逻辑不强的问题仍然存在。尤其在争议证据较多的案件中,问题更加凸显。有的裁判文书证据罗列比较凌乱,证据之间的印证关系或矛盾关系写得不清晰,认证反映不出逻辑推理的过程。在样本中,16%的判决书证据说理逻辑清晰,29.3%的判决书证据说理逻辑比较清晰,31.3%的判决书证据说理逻辑模糊,23.4%的判决书欠缺证据说理逻辑。刑事、民事、行政判决书存在证据说理逻辑不清问题的分别占各自样本的60%、40%、64%(见图4-3)。

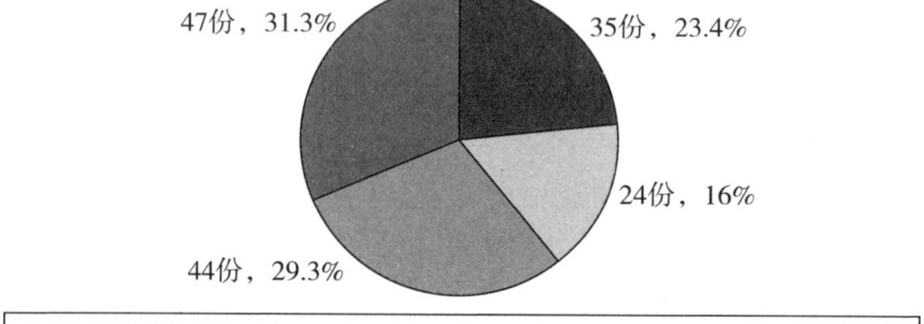

图4-3 证据说理的逻辑情况

[1] 参见[美]鲁格罗·亚狄瑟:《法律的逻辑——法官写给法律人的逻辑指引》,唐欣伟译,法律出版社2007年版,第29页。

【案例3】“赵某与林某生命权、健康权、身体权纠纷案”一审民事判决书节选:经庭审质证,被告林某经本院传票传唤,无正当理由未到庭对原告赵某提供的证据进行质证,视为对质证权利的放弃。根据最高人民法院《关于民事诉讼证据的若干规定》(以下简称《民事诉讼证据规定》)的相关规定,经法院审核认为,原告提供的证据及陈述,符合证据的相关特征,证据内容之间相互构成证据链条,客观真实、形式合法、与本案具有关联性,可以作为该案的定案依据。

该案裁判文书对全案证据的综合审查判断缺少推理过程。在认定了全案证据能够形成证据链条的情况下,没有分析证据之间相互印证的具体内容,没有论证间接证据之间的印证关系,亦没有阐述证据形成证据链所能认定的相关案件事实。这种缺乏推理过程的认证模式,难以看出证据所能达到的证明程度,在证据与事实之间也没有建立起相应的联系。

(四)繁简不当:说理论述资源分配不合理,难以反映案件特点与争点

繁简适度、逻辑严谨、说理透彻的裁判文书,既能赢得当事人的信服,也有助于提升司法公信力。《指导意见》指出,裁判文书说理,要根据案件社会影响、审判程序、诉讼阶段等不同情况进行繁简适度的说理,简案略说,繁案精说,力求恰到好处。繁简适度的要求体现的是裁判文书说理的必要性原则。一些裁判文书无论案情复杂程度、诉讼各方争议程度,将案件中所有证据作“等量式”陈述,对争议证据和无争议证据不做任何区分,使简单案件说理冗长不精练、复杂案件说理说服力不足。个案说理所要求的繁简程度是有区别的,简单案件和争议不大的案件可以简化说理,疑难复杂案件和争议较大的案件应当强化说理,让说理既能充分回应诉讼各方的期待,也能体现司法资源的合理配置。法官在撰写裁判文书时,整理和归纳证据的争点,能够使说理重点突出、详略得当。样本中,37.3%的判决书证据情况与论证均简略,42%的判决书证据分析论证部分简略,20.7%的判决书证据说理部分繁简适度。刑事、民事、行政判决书存在证据说理繁简不当问题的分别占各

自样本的92%、60%、86%(见图4-4)。

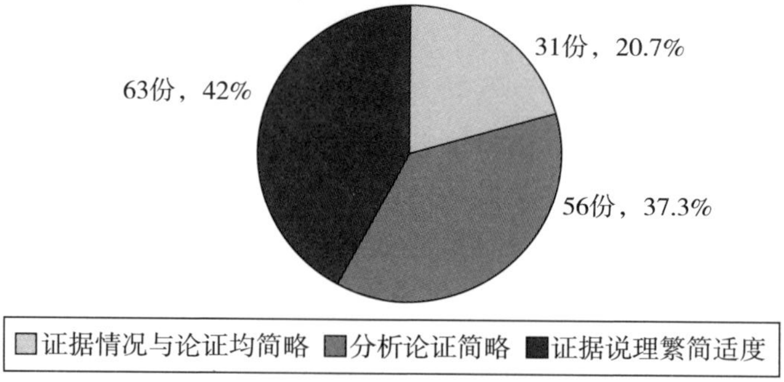

图4-4　证据说理论述的繁简情况

(五)论证不足:对关键证据或争议证据的认定过程论证不充分

裁判文书说理不充分、论证不精准的问题在实践中较突出,使一些热点案件经不起社会公众的监督与检验。在个案中,法律关系的发生、变更或终止可能是一个漫长的过程,为了赢得诉讼,诉讼各方可能向法庭提交大量证据,且证据往往是相互冲突的。诉讼各方积极提交证据是为了证明各自的诉讼主张,除自认事实外,当事人都有义务提交证据证明己方诉讼主张所包含的要件事实成立。法官如何在这些证据中去伪存真,根据证据采纳情况认定相关案件事实,就成为案件审理的关键。证据越是复杂,说理就越要具有针对性。对于诉讼各方高度关注的争议证据和关键证据,如果仅有一个认定结论,而没有认定的依据与理由,或者认定过程含混不清,则证据的认定结论自然难以让人信服,与之紧密联系的事实认定同样要受到质疑。在裁判文书上网公开备受关注的新时代,说理不充分、不透彻的裁判文书仿佛"定时炸弹"一般,随时可能引起社会舆情,损害司法公信力。在样本中,14%的判决书证据说理论证充分,27%的判决书证据说理较充分,59%的判决书证据说理不充分。刑事、民事、行政判决书存在证据说理论证不足问题的分别占各自样本的64%、44%、68%(见图4-5)。

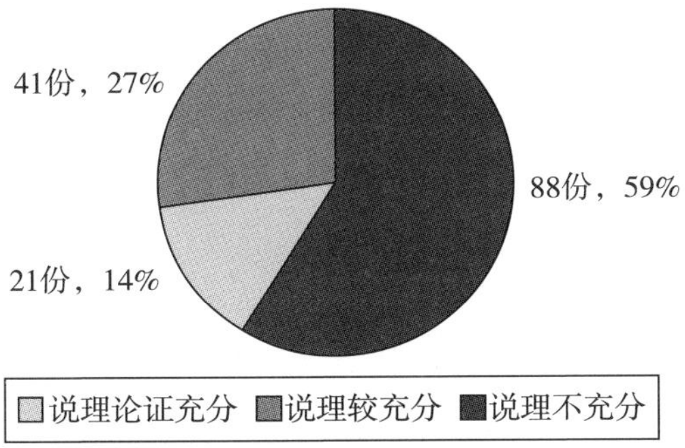

图 4－5　证据论证的充分情况

【案例 4】“曹某故意杀人案”一审刑事附带民事判决书节选：关于被告人曹某的辩护人提出的非法证据排除申请，经查，曹某的辩护人提出排除非法证据申请后，未能提供相关线索或材料，经审查，侦查机关不存在非法取证行为，曹某侦查阶段的供述亦与其他在案证据相互印证，应予采信。故辩护人提出的排除非法证据的意见不能成立，本院不予采纳。

该案因辩护人申请启动了对侦查机关取证行为合法性的审查，认定侦查机关不存在非法取证行为。对于这一认定结论，裁判文书中既没有具体说明取证行为合法性的调查过程，也没有论证证据不予排除的理由，缺乏充分的理由支撑。非法证据排除程序在刑事案件中至关重要；加强非法证据排除申请的审查，既有助于维护被告人的合法权益，也有利于防范冤假错案，维护司法公信力。在刑事案件审理中，对于被告方申请排除非法证据，因不具备法定条件而未启动非法证据排除调查程序的情形，尤其应当注重在裁判文书中对被告方提供线索的情况进行说明，并阐述不启动非法证据排除程序的理由。对于庭审调查过程和认定结果，法官应当在裁判文书中针对检察院提供证据的质证结果、录音录像播放、侦查人员出庭等关键情况进行充分说明，并详细阐述证据应否排除的理由。申言之，对于检察院出示的讯问笔录、提讯登记、体检记录、采取强制措施或者侦查措施的法律文书、侦查终结前对讯问合法性的核查材料等证据材料，详细阐述法庭举证、质证情况;对于讯问录音录像,详细说明对于讯问录音录像是否依法制作,讯问录音录像是否完整,讯问录音录像是否同步制作,讯问录音录像与讯问笔录的内容是否存在差异等内容的审查结论。

二、审查判断证据说理的规诫提炼

以裁判文书证据说理的上述实践性问题为导向,结合《指导意见》的相关要求,笔者认为,裁判文书证据说理应具体恪守以下五个方面的规诫。

(一)完整阐述证据说理要素

从裁判文书说理的现状看,对证据说理要素的开示并不充分。在研究样本中,大部分判决书对证据说理要素的阐述不完整,能够完整阐述的仅占样本的15.3%。在主观上对证据说理要素的认识偏差是形成这一问题的主要原因。《指导意见》明确规定,裁判文书对证据的认定,应当结合诉讼各方举证质证以及法庭调查核实证据等情况,精准阐述审查判断证据的过程以及形成结论的理由。

1. 举证、质证和法庭调查核实证据的情况

裁判文书是法官对诉讼争议的判断、评价,并对其结论所进行的论证。对审理过程尤其是庭审中举证、质证及认证予以开示,加强裁判依据的论证,使裁判文书以详尽的证据、周密的论证、充分的说理来大大增强裁判文书的可读性与说服力。[1] 法庭调查核实证据的情况是法官审查判断证据从而认定相关案件事实的依据,是证据说理的必备要素。

法庭调查是诉讼各方在法官的主持下进行举证、质证的过程。证据必须在法庭上出示,并经过质证,才可以作为认定案件事实的根据。诉讼各方出示的证据是质证的客体,作为认定案件事实的证据必须同时具有真实性、关联性和合法性。《刑事诉讼法解释》第63条规定,证据未经当庭出示、辨

---

〔1〕 参见何波:《民商事裁判文书的制作与说理》,载《人民司法》2009年第3期。

认、质证等法庭调查程序查证属实,不得作为定案的根据。《民事诉讼证据规定》第 50 条对证据质证内容进行了规定,最高人民法院《关于行政诉讼证据若干问题的规定》(以下简称《行政诉讼证据规定》)第 39 条同样作出类似规定。诉讼主张以事实为依托,居中裁判的法官只能通过诉讼各方证据的展示来了解案情。反驳对方诉讼主张的方式包括提出反证或者否定对方证据的证据能力与证明力。对证据的质证意见,是诉辩交锋的集中体现,是诉讼各方所表达出的对诉讼证据真实性、合法性、关联性以及证明目的的明确态度。法官对证据的认定,取决于诉讼各方攻击与防御力量的对比,且必须对各方质证意见进行考量与取舍。

我国三大诉讼法不同程度地赋予法院依职权调查取证的权力。法院依职权调取的证据不是质证的客体,但应当在法庭上予以出示,并询问双方当事人对法院调取证据的意见。法官应当在法庭调查阶段,将依职权调取的证据予以出示,诉讼各方可以对该证据的合法性、真实性和关联性提出质疑,法庭也可以就调查取证的过程和情况对当事人进行说明。相应地,法官应当将调查收集证据的过程、情况以及庭审出示情况在裁判文书中加以说明。

2. 审查判断证据的情况

审查判断证据是审判活动的一项重要基础性工作,包括证据能力和证明力的审查判断两个方面。审查判断证据能力解决的是证据材料是否具有证据资格的问题,适用证据的合法性、真实性和关联性判断标准;审查判断证明力解决的是已采纳的证据能否定案的问题,适用证据的确实性和充分性标准。我国在现行立法中确立了一些审查判断证据能力和证明力的规则,前者主要包括非法证据排除规则、电子证据的可采性规则、最佳证据规则、行政案卷排他性规则和特定人员作证特免权规则等;后者主要包括补强证据规则、原始证据优先规则和证据证明力确认规则等。

(1)审查判断证据能力

法官根据证据能力的审查判断规则,对证据的合法性、关联性和真实性进行全面判断,从而认定证据有无证据资格,并阐述理由。其中,对于案件争议焦点所涉及的关键证据、当事人提出异议的证据尤其应当注重强化说理。

一般而言,审查证据的过程,先是形式审查,再到内容审查。证据的合法性,是指证据的形式和来源符合法律规定,决定了一项证据是否具有转化为定案根据的法律资格。为了确保证据的合法性,三大诉讼法对于收集证据、审查和判断证据、查证核实证据等,都规定了严格的程序和制度。[1] 只有具有合法性的证据才具有证据能力,才存在进一步对其证明力作出审查判断的可能。具备合法性的证据,还要判断其内容是否真实。证据的真实性,是指证据所表达的内容或证据事实是客观存在的,不以办案人员的意志为转移,不是主观想象或臆断的。[2] 法官可以从证据的形成原因、客观环境、收集主体、收集方式、利害关系以及与其他证据之间是否存在矛盾来判断证据是否真实。伪造证据、篡改证据的行为在司法实践中并不鲜见。伪证、假证不能成为认定案件事实的根据,否则极可能造成冤假错案;认定案件事实的证据只能是真实的证据。判断证据是否具有关联性,需要考察的是证据与待证事实之间是否有联系以及联系是否密切。证据与案件事实联系越密切,证据的证明力就越强;联系越疏远,证据的证明力就越弱;无联系的,无证明力。[3] 证据是否具有证据能力是诉讼各方质证的主要内容。

(2)审查判断证明力

法官在确定证据资格的基础上,根据审查判断证明力的规则,结合案件具体情况,从证据与待证事实的关联程度、证据之间的联系等方面对证据证明力大小进行判定。证明力的审查判断是对案件中各种证据的认识过程,应该从

---

[1] 参见樊崇义:《证据法学》(第6版),法律出版社2017年版,第129页。
[2] 参见陈光中:《刑事诉讼法》(第6版),北京大学出版社2016年版,第165页。
[3] 参见何家弘、张卫平主编:《简明证据法学》,中国人民大学出版社2007年版,第179页。

个别到整体,按照一定的认证逻辑规律循序渐进地进行。法官对单一证据的证明力可以从以下方面进行审核认定:证据是否原件、原物;证据与案件事实的关联程度;与其他证据是否具有印证关系;证人是否出庭作证;证人与当事人有无利害关系;等等。通常认为,数个证据对同一事实的证明力,公文书证优于其他书证;档案、鉴定意见、勘验笔录或者经过公证、登记的书证优于其他书证、视听资料和证人证言;原始证据的证明力优于传来证据;出庭作证的证人证言优于未出庭作证的证人证言;其他证人证言优于与当事人有密切关系的证人提供的对该当事人有利的证言。诉讼各方对同一事实分别提出不同证据,但都不足以否定对方证据的,法官应当结合案件情况,判断一方提供证据的证明力是否明显大于另一方,对证明力较大的证据予以确认。对于书证、物证、视听资料等不同类型的证据审查判断的侧重点有所不同(见表4-1)。

表4-1 关于证据能力与证明力的审查内容

证据类型	证据能力	证明力
物证	是否伪造/来源是否合法	是否原物/属性是否变化/反映的内容/与待证事实的关联程度
书证	是否伪造/来源是否合法	是否原件/记载的内容/与待证事实的关联程度
被害人陈述/犯罪嫌疑人供述	获取过程是否合法/是否违背本人意愿	反映的内容/精神状态/是否能与其他证据印证/是否自相矛盾
证人证言	来源是否合法	证人是否应当出庭作证/证人的认知能力/是否有利害关系/证明的内容/与待证事实的关联程度/证言是否自相矛盾/能否与其他间接证据印证
鉴定结论	鉴定资格/结论的形成是否合法	鉴定方法/鉴定依据/鉴定的内容/结论形成的过程
视听资料	来源是否合法/是否伪造/是否真实意思表示	是否有原始载体/所涉主体身份是否明确反映的内容是否具体/与待证事实的关联程度
笔录	制作主体是否合法/制作过程是否合法	记载的内容是否客观、完整、准确/与待证事实的关联程度

在单一证据的审查判断基础上,法官进而对一组证据乃至全案证据进行综合判断。对于一组证据或全案证据,法官通常从各证据与案件事实的关联程度、各证据之间的印证关系等方面进行判断。

3. 认证结论及其理由

《民事诉讼证据规定》和《行政诉讼证据规定》均规定,人民法院应当在裁判文书中阐明证据是否采纳的理由。在刑事诉讼中,裁判文书阐明证据是否采纳的理由,是刑事司法正当程序原则的基本要求。法官撰写裁判文书不是简单罗列证据后直接给出认定结论,而是应当注重对证据进行详略得当、有主有次的分析和说理。对于无争议证据,简化说理;对于争议证据,特别是案件争议焦点所涉及的证据,应当详细阐述举证情况、质证意见以及认证的结论和理由,公开法官心证的过程。

(二)围绕诉讼争点进行说理

在证据的认证分析过程中,由于争议证据可能形成案件争点,因此区分无争议证据与争议证据,围绕争点进行审查论证是证据说理的重点所在。有学者认为,裁判文书说理最低限度的说理责任是就说理程序价值目标而言的责任,即裁判文书需要围绕“争议焦点”进行说理。[1] 进入诉讼程序的绝大多数案件都有争点,法庭调查能准确归纳争点,证据说理能以争点为导向,充分回应争点,有效提升说理的针对性和逻辑性,是裁判文书说理改革的基本要求。

在个案中,争点归纳应当由抽象化向具体化转变,抽象的争点不具有问题意识与现实意义,只有以法律事实为基本单位的具体化争点才能有效发挥争点的导向功能。例如,在一起确认合同无效的纠纷中,将“案涉合同是否无效”作为争点,即为抽象化争点,而将“合同中利润分配违反公司法资本维持原则”这一可能导致合同无效的事实固定为争点,即为具体化争点。争

---

〔1〕 参见赵朝琴、刘树德:《关于裁判文书说理责任制度构建的思考》,载《法律适用》2017年第23期。

点的具体化对于提升裁判文书说理的针对性和说服力具有重要作用。

其实,域外裁判文书同样是重视围绕争议焦点展开认证分析的,例如,日本裁判文书中“对争议焦点的判断”要作为单独项目予以列明,裁判理由部分包含对无争议事实的确认、证据的分析、争点的认定及说明。〔1〕德国裁判技术在整合形成“判决理由”所需的“案情”中,强制法官将争点以成文的方式外化。〔2〕美国裁判文书没有统一格式,但都充分回应控辩双方的主张,说理主要围绕着争点展开。〔3〕

(三)厘清证据说理的逻辑

1. 单个证据的审查判断逻辑

为了证明己方的诉讼主张,诉讼各方往往向法庭提交大量的证据材料,并且认为这些证据材料都是对己方有利的。证据材料是否能成为认定案件事实的证据,能否证明当事人的诉讼主张,最终由法官进行认定。

法官对单个证据的审查判断逻辑可以分解为3个步骤:判断证据形式是否符合法律要求→判断是否具有证据能力→判断是否具有证明力。在判断证据能力和证明力时,还存在两种内在逻辑:一是案件出现了相互印证的证据,一个证据由于自身局限性(如证据系复印件、传真件)难以认定其证据属性,另一个证据的内容能与其载明的内容相互印证时,则使该证据具有了证据资格。对于印证关系的判断同样需要体现说理逻辑,两个证据之间为何形成印证关系,相互印证的内容是什么,印证证据能够认定的案件事实是什么,都应当在裁判文书中依次进行说明。二是案件出现了相互矛盾的证据,通常是诉讼各方对同一事实分别举出了相反证据,但都没有足够的依据否定对方证据的,法官需结合案件具体情况,判断一方提供证据的证明力是否

---

〔1〕参见葛文:《具有说服力裁判文书的形式构成》,载《人民司法》2016年第22期。

〔2〕参见袁力、邵新:《德国民事裁判文书结构与说理的关联分析》,载《法律适用》2017年第1期。

〔3〕参见罗灿:《美国裁判文书说理的微观察——从费尔南德斯案的司法意见书切入》,载《人民司法》2015年第7期。

明显大于另一方提供证据的证明力。对于矛盾证据的判断也应注重体现说理的逻辑,法官应当将证据出现相互矛盾的情况,证据取舍的结论和依据予以开示。

2. 全案证据的综合认定逻辑

全案证据的综合认定逻辑因案件的难易程度而有所区别。在简单案件中,根据直接证据即可认定案件事实,或者案件虽然没有直接证据,但间接证据之间能够相互印证,形成清晰完整的证据链,足以认定案件事实。全案证据的认定逻辑可分解为两步:判断各证据之间的联系→判断证据与案件事实的关联程度。在复杂案件中,没有直接证据认定案件事实,且证据之间的关系错综复杂,印证关系隐蔽模糊,因而,对全案证据进行综合认定时,厘清逻辑尤为重要,不仅要借助分类分组的方法,还要注意区分争议证据和无争议证据。全案证据的认定逻辑可分解为 5 步:区分争议证据和无争议证据→对争议证据进行分组→判断各组证据与案件事实的关联程度→判断各组证据之间的联系→判断证据能否形成完整证据链。

3. 证据采信到事实认定的逻辑

三段论是司法裁判的基本方法,具体是指以法律为大前提,以事实为小前提,通过逻辑推论得出裁判的结论。三段论中的小前提不是指与案件相关的所有事实,而是指法律规范所规定的要件事实。要件事实是否存在必须由诉讼一方主张并加以证明。从证据到认定要件事实的过程,通常可以分为以下三种情形。

第一,证据材料能够形成完整的证据链,证明要件事实存在。这是诉讼中最理想的事实认定情形。在该类案件中,证据材料之间的印证关系,证据链与要件事实之间的证明关系,是说理的重点所在。

第二,证据材料不足以认定要件事实是否存在,通过分配举证责任进行认定。要件事实在诉讼中处于真伪不明的状态,是法官在案件审理中经常遇见的难题。虽然三大诉讼法对举证责任都作了明确规定,但在实践中案件具体情况千差万别,哪些事实是诉讼请求所依据的事实并不明确,需要法官针对个案进行判断。例如,民事诉讼证明责任分配一般贯彻“谁主张,谁举证”原则,同时存有证明责任的转移、证明责任的倒置、证明责任的司法裁量等特殊规则。结合具体案例分析,在一起损害股东利益责任纠纷案件中,前法定代表人和公司、实际控制人签订了一份关于公司某项工程收益权的合同,约定公司或者实际控制人支付前法人 700 万元,股东认为该合同侵犯其权益提起诉讼,要求确认合同无效。该案审理过程中发现,前法人在签订涉案合同的同一天签署了公司公章的交接单,在公司和实际控制人均缺席庭审的情况下,无法判断合同是否在公章交接后签订,因而“合同上的签章是否为公司的真实意思表示”这一要件事实便处于真伪不明的状态。对于该要件事实的举证责任分配,难以从法律规定中找到依据,必须由法官结合案件情况,通过自由裁量合理分配举证责任。

证明责任是一种不利后果,举证责任的分配通常直接关系到诉讼的成败。法官在运用举证责任认定案件事实时,要将必须运用举证责任的理由、举证责任分配的依据、由举证责任认定的要件事实依次进行阐述与论证。在二审和再审程序中,当事人对举证责任分配有异议的,法官应当在裁判文书中进行充分回应。

第三,证据达到证明标准时,认定相应要件事实存在。证明标准是证据材料对案件事实真实性的证明应当达到的程度,是案件事实证明程度的最低要求。三大诉讼法实行不同的证明标准,民事诉讼实行“优势证据”“高度盖然性”的证明标准,行政诉讼的证明标准是“案件事实清楚,证据确凿、充分”,刑事诉讼的证明标准是“犯罪事实清楚,证据确实充分”。运用证明标准认定案件事实是法官自由心证的过程,因而对于案件事实能否达到证明标准,适用何种证明标准,证据与事实之间的关联程度,法官应当在裁判文书中进行阐述并加以论证。诉讼一方对证明标准有异议时,法官同样要予以充分回应。

(四)遵循繁简适度的说理原则

通过对样本的研究发现,在实务中,裁判文书证据说理过于烦琐的案例非常罕见,因不说理、回避说理导致证据说理过于简略的案例则比较常见,因而解决证据说理繁简不当问题的重点就在于如何纠正证据说理过于简略的问题。

法官要善于辨别不同类型案件证据说理的内在规则和要求。简单案件,小额案件,当事人争议不大的案件,事实清楚、证据确实充分、被告人认罪的轻微刑事案件,可以使用简化的裁判文书。相应地,在这些案件中,证据部分可以简化说理,提升文书撰写的效率,加快诉讼进度,更好地维护当事人的权益。对于疑难、复杂案件,诉讼各方争议较大的案件,社会关注度较高的案件,宣告无罪、判处法定刑以下刑罚、判处死刑的案件,行政诉讼中对被诉行政行为所依据的规范性文件一并进行审查的案件,判决变更行政行为的案件,新类型或者可能成为指导性案例的案件,抗诉案件,发改案件,再审案件等,则需要强化证据说理,提升裁判的说服力和公信力,切实发挥司法裁判定分止争的功能。在这些案件中,法官不仅要全面阐述法庭调查核实证据的情况,还要善于围绕争点充分论证证据认定的方法和理由。

(五)充分论证证据的认定过程

在样本中,绝大多数的裁判文书忽视或回避对证据认定过程的阐述与论证。法官运用证据规则或证明方法认定证据时,应当在裁判文书中对认证过程加以论述,提升说理的充分性,体现司法的公平公正。

1. 运用证据规则的情况

证据规则,是指在诉讼中,规范证据的收集、证据的审查以及证据的评价等诉讼证明活动的准则。[1] 证据规则所约束的对象包括一切与证据或者证明行为有关的单位和个人,包括执法人员、代理人、当事人、证人、鉴定人

[1] 参见陈光中:《刑事诉讼法》(第6版),北京大学出版社2016年版,第189页。

等。[1] 从通常意义上说,证据规则有利于查明案件事实、实现实体公正,有利于约束法官的自由裁量权,有利于提升诉讼效率。在三大诉讼法中,证据规则的设定和要求有很大不同。

刑事证据规则不仅具有查明案件事实,增强诉讼程序的可操作性功能,还具有保障人权和增进特定社会利益保护的功能。典型的刑事证据规则有:非法证据排除规则、关联性规则、自白任意性规则、意见证据规则、补强证据规则、原始证据优先规则、直接言词证据规则、证据的证明力确定规则等。民事诉讼尊重当事人意思自治,为促进纠纷化解、使诉讼更有效率,《民事诉讼证据规定》和最高人民法院《关于适用〈中华人民共和国民事诉讼法〉的解释》(以下简称《民事诉讼法解释》)对举证期限、无须证明的事实、举证责任分配和证明标准等规则作出了系统规定。行政诉讼的特殊证据规则主要集中在《行政诉讼证据规定》中,典型证据规则是"被告负举证责任"的证明责任分配原则和行政案卷排除规则。

证据规则能有效约束法官行使自由裁量权。证据规则越完善,法官自由裁量的空间越小;证据规则越疏漏,法官自由裁量的空间越大。法官运用证据规则进行裁判时,应当将心证过程在裁判文书中进行公开。例如,运用非法证据排除规则时,应当对非法证据排除程序的启动、调查、是否排除的结果及其理由进行全面说理。

2. 运用司法证明方法的情况

根据证据裁判主义与正当程序原则的要求,法官在认定案件事实时,首先以直接证据认定事实,只有当以直接证据来认定事实有疑问时,才可运用逻辑推理、经验法则、司法认知、推定等司法证明方法,且运用的过程必须透明、公开,以确保司法的合法性与正当性。

(1)逻辑推理,是司法证明中最基本的方法,是指从已知事实或者判断

---

[1] 参见樊崇义:《证据法学》(第6版),法律出版社2017年版,第80页。

出发，按照一定的逻辑规律或者规则，推导出新的认识或者判断。[1] 在逻辑推理中，须遵循的逻辑规律一般包括矛盾律、同一律和排中律等。在司法裁判中，常用的推理方式为演绎推理和归纳推理。在民事、行政诉讼中，当案件缺乏请求权基础时，会运用到类比推理方式；在刑事案件中，类比推理间或也会被运用。在演绎推理中，法官应当围绕大前提与小前提之间的涵摄关系，对案件事实是否满足法律规范的要件事实构成并产生相应法律效果进行论证。在归纳推理中，法官应着重对归纳推理的前提与结论之间的必要性关系进行论证。在类比推理中，法官应当对案件事实缺乏法律规定、案件事实与拟类推适用的法律要件事实之间的相似性、拟类推适用的法律规范的立法本意进行充分论证。

(2)经验法则，是人们从生活经验中归纳获得的关于事物因果关系或属性状态的法则或知识。[2] 我国的《民事诉讼证据规定》和《行政诉讼证据规定》均确立了经验法则在裁判中的作用。在刑事诉讼中，《办理死刑案件证据规定》第5条界定“证据确实、充分”的证明标准时，其中一项要求就是根据证据认定案件事实的过程符合逻辑和经验规则，由证据得出的结论为唯一结论。经验法则在决定证据能力、评价证据价值、事实推定中的推理、引导当事人证明活动的进行以及为证明标准的适用提供判断依据等方面起决定性作用。[3] 另外，经验法则也存在较大的局限性，具体表现为：法官运用较低程度盖然性的经验法则推出的结论容易出错，经验法则的适用需建立在案件具体情况基础之上、具有适用的针对性与复杂性，经验法则属于主观判断活动等。由于经验法则本身在证明案件事实上具有一定的盖然性，同时，法官适用经验法则受个体条件的影响和制约。因此，法官运用经验法则认定案件事实时，应当在裁判文书中阐述理由，并对当事人或控辩双方就适

---

〔1〕 参见何家弘、张卫平主编：《简明证据法学》，中国人民大学出版社2007年版，第119页。

〔2〕 参见张卫平：《认识经验法则》，载《清华法学》2008年第6期。

〔3〕 参见刘春梅：《浅论经验法则在事实认定中的作用及局限性之克服》，载《现代法学》2003年第3期。

用经验法则认定案件事实提出的意见进行评判和分析,增强裁判的说服力,规范法官自由裁量权的行使。

(3)推定,是作为证据证明的一种补充手段出现的。由于人类认知能力的局限性,证据证明不可能完全连接实体与程序,推定的适用就是为了弥补证明的不足。[1] 法学理论将推定分为法律推定和事实推定。其划分标准是推定所依凭的根据,法律推定,是指立法者按照特定的立法意图,依据立法程序在成文法条文中所设置的推定规范,规定以某一事实的存在为基础,据以认定另一事实或权利的存在;事实推定,是指法官在具体的诉讼过程中,在自由心证范围内根据有关证据和经验法则对有关证明对象所作的一种推论。[2] 法官应当在裁判文书中公开推定的过程,说明运用证据认定基础事实的过程、推定依据的经验法则和法律规定的有效性以及适用推定的合理性,同时对提出异议一方的反驳理由进行分析,增强运用推定认定事实的说服力。

(4)司法认知,是法院在审理过程中依申请或依职权,对特定事实的真实性直接予以确认的事实认定方法。[3] 法院对一定事实无须当事人举证即确认真实性,及时排除当事人无合理根据的争议,以确保审理高效有序地进行。从立法上来看,目前在我国的法律规范中并没有明确出现司法认知这一概念,只有在《民事诉讼证据规定》中规定了 6 类免证事实的内容。学界认为,采用司法认知之前,应当保障当事人的程序参与权,当事人有权对是否采用司法认知表达意见,特别是要保障对方当事人提出反证机会;在保障当事人程序参与权和进行必要调查的基础上,对方当事人没有提出反证的情况下,法官才能采用司法认知的事实。[4] 在裁判文书中,法官应当注重阐述司法认知的形成过程,对这一司法证明的必要性、合法性进行充分论证。

---

[1] 参见邓子滨:《刑事法中的推定》,中国人民公安大学出版社 2003 年版,第 40 页。
[2] 参见王雄飞:《论事实推定和法律推定》,载《河北法学》2008 年第 6 期。
[3] 参见江伟主编:《民事证据法学》,中国人民大学出版社 2011 年版,第 130 页。
[4] 江伟主编:《民事证据法学》,中国人民大学出版社 2011 年版,第 131 页。

第五章
裁判文书说理的本体论(四)
——民事证据裁判说理*

为全面贯彻证据裁判原则,推进以审判为中心的诉讼制度改革,回应新时代人民群众的司法需求,最高人民法院于2021年对2001年发布的《民事诉讼证据规定》进行了全面修订(修订后的该规定,以下简称新《民事诉讼证据规定》)。本次修订对证据行为的设定呈现"双收双放"的特点。"双收",是指新规对当事人举证行为和法院认定证据行为均进行必要性限制,增设书证提出命令、宣誓、自认事实仍可依职权查明等规则,对当事人的不当处分行为进行规制;完善举证期限、鉴定、电子证据审查判断等规则,限缩了法官自由裁量的空间,推动证据采信规范化、办案过程公正化。"双放",是指对以法院为主体和以当事人为主体的证据行为均进一步赋权,虚假自认的查明、证明力

* 此部分系与杨惠惠合作而成,曾以《民事诉讼证据裁判说理的内涵延展与逻辑进路——以〈民事诉讼证据规定〉修正为中心》为题,原载《法治现代化研究》2021年第2期。

的综合判断等体现出自由裁量权的强化;不真实自认的撤销条件放宽、仲裁事实的反证标准降低等凸显了对当事人举证权利的保障。“双收双放”的制度演变,将更加彰显证据裁判说理的刚性约束作用和正向促进作用。正义不仅要实现,还要以看得见、读得懂的方式实现。这就需要裁判者牢固树立“说理责任”意识,以典型案例作向导,以证据规则为遵循,以推理逻辑辨曲直。

一、证据说理的具象化展示——第107号指导性案例

【基本案情】2008年4月11日,中化国际(新加坡)有限公司(以下简称中化新加坡公司)与蒂森克虏伯冶金产品有限责任公司(以下简称德国克虏伯公司)签订了购买石油焦的采购合同,约定中化新加坡公司向德国克虏伯公司购买石油焦25,000吨,石油焦的HGI指数典型值应在36~46。中化新加坡公司按约支付了全部货款,但德国克虏伯公司交付的石油焦HGI指数仅为32,与合同中约定的HGI指数典型值为36~46不符。中化新加坡公司认为,德国克虏伯公司构成根本违约,请求判令解除合同,要求德国克虏伯公司返还货款并赔偿损失。

【证据说理】该案裁判文书区分了无争议事实和争议事实,围绕每一个争议焦点,对证据认定进行充分说理,建立起证据与事实之间的“应然”关系(见表5-1)。

表5-1　案件“争议证据”认证示意

编号	证据	举证方	证明目的	质证意见	法官认证说理
1	上海大学出具的说明	中化新加坡公司	HGI指数为32石油焦难以在中国市场销售	证据属于证人证言,证人没有出庭作证,不认可真实性	说明并非以个人名义出具,而是以单位名义出具,且加盖了公章,其内容只是认为货物用途有限,与专家证人证言互相印证,可以采信

续表

编号	证据	举证方	证明目的	质证意见	法官认证说理
2	专家证人证言	德国克虏伯公司	HGI 指数虽然低于合同约定值,但可以在中国市场销售	认可证言真实性,认为证人证言在一定程度上能够证明己方主张	3 位专家证人的证言能够互相印证的事实部分,具有科学依据,可以采信。关于石油焦是否符合合同目的,属于裁判性事项,证人无权对此作出判断,该部分证言内容不予采信
3	品质检验证书	德国克虏伯公司	石油焦的 HGI 指数为 36	用于检验的石油焦样品并非涉案石油焦,单方委托检验没有合同依据,对该证据的真实性、合法性及关联性均不认可	用于检验的石油焦样品是否取自涉案石油焦不能确定,且其单方委托检验没有合同依据,故对该证据的关联性、合法性不予确认
4	委托出售函	中化新加坡公司	委托代售关系	未经公证认证,不认可真实性	委托方与受托方系母子公司关系,委托出售函系在中国国内取得,不需要办理公证认证手续,该证据的真实性可以确认

以该案专家证人证言为例,法官对争议证据的说理内容如下:

举证部分:德国克虏伯公司认为,虽然其交付的石油焦的 HGI 指数为 32,从表面上看与合同约定不符,但实际上并不构成违约,合同约定的 HGI 指数是典型值。HGI 指数为 32 的石油焦仍然可以在中国市场销售。为证明其主张,德国克虏伯公司申请从事石油焦行业 30 余年的美国人费舍尔(Fisher)先生、中铝公司郑州轻金属研究院原副院长王平甫先生和华北电力大学教授李永华先生 3 位专家证人出庭作证。该 3 位专家证人一致认可：HGI 指数表示石油焦的研磨指数，指数越低，石油焦的硬度越大，研磨难度越大；指数越高，则石油焦的硬度越低，研磨难度越低。HGI 指数为 32 的石油焦具有使用价值，符合涉案采购合同的目的。

质证部分：中化新加坡公司对德国克虏伯公司证人证言的真实性没有异议，但强调费舍尔先生的证言表明其在 30 年的专业生涯中，从未见过 HGI 指数为 32 的石油焦，其见过的石油焦 HGI 指数最低为 35。王平甫先生本人未作过 HGI 指数的测定工作，也没有使用过不同 HGI 指数的石油焦，其证言的权威性值得商榷。李永华先生的证言表明，不同 HGI 指数的石油焦对研磨设备的要求不同，HGI 指数硬度大的石油焦需要更换设备方可使用。

认证部分：德国克虏伯公司提供的 3 位专家证人的证言中关于石油焦 HGI 指数与硬度的关系以及涉案 HGI 指数为 32 的石油焦具有使用价值部分的内容能够互相印证，具有科学依据，可以采信；关于 HGI 指数为 32 的石油焦是否符合合同目的，属于裁判性事项，证人无权对此作出判断，故对该 3 位专家证言中关于涉案 HGI 指数为 32 的石油焦符合合同目的部分的内容，该院不予采信。关于涉案 HGI 指数为 32 的石油焦是否符合合同目的，将在判决裁判理由部分予以详细论证。中化新加坡公司提供的“关于石油焦特性的说明”并非以个人名义出具，而是以上海大学材料科学与工程学院名义出具，且加盖了单位公章，其内容并不否认 HGI 指数为 32 的石油焦可以使用，只是认为其用途有限。该说明的内容在一定程度上与德国克虏伯公司提供的 3 位专家证人的证言也可以相互印证，具有科学依据，可以采信。

【说理评析】该案完整阐述了证据说理的要素，结合双方当事人举证质证以及法庭调查核实证据等情况，归纳了案件争点并对争点进行了有针对性的回应，充分论证认证过程以及形成结论的理由。

争点是当事人在诉讼中争议的具体事项，是诉讼各方呈请法官审理的对象,被认为是案件审理的“主线”或“脊梁”。[1] 一方当事人对对方当事人提出的证据存在异议,法官应当对异议进行回应,向当事人开示证据的认定过程及是否采纳的理由。否则,当事人可能对证据认定的公正性产生怀疑。本案中,法官根据双方当事人的诉辩主张和举证质证情况,整理了案件的争议焦点,且以法律事实为基本单位确定具体化争点,争点是具体的而非抽象的,有效发挥了争点的导向功能。围绕具体争点,对当事人提出的异议主张进行分析,形成采信或者不予采信的理由。

在证据能力和证明力的审查判断上,法官准确运用了证据真实性、合法性、关联性的判断标准以及印证证明的规则。德国克虏伯公司提供了中国检验认证集团北京有限公司出具的品质检验证书,为证明其交付石油焦的HGI 指数为 36。中化新加坡公司认为,涉案石油焦到达目的港之后,一直处于中化新加坡公司的控制之下,德国克虏伯公司并未向中化新加坡公司提取涉案石油焦作检验样品,并且德国克虏伯公司未经中化新加坡公司同意单独委托中国检验认证集团北京有限公司进行检验,没有合同和法律依据,不认可该证据的真实性、合法性及关联性。法官通过审查鉴定所用的检材以及委托鉴定的程序,认定鉴定意见不具有合法性与关联性。

中化新加坡公司向法庭提交了上海大学出具的“关于石油焦特性的说明”,为证明德国克虏伯公司交付的石油焦的 HGI 指数为 32,不符合合同的约定,难以在中国市场销售。德国克虏伯公司认为,该证据属于证人证言,证人没有出庭作证,对证据真实性不予确认。法官通过审查证据出具的主体与程序、证据载明的内容以及与其他在案证据的关系,根据印证证明规则,认定证据出具的主体合法,内容并不否认 HGI 指数为 32 的石油焦可以使用,只是认为其用途有限,且证据内容在一定程度上与德国克虏伯公司提供的 3 位专家证人的证言也可以相互印证,具有科学依据,可以采信。

---

〔1〕 参见邹碧华:《要件审判九步法》,法律出版社 2010 年版,第 116 页。

该案同时也遵循了繁简适当的说理原则。对于告知函、海关保证金、风险担保金专用收据、进口税率表等当事人无争议的证据,简化说理,简要阐明证据能够证明的事实。对于专家证人证言、品质检验证书、委托出售函等争议证据,进行充分说理,阐明庭审调查证据的情况,运用证据规则认定证据的过程以及认证的具体依据。

二、证据裁判说理的内涵延展

辩证唯物主义认识论认为,认识的过程首先表现为从感性认识到理性认识的飞跃,然后由理性认识指导实践。[1] 在诉讼中对证据的认定结论,必须是理性认识的结果。裁判理由制度是促进和开示理性认识证据的重要保障。证据裁判说理首先要解决的是说什么的问题,然后才解决怎么说的问题。证据规则的修订较大幅度变更了证据裁判说理的内容。"说好理"的前提条件是准确分析和识别本次修订的变更条款,即"双收双放"条款,厘清其衍变逻辑和规范意旨,寻得说理逻辑的转变点和说理的重心。

(一)当事人不当处分行为的必要限制

按照民事诉讼处分原则的要求,当事人有权支配自己的实体权利和诉讼权利。[2] 当事人在诉讼中行使处分权不是绝对的,必须诚信行使权利,不损害国家利益和第三人合法权益。[3] 本次证据规则的修订在若干条款中体现了对诉讼参与人不当处分行为的规制。

1. 规制虚假自认

在证据法上,自认本身不是特定的证据形式,而是一种诉讼行为,是当事人行使处分权的结果。自认产生的法律效力是:第一,免除对方证明责任;第二,对法院产生约束力,通常情况应当确认自认事实;第三,对自认当

---

〔1〕《列宁全集》(第55卷),人民出版社1990年版,第175页。
〔2〕参见张卫平:《民事诉讼法》(第2版),法律出版社2012年版,第26页。
〔3〕参见杜闻:《简论民事诉讼当事人处分权》,载《政法论坛》2001年第1期。

事人产生约束力,不得任意反言。[1] 新《民事诉讼证据规定》第8条规定,自认事实与法院已经查明的事实不符的,不予确认。在职权探知主义中,法院对特定证据的收集具有主导权。当证据可能涉及损害国家、社会公共利益,身份关系认定,恶意串通,以及依职权追加当事人、中止诉讼、终结诉讼、回避等程序性事项的,法院有权依职权调查收集证据。当事人不当行使处分权,虚假自认事实与法院查明事实不符的,应当受到司法的否定性评价。根据依职权调查的证据认定虚假自认的,应当在庭审中出示相关证据,当事人有权对证据的证据能力和证明力发表意见。针对当事人提出的异议,法官应当对调查取证的过程和情况进行说明。

2. 规制证明妨害行为

根据民事诉讼"谁主张,谁举证"的证明责任分配原则的要求,负有举证责任的当事人为使自己的事实主张得到法院认可,必须对该主张进行证明。事实上,负有举证责任的当事人应当提交的证据并不总是在其掌握之中,在某些情形下证据被对方当事人所控制,形成"证据偏在"的局面。对方当事人通过作为或者不作为妨碍证明,极有可能导致负有证明责任的当事人承担举证不能的不利后果,在这种情形下,应当考虑以证明妨害为杠杆,避免通过证明责任作出裁判。[2] 理论界认为,构成证明妨害应当具备4个要件,包括主体要件、主观要件、客体要件、客观要件。构成证明妨害的主体既可以是当事人,也可以是诉讼外第三人;主观要件为行为人在主观上是否具有过错;客观要件包括存在某种证明协助义务但未履行该义务,受妨害的证据具有不可替代性,导致产生不利的制裁后果,行为与后果之间具有因果关系;客体要件为妨害人对于何种证据实施妨害行为才可能被认定为证明妨害。[3]

---

〔1〕 参见马文高:《略论虚假自认的效力》,载《西南政法大学学报》2005年第2期。

〔2〕 参见[日]高桥宏志:《民事诉讼法制度与理论的深层分析》,林剑锋译,法律出版社2003年版,第466页。

〔3〕 参见毕玉谦:《民事诉讼证明妨碍研究》,北京大学出版社2010年版,第1页。

我国民事诉讼法尚无证明妨害的立法规定,但在2001年《民事诉讼证据规定》中有所体现,确立了当事人提出书证的证明妨害规则。本次修改,新《民事诉讼证据规定》对该制度进行了完善,进一步增强了制度适用的实践性和可操作性。

具体而言,新《民事诉讼证据规定》明确了一方当事人申请对方当事人提交书证的条件,包括书证应当特定化,即明确书证的名称或者内容;书证对案件事实认定的积极作用,即书证拟证明的事实以及该事实的重要性;对方控制书证的根据以及应当提交该书证的理由。明确了书证提出义务范围,包括控制书证的当事人在诉讼中曾经引用过的书证,为对方当事人的利益制作的书证,对方当事人依照法律规定有权查阅、获取的书证、账簿、记账原始凭证,以及法院认为应当提交书证的其他情形。还明确了不遵守书证提出命令的后果,即控制书证的当事人无正当理由拒不提交书证的,可以认定对方当事人所主张的书证内容为真实;持有书证的当事人以妨碍对方当事人使用为目的,毁灭有关书证或者实施其他致使书证不能使用行为的,可以认定对方当事人主张以该书证证明的事实为真实。当事人不遵守书证提出命令的行为将根据证明妨碍的程度形成相应的法律后果。

关于书证提出命令的说理,应当注意从四个方面加以把握。其一,法官应当在使用规则前向当事人进行释明,告知其无正当理由拒不提供证据的法律后果,促使持有证据的当事人及时履行协助义务,防止突袭裁判。其二,当事人否认控制书证的,注意加强对当事人是否负有提交书证义务的说理,在个案中,法官应根据公平原则与诚实信用原则,结合案件事实与证据,充分考虑负有举证责任的当事人是否确实存在不能获得证据的客观原因、对方当事人是否具有获得证据的较大便利性或者可能性等因素,作出综合判断。其三,对提出书证申请不予准许的,加强对不予准许理由的阐述,结合申请提交书证的条件,判断当事人申请提交的书证是否不明确,书证对待证事实的证明是否确无必要、待证事实对于裁判结果是否确无实质性影响以及书证是否未在对方当事人控制之下。其四,双方当事人对是否应当提交书证持相反意见、分别提供证据反驳对方的,应阐述双方举证、质证的结果以及认证的过程,论证证据不予采信的理由。

(二)裁判者自由裁量权的规制

新《民事诉讼证据规定》对法官自由裁量权的行使既有限制亦有扩张。增加电子证据认定规则,共同诉讼人、委托诉讼代理人自认的认定规则,明确应当提交书证的具体情形等,实际上是通过明确认定规则,以间接方式对法官自由裁量权进行了限制;相反地,在有关证人证言、瑕疵私文证书、逾期举证确有困难的认定上,则强调要结合印证证据、相关因素以及案件具体情况进行"综合判断"。无论是对自由裁量权的限制抑或是扩张,条文修订的宗旨都是通过规范审判权的行使保障当事人的诉讼权益。自由心证原则要求,对于证据能力和证明力,由法官根据证据规则、证明规则、经验法则、逻辑规则、理性良知等作出判断,[1]证据说理既是对自由裁量权的内在约束,也构成对裁量结果公正性与正当性的证明,"有利于防止由于法官判决的任意性导致对当事人诉讼权利的损害"。[2]

以电子数据为例。电子数据是以电子、光学、磁及类似手段生成、传播、储存的数据信息。[3] 2012年修正的《民事诉讼法》将电子数据确定为一种独立的证据形式。新《民事诉讼证据规定》进一步明确了电子数据的范围,将电子数据分为内容数据、衍生数据、环境数据和通信数据四大类,将电子数据的内容确定为网页、博客、微博等网络平台发布的信息;即时通信、通信群组等网络应用服务的通信信息;用户注册信息、身份认证信息等留痕信息;文档、图片、视频等电子文件以及其他以数字化形式存储、处理、传输的能够证明案件事实的信息。

---

〔1〕 参见江伟主编:《民事证据法学》,中国人民大学出版社2011年版,第17页。
〔2〕 参见何家弘:《证据法学》(第5版),法律出版社2013年版,第91页。
〔3〕 参见谢勇:《论电子数据的审查和判断》,载《法律适用》2014年第1期。

在个案中,当事人提交微信聊天记录、微博截图等电子数据作为证据的,应当审查判断电子数据是否具有完整性和可靠性。具体标准包括主体适当,在正常的往来活动中形成和存储,依赖的系统环境完整可靠,系统环境是否处于正常运行状态以及不处于正常运行状态时对电子数据是否产生影响,系统环境是否具备有效地防止出错的监测、核查手段,保存、传输、提取完整可靠。法官在裁判文书中要强化对电子数据完整性和可靠性认定的论证,双方当事人为证明己方主张提交了相反证据的,应当分析对于证据的庭审调查情况及采信或不予采信的理由。

在电子数据的认定上,采用推定真实规则确定一方当事人提交的电子数据真实性的,应当分析推定的依据,是否具备以下情形之一:由当事人提交或者保管的于己不利的电子数据,由记录和保存电子数据的中立第三方平台提供或者确认的,在正常业务活动中形成的,以档案管理方式保管的,以当事人约定的方式保存、传输、提取的。裁判文书说理,要充分回应当事人的抗辩意见,分析对方当事人是否提交了相反证据,该证据是否达到了"足以反驳"的证明标准。

当事人以电子数据作为证据的,应当提供原件。由于电子数据具有技术依赖性、存储与传递的隐蔽性、易于篡改性和可恢复性等特点,与传统证据形式相比,电子数据原件的识别具有特殊性。电子数据需要转换为可识别的形式证明待证事实,原始载体本身对待证事实并无证明作用。因此,在诉讼中对于当事人提交电子数据原件义务的审查不宜过于严格,否则将可能把能够证明事实的证据排除在外。与原件一致的副本、直接源于电子数据的打印件或者其他可以显示、识别的输出介质,均可以视为电子数据的原件。在证据裁判中,复本与原本等同的理由,应当根据具体情形予以分析。

(三)当事人证据权利的强化

新《民事诉讼证据规定》对当事人证据权利的强化表现为多种形式。对于一方当事人不当处分行为的规制,体现出对对方当事人证据权利的保障。

证据认定规则的增设和完善，不仅规范自由裁量权的行使，也为当事人具体举证行为提供指引。免证事实的限缩及其反证标准的降低，体现出对既判力的审慎运用，实际上是强化了当事人在“本案”中举证的权利，而非适用“另案”裁判认定的事实，以免证事实为例阐述证据裁判说理的内涵演变。

1. 免证事实的范围限缩

免证事实，是指当事人在诉讼中提出某一事实主张，但免除其相应证明责任的情形。免证事实是证据裁判原则和证明责任适用的例外，包括司法认知的事实、推定的事实、已决事实、自认事实和公证事实等。法院遵循相应的程序规则，可以直接确认免证事实作为裁判依据，但如果当事人提出充足反证或者发现新的事实，则免证事实成为证明对象。[1] 新《民事诉讼证据规定》把能够形成预决力的生效裁判所确认的“事实”限缩为“基本事实”。

何为案件“基本事实”？根据最高人民法院《民事诉讼法解释》第 333 条的规定，是指用以确定当事人主体资格、案件性质、民事权利义务等对原判决、裁定的结果有实质性影响的事实。当在先案件某一基本事实被法院生效裁判所确认时，将对尚未作出裁判的案件中的关联事实产生预决力。生效裁判所确认的基本事实产生预决力，必须符合 3 个要件：事实的认定应当遵循程序保障原则；先案裁判是生效的，没有被依法撤销或者变更；先案与后案的事实相同或者先案事实构成后案事实的一部分。

按照程序保障原则，一方当事人有权对对方当事人提出的事实进行抗辩与反驳。如果没有给予当事人主张事实和提出证据进行防御的机会，则不符合程序保障原则。当事人对于生效判决所确认的基本事实提出异议并提交反证的，该事实成为证明对象。如果反证的证明程度达到足以推翻生效判决所确认的基本事实，则不能将该事实作为裁判的依据。裁判说理应

---

〔1〕 参见江伟主编：《民事证据法学》，中国人民大学出版社 2011 年版，第 129 页。

当分析免证事实是否为生效判决所确定的基本事实,当事人对基本事实提出异议的或者将其作为上诉和再审理由的,应当作为争议焦点进行充分论证,根据反证的认定结果分析当事人提出的异议能否成立。

生效裁判确认的基本事实具有预决力存在例外情形:(1)当事人因不能归责于本人的事由未参加诉讼,没有机会对案件事实提出异议,且在后案诉讼中提供反证予以证明的,先案事实不具有预决力;(2)先案诉讼违背程序保障原则,剥夺了当事人提出异议和提交反证的权利;(3)当事人提交证据证明先案诉讼存在恶意串通情形侵害其合法权益的,相关事实不具有预决力。在后案裁判中,认为先案裁判确认的事实不具有预决力的,应当在裁判文书中充分回应双方的诉讼主张,分析采纳反证的依据和理由,让当事人看得见裁判结果形成的过程。

2. 仲裁生效裁决所确认事实的反证标准降低

在推进国家治理体系与治理能力现代化的进程中,仲裁已成为多元化纠纷解决机制的重要组成部分。仲裁对于矛盾纠纷高效化解发挥重要作用,同时也正是因为更加偏重纠纷化解效率,仲裁与诉讼程序相比对当事人的程序保障相对较弱。为此,新《民事诉讼证据规定》作出了回应,对生效裁判和生效仲裁所确认的事实,区分了不同的证明标准,对仲裁生效裁决反证证明程度由原来达到“有相反证据足以推翻”降低为“有相反证据足以予以反驳”。裁判文书应当载明当事人提交反驳证据的情况,反驳证据与仲裁生效裁决确定的事实证明力大小的判断,事实是否处于“真伪不明”的状态,以及采信或者不予采信反驳证据的理由。

另外,需要注意的是,与法院生效裁判相比,仲裁生效裁决的预决事实的效力范围更窄。通常而言,由于仲裁具有合意性的特点,只有仲裁当事人才受预决力的约束,即只有两案当事人相同时,后案当事人才可能免于承担仲裁预决事实的举证责任。因此,裁判说理还应当具体分析后案当事人应否受到仲裁预决事实的约束。

（四）裁判者职权探知的强化

1. 识别当事人真实意思表示

以自认规则为例。当事人作出限制自认或者撤销自认时，法院依职权探知当事人的真实意思表示。自认通常表现为一方当事人对对方当事人主张的于其不利的事实予以直接、明确地承认，但在少数情形下也可以表现为默示的承认，既可以由当事人自己作出，也可以由经其授权的委托诉讼代理人作出。[1] 限制自认是自认的特殊表现形式，是指附条件的、不完全的自认，即当事人作出自认的意思表示时，还额外附加了限制性的条件，意图冲抵自认部分的法律效果。限制自认能否构成自认？

裁判说理要着重分析当事人是否为真实意思表示，附加事实能否构成对承认事实的有效攻击或者防御。关键是要将当事人承认的事实与所附条件一并审查，考量当事人的真实意思表示，如当事人附条件的事实与承认的事实相悖，且附条件的事实为当事人的真实意思表示，则不构成自认；如附条件的事实不是针对承认事实的攻击或者防御，且属于不同法律关系，则构成自认。

新《民事诉讼证据规定》还放宽了当事人意思表示不真实情形下撤销自认的条件，即只要自认是在受胁迫或者重大误解情况下作出的，法院应当准许当事人在法庭辩论终结前撤销自认，不再要求当事人提供充分证据证明自认内容与事实不符。裁判说理只需要分析当事人撤销自认是否符合时间要求以及作出自认的意思表示是否真实即可。

2. 对证据证明力的判断更加依靠自由心证

新《民事诉讼证据规定》删除了“数个证据对同一事实证明力”的认定规则和优势证据认定标准，表明法官对于证据证明力的认定将具有更大的自由裁量权。准确认定证据证明力的前提是全面客观地审视证据、有效引导

---

〔1〕 参见肖建华主编：《民事证据法理念与实践》，法律出版社 2005 年版，第 110 页。

当事人对争议证据的证明力发表质证意见。在认定过程中,运用逻辑推理、经验法则等司法证明方法对证据证明力大小作出判断。得出认定结论后,应当将“自由心证”外化,在裁判文书中开示证据证明力认定的依据以及理由。

证据证明力的审查判断是对案件中各种证据的认识过程,遵循“从个别到整体”以及“印证证明”的逻辑。在不同案件中,有关证据证明力判断的难易程度存在差别。因此,在对个案证据证明力进行说理之前,应当首先辨别案件的差别化程度,树立“繁简适度、论证适当”的说理意识。

在事实清楚、法律关系简单的案件中,或单个证据与待证事实之间能够直接建立关联性,或数个证据之间能够相互印证形成完整证据链证明待证事实。相应地,法官对证据证明力的说理就较容易,“说好理”的目标也比较容易实现。在疑难复杂案件中,各方当事人通常会提交大量证据证明自身的主张,证据不仅错综复杂,印证关系也模糊不清。这对于法官说理技术和说理方法提出了更高要求。能否有效固定争点、分类整理证据、理顺说理逻辑直接影响说理的效果。首先,应当围绕争议证据进行充分说理。当事人之间的诉辩交锋系由争点触发,法院在裁判文书中对争点的认定是当事人最关注的问题。因此必须准确区分争议证据和无争议证据,对无争议证据简化说理,对争议证据进行充分说理,回应当事人关于证明力的主张或异议。其次,应当对全案证据进行分门别类,将证据之间的复杂关系“条理化”。哪些证据之间具有相互印证的关系,聚合在一起能够证明一个或数个待证事实,对此进行辨析并分类,不仅能使复杂的证据关系变得清晰明了,也有助于判断全案证据能否形成完整证据链。最后,在着笔说理之前还需厘清全案证据的说理逻辑,确定证据说理的主次关系与先后顺序,呈现证据说理繁简适度、事实认定一气呵成的效果。

3. 当事人主张与法院认定不一致的问题纳入争点审理

新《民事诉讼证据规定》第53条规定,当事人主张的法律关系性质或者民事行为效力与法院根据案件事实作出的认定不一致的,法院应将法律关系性质或者民事行为效力作为争点问题进行审理。在实践中,由于专业法律知识的欠缺,或是出于诉讼策略的选择,当事人主张的法律关系性质或者民事行为效力与法院作出的认定不一致的情形时常出现。例如,当事人签订了名为信托的协议,但协议约定的权利义务关系其实是房屋租赁关系,发生纠纷后原告以被告未履行信托合同为由将其诉至法院,主张双方之间存在合法有效的信托合同关系,被告应履行相应合同约定的义务,在案件审理中将出现当事人主张与法院认定不一致的问题。

原告请求法院裁判的法律关系即为诉讼标的。在给付诉讼中,诉讼标的为得请求被告为特定给付之法律上地位存在之权利主张;在确认之诉中,诉讼标的为原告于应受判决事项之声明所表示一定权利或法律关系存在(或不存在)之权利主张;在形成之诉中,诉讼标的为原告得依裁判请求为形成法律上地位存在之权利主张。[1] 民事法律行为效力可能存在有效、无效、效力待定、可撤销、可变更等多种情形,分别形成不同的法律后果。当事人主张的法律关系性质或者民事行为效力与法院作出的认定不一致时,是否应当允许当事人进行变更?在以往实践中存在两种不同观点:一种观点认为,法律关系或者民事行为效力的变更,属于诉的性质的变化,不允许当事人进行变更。另一种观点则认为,当事人的主张与法院认定不一致系出于当事人认识上的偏误,应当允许当事人进行变更;反之,若以判决驳回当事人诉讼请求,当事人另行起诉,不仅增加当事人诉累,也造成司法资源的耗费。新《民事诉讼证据规定》采用了后一种观点,赋予当事人对民事法律关系和民事行为效力变更的选择权。

法官对于法律关系和民事行为效力认定的自由裁量主要体现在两个方面:一是对实体问题的认定;二是对释明权的行使限度。对实体问题认定的说理,主要涉及如何根据全案证据对法律关系和民事行为效力进行认定。

---

〔1〕 参见王甲乙、杨建华、郑健才:《民事诉讼法新论》,台北,三民书局有限公司2006年版,第262页。

当事人之间对于法律关系和民事行为效力存在分歧,法院采信一方主张,或者法院认定与当事人主张均不一致的,应当在裁判文书说理过程中对观点分歧进行回应,阐述法院认定的依据和理由。对于释明权行使限度,在实践中存在较大分歧:一种观点认为,在法官已经将法律关系和民事行为效力的争议纳入争点进行审理的情况下,可以视为已经向当事人适当行使了释明权,不必另行作出有关法律关系性质或者民事行为效力是否变更的释明;另一种观点则认为,考虑当事人诉讼能力的不足,即使已经将法律关系和民事行为效力的争议纳入争点进行审理,也应当向当事人释明不变更的法律后果和诉讼风险。笔者认同后一种观点,法官不仅要向当事人充分行使释明权,还要在裁判中对释明权的行使进行说理。

三、新规背景下证据裁判说理的逻辑进路

(一)厘清庭审说理与裁判文书说理的关系

庭审证据说理与裁判文书说理构成证据裁判说理的“双核”,两者既相互区分又相互依存。脱离庭审说理的裁判文书说理是“无根之木”,脱离裁判文书说理逻辑指引的庭审说理难以有的放矢。

1. 庭审证据说理与裁判文书证据说理相互区分

(1)价值不同

以证据裁判结论的形成为界分,庭审证据说理可以视为“事前说理”,通过对调查核实证据的认识情况进行开示,促使当事人明晰举证责任,并充分举证,属于全案证据认定结论形成前的事前保障;而裁判文书证据说理则可以视为“事后说理”,此时当事人的举证行为已经完成,裁判理由的阐述是为开示证据结论的形成依据和过程,是在全案证据认定结论形成之后进一步增进当事人对裁判结论的理解与认同。在增进当事人权利保障的层面上,庭审说理的价值不低于裁判文书说理的价值,但其重要性一直被严重低估和漠视。

以举证期限的说理为例。诉讼期间分为法定期间和指定期间,举证期限属于指定期间。举证期限经指定确定后,各方当事人应在举证期限届满前提交证据。在实践中,一方当事人逾期举证的行为时有发生,另一方当事人则以"逾期证据不应认定"为由提出抗辩。对于当事人之间关于证据是否逾期的争议,法官应当在庭审中直接开示认定的结论。如果认定证据没有逾期的,应当明确对方当事人是否有权利针对该证据提出反驳证据,是否再次指定举证期限。反之,如果缺乏对于逾期举证争议的庭审说理,则异议一方当事人难以理解司法认定的正当性,也可能错失在一审中提出反驳证据的机会。如果反驳证据进入第二审程序中被采信,则可能成为发回或改判的理由。可见,充分恰当的庭审说理,更加能够保障当事人的举证权利,也更有利于查明案件事实。裁判文书说理则主要阐述对争点的认定结论,论证当事人关于证据逾期不应认定的主张能否采信及其理由,增强证据认定的说服力和公信力。

(2)内容不同

庭审说理和裁判文书说理分别以"行为""结论"为核心展开。庭审证据说理主要围绕"举证行为"展开,包括询问当事人是否提出某项举证申请(申请鉴定或者评估等),释明举证责任及举证不能的后果,开示证据争点(必要时应开示争点认定的结论和理由),询问证据疑点并要求当事人进行说明或者提交补强证据等。裁判文书证据说理则围绕"认定结果"展开,其重点是对裁判理由的阐述。

以鉴定意见为例。民事诉讼中的鉴定主要包括文书鉴定、医学鉴定、声像资料鉴定等,是鉴定人运用专业经验和专业技能对诉讼中所涉及的专业性问题进行分析所作出的结论。[1] 在实践中,待证事实需要通过鉴定意见证明的,有相当部分的案件中负有鉴定义务的当事人没有认识应当由自身

[1] 参见江伟主编:《民事证据法学》,中国人民大学出版社 2011 年版,第 79 页。

提出鉴定申请,否则将承担举证不利的后果。原因大致可以分为3类:一是当事人认为其提交的证据能够充分证明待证事实,没有提出鉴定申请的必要性;二是一方当事人认为待证事实需要通过鉴定意见证明,但认为应当由对方当事人提交申请;三是基本法律知识匮乏,不了解应当提出鉴定申请的情形和提出鉴定申请的义务。对于负有申请鉴定义务的认定,当事人的认识与法官的裁量不一致的情形下,若法官没有在审理过程中向当事人进行释明,则可能导致待证事实真伪不明,最终只能通过举证责任认定事实。承担不利后果的当事人在看到裁判文书时,才认识到自身负有提出鉴定申请的义务,往往会在二审或再审程序中提出鉴定申请。新《民事诉讼证据规定》明确提出,法官在案件审理中认为待证事实需要鉴定的,应当主动行使释明权,并向当事人指定提出鉴定申请的期限。

关于鉴定的庭审说理应把握好几个方面的内容。一是释明举证不能的法律后果。对需要鉴定的待证事实负有举证证明义务的当事人,向其释明须在指定期间内提出鉴定申请并预交鉴定费用、提供相关鉴定材料,如果无正当理由未提出鉴定申请或者不缴纳鉴定费用,或者拒绝提供相关鉴定材料,导致待证事实无法查明的,应当承担举证不能的不利后果。二是强化对鉴定材料认定结论与理由的说理。组织当事人对鉴定材料进行质证,未经举证、质证的材料,不能作为鉴定的根据。一方当事人对对方当事人提出的鉴定材料有异议,提出理由并提交证据的,法官应对其异议给予明确回应,阐明异议成立与否的理由。当事人提交的鉴定材料不符合鉴定规范的,法官应及时向其释明,并指定期限要求其补交鉴定材料。三是当事人对鉴定意见有异议的,向其释明行使异议权的程序与方式。明确告知当事人应当以书面方式提出异议,并应当在指定期限内提出;当事人收到鉴定人的书面答复后仍有异议的,可以申请鉴定人出庭接受询问。当事人申请重新鉴定的,分析是否存在鉴定人不具有鉴定资质、鉴定材料未经过质证、鉴定依据不足、鉴定程序严重违法等情形,阐明是否准许重新鉴定的依据和理由。

裁判文书对理由的阐述则不能局限于对鉴定意见的认证分析，还要将释明权行使情况、当事人是否申请鉴定以及对鉴定申请不予准许的理由等裁判要点纳入说理范围。

2. 庭审证据说理与裁判文书证据说理相互依存

（1）庭审证据说理促进裁判文书证据说理

说理正义目标的实现，与庭审具体的证据评断标准、事实认定标准和法律适用标准有直接联系。[1] 如果法官在写判决书时才发现该调查的证据没有调查、该询问的事项没有询问，就会导致证据认定过程不敢说理，甚至回避说理；反之，如果能够对该调查的证据全面调查，向当事人释明举证、认证的规则，必然有助于案件真实的发现。只有案件事实查清了，裁判文书说理才有底气和根基。2001 年《民事诉讼证据规定》的修改对法官释明权的行使提出了新要求，能否恰当行使释明权直接影响到裁判文书说理的精准度与充分性。

例如，新《民事诉讼证据规定》确立了当事人的真实完整陈述义务，并通过宣读保证书方式，明确虚假陈述处罚。当事人没有正当理由拒绝签署或者宣读保证书的，应当结合其他证据情况审查认定待证事实的真伪，待证事实没有其他证据证明的，应当作出不利于该当事人的认定。在庭审中，法官应当将拒绝签署或者宣读保证书的后果向当事人释明，促使当事人在了解法律后果之后真实陈述案件事实。经释明后，当事人仍然拒绝签署或者宣读保证书的，在裁判文书中写明庭审释明情况，根据新《民事诉讼证据规定》确定的规则，认定待证事实。庭审中当事人陈述的案件事实与之前在证据交换、询问、调查过程中，或者在起诉状、答辩状、代理词等书面材料中陈述的事实不一致的，应责令当事人说明理由，结合当事人的举证能力、在案证据和已查明事实进行审查认定。当庭能够作出认定的，应当开示认定的结论和理由；当庭不能作出认定的，在裁判文书中明确进行回应并阐明理由。

---

〔1〕 参见赵朝琴、邵新：《裁判文书说理制度体系的构建与完善——法发[2018]10 号引发的思考》，载《法律适用》2018 年第 21 期。

当事人陈述是民事诉讼证明中法定证据形式。当事人为民事法律事件或行为的参与者、经历者,如实陈述有助于法庭查明争议事实,但由于当事人同诉讼结果有直接利害关系,又可能作虚假陈述。庭审说理不仅促使当事人作出真实陈述,也有助于识别当事人虚假意思表示,为最终裁判理由的论证提供充分依据。

(2)裁判文书证据说理指引庭审证据说理

民事诉讼中的证据具有特定化的形式,不同形式的证据对应的说理要素也有所不同。例如,对证人证言的认定应阐述证人是否出庭、证人是否具有认知能力、证人与当事人之间是否具有利害关系,证人证言能否与其他证据相互印证等;对电子证据应阐述来源是否合法、是否出示原始载体,是否由中立的第三方提供,是否能够反映主体身份,反映的内容是否具体、是否存有疑点等;对笔录应阐述制作主体是否合法,制作过程是否合法,记载的内容是否客观、完整、准确等。裁判文书是证据认定理由的集中载体,对证据的认定应当全面阐述说理要素。以裁判说理为指引,搭建证据调查的"庭审提纲",让目光在"证据审查"和"说理"之间不断往返,能够检视庭审调查证据是否全面具体,是否遗漏基本说理内容。

新《民事诉讼证据规定》的施行也对证据裁判说理提出了新要求,裁判文书证据说理要素发生演变,在实践层面裁判文书说理指引庭审说理的作用进一步凸显。例如,新《民事诉讼证据规定》明确了申请证人出庭的条件,即申请证人作证的当事人应当说明证人作证内容与案件待证事实的关联性以及证人出庭作证的必要性。不具备基本法律知识和诉讼能力的当事人在申请证人出庭作证时可能忽视对证人作证必要性的说明。申请方当事人没有说明证人作证必要的,法官应当向其释明补充说明相关情况或者直接询问相关情况。

(二)围绕具体化争点说理

2016年版《民事诉讼文书样式》要求裁判者在裁判文书证据认定部分区

分无争议证据和争议证据,并针对证据争点展开说理。在实践中,有相当部分的裁判文书仍未遵循这一要求,正如《民事诉讼文书样式》所指出的,“重事实说理,轻证据说理”的问题仍然突出。证据争点的说理问题集中表现为争点归纳不精准不具体、争点论证不充分、对当事人的异议回应不足。这些问题导致证据裁判逻辑不清晰,以证据证明事实的说服力不强。

1. 具体化争点的界定

诉讼中,一方当事人对另一方当事人所提交证据的证据能力或者证明力不认可,即形成证据争点。在实践中,证据争点的概括性归纳方式较常见,通常表现为双方对某证据的“三性”不认可或者证明目的不认可。这种归纳方法的问题在于无法从争点中看出双方争议的具体内容,说理的针对性不强。与之相反,具体化的争点归纳是把当事人所争议的具体证据问题固定为争点。

例如,在一起民间借贷纠纷案中,原告提出录音证据证明被告在收到原告款项后转贷给案外人时,并未向其披露该案外人为实际借款人,被告质证称该证据系与原告调解过程中形成且原告故意进行诱导式对话。在该案中,双方对证据形成争议,如果采用概括性归纳,那么争点为录音证据是否具有真实性,而具体化的争点应固定为录音证据内容是否为被告的真实意思表示。可见,具体化争点是证据争议的直观体现,能够圈定裁判说理的中心。

2. 争点的论证方法

根据证据争点的复杂程度,争点的论证可视案件具体情况采用单一论证法或者综合论证法。某个证据争点可以单独形成判断,其证据属性不涉及由其他证据印证证明的,可以在裁判文书证据认定部分直接阐述争点裁判的理由。某个证据的证据属性无法单独形成判断,需要结合其他证据进行判断的,适用单一论证法难以充分表达说理意见。在这种证据争点认定较复杂的情形中,有必要将说理后置于法院认为部分,综合分析所有关联证据的印证关系进行论证,不仅使说理更顺畅,也有助于提升论证的充分性和准确度。

例如,在一起买卖合同纠纷中,原告对被告提交的某个货款支付凭证的真实性提出异议,称其并非该凭证载明的收款方,其没有收到该笔货款,而原告方申请出庭的证人在证言中称,其知晓被告向原告支付过该笔货款,其所陈述的金额与转款记录一致,并且证人系双方磋商的介绍人和原告指定的货款催收人。在该案中,由于货款支付凭证上载明的收款人不是原告,因而对该证据关联性难以单独进行认定,必须结合证人证言予以综合审查判断,分析两者是否具备印证关系,从而对争点进行判定。

(三)强化自由裁量权说理

证据裁判自由裁量的对象包括证据能力和证明力的认定、举证责任的分配以及是否达至证明标准。法官行使自由裁量权的前提是对证据认定具有一定选择与判断的空间。如果对于案涉证据的认定已经存在法律或司法解释的明确规定,则不具有自由裁量的空间。自由裁量权的行使是法官的主动作为,属于主观判断的范畴,其中必然融入价值判断,充分考虑社会主义核心价值观、公共政策、社会公众的认同度等因素,在不同利益之间进行衡量与取舍。由于主观判断在认识论上存在的局限性,自由裁量有必要通过正当程序予以规制,确保自由裁量结果符合公平正义要求。

1. 自由裁量的具体情形

自由裁量的具体情形可分为法律明示与法律默示两种类型。法律明示,是指法律或司法解释规定法官可以根据案件具体情况进行裁量的。新《民事诉讼证据规定》第7条、第45条、第52条、第66条、第88条、第92条、第93条、第96条中均规定,法官可以根据案件具体情况对证据进行综合审查判断。法律默示是司法职权主义赋予法官的固有权利,包括举证责任分配、证明标准的判断、证据规则的阐释等。

在法律明示情形中,运用自由裁量必须具备法律规定的要件。例如,在判断书证是否处于对方当事人控制之下的事实时,应当在先论证书证提出的必要性、双方均否认控制书证、没有直接证据证明书证的归属等问题。在法律默示情形中,自由裁量应当遵循合法与审慎的原则,即符合法律规范的意旨和基本法理的要求,审慎衡量自由裁量是否具有必要性与适当性。

2. 自由裁量的程序保障

行使自由裁量权,要严格遵循程序保障的要求,充分保障各方当事人的处分权、辩论权和知情权等诉讼权利。自由裁量的事项可能影响当事人实体权利或程序权利,且当事人之间存在争议的,应当由当事人对裁量事项进行辩论,充分发表意见。当事人对行使自由裁量权有异议的,围绕自由裁量的必要性展开辩论;当事人对自由裁量结果有分歧的,围绕自由裁量结果的合理性进行辩论。法官在庭审中对自由裁量事项作出认定的,应当进行庭审说理,并允许当事人提出异议;难以在庭审中回应的,应当在裁判文书中说理,充分保障当事人的知情权。

当事人对一审程序或原审程序中自由裁量结论有异议,并以此作为上诉意见提起上诉或者作为再审理由提请再审的,二审或再审程序中应当列为争议焦点进行审理,审查一审程序或原审程序中自由裁量的必要性和合理性,并充分回应当事人提出的异议。

3. 自由裁量的价值判断

(1)增强自由裁量的可预见性

婚姻家事、侵权类案件中,证据与事实的认定常常涉及价值观的表达与实现,个案裁判不只是对当事人争议的认定,也体现司法对某一社会问题所持的态度。社会公众从司法态度中获取法律行为的规范,因此,裁判应尽可能具有可预见性,为公众从事某种社会行为提供向导。自由裁量的过程要反复检视是否符合公平正义的价值观,裁量结果是否符合公众政策的要求以及社会的发展方向。裁判说理可以加强对自由裁量价值观的阐述力度,增进当事人和社会公众对裁判结果的认同度。

(2)综合考量案件涉及的利益关系

案件涉及的各种利益关系存在相互冲突的情况时,要解决不同利益间的权衡与取舍问题。个体对权利的处分侵害公共利益或者他人利益的,司法裁判应当抑制非法利益,依职权对证据和事实作出认定,限制当事人的不当处分行为。例如,在恶意串通逃避债务的案件中,依法认定恶意串通合同的效力,保护债权人的合法权益。裁判说理要针对利益冲突情形进行分析,并对取舍结论进行论证。

总之,新《民事诉讼证据规定》实施后,法官应着力强化庭审说理,引导当事人正确运用新的证据形式和证明规则完成举证责任,提高案件事实认定的公正度和客观度,在裁判文书中充分开示职权探知和自由心证形成的依据和过程,真正彰显事实认定符合客观真相、办案结果符合实体公正、办案过程符合程序公正。

第六章
裁判文书说理的本体论(五)
——间接证据裁判说理*

随着司法证明技术的不断发展,证据裁判对于直接证据的依赖性越来越低,反而间接证据的证明价值受到更多关注与重视。2018 年 6 月 1 日最高人民法院发布的《指导意见》第 3 条规定,“要根据案件社会影响、审判程序、诉讼阶段等不同情况进行繁简适度的说理,简案略说,繁案精说,力求恰到好处”;第 6 条规定:“裁判文书应当结合庭审举证、质证、法庭辩论以及法庭调查核实证据等情况,重点针对裁判认定的事实或者事实争点进行释法说理。依据间接证据认定事实时,应当围绕间接证据之间是否存在印证关系、是否能够形成完整的证明体系等进行说理。采用推定方法认定事实时,应当说明推定启动的原因、反驳的事实和理由,阐释裁断的形成过程。”无论从裁判的可接

---

* 此部分系与杨惠惠合作而成,原题为《繁简分流范导下间接证据裁判如何说理》,原载《法律适用》2023 年第 3 期。

受性而言，还是从裁判文书说理繁简适度原则的内在要求来看，研究间接证据裁判如何说理这一问题具有重要的实践意义。方法论的最终目标是指导并服务于实践。笔者结合多年审判经验，将目光在理论与实践之间来回穿梭，以问题意识为导向，力图探寻间接证据裁判"如何说理以及说理方法如何更具规范性"这一问题的答案。下文将以两个经典判例即"许某某与王某某道路交通事故人身赔偿纠纷案"（以下简称"许某某案"）、"陈某涉嫌盗窃案"作为切入口展开分析论证。

一、间接证据的审查与认定

在争议事实的证明中，法官通过分析不同证据来推理案件事实，这与科学发现一样，都是运用证据为人们理解世界建立一种解释。[1] 学界对于直接证据和间接证据的分类认识较统一。根据证据与案件主要事实的证明关系为标准，可以将证据分为直接证据和间接证据，直接证据是能够独立证明案件主要事实的证据；间接证据，是指不能单独证明案件的主要事实，而需要与其他证据相结合并经过推理才能证明有关案件事实的证据。[2]

在诉讼程序中，当事人所提交的证据材料必须经过举证、质证和可采性认证后才能作为事实认定的依据。直接证据无须推理，即能够独立证明案件主要事实；单个间接证据无法独立证明案件主要事实，多个间接证据之间需相互印证、互不矛盾，形成完整的证据链，经逻辑推理并达到程序法所要求的证明标准才能证明案件主要事实。

（一）间接证据足以证明案件主要事实的示例

"许某某案"中，司法机关在案件缺乏直接证据的情境下，运用间接证据的证明规则认定了案件主要事实，取得了良好的法律效果和社会效果。

---

〔1〕 参见［墨］阿托卡·阿丽色达：《溯因推理：从逻辑探究发现与解释》，魏屹东、宋禄华译，科学出版社2016年版，第21页。

〔2〕 参见张建伟：《证据法要义》（第2版），北京大学出版社2014年版，第148页。

【基本案情】

2009 年 10 月 21 日，许某某驾驶未投保交强险的轿车并道时，遇王某某违法翻越中心隔离护栏，后王某某倒地受伤。王某某诉称，其倒地受伤系许某某驾车撞到其所致。许某某则辩称，王某某翻越护栏时不慎摔倒受伤，其伤情与许某某没有关系。对于该案争议焦点，王某某的腿伤是否为许某某的驾车行为所致，没有现场录像、目击证人等直接证据予以证明。

事故发生当日，许某某在交管局对其询问时称：其当时驾车并道时，因前方有大货车，其在并道前并未发现王某某，并道后距离王某某四五米时才发现王某某。王某某当时好像被护栏绊了，踉踉跄跄往前跑了两步摔在地上，许某某立即采取制动措施并向左打转向，停车时距离王某某 1 ~2 米。监管局绘制的《道路交通事故现场图》载明，王某某倒地位置与许某某驾驶车辆之间的距离为 2.4 米。交管局委托鉴定机构对许某某所驾轿车是否与王某某身体接触进行鉴定，鉴定机构出具(2009)痕鉴字第 730 号《鉴定意见》，认为许某某所驾轿车未发现接触痕迹，不具备比对检验条件，不能确定该车与人体接触部位。鉴定机构后出具《情况说明》，该鉴定意见的含义为：不能确定许某某所驾轿车与王某某身体有接触，也不能确定该车与王某某没有接触。交管局出具《道路交通事故证明》，双方对此事故的基本事实陈述不一致，都无法提供证人及证明交通事故事实的相关证据。现场勘查显示，许某某所驾车辆停在中心隔离栏边的第一条车道，车辆左前部紧挨中心隔离栏，左前轮压着中心隔离栏桩基，车辆与隔离栏呈约 45 度夹角。

二审期间，王某某申请司法鉴定，鉴定事项为：许某某驾驶车辆是否与其发生过碰撞，以及王某某腿伤形成原因是车辆撞伤或为自行撞伤。鉴定机构出具司鉴中心〔2011〕交鉴字第 157 号《鉴定意见》，王某某右膝部损伤符合较大钝性外力直接作用所致，该损伤单纯摔跌难以形成，遭受车辆撞击可以形成。

该案在运用间接证据推理之前，首先明确了因没有现场监控、目击证人等直接证据,只能依据涉案相关间接证据认定该案的主要争议事实。只有在案件缺乏直接证据的前提下,通过间接证据认定案件主要争议事实才具有程序法上的正当性。

该案明确间接证据运用的前提后,将案涉证据分为3组,分别进行审查与认定。第一组证据,即现场勘验笔录、事故现场图及照片,证明“事发时车辆位置符合紧急状态下避让并制动形成的状态,可以排除车辆平缓制动可能性”的事实。第二组证据,即司鉴中心〔2011〕交鉴字第157号《鉴定意见》,证明“王某某的腿伤因单纯摔倒难以形成,遭受车辆撞击可以形成”的事实。第三组证据,即当事人陈述,证明“排除第三方致伤可能性、排除王某某跨越护栏前已被撞伤可能性”的事实。根据逻辑推理,三组间接证据之间不存在相互矛盾之处,能够相互印证,形成完整的证据链,证明王某某的腿伤和许某某的驾车行为具有因果关系,且能够达到民事诉讼“高度盖然性”的证明标准,从而认定王某某的腿伤系许某某驾车行为所致。

案件的客观事实通常具有不可直接观察的特征,事实发现者只能通过收集、组织并分析相关证据,结合常识和经验进行推理,以确定某种情形是否属实,从而构建案件事实。〔1〕 上述事实推理所建立的是法律推理的“小前提”。在缺乏直接证据的情形下,该案没有直接根据证明责任分配原则,让负有举证责任的一方当事人承担不利后果,而是根据间接证据的审查认定,并经过逻辑推理认定争点事实,为法律推理确定了小前提。

(二)间接证据难以证明案件主要事实的示例

在“陈某涉嫌盗窃案”中,没有证实陈某实施盗窃行为的直接证据,一审法院依据全案间接证据认定陈某实施盗窃的事实,二审法院则认为综合全案间接证据,达不到认定陈某实施盗窃行为的证明标准,作出了不同于一审的认定结论。

---

〔1〕 参见杜文静:《司法实践中刑事证据推理的方法》,载《求是学刊》2020年第6期。

【基本案情】

一审法院认定事实:2013 年 9 月 12 日晚,被告人陈某在某机械大队门口附近,将被害人王某丙停放于此的一辆翻斗车盗走。2013 年 9 月 28 日,被告人陈某在百姓网注册该车信息。2014 年 2 月 7 日,被告人陈某在百姓网上发布信息欲出售该车时为被害人王某丙发现。现该车已被扣押。

一审法院认定上述事实的证据有:(1)被害人王某丙陈述,证实涉案翻斗车于 2013 年 9 月 12 日被盗。后来其看到有人在百姓网上出售该车,通过卖车人留下的电话号码,发现是以前雇佣的司机陈某。该车是 2012 年高某陪其在河北唐山购买,该车左侧货箱尾部倒数第二根架子上端,被钢筋戳了一个洞,前挡风玻璃左侧有裂痕,没有手续。(2)证人证言。①证人张某甲证言,证实其和陈某系开翻斗车的朋友。2013 年 11 月,陈某将一辆翻斗车停在其院子内。该车如果手续齐全,价值在八九万元左右。②证人高某证言,证实其和王某丙在河北省唐山买过一辆翻斗车。当时王某丙与对方签订了一份合同。该车驾驶室上面和前挡风玻璃一圈和门子下面有碱,货箱副架子右侧有裂痕,没有车牌。③证人王某甲(被害人父亲)证言,证实案发当日,其听到翻斗车打火的声音,以为是干活的司机来开车,就没当回事。④证人王某乙、赵某乙、陈某乙、张某乙等人证言,证实在 2013 年 9 月至 2014 年 2 月 8 日,并未联系陈某出售翻斗车。(3)书证。①合同一份,证实王某丙从李某处花费 45,000 元购得翻斗车的情况。②百姓网截屏信息一份,证实陈某于 2013 年 9 月 28 日,在百姓网注册涉案翻斗车信息图片;于 2014 年 2 月 7 日在百姓网上发布出售该翻斗车的详细信息。③2014 年 5 月 17 日,公安局出具的说明一份,证实 2014 年 2 月调取的被告人陈某通话清单时间实际为 2013 年 9 ~ 12 月的通话清单。④2014 年 11 月 28 日,公安局出具的说明一份,证实被告人陈某承认其在网站上发布卖车的截图与公安机关依法扣押的被害人车辆系同一车辆。⑤2015年 2 月 6 日,公安局出具的说明一份,证实收案登记表和扣押决定书所录的翻斗车架号。⑥2015 年 9

月21日,说明一份及补充说明5份,证实被告人陈某在涉案期间所拨打的通话记录中没有查询到卖给陈某涉案车辆的人员;经咨询网监部门,百姓网网站后台无法查询陈某所称卖车信息网站发布的卖车信息的有关情况。⑦手机通话记录,证实2013年9月至2014年2月8日,被告人陈某所使用的手机通话清单并无陈某所供述的卖车人的通话记录。(4)涉案物品价格鉴定书,证实涉案车辆价值。(5)扣押车辆照片,证实所扣押车辆的情况。(6)现场勘验笔录及照片,证实案发现场的情况。(7)抓获经过,证实被告人陈某被抓获归案的情况。

二审法院认定事实:2013年9月12日,被害人王某丙将涉案翻斗车停放于某机械大队门口附近。2013年9月13日7时,王某丙发现涉案车辆被盗,并于当日报案。百姓网截屏信息显示,陈某在百姓网公布涉案车辆出售信息,该信息至2014年2月7日9时58分1125次浏览,陈某发布该信息的账户注册时间为2013年9月28日。2014年2月8日,王某丙在百姓网看到有人出售涉案车辆,向公安机关反映,同日,侦查机关在陈某处扣押涉案车辆。经鉴定,涉案车辆价值42,952元。认定上述事实的证据与一审一致。

1. 两审法院对间接证据的不同认定

一审法院认为,虽然该案没有证实陈某实施盗窃行为的直接证据,但间接证据足以认定陈某盗窃涉案车辆的事实。

二审法院则持有不同观点。认为该案没有直接证据证实陈某实施盗窃行为,陈某能够较详细地陈述购买涉案车辆的过程、款项来源。公安机关虽出具说明,载明侦查员未在百姓网找到2013年10月发布出售该被盗翻斗车的信息、陈某在涉案期间所拨打的通话记录中没有查询到卖给陈某涉案车辆的人员,但该说明仅证实侦查人员未查询到,并未证实涉案信息或人员不存在。因此,该案全部间接证据不能对陈某未实施盗窃行为排除合理怀疑,结论不具有唯一性。原审认定陈某犯盗窃罪的证据不足。上诉人陈某及其辩护人提出的“一审认定犯罪事实不清,证据方面存在瑕疵,间接证据的证据链并非完整”的上诉理由和辩护意见成立，予以采纳。

2. 两审法院依据间接证据裁判的分析

（1）一审法院裁判分析

①依据王某丙陈述、高某证言、购车合同、公安局 2015 年 2 月 6 日出具的说明、扣押车辆照片及情况，认定“涉案车辆为王某丙所有，该车辆于 2013 年 9 月 12 日被盗”；②依据百姓网截图、公安局 2014 年 11 月 28 日出具的说明、现场勘验笔录及照片，认定“陈某在百姓网出售的车辆与王某被盗窃的车辆系同一车辆”；③依据公安局 2015 年 9 月 21 日出具的说明及补充说明，手机通话记录，证人王某乙、赵某乙、陈某乙、张某乙等人证言，认定陈某所称车辆系其购买的陈述不属实。通过前述 3 组间接证据相互印证，一审法院认定陈某实施盗窃的事实“足以排除合理怀疑，结论具有唯一性”，从而判决陈某行为构成盗窃罪。

（2）二审法院裁判分析

两审法院在认定上述第一组和第二组间接证据上并无不同，差别主要体现在对第三组证据的认定，其中又主要体现于对 2015 年 9 月 21 日公安局出具的说明及补充说明的不同理解。

该组说明载明的内容为，“陈某在涉案期间通话记录中没有查到卖给陈某车辆的人员；经咨询网监部门，百姓网后台无法查询陈某所称卖车信息网站发布的买车信息有关情况”。一审法院理解为，“没有查到”“无法查询”即表明“卖车人员”“卖车信息”实际上不存在，据此认定陈某所称涉案车辆系其购买的陈述不属实，从而结合其他间接证据认定，涉案车辆系陈某盗窃所得，并非购买所得。二审法院则持不同观点，认为“没有查到”“无法查询”仅仅能证实侦查人员未查询到陈某购车的信息及相关人员，并不能证实相关信息或人员不存在。因此，现有证据不能排除陈某购买涉案车辆的可能性，依据有利于被告人原则，不应当认定陈某实施盗窃行为。二审法院认为，陈某购买涉案车辆没有合法有效的来历凭证，该车又系被盗车，价值

42,952元,其行为构成掩饰、隐瞒犯罪所得罪。

综上,两审法院之所以作出不同的事实认定和裁判结论,主要因为对间接证据证明标准的认知出现差异。在一审程序中,裁判文书直接开示裁判结论,缺少对证明标准的论证。二审法院则更注重裁判说理,对证据审查判断、事实认定和证明标准均作出详细阐述和论证,使裁判结论更具说服力和公信力。

二、间接证据裁判说理的"一阶规则"〔1〕

从证据裁判原则的精神和法定证据规则的要求来看,间接证据裁判的说理应当坚持以下6条具体规则:单个间接证据的可采信认定、印证证明关系和状态、形成完整证据链、达到证明标准、遵循推理逻辑、符合经验法则。

(一)单个间接证据的可采信认定

间接证据之间进行印证的前提条件是各间接证据本身具备可采性,如忽视对单个证据的独立审查,则印证证明不具有正当性,所认定的事实可能背离客观真相。尤其在刑事诉讼以案卷为中心的裁判方式下,单个证据的可采信问题应当受到更多关注。〔2〕

单个证据的可采信论证围绕证据能力(合法性、真实性、关联性)和证明力展开,受诉讼程序规则和证据规则的规范和约束。

1.关于遵循诉讼程序规则的说理

遵循诉讼程序规则所体现的是对程序正义的追求,诉讼程序规则一经法律或者司法解释确定,就必须在其规范之下进行证据裁判活动;否则,超越规范要求的裁判活动与结论将不具有合法性。

---

〔1〕 此处借用德国阿列克西等法学家对法律论证进行内部证成与外部证成、一阶论证与二阶论证的做法,间接证据裁判说理的规则包括"一阶规则"与"二阶规则"。这里的"一阶规则"相对于"二阶规则"而言,更与间接证据裁判活动具有内在的直接的关联性。

〔2〕 参见陈瑞华:《论证据相互印证规则》,载《法商研究》2012年第1期。

(1)质证程序

三大诉讼法均确立了证据裁判原则,诉讼各方提交的证据材料必须经过质证程序才能作为定案依据。质证所保障的是诉讼一方对另一方证据能力和证明力提出异议的权利。

在陈述方式上,质证既可以采用庭上口头陈述方式,亦可以采用庭外书面陈述方式。如由代理人代理诉讼,应审查代理人是否有代理权限,有代理权限的代理人针对证据发表质证意见,才能视为完成对证据的质证程序。在质证审理形成上,通常可分为3类:庭前会议质证、证据交换谈话质证和正式庭审质证。庭前会议质证和证据交换谈话质证发生在正式庭审质证之前,当事人在正式庭审中可以对先前庭前会议和质证谈话环节发表的质证意见进行补充,补充的质证意见应当纳入认证审查范围。在客体范围上,即使是涉及国家秘密、商业秘密或个人隐私的证据,也应当完成质证程序,但可以通过不公开质证的方式进行。在质证形式上,证据较多的案件可以采用分组质证的形式,提高质证效率,但对于那些对实体权利影响较大或者当事人争议大的证据,应当单独举证、质证,让当事人充分发表质证意见。在不同审理程序中,一审程序全案证据均应质证;二审程序中不仅新证据应当质证,诉讼一方对一审认定的证据仍有争议的也应当质证;再审程序中不仅新证据应当质证,因原判决、裁定认定事实的证据不足而提起再审所涉及的主要证据,也应当进行质证。

证据未经质证作为定案依据,属于程序违法,可以形成改判或者发回重审的理由。为体现裁判结论符合诉讼程序,裁判说理应明确质证客体范围、审理形成、质证形式和诉讼各方的陈述方式,表明定案证据依法完成质证程序。

(2)举证期限

民事诉讼和行政诉讼相关法律和司法解释均对举证期限制度作出了系统规定,举证期限所固定的是当事人提出证据材料、申请证据保全、申请法院调查取证、申请鉴定、申请重新勘验、申请证人出庭作证、申请延长举证期限、申请专家辅助人出庭的起止期限。当事人无正当事由超出举证期限提供的证据材料可能导致不被法庭采信的不利后果。

在实务中，当事人对有关举证期限问题时常提出异议，包括对延长举证期限是否应当准许的异议，对超过举证期限的证据能否采信的异议，对超过举证期限提出的调查取证、申请鉴定等事项是否应当准许的异议，对于当事人变更诉讼请求是否应当重新指定举证期限的异议。

在举证期限确定时或举证期限届满前，当事人提出延长举证期限的申请未被准许，裁判说理应当阐述当事人申请延长举证期限的客观障碍及具体理由，并论证该事由不能成立的依据。对于举证客观障碍的审查，应当结合当事人的举证能力、客观障碍形成的原因、时间，对方当事人是否提出合理异议等因素进行综合判断。反之，若一方当事人对法院准许延长举证期限有异议，裁判说理应当明确延长举证期限的依据。例如，应予明确是否属于对另一方已经提供的证据申请提供反驳证据的情形，是否属于对证据来源、形式等方面的瑕疵进行补正的情形。

当事人超过举证期限提出的证据能否被采信的问题，诉讼法及司法解释作出了分情况处理的规定。在民事诉讼中，当事人逾期提供证据的，法院应当责令其说明理由；拒不说明理由或者理由不成立的，法院根据不同情形可以不予采纳该证据，或者采纳该证据但予以训诫、罚款。民事诉讼立法总体上对逾期证据持较宽容的态度：一是符合特定情形下逾期证据可视为未逾期，即当事人因客观原因逾期提供证据，或者对方当事人对逾期提供证据未提出异议的，视为未逾期；二是如果逾期证据与案件基本事实有关，该逾期证据应当被采信，即使当事人存在主观过错也不能成为阻却理由。在行政诉讼中，则根据不同主体制订了不同认定规则，如果是被告逾期举证，视为没有相应证据，但被诉行政行为涉及第三人合法权益，第三人提供证据的除外；如果是原告或者第三人逾期举证，法院应当责令其说明理由；拒不说明理由或者理由不成立的，视为放弃举证权利。在裁判说理上，如果法官采信有争议的逾期证据，应当对异议意见予以回应，并提出采信逾期证据的具体理由。例如，逾期证据是否与案件基本事实的认定有关；是否系庭审结束前已经存在，但由于客观原因于庭审结束后才发现的；是否系原审庭审结束前已经发现，但由于存在客观障碍无法取得或者在规定的期限内难以提供；是否系庭审结束后形成，无法据此另行起诉的；等等。反之，如果法官对逾期证据不予采信，则应当围绕该逾期证据与案件基本事实的关联性、逾期举证一方当事人是否存在主观过错及过错大小进行说理。

对于超过举证期限提出的调查取证申请、申请鉴定等事项是否应当准许的问题，诉讼法及其司法解释均未规定具体处理方法。笔者认为，申请法院调查取证、申请鉴定等事项在本质上可视为当事人的举证行为，可以参照上述当事人逾期举证的规定进行分类处置。实务中也基本持有这一观点，如果申请法院调取的证据、申请鉴定的事项与案件基本事实有关，即使当事人逾期提出申请，法官为探明事实真相通常不会驳回申请。但值得注意的是，如果其他诉讼当事人对此持有较大异议，法官应重视对不同意见的回应，加强庭审说理或裁判文书说理。

对于当事人变更诉讼请求是否应当重新指定举证期限的问题，最高人民法院《民事诉讼证据规定》第 53 条规定，在诉讼过程中，当事人主张的法律关系性质或者民事行为效力与法院根据案件事实作出的认定不一致的，当事人根据法庭审理情况变更诉讼请求的，法院应当准许并可以根据案件的具体情况重新指定举证期限。该规定所表明的立场是“可以”指定，而非“必须”指定。当事人变更诉讼请求既可能是经法院释明后变更，也可能系因变换诉讼策略主动进行变更。笔者认为，是否重新指定举证期限应当根据变更后的诉讼请求是否导致证据收集范围的扩大进行抉择，即如果当事人变更诉讼请求致使证据需要补充收集的，应当重新指定举证期限；如果当事人变更后的诉讼请求并不需要新的证据予以证实的，则没有必要重新指定举证期限。例如,在买卖合同纠纷案件中,当事人变更的诉讼请求只涉及利息损失的调整,则不需要重新指定举证期限。

2. 关于遵守证据规则的说理

在证据能力的判断方面,证据合法性的判断受到非法证据排除规则、传闻证据规则、电子证据可采信规则等证据规则的规制;证据真实性的判断受到最佳证据规则、电子证据可采信规则等证据规则的规制;证据关联性的判断受到关联性规则的规制。证据证明力的判断受到补强证据规则、关联性规则和证明力确认规则等证据规则的规制。

以关联性规则为例。关联性,是指证据必须与案件事实存在某种联系,并因此对证明案件事实具有实际意义;间接证据对于案件事实有无证明力,以及证明力大小,取决于证据与案件事实有无联系以及联系的强弱程度。[1]间接证据与案件事实具有关联,产生证明价值,就能够被纳入全案可采信证据的综合审查范围。但由于单个间接证据的证明力有限,不能单独证明案件主要事实,其能否作为最终定案依据,还要进一步审查其与其他间接证据之间是否具有关联,应否纳入印证证明体系。在"许某某案"中,两份鉴定意见书与案件主要事实均具有关联,具备证据能力,但由于与其他间接证据之间产生的关联性有所区别,仅有其中之一被纳入印证证明体系。被纳入印证证明体系的为〔2011〕交鉴字第 157 号《鉴定意见》,证明王某某损伤单纯摔跌难以形成,遭受车辆撞击可以形成。该证据与现场勘验笔录、事故现场图、照片、当事人陈述等间接证据具有关联,彼此之间相互作用,形成符合逻辑与经验的印证结论。未被纳入印证证明体系的为〔2009〕痕鉴字第 730 号《鉴定意见》,不能确定许某某所驾轿车与王某某身体有接触,也不能确定该车与王某某没有接触。与〔2011〕交鉴字第 157 号《鉴定意见》比较而言,该份鉴定意见没有给出明确的倾向性意见,难以和其他间接证据之间产生关

〔1〕 参见樊崇义主编:《刑事诉讼法学》(第 4 版),法律出版社 2016 年版,第 174 页。

联性、形成印证效应，对证明案件主要事实不具有证明价值。

3. 关于争点的回应

一方当事人对单个间接证据的可采信、间接证据之间的印证关系或者印证状态等提出异议即形成证据争点。证据争点审查判断是全案证据的审查重心，裁判说理应主要围绕证据争点展开，包括阐述所形成的具体化争点、当事人提出的异议，针对不同意见论证争议证据采信或者不予采信的理由。在“许某某案”中，许某某对〔2011〕交鉴字第157号《鉴定意见书》提出异议，认为该鉴定意见没有考虑〔2009〕痕鉴字第730号《交通事故痕迹鉴定意见书》，二审期间所作的成伤原因鉴定意见不应被采纳。据此，针对〔2011〕交鉴字第157号《鉴定意见书》是否应当被采纳的问题，当事人之间产生争议，形成证据争点。裁判说理从两个维度进行回应。第一，从纵向维度分析，就〔2011〕交鉴字第157号《鉴定意见书》而言，从鉴定机构和鉴定人员具备相应鉴定资质、送检材料经双方一致同意并经双方质证、鉴定程序合法、鉴定人员出庭接受质询并进行充分说明等方面，论证了鉴定意见具备证据能力；从该鉴定意见与当事人陈述、现场勘验笔录、事故现场图等证据能够相互印证证明案件主要争议事实，论证了该鉴定意见具有证明力。第二，从横向维度分析，〔2009〕痕鉴字第730号《交通事故痕迹鉴定意见书》对许某某所驾驶的小客车与行人王某某身体是否有接触并未得出明确的结论，该结论与〔2011〕交鉴字第157号《鉴定意见书》的结论既不产生矛盾，也不具有关联性；再从印证证明上分析，〔2009〕痕鉴字第730号《交通事故痕迹鉴定意见书》不能和其他间接证据相互印证证明待证事实，不具有印证价值。

（二）印证证明关系和状态

印证证明是为三大诉讼法所普遍运用的基本证明方法，印证所描述的是证据之间、证据与案件事实之间的证明关系。2021年3月1日施行的最高人民法院《刑事诉讼法解释》第140条第2项，就依靠间接证据认定被告人有罪的条件规定,“证据之间相互印证,不存在无法排除的矛盾和无法解释的疑问”。《民事诉讼证据规定》第 88 条规定,审判人员对案件的全部证据,应当从各证据与案件事实的关联程度、各证据之间的联系等方面进行综合审查判断。最高人民法院《行政诉讼证据规定》第 57 条第 6 款规定,当事人无正当理由拒不提供原件、原物,又无其他证据印证,且对方当事人不予认可的证据的复制件或者复制品,不能作为定案依据。

印证证明通过不同证据内含信息的同一性来证明待证事实,这里的同一性包括信息内容的同一与指向的同一。[1] 通过信息内容的同一性进行印证属于直接印证,通过信息指向的同一性进行印证属于间接印证。印证以概率叠列为逻辑基础,即两个或多个大概率事件同时发生是一个小概率事件。[2] 在“许某某案”中,第一组证据证明车辆进行了紧急制动,第二组证据证明王某某的腿伤单纯摔倒难以形成,遭受车辆撞击可以形成,第三组证据排除了第三方致伤可能性以及王某某在跨越护栏前已被撞伤的可能性,仅凭其中任何一组证据并不能证明王某某的腿伤与许某某的驾车行为有因果关系,但三组证据综合起来,则很难说王某某的腿伤与许某某的驾车行为没有因果关系。

印证证明不仅适用于多个证据的综合判断,亦适用于单个证据的判断。例如,在民事诉讼中,对证人证言的审查,通常需要结合涉案其他证据进行判断,如当事人对证人证言的真实性存在争议,该证人证言与其他查证属实的证据之间形成矛盾关系,不能相互印证,则该证人证言应当予以排除;在刑事诉讼中,生理上、精神上有缺陷,对案件事实的认知和表达存在一定困难,但尚未丧失正确认知、表达能力的被告人所作的供述,可采信存疑,但如有其他证据印证,则具有可采信;在行政诉讼中,如当事人对书证的真实性

---

〔1〕 参见龙宗智:《刑事印证证明新探》,载《法学研究》2017 年第 2 期。

〔2〕 参见罗维鹏:《印证、最佳解释推理与争议事实证明方法——兼与周洪波教授商榷》,载《法学家》2021 年第 2 期。

存在争议,负有提出书证义务的一方当事人无正当理由拒不提供原件,又无其他证据印证,则该书证的复制件不具有可采性。

(三)形成完整证据链

证据链,是指个别证据彼此之间存在同一层级关系,最后层级间接证据系用推断前层级间接证据证明的事实,前层级依序往前推,最终层级的间接证据是用以推断主要事实,其具体证明过程为:间接证据三推断到间接事实三,间接证据二结合间接事实三推断到间接事实二,间接证据一结合间接事实二推断间接事实一,间接事实一和其他间接事实结合证明主要事实。[1]证据链的完整性主要取决于三个方面:一是进入证据链的间接证据应具备特定条件,即证据本身具有可采信并能够与其他间接证据发生关联;二是证据与证据之间、证据与案件事实之间不存在矛盾或者矛盾得以合理排除;三是证据之间相互作用,形成印证证明关系,达至连续衔接状态。这三个方面所涉及的任一内容如果被认定为假,则证据链即发生断裂。例如,处于印证体系中的某一证据系违法收集,应当作为非法证据予以排除,则剩余间接证据无法形成完整证据链,导致待证事实处于真伪不明的状态。对证据链的审查判断,其实是对全案证据的综合观察与推理,主观认知的细致与严谨是保障判断结论正确的重要因素。

(四)达到证明标准

证明标准,是指承担证明责任的诉讼一方对待证事实的证明所达到的真实程度。[2] 在刑事诉讼中,根据间接证据认定案件事实的证明标准为"足以排除合理怀疑,结论具有唯一性";民事诉讼中应达到"高度盖然性";行政诉讼中应达到"案件事实清楚,证据确凿、充分"。在我国目前司法审判中,法官主要运用自由心证对间接证据印证所形成的结论能否达到证明标准进

---

〔1〕 参见张霄霄:《民事间接证据适用规则研究》,载《重庆大学学报(社会科学版)》2020年第5期。

〔2〕 参见陈瑞华:《刑事证据法学》(第2版),北京大学出版社2014年版,第295页。

行判断。自由心证虽然属于主观认识活动,但仍然脱离不开客观证据情况,实际上它是建立在证据和法定证明方式之上,而不是主观臆测式的判断,是建立在法定证明总和之上,不是偏听偏信、只根据部分证据形成的判断。[1]因此,证明标准的判断应当包括主观和客观两个方面,且主观建立在客观之上。

以刑事诉讼为例,通过间接证据认定案件事实所应达到的证明标准,在客观上,为证据设定的标准为"确实、充分",为待证事实设定的标准为"清楚",在主观上为自由心证设定的标准为"足以排除合理怀疑"。相应地,裁判说理即涵盖两个论证层次:一是从证据和事实层面论证是否达到证明标准;二是围绕推理和经验,阐释自由心证形成的过程和结论。值得注意的是,在第一个层次中,能够进入审查判断范围的证据应为查证属实的证据,无关证据应予以剔除不作考虑;据以认定待证事实的证据在数量和质量上应满足"充分"要求。在第二个层次中,如果被告人或者辩护人对依据间接证据认定的事实提出怀疑,裁判说理应分析该怀疑是否合理,是否符合推理和经验,该怀疑是否能够排除。

(五)遵循推理逻辑

间接证据裁判在逻辑上主要运用演绎推理和归纳推理的方法。其中,演绎推理运用于裁判结论的形成阶段,归纳推理运用于印证阶段。在"许某某案"中,演绎推理的过程为:

大前提:《道路交通安全法》规定,机动车与非机动车驾驶人、行人之间发生交通事故,非机动车驾驶人、行人没有过错的,由机动车一方承担赔偿责任;有证据证明非机动车驾驶人、行人有过错的,根据过错程度适当减轻机动车一方的赔偿责任。

小前提:王某某腿伤系许某某驾车行为所致,王某某对交通事故的发生

[1] 参见张建伟:《证据法要义》(第2版),北京大学出版社2014年版,第407页。

具有过错。

结论:许某某、王某某对交通事故的发生均负有责任,按照双方过错程度确定责任比例,许某某根据过错责任比例承担赔偿责任。

印证证明的推理过程为:

第一步:围绕王某某腿伤是否系许某某驾车行为所致这一争议焦点,审查判断全案间接证据,剔除无关证据,锁定有关证据。根据证据指向的同一性,司鉴中心〔2011〕交鉴字第 157 号《鉴定意见》、现场勘验笔录、事故现场图、照片、当事人陈述与争点事实具有关联性。

第二步:对纳入印证体系的前述证据进行观察与比对,它们之间是否具有矛盾性,如果具有矛盾性,是否存在合理解释。经审查判断,前述证据之间不存在矛盾性,可以相互印证。

第三步:根据经验法则,能够依据前述间接证据推定王某某腿伤系许某某驾车行为所致的一般性结论。

在逻辑推理过程中,掌握推理方法是保证推理结论正确的前提。此外,还应当做到请求权基础的选定准确、争议焦点固定准确、证据指向的同一性判断准确、证据之间的关系判断准确、一般性结论达到证明标准。

(六)符合经验法则

《民事诉讼证据规定》和《行政诉讼证据规定》均确立了经验法则在裁判中的作用和价值。2021 年 3 月 1 日施行的《刑事诉讼法解释》第 140 条第 5 项,就依靠间接证据认定被告人有罪的条件规定,"运用证据进行的推理应符合逻辑和经验"。依据间接证据认定案件主要事实的过程,如有违经验法则,则裁判结论可能背离公平正义。由于经验法则来自人们的生活经验和积累,[1]是一种盖然性判断,而不是必然性判断。因此,通过间接证据认定案件事实所遵循的经验法则应当具有高度的盖然性;相应地,关于经验法则

〔1〕 参见张卫平:《认识经验法则》,载《清华法学》2008 年第 6 期。

的裁判说理,应当包括两部分,一是经验法则选定适当,符合事实认知的需要;二是印证得出的一般结论符合经验法则。

此外,在功能上,经验法则不仅能够检验印证结论是否具有合理性,还可以检验印证过程是否存在明显违背客观规律的问题。如果进入印证体系的间接证据具有高度的同一性,该同一性明显违背证据生成的客观规律,那么该印证应当引起警惕,考虑是否与伪造证据和虚假诉讼有关。

三、间接证据裁判说理的"二阶规则"

在实践层面,司法人员对于间接证据的理解与认识存在差异,"重视直接证据,轻视间接证据"的观念仍然存在,同时运用间接证据裁判的能力也存在较大差距。为规范自由裁量权的行使、充分运用间接证据发现案件事实,间接证据裁判说理应当恪守以下 3 条"二阶规则",即严格适用证明责任、适当行使释明权、开示自由心证。

(一)严格适用证明责任

证明责任包含行为责任和结果责任两个方面,前者是指当事人对所主张的事实负有提供证据证明的责任,后者是指在事实处于真伪不明状态时,主张该事实的人承担不利的诉讼后果。[1] 在刑事诉讼中,证明被告人犯罪事实的证明责任由公诉机关或者自诉人承担,被告人可以向法庭提供证据,但这属于被告人的诉讼权利,而非证明责任。虽然证明被告人犯罪事实的证明责任在控诉一方,但这不意味着被告人不承担任何举证责任。如法律有特别规定、被告人主张无罪或者被告人主张证据收集程序违法等情形下,被告人仍负有证明其主张的责任。例如,被告人向法院申请排除非法证据的,应当提供涉嫌非法取证的人员、时间、地点、方式、内容等相关线索或者材料。在民事诉讼中,贯彻"谁主张,谁举证"的一般证明责任分配原则;在

〔1〕 参见樊崇义主编:《证据法学》(第 3 版),法律出版社 2004 年版,第 277 页。

法律有明确规定的情形下,实行“举证责任倒置”规则;在特定情形下,还发生证明责任的转移。最高人民法院《民事诉讼法解释》第91条根据法律要件分类说理论细化了“谁主张,谁举证”的证明责任分配原则,即主张法律关系存在的当事人,应当对产生该法律关系的基本事实承担举证证明责任;主张法律关系变更、消灭或者权利受到妨害的当事人,应当对该法律关系变更、消灭或者权利受到妨害的基本事实承担举证证明责任。在行政诉讼中,贯彻“举证责任倒置”的一般原则,与民事诉讼中举证责任倒置作为例外规则不同,被告行政机关对具体行政行为合法性承担证明责任。在该一般原则之外,原告也承担一定的举证责任,包括对起诉符合法定条件、损失事实的证明等。

在缺乏直接证据的案件中,间接证据形成的证明结论可分为两类:一是经逻辑推理形成达到证明标准的事实认定结论;二是事实难以被证明,仍然处于真伪不明状态。在综合审查全案证据之后,事实仍然处于真伪不明时,就需要运用举证责任进行裁判。裁判说理应当着重论证两个方面内容:一是满足证明责任的适用前提,即认定事实真伪不明时,穷尽了所有可能的证明途径;二是证明责任分配合理。

1. 满足证明责任适用前提

在“许某某案”中,在没有现场录像、目击证人等直接证据证明王某某腿伤是否系许某某驾车行为所致这一主要争议焦点的情形下,法官并没有直接依据证明责任作出裁判,而是引导当事人充分举证,综合审查间接证据得出争议事实的认定结论。该案对于只有间接证据的案件严格适用证明责任具有重要借鉴意义。

依据证明责任判定一方当事人承担举证不能的不利后果,其前提是案件事实处于真伪不明状态,而认定事实真伪不明的前提是穷尽所有可能的证明途径。能否穷尽证明途径主要有两个重要的影响因子:一是当事人自身的举证能力;二是法官的审判水平以及是否进行适当的释明。尤其在当事人对证据的认识比较局限、举证能力较不足的案件中，法官的有效引导与释明所发挥的作用更加重要，直接关系到待证事实能否查明。在当前案多人少的司法环境下，根据证明责任裁判无疑是非常具有效率的，但效率应当建立在公平正义的基础之上。如果关于待证事实的证明还存在进一步举证的空间，那么法官应进行庭审说理，及时开示心证结论，引导当事人充分举证以实现程序与实体的双重正义。

2. 合理分配证明责任

举证责任的分配有形式分配标准和实质分配标准之分，形式分配标准是依据法律和司法解释的规定分配举证责任；实质分配标准是由法官根据具体案件情况，自由裁量举证责任的分配。[1] 需要论证证明责任分配合理性的场合主要集中运用实质分配标准进行自由裁量的案件。在这些案件中，某些待证事实或者难以根据证明责任的一般分配原则或证明责任倒置规则确定证明责任的分配，只能由法官根据案涉证据的性质、证据的归属、当事人对证据的掌控能力等因素进行综合判断；或者发生特定情形，应当转移证明责任。

例如，在书证提出命令中即可能发生证明责任的转移。一方当事人主张的待证事实能够由某书证予以证实，但该书证由对方当事人控制且未向法院提供，此时是否发生证明责任转移应从三个方面进行论证。第一，提出申请的一方是否能够明确需要以该书证证明的事实及事实的重要性、对方当事人控制该书证的根据以及应当提交该书证的理由；第二，对方当事人否认控制书证的，其理由能否成立；第三，书证处于对方当事人控制之下，但其提出了不能提供的理由，该理由是否正当。控制书证的当事人无正当理由拒不提交书证的，法院可以认定对方当事人所主张的书证内容为真实，此时即发生证明责任的转移。

---

〔1〕 参见樊崇义主编：《证据法学》(第3版)，法律出版社2004年版，第289页。

(二)适当行使释明权

法官适当行使释明权不仅有利于保障当事人的举证权利,也有利于防止事实真伪不明情形下证明责任的肆意适用。以是否有法律及司法解释明确要求为界分标准,可将释明权分为法定释明权和意定释明权。所谓法定释明权,是指法律或司法解释明确特定情形下法官应当进行释明。例如,《民事诉讼证据规定》第 30 条规定,法院在审理案件过程中认为待证事实需要通过鉴定意见证明的,应当向当事人释明,并指定提出鉴定申请的期间。所谓意定释明权,是指法官为查明案件事实,认为确有必要行使释明权。在当事人诉讼能力明显不足的案件中,法官通过行使意定释明权,引导当事人行使举证权利,明确举证责任。在争议较大或者疑难复杂案件中,法官通过行使意定释明权,开示法官内心已经形成的判断,引导各方固定证据争点,围绕争点进行强化举证和辩论。间接证据裁判中关于释明权的说理包括释明的必要性、释明的正当性、释明的过程,释明的效果四个方面。

1. 关于释明的必要性

法定释明权因有法律或者司法解释的明确规定,裁判说理只需依法进行阐述,无须另外进行论证。意定释明权行使的必要性可以通过庭审说理或者裁判文书说理两种方式进行论证,其中,庭审说理的好处在于第一时间通过“面对面”的沟通方式阐述,论证更具及时性和有效性,同时诉讼各方也有表达不同意见的机会。至于释明必要性的标准问题,笔者认为,在职权探知主义诉讼模式下,只要有利于查明案件事实,且不损害诉讼各方合法权益,释明就具有必要性。

2. 关于释明的正当性

释明的正当性论证亦主要围绕意定释明权展开,同样可以通过庭审说理和裁判文书说理进行开示。如有诉讼一方提出不同意见时,庭审说理的方式更具实效性和说服力。释明的正当性主要体现于不能违反正当程序原则,不能违反法律法规的规范意旨,对诉讼一方的合法权益造成损害。例如,在诉讼时效制度中,规范意旨要求法官不能对诉讼时效进行主动适用。因而,即使法官在审查证据的过程中发现诉讼权利已过诉讼时效,也不能进行释明,否则该释明将有违规范,不具备正当性。

3. 关于释明的过程

该部分说理包括阐述释明事项、是否存在不同意见以及对不同意见的回应。以鉴定意见为例,释明事项包括明确需要鉴定证明的待证事实、负有提出鉴定申请的义务主体、提出鉴定申请的时限、需要准备的检材、检材的质证程序、鉴定机构的选任程序、逾期不提出鉴定申请的不利后果等。如诉讼一方对释明事项提出了不同意见,则应进行裁判说理。例如,法官通过释明明确了负有申请鉴定的义务主体,而该主体不认为自身应当承担该项义务,则法官应当围绕不同意见及其理由明确司法认定的依据并阐述该不同意见不能成立的理由。

4. 关于释明的效果

总体而言,释明通常能够形成有助于查明事实的效果,但如诉讼一方没有根据释明积极行使权利或履行义务,也会形成事实依然真伪不明的状态。即使事实处于这种真伪不明的状态,释明程序至少保障了当事人的举证权利,其价值依然得以体现,其说理应予以加强。在案件事实真伪不明状态下适用举证责任进行裁判,必然有一方败诉,而释明效果的说理有助于厘清导致事实真伪不明的责任主体,凸显裁判过程对诉讼权利的重视和保障,提升败诉方对裁判理由的可接受度。反之,败诉方可能难以接纳裁判结果并难以理解裁判理由,裁判本身也没有体现出对当事人诉讼权利的充分保障。

(三)开示自由心证

自由心证制度是对法定证据制度的变革与超越,肯定其历史进步意义的同时,也应当看到其中的局限性。根据唯物辩证法可知,只有当法官的内心确信符合证据与案件事实之间的客观联系,法官对证据的判断才具有真理性。[1] 那么,自由心证所具有的真理性该如何揭示?这就要求法官应当将内心确信的缘由、过程和结果开示于外。在间接证据裁判中,自由心证贯穿证据审查判断到待证事实认定的全流程,对外开示的内容应当包括场景具体化、感性认识上升到理性认识的过程,内心确信的结论具有真理性。

1. 场景具体化

虽然自由心证贯穿间接证据裁判的全流程,但并不是所有审查判断的事项都需要运用自由心证。那些能够直接对应具体证据规则进行认定的事项,不存在自由心证适用的空间,而那些无法依据具体规则直接进行认定的事项,则需要法官结合具体案件情况,通过理性认识形成内心确信。场景具体化即是要求裁判说理应将需要运用自由心证证明的事项予以固定,固定的方式可以是庭审开示,也可以是裁判文书开示。开示的具体内容应当包括自由心证所要证明的事项及其运用自由心证的必要性。

2. 感性认识上升到理性认识

在间接证据的裁判过程中,法官首先对案件形成的是感性认识。由于初期接触的案件材料不全面,难以形成对案件认识的全貌,此时对案件的认识状态处于感性认知。随着证据材料的不断收集补充、听取当事人对证据发表的意见,并借助判断和逻辑推理,理性认识最终得以形成。裁判说理制度要求揭示理性认识的形成过程,其中,包括证据认识的客观性、判断具有合法性和合理性、推理过程有逻辑指引。

3. 内心确信的结论具有真理性

诉讼认识中的真理性只具有相对性,而不具有绝对性。它是建立在案件证据之上的,只能通过对涉案证据进行证明和验证,而不能通过事后实践或者反复实验进行证明和验证。自由心证制度要求内心确信符合客观实际

[1] 参见樊崇义主编:《证据法学》(第3版),法律出版社2004年版,第30页。

和规律。要达到结论具有真理性，就需要在法律允许的范围内穷尽证明途径、对证据的判断符合证据原则和证据规则，运用正确的推理方法，遵循具有高度盖然性的经验法则。这些内容的说理价值主要体现于增强裁判结论的说服力。

总之，裁判说理对于保障和提升裁判说服力和公信力的作用已为诉讼各方主体以及社会公众所普遍认可。从司法实践来看，“不会说理、说不好理”的现象仍较普遍地存在。要解决这一问题，首先需要考虑的是如何才能“说好理”。裁判说理涉及庞大复杂的知识体系，说理方法难以一概而论，实有必要针对类型化的问题（例如，一审、二审与再审裁判文书的说理，审查判断证据、认定事实与适用法律的说理，民事、刑事、行政裁判文书的说理，直接证据裁判与间接裁判证据的说理等）进行深入系统研究，进而归纳提出更具针对性的具体规则与方法。本书选取间接证据裁判说理为视角，研究其说理规则与方法，旨在提供一种方法论上的实践参考方案，期望为推进裁判说理制度落地生根贡献绵薄力量。

第七章
裁判文书说理的本体论(六)
——刑事事实认定说理*

如果问刑事法官最不愿面对的审判结果是什么,答案一定是所审判的案件被上级法院认定事实不清而裁定发回重审。事实认定清楚的表征不仅包括刑事裁判文书中“经审理查明”部分表述准确和事实说理部分表达清晰,而且包括事理阐述客观公正,有坚实的证据予以支持。2018 年最高人民法院印发的《指导意见》明确提出,裁判文书“要阐明事理,说明裁判所认定的案件事实及其根据和理由,展示案件事实认定的客观性、公正性和准确性”。但具体到审判实践中,裁判文书对事实表述到何种程度才属清楚?对事理阐明到何种程度才属清晰?如何详略得当地阐明事理,才既能充分回应控辩主张又不致引发舆情广泛关注?

---

* 此部分系与周维平合作而成,曾以《论刑事裁判文书事实说理“三环九步法”》为题,原载《中国应用法学研究》2021 年第 6 期。

本章从事实认定不清的实践样态出发,基于对事实裁判的行为过程和逻辑方法的分析,提出事实说理"三环九步法"。"三环九步法"的内在机理在于,事实说理不是始于裁判文书撰写之时,而是始于刑事立案终于案件宣判,并贯穿案件审理全过程。"三环九步法"阐述了事实说理的具体步骤方法,为刑事法官撰写裁判文书中的事实部分提供可操作性经验参考,旨在增强一审判决事实的可接受性,推动二审聚焦争议解决,进而将审级制度的诉讼分流、职能分层和资源配置功能落到实处。

一、刑事事实说理不清的实践扫描

从实践看,事实说理不清主要呈现5种样态。

(一)刑事事实说理不清的实践样态

1.推理过程缺乏论证型

【案例1】在"田某某故意杀人案"中,检察机关指控"田某某回到宿舍三楼房间时发现张某乙正从其妻子罗某身上下来并提裤子",证人罗某称:案发当晚,丈夫田某某外出散步,张某乙强迫自己与他发生了性关系,后田某某从外面回来,见状与张某乙扭打。田某某供述:其看到老婆罗某仰躺在床上,张某乙压在罗某身上,罗某还在挣扎,张某乙看到自己进来就从床上下来,并有提裤子的动作。温州市中级人民法院判决事实认定:"被告人田某某从外面回到宿舍房间,发现张某乙对罗某进行性侵犯,遂与其发生扭打,后持菜刀砍击张某乙头部、颈部、上肢等部位二十余刀致其当场死亡。"理由为"田某某的供述和罗某的证言相互印证,并有刘某、何某、朱某等人的证言佐证,证实案发的主要原因是田某某目睹被害人对其妻子实施性侵犯……"[1]

该案宣判后,《温州商报》以"目睹妻子遭人强暴丈夫砍死施暴者被判无

---

[1] 浙江省温州市中级人民法院刑事判决书,(2014)浙温刑初字第111号。

期”为题率先报道，随后各大媒体争相转载并引发对被告人的行为是否构成强奸及对被告人的量刑是否恰当的热议。从温州市中级人民法院随后发布的《关于被告人田某某故意杀人案的情况说明》看，该判决对舆论关注问题的认定处理并无不当。[1]

2. 事实说理变相拒绝型

【案例2】在“李某某故意伤害案”中，就辩护人提出的有关自首的辩护意见，判决书记载“辩护人提出被告人李某某有自首情节，无事实依据，对该辩护意见亦不予采纳”。[2]

《刑法》第67条第1款规定，犯罪以后自动投案，如实供述自己的罪行的，是自首。因此，自首的认定要同时具备自动投案和如实供述自己的罪行两个要件，而该判决在驳回辩护意见时并未说明被告人欠缺具体自首要件的依据，虽然表面阐述了不予采纳辩护意见的“事理”，但因为未作出实质上的否定论证，因而实系变相拒绝说理。

3. 质证意见压缩舍弃型

【案例3】在“张某故意伤害案”中，判决书先记载“被告人张某辩解自己没有持木棍殴打被害人”，后在“经审理查明”部分认定“张某遂从地上捡起木棍、砖块先后多次殴打茆某某的头面部”，同时列举了张某在侦查阶段作出的自己持械殴打被害人的有罪供述，并认定“以上证据经庭审质证，被告人张某及辩护人均没有异议。经审查，公诉人出示的上列证据均合法、有

---

〔1〕 温州市中级人民法院向社会发布情况说明称，关于被害人行为是否属于强奸的问题，经查田某某与妻子罗某及被害人张某乙都是工友，3人在员工宿舍的一个房间同住，关系比较密切。案发后，罗某即随田某某一起逃离，没有配合公安机关侦查。案发长达8年之久后，才指证张某乙强奸自己，但是由于张某乙已经死亡，现场没有目击证人，也没有相关物证（如被害人精斑或其他痕迹等）予以证实。虽然田某某供述其看见罗某仰躺在床上，张某乙压在罗某身上，张某乙看到自己进来，就从床上下来，并有提裤子的动作，但其供述并不能证实张某乙的行为就是强奸。根据证据采信规则，该案仅能认定张某乙曾对罗某实施不法侵害，认定张某乙强奸罗某的证据不足。载华龙网，https://society.huanqiu.com/article/9CaKrnJMcIH，最后访问日期：2021年5月6日。

〔2〕 陕西省榆林市靖边县人民法院刑事判决书，(2021)陕0824刑初24号。

效,并能够相互印证证实本案的事实,本院予以确认”。[1]

通常而言,辩方展开事实辩护的基础是对控方证据提出质证意见。但该案判决书却呈现被告人在否认指控事实的同时,认可有罪证据的反常现象。

4. 证明方法选择错误型

【案例4】在“王某非法拘禁案”中,针对辩方所提王某主观上缺乏非法勒索财物的明知的辩护意见,一审判决认定“根据同案犯周某的供述……并结合被告人王某的供述及被害人李某某的陈述,证明王某全程参与了绑架的犯罪事实,足以推定王某对于合伙绑架勒索财物的行为系主观明知”。[2]

该判决对于王某主观目的事实的认定,既未运用证据证立王某具有勒索财物的主观明知,亦未运用证据证伪王某出于索要债务的目的,而是在基础事实与推定事实之间明显缺乏常态联系、没有法律规定且未给予辩方反驳机会的情况下,舍弃正向证明而采用事实推定来认定主观事实,属于错误运用证明方法。[3]

5. 事实表述背离常识型

【案例5】在“赵某甲等故意伤害案”中,赵某甲曾供其在追逐被害人孟某某途中经过一百货店,遂顺手拿起一把铁锹并取下锹把。承办法官曾据

[1] 浙江省温州市中级人民法院刑事判决书,(2020)浙03刑初34号。

[2] 北京市海淀区人民法院刑事判决书,(2020)京0108刑初700号。

[3] 该案二审判决认为,第一,在案没有直接证据能够证明王某明知周某等人具有勒索财物的主观目的。第二,在案间接证据不能证明王某明知周某等人具有勒索财物的主观目的。第三,该案不宜采用推定方法证明王某的主观目的事实。一审法院运用推定方法时既未说明推定启动的原因及反驳的事实和理由,亦未阐释裁断的形成过程,因而一审判决运用推定方法认定的主观目的事实并未达到确实充分的证明标准。第四,在案证据亦不能证明王某具有参与索取债务的主观目的。虽然王某辩称,其系出于帮助周某索取债务目的而参与该案,但在案并无其他证据对此加以印证,因而该事实主张亦缺乏充分证据支持,且在案证据只能证明王某具有非法剥夺他人人身自由的主观故意。最终认为辩护人所提王某对周某勒索财物目的不明知的辩护意见成立,而一审判决有关“王某对于合伙绑架勒索财物的行为系主观明知”的认定证据不足,属事实认定错误。参见北京市第一中级人民法院刑事判决书,(2021)京01刑终127号。

此认定“赵某甲在奔跑过程中取下铁锹并持锹把殴打被害人”。[1]

商店在出售铁锹时通常将铁锹与锹把安装好一并出售，并为防止两者在使用中分离，往往相互嵌入极为牢固。法官仅根据被告人供述即认定其在奔跑中轻松分离了铁锹与锹把，显然背离了生活常识。

（二）事实说理不清的具体影响

根据事实说理“不清”的程度及对判决稳定的影响，事实说理不清的裁判文书一经作出，可能带来如下影响。

1. 一审判决被改判发回

根据《刑事诉讼法》第236条的规定，一审判决事实不清的，二审可在查清事实后改判，也可发回重审。但在实践中如何处理，则需要考虑到事实说理不清的具体程度、二审重新查清事实的可能性及说理不清对审判公正的影响力度。但无论是在查清事实后改判，还是直接发回原审法院重新审判，一审判决均归于无效。

2. 生效判决遭申诉信访

从信访实践看，信访人面对生效判决往往提出多种不同意见，但“在信访理由中，有相当一部分信访人认为法院采信证据的理由不足或不对，从而对事实认定提出异议”。[2] 因而判决事实不清、事理阐述不明是纠纷未息、信访持续的重要缘由之一。其中，在事实说理部分，“萝卜快了不洗泥”通常指向的就是直接从证据飞跃到事实，其间缺乏理由阐明。

---

〔1〕 该案判决书认定，赵某甲将手中的木质痒痒挠扔掉，在路边余某某经营的小店内拿走一根木质铁锹把追逐寻找孟某某。后赵某乙持墩布棍、赵某甲持铁锹把及王某甲空手相继赶到饭馆，并共同强行将孟某某从饭馆内拽往雨顺堂超市西侧空地（第二现场）。孟某某在此处被强行按在地上，后赵某甲先持铁锹把击打孟某某，后拳打脚踢孟某某的头部和上身，并曾捡起砖块多次欲砸孟某某但被他人阻止。参见北京市第一中级人民法院刑事判决书，（2020）京01刑初10号。

〔2〕 参见尤铁梅等：《强化文书说理　减少涉诉信访——江苏省淮安市淮阴区人民法院关于裁判说理与涉诉信访关系的调研报告》，载《人民法院报》2014年2月20日，第8版。

3. 审级职能被混淆错乱

审级制度“设计的一般原理是,越靠近塔顶的程序在制定政策和服务于公共目的方面的功能越强,越靠近塔基的程序在直接解决纠纷和服务于私人目的方面的功能越强”。〔1〕党的十八届四中全会也强调,“一审重在解决事实认定和法律适用,二审重在解决事实法律争议、实现二审终审,再审重在解决依法纠错、维护裁判权威”。

(三)事实说理不清的溯因假定

针对一份判决在事实说理方面作出评价,可能需要从不同侧面开展,进而为提高裁判文书事实说理水平提供不同进路。就裁判文书撰写方法而论,判决认定事实不清的原因林林总总,有文理、法理、情理及事理等诸方面。本章主要从事理角度,立足刑事裁判文书事实说理的裁判逻辑与裁判行为两个基础来加以展开。

虽然在程序顺位上,事实说理载于裁判文书,而裁判文书撰写于合议庭评议之后,但裁判文书事实说理工作实际始于法官收案并终于判决宣告,且贯穿事实裁判全程。事实说理的本质是对事实证据争议的评判,对事实裁判行为的记载,并体现事实裁判自身的逻辑。唯认清本质并遵循规律,方可构建为控辩双方及社会公众所接受的裁判文书事实说理方法。

二、刑事事实说理的裁判行为基础

事实说理依托事实裁判。对事实裁判行为的解构,有助于分析事实说理的内容指向。从事实裁判行为的角度看,刑事立案实际上是检察机关向法官移送证据材料,案件宣判实际上是判决事实的宣告。法官在这期间依照审判程序相继历经筛选庭审证据、确认定案根据及建构判决事实3个事实裁判阶段。在每一个阶段,控辩审三方均承担相应职责,发挥相应作用,其

〔1〕参见傅郁林:《审级制度的建构原理——从民事程序视角的比较分析》,载《中国社会科学》2002年第4期。

中法官在不同阶段实施不同裁判行为，并发挥不同形式和内容的主导作用（见图7－1）。

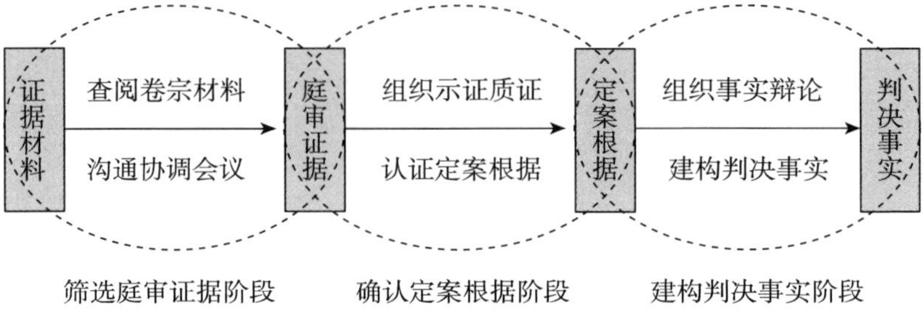

图7－1 事实裁判阶段

（一）筛选庭审证据阶段

1. 裁判环境

筛选庭审证据的目的在于确保庭审能够审查有意义有价值的证据材料，避免与指控事实无关的证据材料出现在庭审中，因而该阶段在时间上完成于庭审之前，而裁判环境体现为控辩审三方以各自阅卷及法官询问、庭前会议等形式表现的单向非对席环境。

2. 裁判行为

一是查阅卷宗材料。全卷移送主义要求辩审在庭前完成阅卷（当然控方已完成阅卷），其意义不仅在于明确庭审焦点，更在于筛选证据材料以识别并防止非法及瑕疵证据进入庭审。

二是沟通协商会议。阅卷不仅静态地表现为辩审独立阅卷，而且动态地体现为控审、辩审互动。法官首先通过正式询问、非正式沟通及庭前会议等形式，提示、告知控辩双方补正瑕疵证据及放弃非法证据；其次召开庭前会议审查非法证据排除申请，确保当庭出示的庭审证据不存在合法性质疑；再次要求控辩双方提交示证目录，目的在于既为控辩双方的质证提供准备上的便利，亦为法院筛选庭审证据奠定基础；最后对控辩双方提出的证人出庭、调取证据等证据性申请，及时做出程序性裁判。

查阅卷宗材料的目的在于沟通协商会议,而沟通协商会议的目的在于确定庭审出示证据的名录。这二者前后相继,既为提高庭审效率,更为法庭调查乃至确认定案根据奠定基础。

3. 裁判成果

事实裁判行为最终体现为如下成果:首先是与控辩双方达成共识,确定庭审证据目录,保障法庭调查质效;其次是召开庭前会议启动非法证据排除调查程序,初步达成非法证据处理意见,为庭审作出正式裁定奠定基础;再次是引导补正瑕疵证据,避免证据“带病”进入庭审,让法庭调查专注于合法证据;最后是处理证据性程序申请,确保庭审集中于证据出示与质证,避免证据性程序申请与事实认定相互纠缠。

(二)确认定案根据阶段

1. 裁判环境

定案根据的确认包括调查与评议两个阶段,因而确认定案根据完成于法庭调查及合议庭对证据的评议,而裁判环境既包括控辩审同时参与的公开对席审判,也包括秘密的合议庭评议。

2. 裁判行为

首先是组织示证质证。庭审是控审分离、控辩平等、审判中立的三角形诉讼结构的典型体现,其中示证、质证系控辩双方的互动,而诉讼指挥则系控审与审辩的互动。在法官积极中立的主持下,控辩双方以示证与质证方式完成对证据合法性、关联性及客观性的集中论证。

其次是认证定案根据。承办法官首先独立思考并以审理报告形式提出认证意见,合议庭在此基础上秘密讨论,并最终表决确定作为建构判决事实的定案根据。合议庭确认定案根据的同时,亦是对其他庭审证据的排除,而排除的理由或者是庭审证据缺乏证据能力,或者证明力过于微弱。

3. 裁判成果

事实裁判行为最终体现为如下成果:首先是确认庭前会议结论,裁定部分证据材料或者庭审证据不具有合法性,进而排除在定案根据之列;其次是确认部分证据作为建构判决事实的定案根据,为后续建构判决事实奠定基础;最后是在裁判文书中记载并评价控辩双方的质证意见,阐明支持与否的依据和理由。

(三)建构判决事实阶段

1.裁判环境

建构判决事实是事实裁判的最后一环,具体过程包括庭审中的事实辩论及合议庭评议中的事实评议。建构事实的裁判环境既包括控辩审同时参与的公开对席审判,也包括秘密的合议庭评议。

2.裁判行为

一是组织事实辩论。事实辩论是定罪辩论、量刑辩论及涉案财物处理辩论的基础,由控辩双方运用逻辑推理等证明方法,总结论证本方事实主张及依据理由,同时反驳对方的事实主张及依据理由。法官居中主持事实辩论,引导控辩双方围绕事实争议焦点展开对抗。

二是建构判决事实。判决事实,首先由承办法官运用证明方法和修辞手段独立建构而成,体现为审理报告中的"经审理查明的事实"及"证据综合分析"。其次由合议庭闭门讨论并付诸表决,最后按照少数服从多数原则加以确定。

3.裁判成果

事实裁判行为最终体现为如下成果:首先完成从证据性事实到判决事实的推理论证,避免呈现事实说理的断层与飞跃;其次运用修辞手法描述判决事实,避免判决事实呈现证据性事实的破碎性和片段性,确保连贯性和故事性;最后全面评价控辩双方的事实主张,即通过对定案根据的分析推理来证成或证伪事实主张,以确认指控事实是否成立,并据此作出证据不足、指控事实不能成立的无罪判决,还是进入行为性质评价的法律适用阶段。

三、刑事事实说理的裁判逻辑基础

虽然法条规定事实由法院“认定”,但从建构主义立场及裁判可接受性角度看,判决事实并非法官经由证据对客观事实的被动反映和临摹所得,而系先由控辩审三方沟通、对话、论证,后由法官选择、加工、建构而来。程序正义的基本要求就是参与性与对等性,[1]且“多主体的认识互动和对话是裁判结果形成的正当性基础”,[2]因而事实说理的基础是体现程序正义的事实裁判逻辑,即程序逻辑、证据逻辑与建构逻辑。

(一)事实裁判的程序逻辑

虽然从溯因推理角度看,建构事实与考古发现具有一定的相似性,但建构事实不同于考古发现之处在于,建构事实处于特定时空且受法定程序制约,在思维、时空和范围方面体现出鲜明的程序逻辑特点。

1. 无罪推定的思维规制

《刑事诉讼法》第 12 条虽然没有直接表述无罪推定原则,但学界普遍认为已经蕴含了该原则的基本要求,因为“无罪推定的首要含义是指证明有罪的责任应当由控诉方承担”。[3] 基于无罪推定原则,法官对指控事实成立与否并不承担证明责任,因而在建构事实前在逻辑上应当假定指控事实不成立,自行从定案根据中去“组建”判决事实。质言之,法官在收案时应当对指控事实持怀疑心理,在审判中应抛开指控事实并在控辩积极参与下,从定案根据出发重新建构判决事实。

2. 审判程序的时空限制

判决事实的建构受到严格的程序限制,诉讼程序的限制在时间上体现为审理期限及开庭时间等限制,在空间体现为对席审判的法庭场所限制。

---

〔1〕 参见陈瑞华:《程序正义论——从刑事审判角度的分析》,载《中外法学》1997 年第 2 期。
〔2〕 参见尚华:《论建构主义与案件事实的认定》,载《前沿》2011 年第 15 期。
〔3〕 参见易延友:《论无罪推定的涵义与刑诉法的完善》,载《政法论坛》2012 年第 1 期。

原则上,在法定时空范围之外作出的审判行为无效,相应的事实裁判因缺乏程序合法性而不具有法律效力。

3. 指控事实的范围控制

控方在诉讼中总是基于特定的诉请和主张提起指控,辩方总是针对指控准备辩护和进行防御,因而控辩双方总是围绕控诉展开抗辩与对话,法官则根据控诉来组织审理和作出裁判。仅就事实裁判而言,控诉方需要提出明确的指控事实,审判不得及于未经指控的事实,辩方无须抗辩未经指控的事实,[1]此即诉审同一原则。与之相应,在事实辩论中,控辩双方不得超出起诉书记载的事实范围指控和抗辩。法院在裁判文书中记载事实时,不得认定指控事实之外的其他事实;在阐明事理时,法院不得对指控事实之外的其他事实主张作出评价。

(二)事实裁判的证据逻辑

随着证据概念从“事实说”向“材料说”的转变,法庭认识论上“证据材料—庭审证据—定案根据”的概念逻辑得以建立,事实裁判的证据基础也相应地呈现为3次飞跃。

1. 从证据材料到庭审证据的飞跃

控辩双方移送提交的侦查卷宗及自行收集的材料,不会全部进入庭审,均只被视为证据材料。从证据材料到庭审证据的飞跃发生在庭审之前,体现为庭审证据筛选。唯有经过庭审证据筛查进而获得庭审出示资格的证据材料,才能在身份上“飞跃”为庭审证据,进入证据评价的视野。未在庭审中出示的证据材料不得作为定案根据,无疑是基本的程序要求。

2. 从庭审证据到定案根据的飞跃

证据必须经过查证属实,才能作为定案根据。所谓查证属实,实系法官对经过庭审出示及质证的庭审证据,经审查确认具有证据能力和证明力,进

---

〔1〕 参见谢进杰:《刑事审判对象理论》,中国政法大学出版社2011年版,第1页。

而作为认定案件事实的依据。从庭审证据到定案根据的飞跃,即定案根据确认,有些以当庭认证完成,但大多在庭后评议时实现。

3. 从定案根据到判决事实的飞跃

相比判决事实,定案根据只是证据性事实。法官“只能通过运用证据的经验推论来认知过去事实发生的可能性”,因而从定案根据到判决事实的飞跃,即判决事实建构,实际是“事实认定者在头脑中重建过去事实的信息加工过程,是通过‘证据之镜’对实际上发生了什么进行经验推论的探究过程”。[1] 这种飞跃完成于庭后,在法官撰写审理报告及合议庭评议中借助事实推理而成。

(三)事实裁判的建构逻辑

不同于传统认识论强调认识是主体对客体的反映,“当今的建构主义者主张,世界是客观存在的,但是对于世界的理解和赋予意义却是由每个人自己决定。我们是以自己的经验为基础来建构现实,或者至少说是在解释现实”。[2] 从建构主义视角来看,判决事实的建构与社会知识的习得具有一致性。

1. 参与主体的多元性

审判中参与建构事实的主体不仅包括法官,还包括公诉人、被告人及辩护人等。控辩双方通过法庭调查及法庭辩论,均力图将证据信息及事实主张转化为具有完整情节的不同故事,促使法官形成有利于本方的事实裁判。而法官则既要把守证据能力门槛以防止非法证据进入庭审,又要明辨控辩主张并据此完成判决事实的自我建构。

2. 交互过程的民主性

程序正义要求利害关系人有机会充分而有效地参与到裁判过程中来,[3]

[1] 参见张保生:《事实、证据与事实认定》,载《中国社会科学》2017 年第 8 期。
[2] 参见张建伟、陈琦:《从认知主义到建构主义》,载《北京师范大学学报》1996 年第 4 期。
[3] 参见陈瑞华:《法律人的思维方式》,法律出版社 2007 年版,第 192 页。

因为人们至少有理由期望，在作出关系他们的判决之前，法官听取其意见，即他们拥有发言权。[1] 为此，控辩审三方在庭审内外虽然分工不同、职权差异，但交流互动的目的均为参与建构判决事实。因而交互过程具有民主性，相应的意见表达具有规范性，交互行为体现尊重理性。唯有主体间民主性的交互，才能确保各方在判决事实的建构中均能充分表达意见。心理学研究表明，即使法院的最后判决对被告人不利，但只要程序本身是中立的、公平的、公开的，人们也趋向于接受判决结果，中立、公平、公开有助于达成一个令人满意的判决。[2]

3. 最终裁决的参与性

对主体多元性原则的彻底坚持，还要体现在多元主体对裁决结果的积极贡献上。判决是否说理的特征不在于判决是否认定了事实，而在于判决是否阐明了控辩主张能否成立的依据及理由。虽然在文书样式中，判决事实位于定案根据之前，而事理阐明位于定案证据之后，但在逻辑上事理阐明应先于判决事实，系判决事实的建构基础。因而，无论控辩主张是否获得判决事实的支持，控辩双方均已实质性参与判决事实的建构当中。

四、刑事事实说理“三环九步法”的构建

鉴于刑事案件的事实裁判历经 3 个阶段，且判决事实系控辩审在程序内交互建构而成，事实说理最终主要落实在庭审证据争议、定案根据争议及判决事实争议 3 个环节之中，进而体现在全面记载并客观评价控辩主张之上，就此可提炼为事实说理的“三环九步法”（见图 7－2）。

---

〔1〕 参见［美］迈克尔·D. 贝勒斯：《法律的原则——一个规范的分析》，张文显等译，中国大百科全书出版社 1996 年版，第 38 页。

〔2〕 参见万毅、林喜芬：《从“无理”的判决到判决书说理——判决说理制度的正当性分析》，载《法学论坛》2004 年第 5 期。

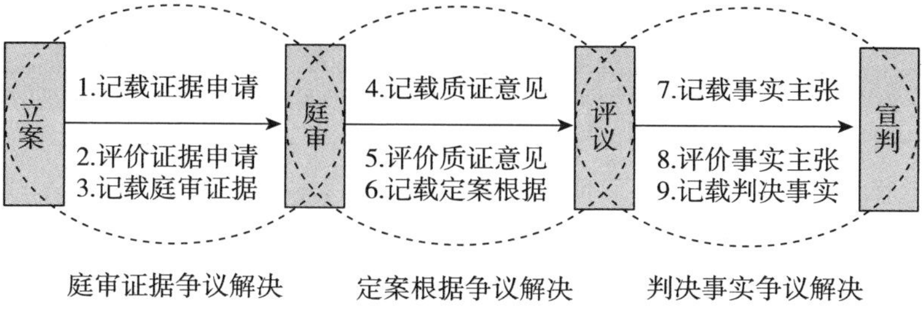

图7-2　争议解决三步骤

(一)庭审证据争议解决环节的事实说理

控辩双方庭前向法院提出的调取证据、排除非法证据等各类证据事项申请,旨在提出庭审证据争议。对此,《刑事诉讼法》要求法院应当在规定期间内答复回应。此种"申请—回应"互动不仅要求法院及时作出具体裁判行为,更在事实说理层面完成3个说理步骤。

1. 第一步:客观记载证据申请

证据申请记载客观性的体现,时间顺序上按照提出申请的时间轴来依次记载申请,记载内容上要完整而不遗漏地记载控辩双方提出的各项证据申请内容。虽然证据申请始于刑事立案且已经答复,但客观记载既是对控辩行为的尊重,更是为证据申请评价奠定基础。

2. 第二步:明确评价证据申请

所谓明确评价证据申请,即是对控辩事实主张作出支持与否的明确宣告,并附合法、合理、客观、中肯的评价理由。判决对证据申请的评价,既是对控辩参与建构事实行为的确认,也为二审提供审查重点。事实上,部分法院已开始在判决中评价证据申请。[1]

3. 第三步:全面记载庭审证据

判决不得遗漏任何一方当庭出示的证据。记载的目的是为判决记载并

〔1〕 参见刘树德:《无理不成"书"——裁判文书说理23讲》,中国检察出版社2020年版,第433页。

评价质证意见奠定基础。从裁判文书撰写实践来看,记载的方式有两种,第一种方式是集中记载全部庭审证据,表达方式为"对上述指控事实,公诉人当庭出示了下列证据","就上述辩护意见,辩护人当庭出示了下述证据"。第二种方式是在确认的定案根据之后单独记载未采纳的庭审证据,表达方式为"辩护人还当庭出示了如下证据",随后直接评价不予认定为定案根据的具体理由。

(二)定案根据争议解决环节的事实说理

定案根据争议解决往往关系控辩对抗的成败,因为关键性证据有时直接决定指控事实能否成立,该环节的事实说理主要有3个步骤。

1.第四步:客观记载质证意见

对质证意见可以概括性地合并表述,但不能舍弃与无视。判决全面并简练记载质证意见,既是对控辩意见的尊重,更为后续评价奠定基础。案例3的问题即在于判决未予客观记载质证意见,导致判决事实说理自身呈现无法解释的矛盾。

2.第五步:双向评价质证意见

首先,阐明证据能力判断及依据。即法官基于合法性、关联性与真实性要求,反向阐明不采纳庭审证据的理由。法官凡经审查确认庭审证据缺乏任一要求,则排除"飞跃"为定案根据的资格。其次,阐明证明力评价理由。即在证据能力审查基础上,深入从证据来源的可靠性及证据内容的可信度角度分析证据之间哪个"更可信"的问题,[1]从证据信息量的多少及与指控事实关联度的强弱角度评价证据相关性的大小强弱,[2]以决定如何使用被采纳的证据。虽然从"两个证据规定"(最高人民法院、最高人民检察院、公安部、国家安全部、司法部《关于办理死刑案件审查判断证据若干问题的规定》《关于办理刑事案件非法证据排除若干问题的规定》)到最高人民法院

---

[1] 参见何家弘、刘品新:《证据法学》(第4版),法律出版社2011年版,第381~383页。

[2] 参见陈瑞华:《刑事证据法学》(第2版),北京大学出版社2014年版,第103页。

《刑事诉讼法解释》大量增加证明力评价规则,但在实践中主要由法官根据经验法则和逻辑规则,并在尊重自然科学定论的基础上自由判断。公开证明力评价理由,是对法官自由心证的限制,意在让裁判理由接受社会监督及上诉审查。

3. 第六步:记载排列定案根据

作为解决定案证据争议的裁判成果,不同种类证据进入判决都需转化为文字且需经必要概括,但概括必然存在遗漏信息的风险,因而需要考虑裁剪内容和排列顺序。在内容裁剪方面,对庭审证据适当裁剪的目的在于简洁,但需保持内容客观、形式“原汁”、适度压缩、剔除重复。在证据排列方面,考虑定案根据与判决事实的关联度、判决受众的阅读习惯、不同证据的种类特征及司法审判的指导思想,证据排列通常体现一定的逻辑。首先,考虑到尽可能给受众阅读判决以完整故事感,犯罪起因证据往往置前,而犯罪结果证据往往置后;报案材料往往置前,而到案经过置后。其次,考虑到无行为即无犯罪,强力支持犯罪行为的证据通常距判决事实更近,相应位置排前。再次,考虑到判决整体形式之美,同种类证据往往排列在一起,而不宜散见穿插在其他种类证据之间。最后,考虑到对“不轻信口供”原则的坚守,客观性证据往往置前,主观性相对强的证据往往置后,被告人供述置于定案根据的最后。

(三)判决事实争议解决环节的事实说理

即便面对同样的定案根据,控辩双方仍可讲述版本各异的“事实故事”,因而事实争议解决环节的事实论证具体包括3个步骤。

1. 第七步:客观记载事实主张

在判决的控辩意见部分将双方对指控事实与法律适用的意见相区分,目的在于为后续评价事实主张奠定基础,避免将对指控事实及法律适用的评价相互交织在一起,而无法实现事理阐明清晰的目的。

2. 第八步:详尽评价事实主张

在详细阐明推理依据、过程及结果基础上作出是否支持事实主张的宣告,因为推理系“连接证据与待证事实的桥梁,其功能在于完成证明过程”,[1]证立判决事实。自由心证是裁判者的一种主观认识活动,裁判者要想对这种认识活动进行事后审查,就必须使之通过一定的客观形式表现出来,从而成为可以评价的对象,一旦心证通过客观化的形式予以表达之后,也为纠正心证中的错误提供依据。公开评价理由的目的在于公开法官心证,以接受公众监督及上级法院审查。案例 1 的问题在于,判决只是记载了定案根据与判决事实,却未阐明具体推理过程,而案例 2 则在实质上没有说理。

需要说明的是,法官在评价事实主张时需要慎重运用推定规则。因为推定造成证明过程的中断,[2]带来证明责任的转移,且推定事实难以达到确实充分标准,因而通说认为应限制法官对事实推定的适用。[3] 推定一般仅用于必须确认却难以举证证明的案件事实,是否适用一般以法律、司法解释规定为限,[4]且在程序上需经过启动、反驳及裁定 3 个阶段。[5] 案例 3 的问题在于基础事实与推定事实之间的联系不具有常态性,即控制他人人身自由既可能为勒索财物,也可能为索要债务,还可能基于其他目的。

3. 第九步:精确表述判决事实

相比于起诉书记载指控事实的凝练明晰,[6]判决事实如何表述,在实践

[1] 参见张保生等:《证据科学论纲》,经济科学出版社 2019 年版,第 157 页。

[2] 参见张保生:《推定是证明过程的中断》,载《法学研究》2009 年第 5 期。

[3] 参见陈瑞华:《刑事证据法学》(第 2 版),北京大学出版社 2014 年版,第 341 页。

[4] 如毒品犯罪、走私犯罪及赃物犯罪解释中对“明知”的推定。

[5] 参见何家弘、刘品新:《证据法学》(第 4 版),法律出版社 2011 年版,第 274~275 页。

[6] 《人民检察院刑事诉讼规则》第 358 条要求,起诉书记载案件事实的必备要素包括时间、地点、经过、手段、动机、目的、危害后果等与定罪量刑有关的事实要素。

中存在两种倾向,即直接照搬与修辞丰富。[1] 虽然直接照搬因不超出指控

[1] 如在"赵某甲案"中,3名被告人先后在三地持械殴打被害人。起诉书指控事实共计202字,不区分具体犯罪地点及各自行为,具体表述为"被告人赵某甲于2019年8月12日13时许,在北京市昌平区史各庄村村委会南侧街道北京勤雄富迪超市门前,因行车纠纷与被害人孟某某(男,殁年39岁)发生争执并互殴。被告人王某甲、赵某乙先后赶到现场,伙同赵某甲在史各庄村追逐、殴打孟某某,致孟某某左侧硬膜下出血,继发多脏器功能衰竭,经抢救无效于2019年8月21日死亡。被告人赵某甲于2019年8月12日被当场抓获;当晚,赵某甲协助侦查人员将被告人王某甲抓获到案;被告人赵某乙于2019年8月21日向公安机关投案"。

而判决事实共计1304字,详细叙述起因、地点、工具、过程、行为、结果、到案及赔偿等情况,较起诉书的修辞明显丰富,且更能反映各被告人的行为及责任,具体表述为:2019年8月12日13时许,被告人赵某甲驾车经过北京市昌平区史各庄村村委会南侧街道北京勤雄富迪超市门前(第一现场),适逢被害人孟某某(男,殁年39岁)骑电动自行车在此处送外卖。双方因行车问题产生纠纷,并发生争执。后赵某甲下车,纠缠并与孟某某撕扯互殴。被告人王某甲之妻上前拉架,未果后前往被告人赵某乙家,通知赵某乙前往拉架。在互相撕扯过程中,赵某甲对孟某某拳打脚踢,并从旁边汤某某经营的商店摊位上取一木质痒痒挠击打孟某某头部多下,而孟某某的行为致赵某甲唇部及右乳下方皮肤抓伤。赵某乙到现场后对孟某某拳打脚踢。王某甲路过现场亦对孟某某拳打脚踢,并曾持墩布棍殴打孟某某。

后孟某某挣脱赵某甲等人,空手沿街道先向西、后向北、再折向西跑离第一现场,而赵某乙、赵某甲和王某甲则随后依次追逐寻找。在追逐过程中,赵某乙在路边王某乙经营的小店内取走两个空啤酒瓶,从后方砸向奔跑中的孟某某,未砸中后又捡起一根墩布棍继续追逐寻找孟某某。赵某甲将手中的木质痒痒挠扔掉,在路边余某某经营的小店内拿走一根木质铁锹把追逐寻找孟某某。王某甲则空手追逐并在追逐过程中越过赵某甲。

孟某某最终跑进距离北京勤雄富迪超市约255米的雨顺堂超市旁边田某某与涂某经营的小饭馆内躲藏,后赵某乙持墩布棍、赵某甲持铁锹把及王某甲空手相继赶到饭馆,并共同强行将孟某某从饭馆内拽往雨顺堂超市西侧空地(第二现场)。孟某某在此处被强行按在地上,后赵某甲先持铁锹把击打孟某某,后拳打脚踢孟某某的头部和上身,并曾捡起砖块多次欲砸孟某某但被他人阻止。在这过程中,赵某乙和王某甲共同对孟某某拳打脚踢,其中赵某乙还曾持墩布棍击打孟某某。

外卖员姚某某路过现场见状上前拉架,在被赵某甲赶走后拨打"110"电话报警。随后孟某某逃离第二现场,沿原路朝勤雄富迪超市方向离开,并到达位于勤雄富迪超市以东105.5米处的史各庄村村委会南侧街东头的车库旁边(第三现场)。赵某乙持墩布棍与赵某甲、王某甲亦离开第二现场,且分别沿原路亦朝勤雄富迪超市方向走去。

在到达第三现场后,孟某某趴坐在一辆电动自行车上,随后外卖员赵某丙和王某乙先后经过此处。孟某某分别向赵某丙及王某乙陈述被殴打过程,后赵某丙拨打"110"电话报警并离开现场去送外卖。王某乙扶孟某某下电动自行车并靠坐在复印店旁边墙上,后在拨打"120"急救电话后亦离开现场继续送餐。其间,警察王某在接警后亦到达第三现场。孟某某向王某陈述了被殴打过程、自己身份信息及嫌疑人体貌特征。后王某在现场周边寻找到赵某甲,确认赵某甲系嫌疑人之一,并准备带赵某甲离开现场。赵某甲在经过孟某某身边时突然拳击孟某某头面部多次,致孟某某随即趴倒在地,后赵某甲被警察直接带回史各庄派出所接受审查。120急救车赶到现场后,将孟某某送至北京大学国际医院抢救。

2019年8月12日晚,赵某甲带领侦查人员前往王某甲居住地将王某甲抓获到案。2019年8月21日7时,孟某某经抢救无效死亡。8月21日9时,赵某乙主动前往史各庄派出所投案。后经鉴定,孟某某符合头面部受钝性外力作用,致左侧硬膜下出血,继发多脏器功能衰竭死亡;赵某甲身体所受损伤程度为轻微伤。

2019年12月12日,赵某甲、赵某乙、王某甲在各自家属的协助下与孟某某的亲属达成和解协议,3名被告人家属共同赔偿人民币180万元,被害人亲属对3名被告人的犯罪行为表示谅解,请求司法机关对3名被告人最大限度地从轻或减轻处罚。

范围而免受可能的责难，但从裁判可接受性及司法公开价值角度看，情节丰富的判决事实应是未来发展方向。即判决事实在明确记载“六何”之外，增加对起因动机、发展过程、工具形状、行为动作及具体结果具体精确的描述，在“六何”框架上以修辞笔法增加一定的文学叙事，可弥补判决事实在伦理立场及故事情节方面不足。因为“基于严格的逻辑分析和先例判决约束的法律推理，对于已经演变为证据和事实记录的活生生的案件进行司法裁判，往往会因追求形式逻辑推导下的合理结果，而忽略具体案件中当事人的个性特征和质性差异，进而在少数案件中出现判决结果与社会公众所普遍认可的共同利益相背离的现象”。[1] 这种骨骼与血肉并存的叙事方式，不仅更为受众所接受，且为后续法律适用尤其是量刑奠定事实基础。

五、申论：价值判断在刑事事实说理中的适用空间

建构判决事实时是否应当存在价值判断，进而阻断从证据材料到判决事实的某一次飞跃？例如，在强奸案件中当性行为是否违背被害妇女意志的事实存疑时，能否因考虑到强奸罪的打击对象与保护价值而直接认定强奸事实成立，在实践中存在争议。

不可否认的是，建构事实在宏观层面不能离开价值取向指导，无论是论证过程还是用语表达都要弘扬真善美、鞭笞假丑恶。最高人民法院《关于深入推进社会主义核心价值观融入裁判文书释法说理的指导意见》也明确要求，“对于裁判结果有价值引领导向、行为规范意义的案件，法官应当强化运用社会主义核心价值观释法说理，切实发挥司法裁判在国家治理、社会治理中的规范、评价、教育、引领等功能，以公正裁判树立行为规则，培育和弘扬社会主义核心价值观”。但在微观层面，需要深入事实说理的具体行为中，分类讨论价值判断的适用空间。

---

〔1〕 参见张铁君：《司法文书中的文学叙事与判决伦理》，载《理论月刊》2018 年第 1 期。

(一)证据审查时需考量价值判断

证据能力审查受证据法规范,而“证据法不仅应当反映社会价值观的现状,而且应当反映它的发展,只有这样才能指导旧规则的修订和新规则的创制,从而更好地服务于我们共同信奉的社会价值”。[1] 法官在把控从证据材料到定案根据的两次飞跃时,需要融入公正、和谐及法治等社会主义核心价值观。

首先要融入公正价值。公正是判决可接受性的基础,也是非法证据排除规则的唯一正当理由。《刑事诉讼法》第 56 条规定,排除以刑讯逼供、暴力、威胁等方法取得的言词证据,理由即是因取证手段侵权而欠缺公正性,同时规定排除物证、书证的条件是“可能严重影响司法公正”。文明审判不能容忍不公正的取证方法。虽然公正常表现为普罗米修斯的脸,但来自国民实践的常识常情常理则较为恒定。事实说理不能只为追求逻辑严密而背离常识常情常理。[2] 若真如此,则犯错的一定不是老百姓的常识常情常理,而是事实说理自身,正如案例 1 所示。

其次要融入和谐价值。“和谐理念作为一项证据政策,体现了人们在求真和求善之间所作出的价值选择”。[3] 《刑事诉讼法》第 193 条有关被告人的配偶、父母、子女即便没有正当理由也不能强制出庭的规定明显体现了和谐价值观。

最后要融入法治价值。在公正、和谐之外强调法治价值,意在严格遵守证据法规范,尤其是对非法证据排除规则及瑕疵证据补正规则的遵守,防止具象的法治为抽象的公正与和谐所湮没。

(二)事实建构时宜远离价值判断

从定案根据飞跃到判决事实的事实建构,直接关系指控事实能否成立,

---

〔1〕 参见张保生:《证据规则的价值基础和理论体系》,载《法学研究》2008 年第 2 期。
〔2〕 参见陈忠林:《“常识、常理、常情”:一种法治观与法学教育观》,载《太平洋学报》2007 年第 6 期。
〔3〕 参见张保生:《证据规则的价值基础和理论体系》,载《法学研究》2008 年第 2 期。

因而应远离价值判断,遵循自然推理规则。首先,事实建构关系被告人能否出罪。建构判决事实的同时是对指控事实能否成立的判断,而这直接关涉对被告人名誉、自由、财产乃至生命的剥夺,故不宜存在价值判断。在案例1中,法院在面对强奸事实存疑时不能仅考虑强奸罪对女性提供的立法保护,还应该对男性被告人的非犯罪行为提供保护。其次,事实建构关系到犯罪真凶能否被追惩。刑事司法的目标是“惩罚犯罪,保护人民”,被害人希望惩戒的是真凶,而建构判决事实直接关系被指控人是否被司法认定为“犯罪真凶”。如因价值判断影响认定“犯罪真凶”,对被害人将是另一种伤害。

(三)阐明事理时可融入价值判断

事理阐明体现在对控辩意见的评判中,常受公众聚集性围观与解剖式评价。因评判控辩主张要讲明情理以体现法理情相协调,进而论证推理要发挥价值引领作用,故应融入社会主义核心价值观,引导社会向善风尚。

“事理是所有道理的基础,一个案件的事理不清,其他道理就没有根基”,[1]当然后续定罪量刑也就无精确可言。在事实争议案件中,为确保一审判决稳定,法官可参照“三环九步法”的逻辑与方法,在社会主义核心价值观的指导及控辩审三方的交互参与下,客观记载证据性程序争议、定案根据确认争议及判决事实认定争议,适用法律规范、逻辑规则、经验法则及常识常情常理建构判决事实并客观中立充分评价控辩主张。事实说理“三环九步法”既是判决对事实建构逻辑方法的映射,也是审判实践经验的总结,并为最高人民法院《指导意见》及《关于深入推进社会主义核心价值观融入裁判文书释法说理的指导意见》的落地见效提供经验路径。

---

[1] 参见胡云腾:《裁判文书的说理艺术》,载《法制日报》2007年6月17日,第14版。

第八章
裁判文书说理的本体论(七)
——运用道德话语说理

法律与道德的关系,是一个古老而又弥新的话题。从裁判文书说理的角度而言,“道德话语”能否进入、以何种方式进入、在哪些环节或者领域进入,自然受到各国或者地区的法律传统、法官思维习惯、判决书撰写风格、部门法特点等多方面的制约和影响。此处,立足我国刑事裁判文书的相关样本,就“道德话语”在说理中的合理运用作些分析。

一、“道德话语”的言说内容

刑事裁判文书中,“道德话语”言说的内容,主要包括以下情形:

一是作为相关个罪法益的具体内容,(1)“制作、贩卖、传播淫秽物品罪”类罪中的个罪,例如,“被告人顾某某、李某某以营利为目的,为他人卖淫提供场所,二被告人的行为已触犯刑律,构成容留卖淫罪,应予以刑罚;二被告人在经营的火之舞酒吧内组织他人进行色情淫荡的表演，侵犯了社会道德风尚，其行为均已触犯刑律，构成组织淫秽表演罪”。[1] (2)“扰乱公共秩序”类罪中的相关个罪，例如，“被告人陈某公然藐视国家法纪和社会道德，在公共场所肆意挑衅，无事生非，强拿硬要，且情节严重，其行为已构成寻衅滋事罪，依法应予惩处”。[2] 再如，“被告人季某、朱某、丁某、胡某、殷某、冷某为报复他人或帮助他人报复，聚众持械斗殴并致人轻伤，其行为均已触犯刑法构成聚众斗殴罪，依法应追究其刑事法律责任……各被告人在公共场所聚众持械斗殴，具有明确的聚众斗殴故意，其行为侵害的是社会公共秩序和公共道德”。[3]

二是作为相关个罪故意的具体内容，例如，“关于上诉人刘某某提出其行为系故意伤害罪而不是寻衅滋事罪的上诉意见，经查，刘某某主观上具有耍威风，逞强好胜，无视公共道德的故意；客观上实施了在车内大声喧哗，无端殴打、刺伤他人的行为。其行为侵犯了社会公共秩序，符合寻衅滋事罪的构成要件，已构成寻衅滋事罪”。[4]

三是作为相关量刑情节的具体内容。(1)义愤杀人。“关于被告人李某是否基于义愤而杀人的辩护意见，即使李某确因自尊心受到被害人的严重伤害，也不能以‘义愤’来概括促使其实施犯罪行为的诱因，故辩护人提出李某杀人是基于义愤的辩护观点，与本案的客观事实和公众对社会道德的评价标准不符”。[5]

(2)被害人过错。“被害人李某某、张某二人违背社会伦理道德，非法长期同居，生育子女后与被告人詹某群同居一室，且逼迫被告人詹某群解除婚姻关系，导致矛盾激化，在案发前因方面二人存在严重过错，因此被害人李

---

〔1〕“顾某某等容留卖淫、组织淫秽表演案”，甘肃省武威市凉州区人民法院刑事判决书，(2013)武凉刑初字第339号。

〔2〕“陈某寻衅滋事案”，上海市崇明县人民法院刑事判决书，(2013)崇刑初字第144号。

〔3〕“季某等聚众斗殴案”，江苏省东台市人民法院刑事判决书，(2006)东刑初字第12号。

〔4〕“刘某超寻衅滋事案”，重庆市第四中级人民法院刑事裁定书，(2007)渝四中法刑终字第74号。

〔5〕“李某故意杀人案”，江苏省无锡市中级人民法院刑事判决书，(2004)锡刑初字第12号。

某某、张某二人对该案的发生存在着不可推卸的责任。故被害人李某某、张某二人的行为可相应减轻对被告人詹秀群的刑罚”。[1] 关于被害人是否存在明显过错并对矛盾激化是否负有直接责任的辩护意见,法院认为,被害人有外遇的事实,在婚姻道德上确有一定的过错,但与被告人李某杀人犯意的产生并无直接联系;对于双方矛盾的激化,从两人的婚变过程来看,引起双方感情的裂痕,李某与被害人各自均有主客观方面的原因,故将矛盾激化的直接责任完全归咎于被害人,与两人婚姻状况的现实和案件发生的起因不完全相符。[2] “对辩护人提出的第一、二、三点辩护意见,经查,在案件起因上被害人虽违背道德规范,有一定过错,但并非是重大过错,且被告人在产生犯意后,积极为犯罪作准备并将犯罪行为实施终了,造成了特别严重的社会危害后果,故对辩护人提出的上述三点辩护意见,本院不予采纳。”[3] “辩护人提出被害人在起因上存有过错的辩护意见,经查,被害人刘某谱与张某昂妻子黄某方之间有不正当男女关系,其行为背离了道德规范,从而激发张某昂实施犯罪行为,在起因上刘某谱确实存在过错,予以采纳,可对张某昂酌情予以从轻处罚。”[4]

(3)被害人的宽恕。“对于被害人马某之母梁女士在法庭审理中不念丧子之痛,且在未获任何利益补偿的情况下,请求对被告人宋晓明从轻处罚的义举应予褒扬,其意见亦系法院裁量决定刑罚时应考虑的酌定量刑情节。故为弘扬高尚道德情操,促进社会和谐,本院对被害人之母梁女士的行为予以肯定,对其意见予以采纳,并据此对被告人宋某明酌予从轻处罚。”[5]

(4)其他酌定情节。“被告人代某某身为被害人秦某的继父,但却违背

---

[1] “詹某群故意杀人案”,河南省南阳市中级人民法院刑事判决书,(2010)南刑二初字第002号。

[2] “李某故意杀人案”,江苏省无锡市中级人民法院刑事判决书,(2004)锡刑初字第12号。

[3] “赵某记故意杀人案”,安康市中级人民法院刑事判决书,(2010)安刑初字第20号。

[4] “张某昂故意杀人案”,湖南省娄底市中级人民法院刑事判决书,(2012)娄中刑一初字第64号。

[5] “宋某明故意伤害案”,北京市第一中级人民法院刑事附带民事判决书,(2008)一中刑初字第1974号。

伦理道德，强迫与其继女发生性关系，导致被害人怀孕后引产并辍学在家，予以酌情从重处罚。”[1]“被告人梁某某用威胁、打骂的方式，违背妇女的意志，强行多次奸淫自己的亲生女儿，其行为已构成强奸罪，应予严惩。被告人梁某某丧失人性与良知，其行为严重违背伦理道德……”[2]“上诉人房某某违背伦理，道德沦丧，多次奸淫自己亲生幼女，并致其小便失禁，其行为符合奸淫幼女情节恶劣的情形。”[3]“对于上诉人梁某某及其辩护人提出原判量刑过重，要求改判缓刑的意见，经查，梁某某作为人大代表，知法犯法，自己有配偶还与他人以夫妻名义共同生活，时间长达九年之久，严重败坏社会道德风尚，应予以严惩。”[4]“上诉人不顾亲情，对其年过八旬的母亲实施伤害行为并致其死亡，严重违背了法律和社会伦理道德，且属累犯，应予严惩。”[5]“关于被告人丁某某的辩护人提出从轻处罚的辩护意见，经查，被告人丁某某杀人后肢解、丢弃母亲尸体、犯罪手段极为残忍，严重违反社会伦理道德，造成极为恶劣社会影响。鉴于本案系因家庭矛盾引发，被害人在争吵时先拿刀要砍被告人丁某某，对双方矛盾的激化有一定的责任，本院酌情对被告人丁某某从轻处罚，故上述辩护意见成立，本院予以采纳。”[6]“本案中，被害人何某某虽然对被告人傅某某表示谅解，要求对其从轻处罚，判处缓刑，但是，被告人傅某某驾驶无牌照二轮摩托车在危险系数较低的平直路段与被害人相撞发生交通事故，致被害人何某某V级伤残，给被害人及其家属带来了严重的经济损失和心理创伤，且在事故发生后被告人傅某某为逃避法律追究而逃逸，既无避让他人的交通安全意识，亦无勇于承担责任的基

---

〔1〕“代某军强奸案”，重庆市黔江区人民法院刑事判决书，(2006)黔刑初字第2号。

〔2〕“梁某某强奸案”，甘肃省夏河县人民法院刑事判决书，(2010)夏刑初字第27号。

〔3〕“房某彪强奸案”，山东省沂源县人民法院刑事判决书，(2010)沂刑初字第52号。

〔4〕“梁某平等重婚案”，广东省广州市中级人民法院刑事裁定书，(2008)穗中法刑一终字第376号。

〔5〕“晋某歧故意杀人案”，宁夏回族自治区高级人民法院刑事判决书，(2010)宁刑终字第5号。

〔6〕“丁某华故意杀人案”，广东省广州市中级人民法院刑事判决书，(2009)穗中法刑一初字第94号。该判决书未对前述从重情节如何考量作明确表述。

本道德观念,情节较为恶劣,在法庭审理过程中对被害人及自身行为也无任何悔过表现,综合全案情况,考虑到此类交通肇事行为对公共安全的巨大危害性,本院认为,被告人傅某某不符合缓刑适用条件。"〔1〕"被告人刘某某不思恪尽孝道,回报父母养育之恩,反而故意伤害生母身体健康,致人重伤,该行为不仅违背人伦道德,更为法律所不容许,其行为已构成故意伤害罪,依法应予处罚。被告人刘某某能自行到案并如实供述主要犯罪事实,依法可认定其具有自首情节,但综合考量本案事实与其他情节,对被告人刘某某不予从轻或减轻处罚。"〔2〕"被告人吉某某不顾人伦道德,强奸身体残疾且患有癫痫疾病的儿媳,其行为性质恶劣,可酌情从重处罚。"〔3〕"被告人吕某某以非法获利为目的,出卖不满十四周岁的亲生儿子,其行为严重侵犯了儿童的人格权和生存权,完全丧失了作为母亲所应当具有的基本道德,情节恶劣,其行为已构成拐卖儿童罪。"〔4〕"被告人庞某某身为教师,与受害人张某存在特殊的临时监护关系,但其丧失职业道德,违背社会公德,对还处于幼女阶段的张某实施性侵害,给受害人的身心造成极大伤害,社会影响极坏,犯罪情节恶劣,依法应予以严惩。"〔5〕

四是作为不作为义务来源的具体情形。"原审被告人李某某上诉及其辩护人辩护提出'恋爱关系不是法律行为,上诉人不负有救助项兰临的刑法上的特定义务,如以公序良俗的要求来认定上诉人有罪,势必将无限扩大特定义务的范围,导致客观归罪的情形'的意见,经查认为,不作为犯罪的义务是一种特殊的义务,且特殊义务是针对特定人的,并且附有某种条件的义务。如是包含着道德义务的法律义务,则毫无疑问地会产生不作为犯罪的

〔1〕"傅某平交通肇事案",重庆市万盛区人民法院刑事判决书,(2010)盛法刑初字第175号。

〔2〕上海市宝山区人民法院刑事判决书,(2012)宝刑初字第730号。

〔3〕"吉某某强奸案",甘肃省武威市凉州区人民法院刑事判决书,(2013)凉刑初字第176号。

〔4〕"吕某丽、张某、张某娜拐卖儿童案",河南省新野县人民法院刑事判决书,(2011)新刑初字第130号。在实践个案中,针对类似情形,则没有道德说辞,例如,"法院认为,被告人李某出卖自己的婴儿,情节恶劣,其行为已构成拐卖儿童罪"。

〔5〕"庞某祥强奸案",陕西省神木县人民法院刑事判决书,(2013)神刑初字第00419号。

问题,故不作为在违反义务这一点上便可认为是违反公序良俗。原审被告人李某某具有与项兰临发生性关系致其怀孕的行为,其对项某某及腹中胎儿所负有的不仅是道德意义上的义务,更有在项喝农药后处于危险状态,其在场有义务施救而不履行义务,造成项某某死亡的严重后果,故原审被告人李某某负有对此法律事实而产生的特定法律义务,并应承担法律责任,故李某某上诉及其辩护人所提出的意见及理由,与本案的事实及法律规定不符,本院不予采纳。"[1]

五是作为犯罪原因的具体内容,例如,"被告人范某犯罪的原因是:1. 无正确的理想和道德观念,无明确的人生目标,世界观、人生观、价值观错位。文化水平较低,不懂法不学法,不讲法制,贪图好处;2. 其幼年丧父,母亲改嫁后其没能随母生活,过早辍学流入社会无人管教。不注重自身素质的提高,交友不当,良莠不分,分辨是非对错能力和抵制不良习气能力差"。[2]

二、"道德话语"的言说处所

为加强审判业务建设,提高法院诉讼文书质量,改进和规范法院诉讼文书的内容要素与格式,最高人民法院于 1987 年 6 月决定研究制定法院诉讼文书样式。经过 4 年多的调查研究,反复征求意见和修改,1992 年 6 月 2 日最高人民法院印发了《法院诉讼文书样式(试行)》(共分 14 类 314 种),并决定从 1993 年 1 月 1 日起在全国法院试行。[3] 为了总结经验,进一步提高制作法院诉讼文书铁石裁判文书的水平,从整体上提高诉讼文书质量和办案质量,加强法院业务建设,最高人民法院决定立足"以修改后的刑事诉讼法、

[1] "李某波不作为故意杀人案",浙江省金华市中级人民法院刑事附带民事裁定书,(2000)金中刑终字第 90 号。

[2] "赵某甲等绑架、窝藏案",河南省驻马店市中级人民法院刑事附带民事判决书,(2003)驻刑少初字第 11 号。

[3] 参见最高人民法院办公厅编:《法院诉讼文书样式(试行)》,吉林人民出版社 1992 年版,"说明"第 1 页。

刑法和有关司法解释为根据，以提高诉讼文书质量和办案质量、体现司法公正为目的，以强化对判决事实的叙述和证据的分析、认证，增强判决的说理性为重点，以规范诉讼文书的制作为主要内容，高标准、严要求，为全面实施刑事诉讼法和刑法，推行控辩式的审理方式，提高合法、规范、标准、适用的文书样式”的指导思想，从1996年10月起对《法院诉讼文书样式（试行）》中的刑事部分的样式进行修改，并于1999年4月6日通过了《法院刑事诉讼文书样式（样本）》（共9类164种，自1999年7月1日起施行）。应当说，这些裁判文书样式为法官制作具体裁判文书提供了重要参考，但是，并非每份裁判文书均严格地与相应的裁判文书样式一一对应，而是法官间或基于个人的写作风格、案件特点等因素的考虑作出某些调整，特别是一些地方在司法改革探索中，对裁判文书的内容与形式进行了改革。

现行刑事裁判文书的“道德话语”主要存在于下列情形：

一是在“控辩主张”部分，例如，“原审被告人李某某上诉及其辩护人辩护提出，1. 上诉人与项某某的恋爱关系不是一种法律行为，故上诉人不负有救助项某某以防其死亡的刑法上的特定义务。2. 上诉人虽有致项某某怀孕的行为，但不会致使项某某生命权处于危险状态，项本身性格固执、任性，家庭缺少温暖也是其自杀的因素，故上诉人提出分手与项的服毒自杀无必然的因果关系。3. 原审以上诉人与项某某的恋爱关系并怀孕视为特定的关系，以公序良俗的要求来认定上诉人有罪，则势必将无限扩大特定义务的范围，导致客观归罪的情形。综上，上诉人对项某某的死亡是有不可推卸的责任，有见死不救的表现，只是应受社会道德、良知的谴责，不属刑法所调整的范畴。请二审法院依法撤销原判，宣告上诉人无罪”。[1]

二是在“经审理查明”部分（作为“庭外调查”），“根据最高人民法院《关

---

〔1〕“李某波不作为故意杀人案”，浙江省金华市中级人民法院刑事附带民事裁定书，(2000)金中刑终字第90号。

于审理未成年人刑事案件的若干规定》的规定，在法庭审理过程中，本院了解到被告人赵某在上初中时，不好好学习，成绩较差，有逃学现象，经常打游戏，看黄色录像，其父母均忙于做生意，对其缺乏管教。其父即使管教，也是采用打骂体罚的方法，加之学校的法制教育、思想道德教育薄弱和社会上的一些不健康因素等多方面的影响，使被告人走向了犯罪道路。通过庭审教育，被告人赵某认识到自己的行为给社会造成了危害，表示吸取教训，改过自新，重新做人。其父亲希望法庭给孩子一个重新做人和继续接受教育的机会”。[1]

三是在“本院认为”部分（作为对案件事实的评价），例如，“法院认为，被告人陈某某无视国法，违背人伦道德，为泄私愤，故意放火危害公共安全，造成一死一重伤、财产毁坏较大的严重后果，依法应以放火罪追究其刑事责任。”[2]再如，“法院认为，被告人刘某某不思恪尽孝道，回报父母养育之恩，反而故意伤害生母身体健康，致人重伤，该行为不仅违背人伦道德，更为法律所不容许，其行为已构成故意伤害罪，依法应予处罚”。[3]

四是在“本院认为”部分（作为定罪或者量刑的说理与论证），例如，“罗某的行为给杨某造成痛苦属于道德评判范畴，不属于法律意义上的过错，故杨某的辩护人提出‘本案被害人在本案中有一定过错’的意见，本院不予支持”。[4] 又如，“被告人吉某某不顾人伦道德，强奸身体残疾且患有癫痫疾

---

〔1〕“赵某强奸案”，河南省泌阳县人民法院刑事判决书，(2003)泌刑初字第63号。

〔2〕“陈某明放火案”，甘肃省张掖市中级人民法院刑事附带民事判决书，(2011)张中刑初字第10号。该判决书在“经审理查明”部分指出，“2007年，被告人陈元明与妻弟孙某甲之妻杨某在新疆务工期间发生了两性关系，并保持至案发前”。

〔3〕“刘某某故意伤害案”，上海市宝山区人民法院刑事判决书，(2012)宝刑初字第730号。该判决书在“经审理查明”部分指出，“被告人刘某某与被害人杨某某系母子关系，被告人刘某某在得知杨某某分得并入住上海市宝山区某地住房后，为迫使杨某某卖掉该套房产，多次以断水、电、煤等方式干扰其母亲杨某某的正常生活”。

〔4〕“杨某故意杀人案”，新疆维吾尔自治区高级人民法院刑事裁定书，(2013)新刑二核字第23号。

病的儿媳,其行为性质恶劣,可酌情从重处罚"。[1] 再如,"案发后,虽经单位组织出面及司法机关多次协调,双方仍互不让步,息事宁人,试图将本案的危害后果和社会影响扩大、加深,其做法和动机与社会主义公民思想道德建设要求不符,更与政法干警的职业操守和政治觉悟背离。同时,刑罚除惩罚犯罪外,还具有挽救、教育犯罪者及修补、弥合社会关系的功能,具体体现在本轻伤案件的处理中,对上诉人孙某某施以刑事处罚,不仅不能惩罚犯罪,反而会进一步破坏社会关系,扩大本案的危害后果。故原审法院根据上诉人孙某某的犯罪事实、情节以及赔偿经济损失的情况,对孙某某免予刑事处罚是正确和适当的"。[2]

五是在"本院认为"部分(作为"法官后语"),例如,"本院希望被告人蔡某某能充分认识自己犯罪行为给社会、家庭所造成的危害,从中吸取教训,认罪服法,同时努力学习法律知识,加强法制教育,彻底改造自己的世界观、人生观、价值观,勇敢走出犯罪的阴影,以实际行动做一名有理想、有道德、有文化、守纪律的合格公民"。[3]

六是在裁判文书尾部之后(作为"法官寄语"),例如,"二审法院根据事实和法律,全面审查原判认定事实是否清楚,证据是否确实充分,定罪量刑是否适当。有错必纠,无错维持。你们年轻力壮,不思劳动收获,违背道德良知,侵害百姓,危害治安,获赃而耻,丢失自尊。罪不可恕,刑罚有度,期待悔悟。劳动生活,堂堂正正做事,问心无愧做人"。[4]

---

[1] "吉某某强奸案",甘肃省武威市凉州区人民法院刑事判决书,(2013)凉刑初字第176号。

[2] "孙某甲故意伤害案",岳阳市中级人民法院刑事附带民事裁定书,(2010)岳中刑一终字第67号。

[3] "蔡某杰盗窃案",莆田市城厢区人民法院刑事判决书,(2010)城刑初字第257号。

[4] "吴某等盗窃、掩饰、隐瞒犯所得案",上海市第二中级人民法院刑事判决书,(2011)沪二中刑终字第20号。

三、"道德话语"的言说功能[1]

"道德话语"不仅在不同类型的裁判文书(刑事、民事、行政)中具有不同的功能,同时在裁判文书中的不同部分也具有不同的功能。就前者而言,"道德(规范)"可以作为民事裁判的依据,而在实行罪刑法定原则前提下的刑事裁判不能以其作为裁判依据。原《民法通则》第4条规定:"民事活动应当遵循自愿、公平、等价有偿、诚实信用的原则。"第7条规定:"民事活动应当尊重社会公德,不得损害社会公共利益,破坏国家经济计划,扰乱社会经济秩序。"第58条规定:"下列民事行为无效……(五)违反法律或者社会公共利益的。"在实践中有个案就是以这些规定作为判决的依据,例如,"遗嘱人黄永彬将遗产赠给与其婚外同居的第三者张学英,有违公序良俗,属于违反社会公德的行为。此类行为不具有合法性,不合法的遗嘱应属无效遗嘱,不受法律保护"。[2] 就后者而言,"道德话语"在刑事裁判文书中主要具有以下功能:一是犯罪构成要件的定型功能,前述有关作为个罪故意具体内容的"道德话语"。[3] 无论是按照四要件犯罪论体系还是三阶层犯罪论体系,犯罪故意是具体构成要件的定型要素。同时,前述作为不作为义务来源的具体情形,则直接属于犯罪行为要素的定型化。[4] 二是犯罪本质的解释功

---

〔1〕 有学者将裁判文书中的"道德性话语"归纳为"判决依据型""辅助说理型""道德教化型""情感宣泄型"。参见周春容:《后司法公开时代司法裁判的道德之维——论道德性语言在裁判文书中的运用》,"裁判文书语言与说理研讨会"论文,2014年8月于西宁,第244~245页。显然,不同类型的道德性话语起着不同功能。

〔2〕 四川省泸州市中级人民法院民事判决书,(2001)泸民一经字第621号,载广东非凡律师事务所主办:《判例与研究》2001年第2期。

〔3〕 "刘某超寻衅滋事案",重庆市第四中级人民法院刑事裁定书,(2007)渝四中法刑终字第74号。

〔4〕 "李某波不作为故意杀人案",浙江省金华市中级人民法院刑事附带民事裁定书,(2000)金中刑终字第90号。

能。前述有关作为个罪法益具体内容的“道德话语”。[1] “法益”具有多方面的机能,其中包括对解释具体犯罪构成要件的指引功能。三是犯罪构成要件事实之外的反映社会危害性大小或者人身危险性高低的事实的评价功能。前述作为有关量刑情节的“道德话语”,均属于对具体犯罪构成要件事实之外的量刑事实(从重或者从宽,法定或者酌定)进行的道德与刑法双重评价。[2] 前述作为犯罪原因的“道德话语”,在某种意义上也会影响量刑,但相比前述作为量刑情节的“道德话语”而言显得没那样直接。[3] 四是具体案件事实的评价功能。具体案件事实具体可分为定罪事实、量刑事实和不影响定罪量刑的事实。前述部分“道德话语”属于对那些不影响定罪量刑事实的道德评价,而不属于具有刑法意义的规范评价。[4] 五是强化说理效果的功能。作为修辞术的“说理”本身包括 3 个组成部分,即“逻辑”(logos)、“信誉”(ethos)、“情绪”(pathos),其中,“情绪”是“存在于听众那里的东西”。[5] 无论是裁判文书说理还是其他说理,合理地运用“道德话语”(属于“动之以情”),自然会影响说理的效果。例如,“为弘扬高尚道德情操,促进社会和谐,本院对被害人之母梁女士的行为予以肯定,对其意见予以采纳”,使法院“对被告人宋某某酌予从轻处罚”的依据更充足。[6] 再如,“其做法和动机与社会主义公民思想道德建设要求不符,更与政法干警

[1] “顾某某等容留卖淫、组织淫秽表演案”,甘肃省武威市凉州区人民法院刑事判决书,(2013)武凉刑初字第 339 号;“陈某寻衅滋事案”,上海市崇明县人民法院刑事判决书,(2013)崇刑初字第 144 号;“季某等聚众斗殴案”,江苏省东台市人民法院刑事判决书,(2006)东刑初字第 12 号。

[2] “詹某群故意杀人案”,河南省南阳市中级人民法院刑事判决书,(2010)南刑二初字第 002 号;“宋某明故意伤害案”,北京市第一中级人民法院刑事附带民事判决书,(2008)一中刑初字第 1974 号;等等。

[3] “赵某甲等绑架、窝藏案”,河南省驻马店市中级人民法院刑事附带民事判决书,(2003)驻刑少初字第 11 号。

[4] “陈某明放火案”,甘肃省张掖市中级人民法院刑事附带民事判决书,(2011)张中刑初字第 10 号;“某某故意伤害案”,上海市宝山区人民法院刑事判决书,(2012)宝刑初字第 730 号;等等。

[5] 参见徐贲:《明亮的对话:公共说理十八讲》,中信出版社 2014 年版,第 39 ~ 41 页。

[6] “宋某明故意伤害案”,北京市第一中级人民法院刑事附带民事判决书,(2008)一中刑初字第 1974 号。

的职业操守和政治觉悟背离”，使法院更有理由地认为“对孙某某免予刑事处罚是正确和适当的”[1]等。

四、“道德话语”的言说规诫

“道德话语”在刑事裁判文书中的合理运用，自然会对说理的效果起积极促进作用；但是，若运用不合理，自然也会损害裁判文书说理的效果和妨碍裁判文书功能的发挥。为此，有必要进一步研究“道德话语”在刑事裁判文书中运用的具体规则。

一是刑法评价（话语）优位性原则。就国家和社会整体规范体系而言，道德规范调控或者评价先行于刑法规范，“刑法是最后的手段”“刑法是最低限度的道德”。但是，就刑事裁判文书说理而言，无论是对具体案件事实的评价，还是推理（包括实质推理）依据的寻求，刑法应优位于道德。也就是说，刑法规范性话语优先于道德性话语，前者直接关联于裁判的定罪与量刑，后者永远处在辅助的地位，例如，“法院认为，被告人刘某某不思恪尽孝道，回报父母养育之恩，反而故意伤害生母身体健康，致人重伤，该行为不仅违背人伦道德，更为法律所不容许，其行为已构成故意伤害罪，依法应予处罚”。[2]

二是“道德话语”必要性原则。前述作为具体个罪法益、主观故意、不作为义务来源、量刑情节等方面的“道德话语”的运用是必要的。但是，前述那些单纯地对不影响定罪量刑的事实的道德评价并非必要的，例如，“法院认为，被告人陈某某无视国法，违背人伦道德，为泄私愤，故意放火危害公共安全，造成一死一重伤、财产毁坏较大的严重后果，依法应以放火罪追究其刑

〔1〕“孙某甲故意伤害案”，岳阳市中级人民法院刑事附带民事裁定书，(2010)岳中刑一终字第67号。

〔2〕“刘某某故意伤害案”，上海市宝山区人民法院刑事判决书，(2012)宝刑初字第730号。

事责任”。[1] 其中,“违背人伦道德”的事实不影响被告人放火罪的刑事责任的大小,至多表明了法官对这部分案件事实所反映的被告人行为的道德评价。还有些判决书中的“道德话语”甚至根本就没有对应的案件事实,属于明显的彰显法官道德感受的“大词”,例如,“法院认为,被告人杜某某无视国法,胆大妄为,道德败坏,为了达到强奸妇女的目的,冒充公安民警以‘查验’身份为由,驾车将被害人带至无人之处进行强奸,其行为分别构成招摇撞骗罪和强奸罪”。[2]

三是“道德话语”适当性原则。近年来,随着司法改革工作的整体推进,裁判文书改革的举措也间或出来。第一,最高人民法院对未成年人刑事案件的审理提出了法庭外调查未成年人成长环境及品性等内容的要求,与之相适应,未成年人案件的刑事裁判文书形式有了些变化,即在“经审理查明”部分后增写庭外调查的情况,例如,“根据最高人民法院《关于审理未成年人刑事案件的若干规定》的规定,在法庭审理过程中,本院了解到被告人陈某虽然在初中二年级上学,但思考问题简单,遇事盲目,加之学校未进行法制教育及思想道德教育。其父亲忙于农活,无暇对其进行管教。被告人陈某经过庭审愿从中吸取教训,并决心好好学习,希望法庭给其一个悔过的机会;被告人陈某甲的母亲长期有病,父亲忙于农活及家务,对其缺乏管教,其父表示通过这次教育,今后对孩子严加管教,望法庭给予孩子一个继续上学的机会;被告人陈某乙认识到自己年幼考虑问题简单,不计后果,实施了上述行为;决心从中吸取教训,好好上学;希望法庭给一个改过自新、重新做人和继续接受教育的机会。”[3] 显然,此种“庭外调查”往往会涉及未成年人道德品性方面,因而自然地会出现相应的“道德话语”。第二,部分地方法院在

---

〔1〕“陈某明放火案”,甘肃省张掖市中级人民法院刑事附带民事判决书,(2011)张中刑初字第10号。
〔2〕“杜某飞强奸、招摇撞骗案”,甘肃省武山县人民法院刑事判决书,(2013)武刑初字第6号。
〔3〕“陈某等抢劫案”,河南省泌阳县人民法院刑事判决书,(2003)泌刑初字第57号。

裁判文书中间或者后面增写“法官寄语”或者“法官后语”。[1] 笔者认为,刑事裁判文书作为人民法院代表国家行使刑事审判权对被告人的行为进行审理进而作出最终裁判结果的书面载体,所有的话语言说要围绕被告人行为的定性(有罪与无罪、一罪与数罪、单犯与共犯、犯罪停止形态)以及量刑(轻刑与重刑、单罚与并罚、实刑与缓刑等)来进行,因而,“法官寄语”或者“法官后语”不宜出现在刑事裁判文书之中。当然,这些“法官寄语”或者“法官后语”可以其他形式或者载体而存在。

---

〔1〕“法官寄语”或者“法官后语”同样出现在民事裁判文书中,例如,“父慈子孝、兄友弟恭是千百年来中华民族引以为豪的传统家庭美德,也是我们每个人都心向往之的美好愿景。然该案中的当事人,死者已逝,生者尚存,亲人间为死者之财产而起纷争,死者在九泉之下何以瞑目?亲情和金钱,哪个更重要?双方当自省。今天你为了金钱和欲望而狠心置亲情于不顾,当有一天你想要寻找和挽回的时候,不知道它是否还能要得回来”。湖南省祁东县人民法院民事判决书,(2011)祁民一初字第745号,参见周春容:《后司法公开时代司法裁判的道德之维——论道德性语言在裁判文书中的运用》,“裁判文书语言与说理研讨会”论文,2014年8月于西宁,第244~245页。

第九章
裁判文书说理的本体论(八)
——援引文件说理

若按照“关键词方法”来理解中国政治,[1]“文件”[2]是一个重要的词汇。[3] 同样,借助“文件”文本来考察与评价我国的司法政治以及司法活动,无疑也是一个重要的切入口。此处拟对刑事裁判文书说理援引“文件”相关问题做些研究。

一、刑事裁判文书援引文件的类型

“文件”在不同的学科和领域会有不同的内涵和外延。[4]

---

[1] 参见景跃进、张小劲、余逊达主编:《理解中国政治:关键词的方法》,中国社会科学出版社2012年版,“序言”。

[2] “文件”具体有两个意思:一是“公文、信件等”;二是指有关政治理论、法律政策、学术研究等方面的文章。参见中国社会科学院语言研究所词典编辑室编:《现代汉语词典》(修订版),商务印书馆1996年版,第1319页。

[3] “文件政治”的表述无疑是很好的表达。“文件政治”最早系由香港中文大学吴国光提出,以对应于民主国家的“法律政治”和独裁国家的个人专制,参见施从美:《文件政治与乡村治理》,广东人民出版社2014年版,第1页。

[4] 参见周振华:《文件学概论》,甘肃人民出版社2002年版。

此处是指裁判文书中援引以资作为说理素材或者裁判依据的具有官方权威的书面材料。“文件”,按照不同标准,可作不同的分类。就刑事裁判文书中的“文件”而言,具体可做如下几种划分:

一是按照文件承载的职责来划分。刑事裁判文书中的“文件”可以分为“裁判依据型文件”和“裁判说理型文件”。[1] 基于刑事审判、民事审判和行政审判的性质、职责、功能的不同,刑事裁判文书与民事裁判文书、行政裁判文书中的裁判依据存在差别。2009 年 11 月 4 日施行的最高人民法院《引用规定》第 1 条规定,“人民法院的裁判文书应当依法引用相关法律、法规等规范性法律文件作为裁判依据”;第 3 条规定,“刑事裁判文书应当引用法律、法律解释或者司法解释”;第 4 条规定,“民事裁判文书应当引用法律、法律解释或者司法解释。对于应当适用的行政法规、地方性法规或者自治条例和单行条例,可以直接引用”;[2]第 5 条规定,“行政裁判文书应当引用法律、法律解释、行政法规或者司法解释。对于应当适用的地方性法规、自治条例和单行条例、国务院或者国务院授权的部门公布的行政法规解释或者行政规章,可以直接引用”。按照上述规定,除法律和立法解释外,此处的“司法解释”(包括刑事实体法和程序法方面)属于“裁判依据型文件”,例如,“张某某抢劫、盗窃案”[3]所援引的最高人民法院、最高人民检察院《关于办理盗窃刑事案件适用法律若干问题的解释》。

“本院认为,原审被告人张某某入户实施盗窃被发现,为抗拒抓捕在户内当场使用暴力,致人轻微伤;多次窃取他人财物,数额较大,其行为已分别构成抢劫罪、盗窃罪,依法应予并罚……原审人民法院作出的判决,认定的

---

〔1〕 此种归类表述涉及对“裁判依据”和“裁判说理”的界定,需要另文论述。这里暂时作如下界定:“裁判依据”限定于法院作出判决结果所援引的有关规范性文件,“裁判说理”泛指法院为作出判决结果(结论)所进行的说明理由(包括“理由”的“理由”)。

〔2〕 按照原《民法通则》第 6 条的规定,“民事活动必须遵守法律,法律没有规定的,应当遵守国家政策”,承载“国家政策”的文件在没有法律作为裁判依据的前提下当然可以作为裁判依据。

〔3〕 北京市第二中级人民法院刑事判决书,(2014)二中刑抗终字第 774 号。

部分事实不清,未认定张某某系入户抢劫不当,且对张某某所犯盗窃罪量刑畸轻,本院依法予以改判。据此,本院根据原审被告人张某某犯罪的事实、犯罪的性质、情节、对于社会的危害程度,依照《中华人民共和国刑法》第二百六十三条第(一)项、第二百六十九条、第二百六十四条、第五十六条第一款、第五十五条第一款、第五十二条、第五十三条、第六十五条第一款、第六十九条、第六十七条第三款、第六十一条、第六十四条,最高人民法院《关于审理抢劫、抢夺刑事案件适用法律若干问题的意见》第一条,最高人民法院、最高人民检察院《关于办理盗窃刑事案件适用法律若干问题的解释》第一条第一款、第三条第一款、第二款以及《中华人民共和国刑事诉讼法》第二百二十五条第一款第(二)项、第(三)项之规定,判决如下……"

"裁判说理型文件"不同于"裁判依据型文件",不是作为裁判依据,而是作为裁判说理的素材。[1] 例如,"郭某某交通肇事案"[2]中最高人民法院《关于贯彻宽严相济刑事政策的意见》属于"裁判说理型文件",它是法院作出"免于刑事处罚"的政策性理由或依据,可以说是对"《中华人民共和国刑法》第三十七条""法律理由或者依据"的支撑与强化。

"法院认为,被告人郭某某驾驶车辆违反道路交通安全管理法律、法规,未确保安全行驶,发生重大道路交通事故,致一人重伤,且负事故的全部责任,其行为已构成交通肇事罪……公诉机关建议对被告人郭某某在法定刑幅度内从轻量刑处罚的公诉意见,及辩护人建议对被告人郭某某从轻或者减轻处罚的辩护意见,本院予以采纳。同时,本案被告人与被害人属同村村民,且被害人在对事故风险应当预见的前提下而主动搭乘该车,具有一定过

---

〔1〕 2009年11月4日施行的最高人民法院《引用规定》第6条规定:"对于本规定第3条、第4条、第5条规定之外的规范性文件,根据审理案件的需要,经审查认定为合法有效的,可以作为裁判说理的依据。"此处采用"作为裁判说理的依据"的表述不够严谨,因为该规定第3条、第4条、第5条所指的规范性文件无疑也扮演"裁判说理"的功能,因而也属于"裁判说理"的"依据"。

〔2〕 甘肃省清水县人民法院刑事判决书,(2014)清刑初字第11号。

错。案件审理中,被告人与原告人的委托代理人已达成民事赔偿协议,并全部履行给付义务,得到了原告人及其亲属的真诚谅解,被告人犯罪情节轻微,悔罪表现良好,依照《最高人民法院关于贯彻宽严相济刑事政策的意见》的相关规定,可以免于刑事处罚。综上,经本院审判委员会讨论决定,依照《中华人民共和国刑法》第一百三十三条、第三十七条之规定,判决如下……"

二是按照文件制作的权限来划分。刑事裁判文书中的文件可以分为法院系统内文件和法院系统外文件。[1] 法官援引本法院或者上一级法院单独或者联合制作的相关文件作为裁判依据或者说理素材,此乃系统运行的正常现象。法院系统外的文件则对法院裁判没有直接的约束力,最多在裁判说理中具有参照的作用,也就是说,其不得作为裁判的直接依据。例如,"付某某挪用公款案"[2] 中所援引的最高人民检察院《关于非国家工作人员挪用非特定公物能否定罪的请示的批复》、"周某某、张某某被控嫖宿幼女再审宣告无罪案"中所援引的最高人民检察院《关于构成嫖宿幼女罪主观上是否需要具备明知要件的解释》就是作为了裁判说理的素材。

"现对上诉人付某某上诉理由及辩护人辩护意见评析如下:1. 关于上诉人及辩护人称付某某行为不构成挪用公款罪的问题。本院认为,根据最高人民法院、最高人民检察院《关于办理国家出资企业中职务犯罪案件具体应用法律若干问题的意见》第三项之规定'国家出资的工作人员在公司、企业改制过程中,利用职务上的便利,将公司、企业的资金或者金融凭证、有价证券等用于个人贷款担保的,以挪用资金罪或者挪用公款罪定罪处罚'。最高人民检察院在《关于国家工作人员挪用非特定公物能否定罪的请示的批复》

[1] 从实践来看,法院除单独制定文件外,有时还与相关部门联合制定文件,例如,最高人民法院与最高人民检察院联合制定司法解释、最高人民法院与最高人民检察院、公安部、司法部联合制定规范性文件等。

[2] 河南省商丘市中级人民法院刑事判决书,(2012)商刑终字第228号。

中答复‘刑法第384条规定的挪用公款罪中未包括挪用非特定公物归个人使用的行为,对该行为不以挪用公款罪论处’。根据上述司法解释的规定,挪用公款罪的对象是公款、金融凭证、有价证券等资金凭证,不包括非特定公物。被告人付某某利用单位房产抵押贷款70万元,不能将单位房产认定为挪用公款罪的对象。其次,付某某抵押贷款70万元,其是借款合同的主债务人,需要承担还款责任,且房产与贷款之间不是直接的对价关系,另外付某某抵押房产后,单位对该房屋并没有丧失所有权,因此,付某某抵押的单位房产及所贷款项不是挪用公款罪的犯罪对象,原判认定付某某的行为构成挪用公款罪不当。被告人上诉理由及辩护人辩护意见成立,予以支持……依照《中华人民共和国刑事诉讼法》第二百二十五条第一款第(二)项,《中华人民共和国刑法》第一百六十八条、第七十二条、第七十三条的规定,判决如下……”

“再审法院认为:被告人周某某、张某某嫖宿不满14周岁的幼女事实清楚,证据确定、充分。但嫖宿幼女罪,主观上是否需要具备明知被害人是幼女为构成要件,我国《刑法》没有明确规定,目前最高人民法院也没有相关司法解释。但本案二审期间,最高人民检察院于2001年6月11日发出《关于构成嫖宿幼女罪主观上是否需要具备明知要件的解释》(高检发释字〔2001〕3号),明确规定行为人知道被害人是或者可能是不满14周岁幼女为构成嫖宿幼女罪的要件。最高人民检察院的该解释属司法解释,具有法律约束力,且与最高人民法院的司法解释无冲突,从司法统一性考虑,本案可以参照适用。辩护人的辩护理由成立。被告人周某某、张某某虽有嫖宿行为,但主观上不明知嫖宿对象为不满14周岁的幼女,其行为不构成嫖宿幼女罪。”

三是按照文件的具体内容或者条款来划分。刑事裁判文书中的文件可分为法律规则型文件和政策原则型文件,前者是指文件的整体(或者某些条款)是对现有法律或者司法解释的进一步细化或者补充,起到提供“裁判规则”的效果,例如,2010年12月22日最高人民法院制定的《关于处理自首和立功若干具体问题的意见》;后者是指文件的整体(或者某些条款)或者仅是重复现有的法律及司法解释规定,起到重申或者宣示的效果,或者从宏观上提出涉及司法裁判活动的政策性、原则性要求,起到调节或者引导的效果,例如,2010 年 2 月 8 日最高人民法院下发的《关于贯彻宽严相济刑事政策的若干意见》。从刑事判决文书援引文件的内容来看,大致涉及以下情形:第一,所引文件的内容是对裁判规范的细化或者补充,如对司法解释具体条款的引用;第二,所引文件的内容是对裁判规范的重申,如对非司法解释性文件中那些与法律、司法解释条款完全一致的内容的引用;第三,所引文件的内容对裁判自由裁量权的引导,如引用最高人民法院《关于贯彻宽严相济刑事政策的意见》的相关规定来对量刑宽严幅度作适当的调整,引用《全国法院维护农村稳定刑事审判工作座谈会纪要》对特定情形的死刑适用作出政策性指引,如"魏某定故意杀人案"。[1]

"二审法院认为,原审判决认定事实清楚,证据确实、充分,定罪准确,审判程序合法。但鉴于本案系因民间纠纷引发,与发生在社会上的严重危害社会治安的其他故意杀人犯罪案件有所区别,且二审中上诉人魏某甲真诚悔罪,倾其所有与原审附带民事诉讼原告人魏某乙达成民事调解协议,根据《全国法院维护农村稳定刑事审判工作座谈会纪要》精神和宽严相济刑事政策,可对被告人魏某甲不判处死刑立即执行。经本院审判委员会讨论决定,依据《中华人民共和国刑事诉讼法》第二百二十五条第一款(二)项、第二百三十三条,《中华人民共和国刑法》第二百三十二条、第五十七条第一款、第四十八条第一款之规定,判决如下……"

二、刑事裁判文书援引文件的问题表现

通过检索刑事裁判文书样本发现,目前对"文件"的援引主要存在以下

---

〔1〕 甘肃省高级人民法院刑事附带民事判决书,(2013)甘刑一终字第 37 号。

问题:

一是援引“文件”的具体内容指向不明确,有的表述为“为体现宽严相济的刑事司法政策”,或者“充分体现宽严相济刑事政策”,或者“根据宽严相济的刑事政策”,如“许某某案”[1];有的表述为“根据最高人民法院《关于贯彻宽严相济刑事政策的若干意见》有关规定”,或者“根据最高人民法院《关于贯彻宽严相济刑事政策的若干意见》的相关精神”,或者“根据最高人民法院印发《关于贯彻宽严相济刑事政策的若干意见》和《关于处理自首和立功若干具体问题的意见》的通知精神”,或者“依照最高人民法院《关于贯彻宽严相济刑事政策的若干意见》的相关规定”,如“郭某某交通肇事案”。[2]

“法院认为,被告人许某某违反交通法规,在道路上醉酒驾驶机动车,其行为已构成危险驾驶罪。鉴于被告人许某某归案后能配合交警部门的调查处理,对其可酌情从轻处罚。综合考量被告人许某某的醉酒程度、犯罪情节、社会危害程度,认为其没有再犯罪的危险,对其适用缓刑不会在其所居住社区产生重大不良影响,根据宽严相济的刑事政策,本院决定对其宣告缓刑。”

“法院认为,被告人郭某某驾驶车辆违反道路交通安全管理法律、法规,未确保安全行驶,发生重大道路交通事故,致一人重伤,且负事故的全部责任,其行为已构成交通肇事罪,公诉机关的指控事实清楚,证据确实充分,罪名成立。公诉机关建议对被告人郭某某在法定刑幅度内从轻量刑处罚的公诉意见,及辩护人建议对被告人郭某某从轻或者减轻处罚的辩护意见,本院予以采纳。同时,本案被告人与被害人属同村村民,且被害人在对事故风险应当预见的前提下而主动搭乘该车,具有一定过错。案件审理中,被告人与原告人的委托代理人已达成民事赔偿协议,并全部履行给付义务,得到了原告人及其亲属的真诚谅解,被告人犯罪情节轻微,悔罪表现良好,依照最高

[1] 广东省广州市黄埔区人民法院刑事判决书,(2013)穗黄法刑初字第338号。

[2] 甘肃省清水县人民法院刑事判决书,(2014)清刑初字第11号。

人民法院《关于贯彻宽严相济刑事政策的若干意见》的相关规定，可以免于刑事处罚。”

需指出的是，有些裁判文书对“文件”的援引很明确，如“韩某故意伤害案”。[1]

法院认为，被告人韩某故意伤害他人身体，并诱发被害人心脏病发作导致死亡的行为已构成故意伤害罪。其行为并不是导致被害人死亡的直接原因，按照最高人民法院《关于贯彻宽严相济刑事政策的若干意见》第 21 条“对于老年人犯罪，要充分考虑其犯罪动机、目的、情节、后果以及悔罪表现等，并结合其人身危害性和再犯可能性，酌情予以从宽处罚”的规定，综合考虑被告人的实际情况，应当予以酌定从宽处理。

二是援引“文件”作为“裁判依据”还是“说理素材”不规范，有的在裁判依据部分“参照”引用非司法解释性文件，如“郭某某故意伤害案”。[2] 有的在裁判依据部分“参照”引用司法解释，如“程某某等过失致人死亡、非法持有枪支案”。[3] 有的在裁判依据部分“依照”引用非司法解释性文件，如“李某某抢劫案”；[4] 有的在裁判依据部分“依据”引用非司法解释性文件，如“冯某某等贩卖毒品案”；[5] 有的在裁判依据部分“根据”引用非司法解释性文件（程序法，最高人民法院联合其他部门制发），如“刘某某非法储存爆炸物案”。[6]

“法院认为，被告人郭某某在与他人发生矛盾纠纷的情况下，未能采取理智、平和的态度协商解决，在冲突中动手殴打他人，其主观上具有犯罪的故意，客观上实施了打伤被害人的行为，造成一人轻伤、一人轻微伤的后果，

---

〔1〕 龙江县人民法院刑事附带民事判决书，(2010)龙江刑初字第 47 号。
〔2〕 甘肃省清水县人民法院刑事判决书，(2014)清刑初字第 6 号。
〔3〕 甘肃省清水县人民法院刑事判决书，(2012)清刑初字第 09 号。
〔4〕 广西壮族自治区桂林市中级人民法院刑事裁定书，(2012)桂市中刑执字第 559 号。
〔5〕 甘肃省宕昌县人民法院刑事判决书，(2010)宕刑初字第 38 号。
〔6〕 甘肃省肃南裕固族自治县人民法院刑事判决书，(2011)肃刑初字第 08 号。

其行为构成故意伤害罪。但是,被告人当庭自愿认罪,确有悔罪表现,并且能积极赔偿被害人经济损失,得到了被害人的谅解,依法可以从轻、减轻处罚。案件因民间纠纷引发,被告人又能积极悔罪,对其适用非监禁刑符合宽严相济刑事政策。综上,经本院审判委员会讨论决定,依照《中华人民共和国刑法》第二百三十四条第一款、第三十八条之规定,并参照《最高人民法院关于贯彻宽严相济刑事政策的若干意见》第十六条、第二十三条的规定,判决如下……”

“法院认为:被告人程某某、黄某甲、黄某乙违反《中华人民共和国枪支管理法》有关规定,非法持有枪支并与他人相约在野外狩猎,其行为已构成非法持有枪支罪;被告人程应红在与被告人黄某甲、黄某乙、被害人黄某丙一起狩猎的过程中,疏忽大意击中被害人身体,造成被害人死亡的危害后果,其行为已构成过失致人死亡罪。鉴于三被告人主观恶性不深,认罪态度较好,能真诚悔罪,足额赔偿经济损失,取得了被害人亲属的共同谅解,根据最高人民法院《关于贯彻宽严相济刑事政策的若干意见》的相关规定,可以酌情从宽判处。综上,经本院审判委员会讨论决定,依照《中华人民共和国刑法》第二百三十三条、第一百二十八条、第六十九条之规定,并参照最高人民法院《关于审理非法制造、买卖、运输枪支、弹药、爆炸物等刑事案件具体应用法律若干问题的解释》及最高人民法院《关于贯彻宽严相济刑事政策的若干意见》的相关精神,判决如下……”

“法院认为,罪犯李某某在服刑期间,能认罪服法,确有悔改表现,符合减刑的法定条件。但该犯未缴纳罚金,减刑时应从严掌握。依照《中华人民共和国刑法》第 78 条、第 79 条及最高人民法院《关于贯彻宽严相济刑事政策的若干意见》第 34 条之规定,裁定如下……”

“法院认为,被告人冯某某、李某某无视法律,违犯国家对毒品的管制,故意贩卖毒品,其行为均已触犯刑律,构成贩卖毒品罪。鉴于被告人李某某属于老年人犯罪,且二被告人归案后均能如实供述犯罪事实,有悔罪表现。

故可对其酌情从轻处罚。其辩护人关于被告人认罪态度好,有悔罪表现的辩护意见成立,予以采信。被告人李某某辩护人关于被告人属于老年人犯罪,及其认罪态度好,有悔罪表现,应酌情予以从轻处罚的辩护意见成立,予以采信。为维护正常的社会管理秩序,打击毒品犯罪,依据《中华人民共和国刑法》第 347 条第 3 款、最高人民法院《关于贯彻宽严相济的刑事政策的若干意见》第 21 条之规定,判决如下……"

"法院认为,被告人刘某某违反爆炸物品管理法规,非法储存火雷管 33 枚,其行为已触犯刑律,构成非法储存爆炸物罪。案发后,被告人能如实供述犯罪事实,当庭自愿认罪,且其非法储存爆炸物的行为未造成危害社会的后果,对其可依法从轻处罚。根据刑法及最高人民法院《关于贯彻宽严相济刑事政策的若干意见》的规定,具备适用缓刑条件,依法可适用缓刑。为了维护公共安全,根据《中华人民共和国刑法》第一百二十五条第一款、第七十二条第一款,最高人民法院《关于审理非法制造、买卖、运输枪支、弹药、爆炸物等刑事案件具体应用法律若干问题的解释》第一条第一款第(六)项,最高人民法院、最高人民检察院、司法部《关于适用简易程序审理公诉案件的若干意见》第九条之规定,判决如下……"

三是援引"宽严相济"文件时定位不一致。有的定位为"原则",如"安某走私珍贵动物制品案";[1]有的定位为"刑罚处罚原则";有的定位为"刑事政策",如"倪某某故意伤害案";[2]有的定位为"刑事司法政策",如"段某某故意伤害案"。[3]

"法院认为,被告人安某无视国家法律,违反海关和动物保护法规,逃避海关监管,非法携带珍贵动物制品入境,情节严重,其行为已构成走私珍贵动物制品罪,依法应予惩处。鉴于被告人安某被查获珍贵动物制品后能主

---

〔1〕 广东省广州市中级人民法院刑事判决书,(2010)穗中法刑二初字第 86 号。

〔2〕 湖北省汉江中级人民法院刑事判决书,(2010)汉刑初字第 25 号。

〔3〕 天津市滨海新区人民法院刑事判决书,(2014)滨功刑初字第 53 号。

动交代自己的犯罪行为,可视为自首,依法可减轻处罚。根据被告人安某犯罪的事实、性质、情节和悔罪表现,适用缓刑确实不致再危害社会,本着教育和惩罚相结合、宽严相济的刑事原则,可对其适用缓刑”,有的定位为“刑事司法政策”,如前文的“……”。

“二审法院认为,被告人方某某、焦某某、李某某、李某、张某某组织煽动群众以用车辆堵路和人员轮流看守等方式阻挠高速公路施工,致使工程停工四十余天,情节严重,且造成设备损失达八万余元,其行为均已构成聚众扰乱社会秩序罪。焦某某、李某某、李某、张某某犯罪后认罪态度较好,有悔罪表现,可从轻处罚。鉴于方某某在二审审理阶段,能真诚认罪、悔罪,符合适用缓刑的条件,依照宽严相济的刑罚处罚原则,依法可对方建遂适用缓刑。”

“法院认为,被告人倪某某因琐事故意伤害他人身体,致他人死亡,其行为构成故意伤害罪。案发后倪某某主动拨打‘110’投案,归案后能如实供述其主要罪行,依法认定为自首,予以从轻处罚。倪某某还主动拨打‘120’急救电话,有施救行为,且能积极赔偿被害人亲属的经济损失,并获得被害人亲属的谅解,依法还可酌情从轻处罚。根据倪某某犯罪的事实,犯罪的性质、情节和对于社会的危害程度,本着宽严相济的刑事政策,依照……规定,判决如下……”

“法院认为,被告人段某某因琐事与他人发生矛盾后,故意殴打他人,并致他人轻伤的后果,其行为已构成故意伤害罪,应当依法予以惩处。被告人段某某到案后能如实供述自己的罪行,当庭自愿认罪,具备坦白情节,依法可以从轻处罚;并对被害人进行赔偿,取得了被害人谅解,且被害人一方对激化矛盾、引发犯罪具有过错,均可酌情从轻处罚。鉴于被告人段某某系初犯,犯罪情节较轻,具有悔罪表现,没有再犯罪的危险性,宣告缓刑对其所居住社区亦没有重大不良影响,为体现宽严相济的刑事司法政策,决定依法宣告缓刑。”

三、刑事裁判文书援引文件的规制建言

2014年10月23日党的十八届四中全会通过的《关于全面推进依法治国若干重大问题的决定》指出,“完善党委依法决策机制,发挥政策和法律的各自优势,促进党的政策和国家法律互联互动”。在全面推进依法治国的时代背景下,如何处理好政策与法律(尤其是党的政策和国家法律[1])、“法治政治”与“文件政治”的关系,无疑是一个具有实践意义和理论价值的重大课题。从宏观、整体层面而言,下列关于党的政策和国家法律关系的论述对于法院裁判活动具有指导意义:党的政策和国家法律在本质上是一致的,都是党和人民共同意志的反映,都是党用来治理国家的重要方式,都是党用以统筹社会力量、平衡社会利益、调节社会关系、规范社会行为,推动科学发展、全面深化改革、促进社会和谐的重要手段。所不同的是,政策和法律有各自独有的表现形式、作用范围、效力支撑,具有不同的特点和优势。党的政策,具有针对性、灵活性、探索性、指导性等特点,在研判国际国内发展大势、确定国家未来走向的宏观战略,指导最新创造性实践,解决改革发展稳定中不断出现的新问题、人民群众反映强烈的热点难点问题等方面发挥着重要作用。国家法律,具有普遍性、稳定性、反复适用性、国家强制性等特点,在规范公民权利与义务、国家机关权力与责任,定分止争、化解矛盾,维护社会稳定和公平正义,调整相对成熟、相对稳定的重大社会关系等方面发挥着重要作用。同时,政策和法律又具有紧密的内在联系。党的政策是国家法律的先导和指引,是立法的依据和执法司法的重要指导;国家法律是党的政策的定型化,党的政策成为法律后,实施法律就是贯彻党的意志。可以说,政策

---

〔1〕何为“政策”,何为“法(律)”,不同学者、不同学科从不同角度会作出不同界定,尤其在我国,政策存在党的政策和国家政策之分(例如,原《民法通则》采用了“国家政策”的表述,其第6条规定,“民事活动必须遵守法律,法律没有规定的,应当遵守国家政策”);法存在国家法律和党法之别。这样无疑增加了厘清“政策”与“法(律)”关系的难度。

和法律同等重要、同样管用,不存在谁主谁辅、谁轻谁重、谁高谁低的问题。不能人为地把二者割裂开来,更不能片面地将二者对立起来。如果二者之间出现矛盾,就要努力做好统一正确实施工作。〔1〕就法院裁判活动而言,法院在个案中同样面临"法律与政策"的关系问题〔2〕(尤其是二者出现冲突或者矛盾之际),上述原则性论述无疑可资借鉴。基于刑事裁判与民事、行政裁判的性质不同,介入个案处理的"政策"(包括法律原则)种类、适用的范围、适用的方式、论证结构及其论证负担均会存在差别。〔3〕相比民事裁判而言,刑事裁判受罪刑法定原则的制约,法官受制定法约束的色彩〔4〕更为浓厚,也就是说"(刑事)政策"在刑事审判活动中的适用范围更有限,例如,刑事政策不能直接作为定罪量刑的依据,而只能间接地对定罪量刑活动产生作用(主要是通过影响那些关涉定罪与量刑的定量要素);相反,民事政策则在一定情形下可以直接作为裁判依据。就刑事裁判文书援引"文件"(尤其是不属于司法解释范畴的政策性文件〔5〕)而言,除要解决前述刑事裁判文

---

〔1〕本书编写组:《党的十八届四中全会〈决定〉学习辅导百问》,党建读物出版社、学习出版社2014年版,第169~170页。

〔2〕此问题与"法官受制定法的约束与具体个案公正之间的平衡"的问题具有一定的相似性,参见王祖书:《法官受制定法约束的理论谱系及其评价——基于德国法学方法论视角的考察》,载《北方法学》2014年第1期。

〔3〕"政策"或者"(法律)原则"能否作为裁判依据,如何论证作为裁判依据的正当性,在民事审判与刑事审判存在不同,参见胡君:《原则裁判论——基于当代中国司法实践的理论反思》,中国政法大学出版社2012年版;见雷磊:《类比法律论证——以德国学说为出发点》,中国政法大学出版社2011年版。

〔4〕按照我国学者的分析,自19世纪以来,关于"法官受制定法约束"大致存在以下理论谱系:概念法学的理论追求是将法官视为"涵摄机器";自由法学理论则强调法官具有造法的权力,将法官视为"法官王";纯粹法学理论提出了"可能框架"模式,法律规范只是为法官的裁判提供一个可能的框架范围;评价法学理论则提出"法官受价值约束"的价值导向模式;法律论证理论提出了一种"理性商谈模式"。参见王祖书:《法官受制定法约束的理论谱系及其评价——基于德国法学方法论视角的考察》,载《北方法学》2014年第1期。显然,在这些不同的理论中,"政策"(或者法律原则)对法官处理个案的影响和作用有着不同的定位。

〔5〕在我国,党的政策,一般是通过适当路径转化为国家立法政策或者司法政策之后间接地或者直接地对具体审判活动发挥指引作用。

书样本中存在的问题[1]及其他相关问题[2]外,最需要重视的也就是在"文件"(尤其是提供了具体的裁判规则的情形)与现行法律和司法解释"出现矛盾"之际,如何"努力做好统一正确实施工作",也就是如何通过裁判说理和论证来化解和避免二者之间的"冲突"。在实践中大致可区分以下情形来处理:一是现行司法解释的某个条款不合理,而"(文件)政策"提出的处理意见更恰当。例如,2001 年 9 月 17 日最高人民法院下发的《对执行〈关于审理非法制造、买卖、运输枪支、弹药、爆炸物等刑事案件具体应用法律若干问题的解释〉有关问题的通知》对原有司法解释[3]的个别条款作了更合理的规定,具体包括:"对于《解释》施行前,喜人因生产、生活所需非法制造、买卖、运输枪支、弹药、爆炸物没有造成严重社会危害,经教育确有悔改表现的,可以依照刑法第十三条的规定,不作为犯罪处理;对于《解释》施行后发生的非法制造、买卖、运输枪支、弹药、爆炸物等行为,构成犯罪的,依照刑法和《解释》的有关规定定罪处罚。行为人确因生产、生活所需而非法制造、买卖、运输枪支、弹药、爆炸物,没有造成严重危害,经教育确有悔改表现的,可依法免除或者从轻处罚。"2003 年 1 月 15 日最高人民法院下发《关于处理涉枪、涉爆申诉案件有关问题的通知》指出,"我院《关于审理非法制造、买卖、运输枪支、弹药、爆炸物等刑事案件具体应用法律若干问题的解释》公布后,人民法院经审理并已作出生效裁判的非法制造、买卖、运输枪支、弹药、爆炸物等刑事案件,当事人依法提出申诉,经审查认为生效裁判不符合《对执行〈关于审理非法制造、买卖、运输枪支、弹药、爆炸物等刑事案件具体应用法律若干问题的解释〉有关问题的通知》规定的,人民法院可以根据案件的具体情况,按

[1] 例如,非司法解释性文件不得援引作为裁判依据;非司法解释性文件只可援引作为裁判说理素材;援引文件的内容或者条款应当明确;等等。

[2] 按照 2012 年 1 月 18 日最高人民法院、最高人民检察院下发的《关于地方人民法院、人民检察院不得制定司法解释性质文件的通知》要求,"自本通知下发之日起,地方人民法院、地方人民检察院一律不得制定在本辖区普遍适用的、涉及具体应用法律问题的'指导意见'、'规定'等司法解释性质文件,制定的其他规范性文件不得在法律文书中援引"。

[3] 2009 年 11 月 16 日最高人民法院对原有司法解释进行了修正(自 2010 年 1 月 1 日起施行)。

照审判监督程序重新审理,并依照《通知》规定的精神予以改判”。此情形为“化解”冲突提供了以下路径:[1]其一,通过引用“但书”规定来规避原司法解释的僵硬规定;其二,通过增加“为生产、生活所需”的限定条件来避免原司法解释的不合理规定;其三,通过启动审判监督程序来改判;其四,通过修订原司法解释来废止原司法解释的相关规定。二是“(文件)政策”提出的处理意见相比现行法律和司法解释而言不具有合理性或者正当性,2009年11月4日施行的最高人民法院《引用规定》第6条规定,“对于本规定第三条、第四条、第五条规定之外的规范性文件,根据审理案件的需要,经审查认定为合法有效的,可以作为裁判说理的依据”,这些经审查认为不合理的“规范性文件”就不宜作为裁判说理的素材。

---

〔1〕 法官在个案中面对此种司法解释与非司法解释性文件的冲突情形,除通过合适的解释方法(如限制解释、扩张解释、目的解释、体系解释等)和论证方式来克服现行司法解释的弊端外,有时只能处在“两难”之中,即若严格执行现行司法解释的规定,个案处理就不合理;若按政策性文件来处理,则面临“合法性”质疑。

第十章
裁判文书说理的本体论(九)
——运用立法资料说理*

立法的生命在于实施。从裁判说理角度而言,除立法的固化最终产品即法律文本是裁判结论的重要依据外,立法过程中形成的立法资料亦是裁判文书的重要说理依据。此处就立法资料在裁判文书中的运用作些分析。

一、立法资料的性质与类型

立法过程中会生成大量、无序的,并往往为人们所忽视的辅助性资料,如立法理由说明书、立法工作机构会议记录等。由于这类材料与立法过程存在关联性,因而,一般称其为"立法资料"。

---

* 此部分系与程能合作而成,曾以《浅论立法资料在裁判文书说理中的运用》为题,原载《法律适用》2018 年第 6 期。

就立法资料的性质而言,其通常被认为是识别立法原意[1]的手段,具有证据品格。在理论上,立法者在立法过程中通过将思维活动与价值取向外部化,形成具有普遍性、可以被反复适用的权威性法律文本。因此,法律文本通常被人们视为识别规范意图的最重要、最权威的证据。与此同时,作为人类把握外部世界的思维工具,具有表意功能的语言符号通常是有限的,而生活事实却具有无限性,因而,在某些情况下,人们通过有限的语言符号无法指涉无限的生活世界。俗语"词不尽意"即是语言符号表意功能有限性的重要表征。因此,虽然人们通常将法律文本视为确认立法意图的最准确、最权威的证据,但在法律存在漏洞或者法律存在歧义等情形下,为了识别规范目的,准确把握立法者创制法律时可能的价值取向,人们亦并不局限于法律文本,而是通过回溯立法当时的场景,确证立法意图。由于立法资料、法律文本均与立法过程存在关联性,本质上或多或少承载立法时的信息或者立法者的意向,因此,与法律文本的功能类似,通常可以将立法资料视为确定立法意图的重要手段。

根据不同国家的政治架构和立法传统,立法资料的形态、类别各具特色。一般而言,依循完整的立法过程,广义的立法资料包括立法准备阶段生成的立法资料、提出法案到法律通过阶段生成的立法资料和立法完善阶段生成的立法资料;而狭义的立法资料,即在实践中最常见的,则是指从提出法案到法律制定阶段生成的立法资料,例如,立法过程中的理由说明书、法律审议过程中的意见、立法机关颁布的权威释义等。这些属于立法资料的典型类型。本章主要考察从提案阶段到法律通过阶段生成的立法资料。

综上可见,立法资料是立法过程中生成的辅助性资料,具有识别立法意图的功能。就类型而言,其种类异常繁杂,其中最为重要的是指从提案阶段

---

[1] 虽然有部分学者从本体论角度质疑"立法原意"的存在,但一般而言,包括立法理由说明书在内的立法资料通常体现着立法原意。因此,为了本书研究的推进,笔者在此设定操作性定义,指出在通常情况下,人们通过立法资料可以识别立法原意。

到法律通过阶段生成的立法资料。

二、运用立法资料说理的方式

诚如前述，裁判文书说理本质上是由法官向当事人、社会大众证明具有利害关涉性的裁判结论何以正当的书面表达活动。一般而言，依循“三段论”为中心的推理模式，可以将法官说理实践分解为包括：法官对法律依据的“陈述”；法官通过证据认定案件事实的“陈述”；法官对法律依据与案件事实之间逻辑关系的“陈述”三部分内容。那么，立法资料与裁判文书说理以何种形式相关联？结合理论分析与实证考察，[1]其主要体现为如下方式：

1. 法官援引立法资料填补法律漏洞

由于社会生活处于发展状态中，立法者创制的法律一经制定便已落后于时代。面对纷繁复杂的个案争议，制定法有时并不完整，存在“漏洞”，因而，法官有时无法将生活事实与制定法联结起来。但由于现代司法理念强调面对案件争议，法官不得以没有法律为由而拒绝提供救济，因此法官往往通过扩大法源的范围，考察诸如法律原则、社会习惯等材料，续造法律，以形成个案裁判依据。

当制定法存在漏洞时，由于业已公开的立法资料通常内含立法意图，法官援引立法资料填补法律漏洞，建构裁判依据，有助于及时、有效地解决纠纷。如在“赵某某与吴某某、龚某某追偿权纠纷案”的终审[2]判决中，法官在说理部分写道，“本院认为……对于用人单位的工作人员因执行工作任务造成他人损害，用人单位赔偿后能否向工作人员追偿虽无明确的法律规定，但根据全国人民代表大会法律委员会关于《中华人民共和国侵权责任法（草

---

〔1〕 结合中国裁判文书网和北大法宝数据库，笔者以“立法意图”“立法说明”“草案说明”等为关键词检索了近2000份与此议题相关联的裁判文书，同时剔除了其中绝大多数不符合要求的裁判文书，最后收集了12份左右的裁判文书，由于立法资料颇多芜杂，在本部分，笔者仅选取其中若干份、具有代表性的裁判文书予以阐述。

〔2〕 新疆维吾尔自治区阿克苏地区中级人民法院民事判决书，(2015)阿中民二终字第97号。

案)》审议结果的报告所体现的立法精神,应支持用人单位在由于其工作人员故意或重大过失造成侵权行为,且该行为超出法律赋予或单位授权范围时,向行为人适当地追偿。本案中……";在"田某某与天津中天程运客运有限公司财产损害赔偿纠纷案"[1]中,原审法官在裁判文书中写道,"……原告作为用人单位,是否享有对被告的追偿权是本案审理的关键。《全国人民代表大会法律委员会关于〈中华人民共和国侵权责任法(草案)〉审议结果的报告》明确提到了关于单位追偿权的问题:'……法律委员会经同有关部门反复研究认为,在什么情况下可以追偿,情况比较复杂。根据不同行业、不同工种和不同劳动安全条件,其追偿条件应有所不同。哪些因过错、哪些因故意或者重大过失可以追偿,本法难以作出一般规定。用人单位与其工作人员之间以及因个人劳动对追偿问题发生争议的,宜由人民法院在审判实践中根据具体情况处理。'该报告明确了单位享有相应的追偿权,只是要根据工作人员的过错程度来确定追偿与否以及追偿数额。本案中……"。由此来看,围绕用人单位对存在过错的当事人是否享有追偿权问题,我国原《侵权责任法》并无明文规定,存有法律漏洞。对此,上述案件中,法官在裁判文书中通过援引我国原《侵权责任法》立法过程生成的审议报告作为裁判依据,有效回应了案件争议。由此可见,法官通过援引立法资料填补法律漏洞,作为个案中的裁判依据,构成我国法官运用立法资料说理的重要形式。

2. 法官通过援引立法资料解释法律

法律往往需要通过解释方能适用。在解释法律的过程中,有学者将法律解释过程划分为"建构解释论点""运用解释论点""展示解释论点"[2]3个环节。其中,"建构解释论点"是法律解释过程的逻辑起点,是法律解释实践中至关重要的一环。在"建构解释论点"的过程中,解释者并非无所依凭,

---

〔1〕 虽然该案原审判决文书目前收集不到,但从该案二审判决文书可以瞥见原审裁判说理的相关信息。参见天津市第二中级人民法院民事判决书,(2015)二中民四终字第225号。

〔2〕 参见张志铭:《法律解释学》,中国人民大学出版社2015年版,第5~6页。

而是依赖一定的解释性材料,进而建构形成各式各样的论点,例如,基于语义方法的解释论点、基于系统方法的解释论点等。其中,依据对法官是否具有约束力的区别标准,可将解释性材料划分为权威性材料和非权威性材料。常见的、具有约束力的材料包括宪法、制定法等,在司法实践中,法官负有必须适用这类材料的义务;而不具有约束力的材料则包括法律词典、立法资料等,法官可以参考这类材料。由此可见,由于立法资料区别于制定法,不具有类似制定法般的约束力,法官在裁判实践中并无适用立法资料的法律义务。但是,由于立法资料通常承载立法原意,法官运用解释方法可以解释法律条文,建构形成特定的解释论点。

通过梳理案例可以发现,法官通过援引立法资料解释法律条文成为裁判文书说理的最重要的方式。[1] 例如,在"原告广西南宁大地物业发展有限公司与南宁市新加坡城小区业主委员会所有权确认和排除妨害纠纷案"[2]中,围绕争点"会所的所有权问题",该案法官写道,"本院认为……全国人大法律委员会针对社会各界就《物权法(草案)》第76条提出的意见,经研究认为:(1)对绿地、道路以及物业管理用房的归属问题宜分别规定;(2)从实际情况看,提供健身、娱乐等服务的会所,绝大多数是作为独立的房屋由开发商出售或者出租经营,一般不作为建筑物的附属设施归业主共有,草案关于'会所'规定可以删去。上述修订过程表明,本条的立法思路在于以单独条款的形式,明确区分共有部分的不同客体,突出建筑区划内的道路、绿地、其他公共场所、公用设施及物业服务用房的法定共有性质,同时通过但书内容的制定对归属原则的例外情形予以明示……"。因此,法官通过考察原《物权法》第67条的立法修订史来阐释"会所"的所有权的归属,显然属于援引立法资料进行法律解释的实践;在"重庆正通药业有限公司、国家工商行政

[1] 在笔者收集的13个典型案例中,法官援引立法资料解释法律条文的案例多达10个。
[2] 广西壮族自治区南宁市良庆区人民法院民事判决书,(2013)良民一初字第392号。

管理总局商标评审委员会与四川华蜀动物药业有限公司商标行政纠纷案”[1]的提审中,围绕“商标法第十五条规定的‘代理人’的范围”争点,最高人民法院指出,“由于在本案中当事人及一审、二审判决对‘代理人’的含义具有不同的理解和认定,为消除分歧,正确适用法律,可以通过该条规定的立法过程、立法意图以及参照相关国际条约的规定等确定其含义……国家工商行政管理局原局长王众孚受国务院委托于2000年12月22日在第九届全国人民代表大会常务委员会第十九次会议上所做的《关于〈中华人民共和国商标法修正案(草案)〉的说明》指出,巴黎公约第六条之七要求禁止商标所有人的代理人或者代表人未经商标所有人授权,以自己的名义注册该商标,并禁止使用。据此,并考虑到我国恶意注册他人商标现象日益增多的实际情况,草案增加规定:‘未经授权,代理人或者代表人以自己的名义将被代理人或者被代表人的商标进行注册,被代理人或者被代表人提出异议的,不予注册并禁止使用’……根据上述立法过程、立法意图、巴黎公约的规定以及参照上述司法解释精神……商标法第十五条规定的代理人应当作广义的理解……”。在该案中,最高人民法院援引《商标法》立法时的立法说明确证了“代理人”此一法律概念的内涵。

3. 法官通过立法资料认定“案件事实”

诚如前述,由于立法资料通常承载着立法时的价值取向,能够为人们用来捕捉立法原意,因而其在本质属性上表现出证据品格。然而,通过实证考察发现,立法资料一般较少被视为可用来认定案件事实的“证据”,因而法官运用立法资料资料说理更多地表现为一种理论可能。

当然,尚存在一种可能的情形是,在规范审查语境下,法官运用下位法

[1] 最高人民法院行政判决书,(2007)行提字第2号。

的立法资料来认定下位法的“立法事实”。[1] 在一般案件中，法官通过将“法律依据”涵摄于“案件事实”中，而在规范审查的语境下，“下位法”取代了原有的“案件事实”地位，因而法官可将立法资料视为“证据”以认定“下位法”的“立法事实”。但整体而言，立法资料在此语境下被用来确认“下位法”的规范内涵，亦难以表征出独立色彩。总之，法官通过运用立法资料来认定“案件事实”的情形极其少见。

综上所述，立法资料是立法过程中形成的辅助性资料，承载立法时的价值取向，成为识别立法原意的重要手段。通过理论分析与实证考察，法官运用立法资料阐明裁判依据或者重构裁判依据，是立法资料与裁判文书说理实践相关联的两种主要方式。具体言之：一是在法律解释时，法官通过援引立法资料在法律条文可能的语义范围内构建解释论点；二是当制定法存在漏洞时，由于现代司法均强调法官不得拒绝裁判，因此，法官基于裁量权的行使，援引包括立法资料在内的相关材料续造和重构裁判依据。此外，虽然立法资料本质上内含证据属性，但在实践中法官通过援引立法资料认定案件“事实”的情况极其罕见，更多表现为一种理论可能性。

三、运用立法资料说理的规范化要求

诚如前述，笔者已经初步揭示了立法资料[2]与裁判文书说理实践的内在关联，指出法官运用立法资料说理的路径和方式。然而，法官使用这类立法资料却并非毫无限制。法官滥用立法资料导致司法成本过高、法官自由择取立法资料可能会损害法律的权威性和安定性等问题，要求我们进一步研究法官运用立法资料说理实践的规范化。

---

〔1〕 所谓立法事实，是指“立法机关创设法律是否存在经济、社会方面的基础”，关于立法事实的详细论述，参见陈鹏：《合宪性审查中的立法事实的认定》，载《法学家》2016 年第 6 期；姜涛：《立法事实论：为刑事立法科学化探索未来》，载《法制与社会发展》2018 年第 1 期。

〔2〕 虽然立法过程中也会生成影视录像资料，但由于立法过程中生成的资料通常以书面符号的形式呈现，因而，本书将主要讨论立法过程中生成的文本材料。

已有部分学者对规范法官运用立法资料说理有所论述。例如,梁慧星教授指出,“一切立法资料,只是解释法律之参考资料,必须依社会现有观念,对立法资料予以评估,进行价值判断,以发现法律客观的规范意旨”;[1] 张志铭教授认为,“这类材料的意义与效力变化甚大,取决于材料的文件形式、展示情况、取决于材料或者口头或者书面表达的立法者或者委员会的官方地位”;[2] 刘翀指出了立法史资料的可获得性、立法史资料相关性和可靠性、不同类型材料的重要性和证明力大小等因素,是立法史资料运用时需要考察的因素;[3] 陈晨梳理了法官运用立法资料的要求,并将其划分为价值追求、产生时间、本身表述、产生过程与法律文本的联系、自身的权威性、运用前提等六方面。[4] 总体而言,虽然国内学者初步阐述了法官择取立法资料的要求,并且为深入考察此论题留下了一定的线索,但有关研究尚未阐述法官运用立法资料说理的场合,也没有深入剖析与“立法意图”关联度高的立法资料的价值。因此,相关研究有待补强和深入。

反观国外学界,围绕立法资料的司法运用业已形成一定的研究成果。[5] 例如,在“佩铂诉哈特(Pepper v. Hart)案”中,确立起了颇具特色的立法资料的运用规则,具体包括:“(1)法律规定有歧义或者不明确,或者字面含义将会导致荒谬的结果时,可以运用立法资料;(2)参考的资料包括一位或者多位大臣或者法案提案者的陈述,如果必要的话,还包括其他对理解该发言及其效果所必需的议会材料;(3)参考的发言表达必须清晰。”[6] 此外,还有学者对此亦有贡献,例如,美国学者舒茨与科恩认为,建立一种关于不同类型

---

〔1〕 梁慧星:《民法解释学》,法律出版社 2015 年版,第 222 页。

〔2〕 参见张志铭:《法律解释学》,中国人民大学出版社 2015 年版,第 96 页。

〔3〕 参见刘翀:《美国现代制定法的解释方法研究》,南京师范大学 2014 年博士学位论文,第 38 ~ 39 页。

〔4〕 参见陈晨:《立法资料在法律解释中的运用》,山东大学 2012 年硕士学位论文,第 22 ~ 24 页。

〔5〕 受限于篇幅,笔者在此无法详尽梳理目前国外学界对此问题的讨论,将另文再作展开。

〔6〕 参见张洁:《议会议事录在英国法律解释中的命运——对佩珀诉哈特案的历史分析》,华东政法大学 2008 年硕士学位论文,第 18 页。

立法资料的权重的层级理论，将有助于法官审查立法资料。[1] 诺斯教授认为，法官应该依据议会决策的具体程序来选择相应的立法资料，借此提升立法资料的可信赖性。[2] 针对文本主义的诘难，泽波斯教授指出，有必要建立一种“证据模型”来优化“立法史资料”的选择，进而确定立法原意。[3] 由此来看，虽然受限于不同的政治架构与司法传统，不同国家的法官运用立法资料的说理实践不尽一致，但上述研究资料，无疑为提炼出法官运用立法资料说理的规范要求奠定了基础。

对此，通过梳理国内既有的研究成果，同时考察国外学界对此论题的讨论成果，笔者以“运用立法资料的前提”“择取立法资料的要求”为建构逻辑，意图提炼出规范法官运用立法资料说理实践的相关命题，确立法官运用立法资料说理的“限度”，以资我国裁判实践参考。

(一)运用立法资料的前提

笔者认为，在裁判实践中，法官首先必须给予法律概念、法律条文的文义以初始优先性，仅在必要时方才援引立法资料说理，并且在刑事案件中法官不得援引立法资料续造法律。

诚如前述，立法者基于特定的价值基点评价生活事实，建构形成具有约束力的“理想秩序”，因而法律文本并非由冰冷、价值无涉的符号组成，而是凝结“立法者”的价值评价，成为反映规范目的的最为权威、准确的证据。一般而言，社会生活实践中的案件通常为常规案件，作为法律条文中最为基础的构成要素，法律概念、法律条文的核心文义通常明晰可见，因此，人们依循语言的一般用法便能就法律概念的意思形成共识性理解，而法官亦可确认

---

〔1〕 See Jack Schwartz and Amanda Stakem Conn, *The Court of Appeals At the Cocktail Party: The Use and Misuse of Legislative History*, Maryland Law Review, Vol. 54, No. 2, p. 462 (1995).

〔2〕 诺斯教授结合立法程序提出了法官在司法适用中择取立法资料的主要规则。See Victoria Nourse, *Decision Theory of Statutory Interpretation: Legislative History by the Rules*, Yale Law Review, Vol. 122, No. 1, p. 118 (2012).

〔3〕 See Nicholas S. Zeppos, *Legislative History and the Interpretation of Statutes: Toward a Fact-Finding Model of Statutory Interpretation*, Virginia Law Review, Vol. 76, No. 7, p. 1307 (1990).

法律条文的规范内涵,并将案件事实归属于法律条文中的构成要件之下。因此,法官运用其他资料说理的实践不可绝对化,而是应当给予法律概念、法律条文的文义以初始优先性,尽可能限缩其他资料的运用空间,以避免招致争议。

与此同时,由于语义流变现象,制定法中的法律概念有时会表现出"歧义";[1]面对无限多样的生活事实,制定法有时并不"完整",因而表现出法律漏洞……在此背景下,法官通常无法准确确定法律文本的"意思",而通过援引立法资料识别立法意图,将有助于裁断纠纷,实现个案正义。例如,在"佩铂诉哈特案"中,英国法官在判决文书中写道:"当制定法存在含混(ambiguous)、不明确(obscure)或者将会导致荒唐结果出现的时候,可以运用立法资料。"在中国,全国人大常委会法制工作委员会原主任乔晓阳指出,"当制定法含义十分明确时,则制定法规则的字面含义即为立法者的意图。如果其模糊,存在多种含义时,我们可以研究立法者立法时的立法资料以及立法沿革,以确定立法者的意图";[2]陈晨认为,"当法律规定模糊不清或者存在歧义的时候,即通过法律文本的字面含义可以得到两个或者两个以上的不同的解释,我们可以通过研究立法资料来确定立法意图"。[3] 由此视之,上述学者更具体阐述了立法资料的运用场合,本质上强调了法官运用立法资料的场合具有例外性、必要性。因此,法官在裁判实践中运用"额外"的"资料"证成裁判结论,仅在必要时(尤其是法律条文存在歧义或者法律存在漏洞时)方才援引立法资料说理。

此外,由于刑事法特别强调罪刑法定原则,即在法律没有明文规定时,

---

〔1〕 有学者基于语义学的立场,辨别了法律概念的"语义含混"和"语义模糊"两类现象,并指出由于语义现象存在流变的情况,因此在法律概念表现出语义含混时,通过考察立法资料有助于确定立法意图。参见陈坤:《疑难案件中的法律概念与立法意图——兼为主观解释论辩护》,载《法制与社会发展》2014年第6期。

〔2〕 参见乔晓阳:《立法法讲话》,中国民主法制出版社2000年版,第183~184页。

〔3〕 参见陈晨:《立法资料在法律解释中的运用》,山东大学2012年硕士学位论文,第23页。

法官不能判定犯罪嫌疑人有罪;在法律没有明文规定时,法官亦不得处罚犯罪嫌疑人,因而在刑事司法中,学者通常认为,必须限制法官的法律解释权限,这突出表现为当制定法存在漏洞时,法官不得通过类推填补法律漏洞。陈兴良教授指出,"刑法的解释是有限制的,这一限制就是可能语义。凡是超出可能语义的解释都是违反罪刑法定原则的,因而就是不被允许的"。[1]因此,法官不得在刑事案件中直接援引立法资料来重构裁判依据。

综上所述,法官运用立法资料说理存在前提限制。法官必须尊重法律条文的基本文义,仅仅在必要时即当制定法存在歧义或者表现出漏洞等情形时,援引立法资料方才具有合理性。此外,在刑事案件中,法官不得直接援引立法资料作为裁判依据。

(二)资料择取的要求

诚如前述,生成于立法过程中的辅助性资料通常种类庞多、形态各异,因此,法官若欲援引立法资料说理,通常会面临择取立法资料的难题——如何穿越错综复杂的立法资料进而准确地确定立法原意?如何确保法官选择的立法资料能够为当事人信服、接受?等等。为此,通过区辨、归纳学理,笔者认为选择"业已公开"和"与立法意图关联度高"的立法资料,应是法官择取资料时最为重要的要求。

1. 选择业已公开的立法资料

一般而言,法官通常运用业已公开的立法资料进行裁判文书说理。但在实践中亦不能忽视一类现象:针对重大、疑难案件,某些法官为了阐释法律条文的含义援引未对社会公开的内部性立法资料。[2] 由于尚未公开的立法资料并不具有普遍性和客观性,因而法官在裁判说理时援引未加公开的立法材料,不仅为裁判者背离法律的约束创造了机会,而且难以为当事人、法律职业者所接受。对此,我国台湾地区学者黄茂荣教授指出,"这些资料

---

〔1〕 参见陈兴良:《罪刑法定主义的逻辑展开》,载《法制与社会发展》2013 年第 3 期。

〔2〕 在某些疑难案件中,法官有时依凭其公职身份考察立法过程中未被公开的档案。

中,以公诸大众者为限,始能被引用”。[1] 总之,在裁判文书说理中,法官应当选择业已公开的立法资料。

2. 选择与立法意图关联度高的立法资料

诚如前述,立法资料与法律文本相伴相生,因而立法资料与立法意图表现出关联性,通常被视为识别立法意图的证据。鉴于立法资料与“立法意图”、法律文本之间的逻辑关系,与“立法意图”关联度更高的立法资料通常能够帮助法官准确识别立法意图,以供裁判实践使用。而与“立法意图”或者“法律文本”不相关的立法资料通常不能确认立法意图。因此,笔者认为,法官择取立法资料时应当选择与“立法意图”[2] 关联度更高的资料。通过考察立法资料与立法意图的逻辑关系,笔者认为“关联性命题”一般又可进一步划分为如下标准:

其一,相较而言,表述明晰的立法资料通常具有较强的证明力,因而法官应当选择表述明晰的立法资料。

由于立法资料通常以“书面话语”的形式表现出来,而语言符号具有表意模糊的特性,因而承载立法意图的不同类型的立法资料通常表现出程度不一的证明力。就立法资料的内在质量而言,表述清晰的立法资料通常能够帮助法官直接识别立法原意,从而表现出较强的证明力;表述模糊、笼统的立法资料对待确认的“立法意图”而言,其证明力通常尚需其他资料的进一步补强,从而表现出较弱的证明力,因而在裁判实践中这类资料一般意义不大。

不同国家的学者对表述明晰的立法资料的重要价值,业已达成基本共识。例如,在英国,“佩铂诉哈特案”突破了英国司法传统中奉为圭臬的“除斥规则”,并正式确立起法官在解释时援引立法资料的裁判规则,其中重要

---

〔1〕 参见黄茂荣:《法学方法与现代民法》,法律出版社 2007 年版,第 341 页。

〔2〕 当法律并不存在漏洞时,法律文本即是反映立法意图的、最重要的证据,在此情形下,法官应当选择与拟要解释的法律条文关联度最高的立法资料。

要求之一,便是“所运用立法资料应当明晰”。总而言之,面对案件争议,当存在多种立法资料可供择取时,表述明晰的立法资料通常与待确认的“立法意图”存在较强的关联性,因而法官应当尽可能择取表述明晰的立法资料。

其二,一般来说,对法律文本发挥最终定型作用的立法资料通常有助于法官准确确定立法意图。

在立法学上,人们通常将狭义的立法程序划分为“提案”“审议”“法案表决”“法律公布”4 个阶段。由于立法过程充斥利益博弈,这使不同立法阶段的不同立法者对有关问题的态度通常各异。通过考察立法过程,一般来说,相较立法阶段靠前生成的立法资料,立法阶段靠后生成的立法资料的共识一般较充分,并对法律文本的最终定型具有重要作用。诚如前述,法律文本是确认立法意图的最权威的证据。因此,当法官无法确证法律文本的意思时,择取与法律文本关联度高的立法资料,便可以帮助法官确证立法意图。因而,在司法实践中,立法阶段靠后的立法资料通常能够证明“待证”法律文本的含义。一般而言,对正式颁行的法律文本发挥最终定型作用的是“立法理由说明书”,因而,法官在裁判文书说理时应当尽可能援引立法理由书。

总之,基于立法程序以及议事规则的内在逻辑,立法阶段靠后、对法律文本发挥最终定型作用的立法资料通常具有较大价值。在裁判实践中,法官择取这类立法资料通常能准确地识别出立法意图。

其三,法官应当选择立法过程中获得广泛认同的立法资料。

一般而言,根据近代以来代议制的基本原理,法律的颁行以多数决为实质要件。围绕法律草案通过与否,立法过程中往往存在“多数”与“少数”的区别。由于正式颁行的法律文本背后通常凝聚立法过程中较权威的、大多数“立法者”的价值共识,因而法官援引立法资料解释法律条文或者援引立法资料填补漏洞时,应当仔细辨析立法文本背后的“权威资源”,并且给予立法过程中获得广泛认同的立法资料以更多的优先性考量。因为在通常情形下,立法过程中获得“立法者”广泛认同的立法资料,其在价值取向与有关法律条文所追求的社会目标相一致,因而这类立法资料通常与法律条文不仅表现出更强的关联性,而且存在更强的真理性成分。

与之相对,在立法过程中,承载“少数立法者”价值取向的立法资料,虽然也可能包含真理性内容,但在民主性上,这类资料背后的“权威资源”通常不足。法官通过这类资料难以准确地识别法律文本背后的“立法意图”。对此,有学者指出,在不知道立法争论中谁是胜利者与谁是失败者的情况下,不能随意应用立法史材料(legislative history)。[1] 笔者认为,这种要求法官认真审视法律文本背后民意基础以准确择取立法资料的观点,实际上肯认了不同类型的立法资料与立法意图的关联性并不一致,因而法官在择取立法资料时有必要分析立法资料背后的民意基础。

总之,立法过程中生成的、为立法者广泛认同的立法资料既内含较强的“权威资源”,也表征出更高的“拟制正确性”,[2] 因而,这类资料与法律文本通常表现出更强的关联性,对于确证立法意图具有较强的证明力。因此,法官运用立法资料说理时,必须尽可能区辨法律文本背后“权威资源”的分量,并给予法案通过中的“支持者”的立法资料以“初始优先性”。

综上所述,法官运用立法资料说理存在“规范要求”,通过归纳、提炼,笔者认为,主要[3]包括如下两项要求:一方面,法官援引立法资料说理具有规范性维度,为了将法官的价值判断客观化,使判决结果为当事人、法律职业者信服,法官应当选择业已公开的立法资料;另一方面,法官应当择取与立

---

〔1〕 Victoria Nourse, *Decision Theory of Statutory Interpretation*: *Legislative History by the Rules*, Yale Law Review, Vol. 122, No. 1, p. 118(2012).

〔2〕 “拟制正确性”,是指在人类主体性擢升的现代社会,人民逐渐取代上帝成为世俗世界的立法者,但限于其立法者认为立法者的有限理性,其决断并不存在绝对真理意义上的“正确性”,而是表征为一种具有“拟制”色彩的正确性。参见俞祺:《正确性抑或权威性:论规范效力的不同维度》,载《中外法学》2014 年第 4 期。

〔3〕 当然,围绕法官通过立法资料确证立法意图之问题,理论上尚存在其他的、可能的标准,但择取“与立法意图关联度高的”“业已公开的”立法资料无疑是最重要的两项要求。

法意图具有较高关联度的立法资料,而不应当考察与立法意图不相关的立法资料。通过考察“关联性”的要求,笔者认为,如下标准具有重要意义:其一,由于表述明晰的立法资料一般能直接确认立法意图,与“待证意图”存在更强的关联性,因而法官应当选择表述明晰的立法资料;其二,一般而言,立法阶段靠后的立法资料通常对法律文本定型具有较强的作用,通常表现出较强的证明力;其三,在援引过程中,应该区别法律文本背后的“权威资源”。一般而言,代表“多数人”价值取向的立法资料通常具有较强的证明力,表现出更强的可靠性。

四、结语

增强裁判文书的说理性,实质上便是要求法官必须详细阐明裁判结论的形成过程和理由依据。对此,法官通常不得不援引其他材料作为“论据”以充实裁判文书的“厚度”。其中,法官援引立法过程中生成的辅助性资料说理此一现象,颇具学理、实践价值,值得被认真对待。

在本章中,笔者初步论及了立法资料的性质和类型,指出立法资料通常承载立法时的价值取向,因而可被视为识别立法意图的“证据”。通过实证分析与理论考察,可以看到立法资料与裁判文书说理实践的内在关联方式:法官运用立法资料主要用来解释法律;在法律存在漏洞时,法官亦通过援引立法资料作为裁判依据。虽然法官运用立法资料说理有助于促进裁判文书说理,但法官运用立法资料说理的实践并非毫无限制。通过总结、提炼,笔者认为,法官运用立法资料说理主要存在“运用前提”和“资料择取”两方面的规范要求:其一,在运用场合上,法官应当给予法律概念、法律条文的文义以优先性,仅在必要时方才援引立法资料说理,并且立法资料不得被援引作为刑事案件中的裁判依据。其二,在择取资料时,法官援引公开的、与立法意图关联度高的立法资料通常有助于准确识别立法意图。

第十一章
裁判文书说理的本体论(十)
——援引法律学说说理*

在法学知识谱系中,备受尊重同时又具有奠基意义的学问,非法学通说莫属。[1] 诚然,包括通说在内的法律学说除供给理论知识外,还通过融入司法裁判输出实践知识,由此彰显其实践品格。然而,当下我国立法未赋予法律学说正式法源地位,法院如何适用法律学说亦无明确标准和程序指引,裁判文书说理援引法律学说的不规范性、随意性并存,均制约法律学说的实践化进程。此文拟就裁判文书援引法律学说进行说理的相关问题进行思考,意图为司法裁判提供些许裨益。

一、裁判文书援引法律学说说理的问题扫描

正视问题是解决问题的基础。搜索裁判文书网、法信、北大

---

* 此部分系与王坤合作而成,曾以《裁判文书援引法律学说说理的价值证成与规则建构》为题,原载《湖湘法学评论》2022 年第 2 期。

〔1〕 参见姜涛:《认真对待法学通说》,载《中外法学》2011 年第 5 期。

法宝、万方数据库等案例智库资源,择取涉法律学说运用的典型案例剖析,裁判文书援引法律学说说理的相关问题逐渐显现,具体包括内容、方法、程序等方面的不足。

（一）内容上:繁简失衡,援引阐释的适度性把握不当

一是简单引用,缺乏必要阐释说明。以“继承丧失说”的援引为例,多数裁判文书仅仅载明根据某理论或学说,没有进行相应的阐释,存在较大随意性。如在“李某、贾某民间借贷纠纷案”中,[1]裁判文书载明“死亡赔偿金理论上是按继承丧失说,定性为物质性赔偿,是对死者未来余命年龄可得利益的减少而给予的补偿”。然而,对“继承丧失说”内涵,其是否系死亡赔偿金的理论通说,裁判文书均未阐释,对于败诉方来说难以获得内心的认同。在“某保险公司、郭某与宋某机动车交通事故责任纠纷案”中,裁判文书载明“按照‘劳动能力丧失说’或者‘继承丧失说’,受害人近亲属的逸失利益按收入损失计算,而收入损失分为人均可支配收入和被扶养人生活费”。无论是“劳动能力丧失说”还是“继承丧失说”都需要概念廓清,将法律学说未加任何解释即呈现给当事人,说理强度、论证力度都比较薄弱。再如,在“某公司与简某劳动争议纠纷案”中,裁判文书载明“依劳动合同法第三十七条,并结合法律学说以及当前司法实践,上诉人与被上诉人的劳动关系在被上诉人递交辞职书时已正式解除,实际的离职时间是为了方便工作交接及工资结算,故上诉人与被上诉人之间不存在协商解除”。与前两个案例相比,该裁判文书更是对“提交辞职书意味着双方劳动关系解除”的法律学说讳莫如深,裁判结果的正当性、妥当性难逃质疑。

二是过度着墨,未做到简案简写。法律学说与司法个案的契合性,不在于不厌其烦地论证法律学说的涵摄,而系补强司法裁判的合理性、恰当性,否则就会有舍本逐末之嫌。在司法实践中类似裁判文书不乏其例,在“安徽

---

〔1〕 参见河北省保定市中级人民法院民事判决书,(2020)冀06民终684号。

省某公司与被告安徽某公司买卖合同纠纷案”中,[1] 裁判文书载明,“刑事案件被害人的认定理论也可以辅助判断本案被告的交付义务有无履行。根据刑法理论,在经济犯罪案件审理中,被害人的确定应当遵循直接原则、过错原则。直接原则,是指通常情况下犯罪行为直接针对的对象就是被害人。过错原则,是指在经济犯罪案件中存在多个民事合同关系和多个民事法律主体的情况下,应保护善意、无过错的民事主体,不认定其为被害人。与之相对应的,因追逐高额回报,贸然从事高风险投资对自己的财产受到损失持不谨慎甚至放任态度,主观上存在过错的,应认定为被害人。南京大学刑法学专家孙国祥教授在2014年5月13日南京市中级人民法院召开的经济犯罪案件中刑民交叉问题案例研讨会(以下简称刑民交叉研讨会)上认为,在刑民交叉案件被害人的确定问题上,过错原则的确立是非常重要的。在善意、过错两方同时存在的情况下,善意一方的利益更值得保护……关于民事诉讼中出现未涵盖在生效刑事判决中的新证据,致民事判决与生效刑事判决可能存在冲突如何协调的问题,法律或司法解释缺乏相应的规定。对此,南京大学民法学专家叶金强教授在刑民交叉研讨会上认为,刑民交叉案件的处理应当采取分别判断、个案判断。即在该类案件中,案件的事实是同一的,但刑事审判程序与民事审判程序关注的重点不同,需要的案件事实、证据材料不同,裁判的结果也应当根据刑法、民法分别作出判断。东南大学法学院院长刘艳红教授在刑民交叉案研讨会上认为,刑民交叉案件没有一个简单的处理模式,无论是‘先民后刑’还是‘先刑后民’都是教条化、简单化的处理方法,最重要的原则是取决于具体个案中民事关系和刑事关系的关联性和相互影响程度”。[2] 裁判文书用较大篇幅论证邢民交叉案件要因“案”制宜,尤其强调了刑、民专家的学说观点,以此强化论证、提升说服

---

〔1〕 参见江苏省南京市玄武区人民法院民事判决书,(2013)玄商初字第580号。

〔2〕 该裁判文书于2016年12月2日被评为中国法学会法律文书研究会第二届全国优秀法律文书评选活动一等奖;评奖点评认为,该判决突破了以往的法律框架,有所创新。

力,但繁案精写的说理要求有边界要求,是否有必要反复强调专家所在的学校、学术研讨会召开的实践、地点等非核心信息,值得商榷。在“苏州某公司、江苏某公司不正当竞争纠纷案”中,[1]裁判文书载明,“依据我国的民事侵权赔偿的‘损害填平’理论,权利人损失多少,侵权人就赔偿多少。这种赔偿是以弥补权利人的损失为目的,故这种赔偿也称为补偿性赔偿,其适用的赔偿原则是全部赔偿原则即填平原则,全部赔偿之后果即为填平。填平就是将受害的损失全面填补,权利人损失多少,侵权人赔偿多少,使权利人在经济上不受损失”。“损害填平”学说称谓可谓通俗易懂,判决书却着墨众多,仅将法律学说作为信息材料堆砌使用,忽视了发挥学说说理论证的功能。

(二)方法上:不当援引,过度依赖法律专家意见

为维护自身利益,当事人或辩护人援引专家意见逐渐成为惯常选择,但间或存在过度依赖的局面。专家意见通常只是个人观点,没有经过充分学术争鸣,违背中立性要求。不仅如此,专家出具法律意见并不是无偿的,而是需要当事人支付一笔费用,此种利益性加剧了法官对专家法律意见的不信任。在司法实践中,法官要么直接否定专家意见的证据效力,要么不提及专家意见。如在“宁波某液压有限公司与邵某侵害商标权纠纷案”中,[2]裁判文书载明,“法院主张邵某用以证明某液压公司侵害其商标权的《专家法律意见书》不能作为事实认定和适用法律的依据而不予采纳”,最终认定“……《专家法律意见书》不能作为本案认定事实和适用法律的依据,本院不予采信”。在“陈某与孙某、田某股权转让纠纷案”中,裁判文书载明,“被告出具关于原告与付某等《借款协议》争议案的专家法律意见书,证明 2018 年 7 月 21 日,26 位法学专家就原告与付某等《借款协议》争议案出具专家法律意见:《借款协议》在性质上属于借款合同,借款人的义务有一定特殊性,但

---

[1] 参见福建省高级人民法院民事判决书,(2019)闽民终第 962 号。
[2] 参见最高人民法院民事判决书,(2014)民提字第 168 号。

不影响《借款协议》的定性,《借款协议》的性质不是委托合同,项下债务因提存而消灭”,对专家意见只字未提。刑事司法严格依循“罪刑法定”原则,并恪守证据规则,对专家意见更是审慎运用。如在“吴某妨害公务罪案”中,裁判文书记载“当事人的辩护律师提出由张明楷、陈兴良等权威刑法学者出具的专家论证意见书,该专家意见对案件定罪量刑、法律适用表达了自己的看法,主张行为人不构成妨害公务罪”,但法院对此评价认为“专家意见书已被公诉机关提供的证据否定,本院不予认定;辩护人提出的观点无法律依据,本院不予采信。专家论证意见只能代表专家个人意见,不属于刑诉法规定的证据类型……”。

(三)程序上:缺乏有效回应,忽视当事人的学说主张

虽然法官在裁判文书中援引法律学说的方式不一,但借由法律学说证明观点或强化说理并非法官的专利,当事人也可能成为启动学说运用的主体。同时,基于法律知识的垄断性、专业性,可能无法阐明学说内涵,甚至援引了错误的学说,作为支持己方或抗辩对方的理据资源,法官均有回应的义务,这不仅是尊重当事人诉权的体现,也是提升个案社会效果的需求。遗憾的是,在司法实践中,法官对当事人、控辩方提出的有关学说主张往往视而不见,在“宫某、武某与赵某等确认合同无效纠纷案”中,[1]原告上诉请求主张,“一审法院适用诚信原则、洁手原则驳回其起诉适用错误。首先,适用法学理论裁判案件适用法律错误。从法律适用顺序上,有具体法律规范应适用具体法律规范,没有具体法律规范适用民法原则,没有民法原则才可以适用法学理论。在案件适用法律中,如果有具体规范而任由法官通过行使自由裁量权适用诚信原则以及我国目前法律没有规定的洁手原则,极易造成权力滥用、法律适用混乱,导致法律权威降低。本案中,上诉人提起本案股东代表诉讼,有公司法司法解释的明确规定,一审未适用该条规定而适用民

---

〔1〕 参见内蒙古自治区人民法院民事判决书,(2020)内04民终3563号。

法诚信原则和法学理论中的洁手原则明显适用法律错误。其次,即便适用洁手原则,股东武某从始至终未参与涉案的关联交易,股东武某提起的股东代表诉讼也符合受案条件”。在上诉人明确对一审法院运用洁手原则作出裁判提出异议后,二审法院有义务予以回应,澄清当事人的认识误区,但其仅简单地作出裁判,认为“一审法院由此认定上诉人有违诚实信用原则,不是提起股东代表诉讼的适格股东并无不当”。在“房某贩卖毒品案”中,〔1〕辩方主张“被告人房某主观上虽有贩卖毒品的故意,但客观上因是假毒品,没有任何危险。根据法学理论的观点,被告人属于不能犯,不应以犯罪论处”。司法裁判不仅仅要宣示正义,更重要的是将看得见的正义转化为“说得出”的正义,既说服当事人或控辩双方,也说服社会大众,从而发挥司法裁判的行动指南、一般预防作用。可惜的是,围绕“不能犯”这个一般国民无法理解的法律学说,法院却闭口不提,直接以“缺乏法律依据不予采信”匆忙收笔。在“某公司、孙某劳动争议案”中,〔2〕该公司提出上诉请求,主张“我国法学理论界关于‘以仲裁或起诉方式解除合同解除时间的确定’存在分歧,包括‘起诉说’、‘文书送达说’或‘裁判生效说’三种观点。但在司法实务中,法院一般倾向性认为‘文书送达说’符合合同解除时间,如最高人民法院民一庭倾向性意见为,‘解除权为形成权,依解除权人单方意思表示即可发生合同解除的法律效果。在解除权人以通知方式行使解除权时,合同自通知到达对方时解除。解除权人直接向人民法院提起诉讼行使解除权,法院确认合同解除,解除合同的效力可自载有解除请求的起诉状副本送达对方时,发生解除合同的效力’[《民事审判指导与参考》(总第72辑第194页)],吉林省高级人民法院《关于商事案件适用合同解除制度若干问题的解答》(2014年)和北京市高级人民法院民二庭《当前商事审判中需要注意的几个法律问题》(2015年)均采用了‘文书送达说’,以及即将正式施行的《中

〔1〕 参见陕西省西安市未央区人民法院刑事判决书,(2018)陕0112刑初1338号。
〔2〕 参见安徽省芜湖市中级人民法院民事判决书,(2020)皖02民终3334号。

华人民共和国民法典》第五百六十五条第二款也统一规定,‘当事人一方未通知对方,直接以提起诉讼或者申请仲裁的方式依法主张解除合同,人民法院或者仲裁机构确认该主张的。合同自起诉状副本或者仲裁申请书副本送达对方时解除’。因此,一审法院认为‘仲裁据此裁决双方自仲裁申请之日起解除劳动合同关系并无不当’于法不合,应当依法予以纠正”。可见,作为利益的最大关切者,该案当事人翻阅、学习法学著作和规范性文件,竭尽所能选取多个论据以支持自己赞成的“文书送达说”。然而,裁判文书既没有支持上诉人的学说主张,也没有就该案是否适用合同解除的其他学说进行回应,仅仅载明“孙某刚于2020年5月5日向仲裁委申请仲裁,请求确认双方劳动关系于2020年5月5日解除,结合孙某刚实际4月已经在家待岗未提供劳动的情况,仲裁委确认双方之间的劳动关系于2020年5月5日解除,并无不妥”,显然裁判说理存有不足之处。

二、裁判文书援引法律学说说理不当的原因解析

在司法实践中,裁判文书援引法律学说说理之所以存有以上几个方面的不足,主要是因为下列因素的直接或者间接的影响与制约。

(一)立法因素:法律学说的非正式法源属性的制约

虽然大陆法系诸多国家直接赋予以法律通说为代表的法律学说直接法源地位,[1]但我国采回避态度,《民法典》仅明确“习惯可作为民事裁判依据”。最高人民法院《指导意见》第13条规定:“除依据法律法规、司法解释的规定外,法官可以运用下列论据论证裁判理由,以提高裁判结论的正当性和可接受性……公理、情理、经验法则……法理及通行学术观点……”因此,《指导意见》强化了正式法源、非正式法源的适用位阶,并对非正式法源进行了排序,法律学说仅作为“最后的选择”,而且必须是法律通说。作为规范裁

〔1〕 参见杨群、施建辉:《〈民法总则〉“法理”法源规则缺失与实践重建》,载《南京大学学报(哲学·人文社会科学·社会科学)》2019年第3期。

判文书释法说理的司法解释、权威解读,《指导意见》对法律学说的“肯定”鼓励司法裁判积极向法律学说寻求说理论证资源,但对法律通说的强调,难免带来两个方面的影响:一是对那些尚在争鸣阶段,未走向通说的法律学说,难以进入司法的视野;二是法律学说的准确界定耗时耗力,用大量隐藏论证的嵌入式适用回避论证负担。

(二)理论因素:通说机制未建立导致司法适用无所适从

所谓通说,是指针对某一现实司法实践问题,经过学界、司法界的充分讨论,形成的为多数人同意的法律意见。从此意义出发,通说又被称为多数意见。[1] 丰满的理想无法替代骨感的现实,如果多数意见容易达成,关于学说的法律适用争论便不会日盛。实则不然,法律学说的开放性、共识性利于教义学商讨同时,更是带来了学术的繁荣。以闻名的“许某盗窃案”为例,即便在尘埃落定之后,关于此案的学说争议并未停止,依然有无罪说与有罪说之分。即便肯定有罪说,尚存在“盗窃说”“侵占说”“信用卡诈骗说”等多个观点。[2] 持续争论不利于法学通说的形成,遭遇疑难或获得广泛关注案件时类似困惑更为突出——呼唤通说救济,通说迟迟未形成,转而向证成自己主张的学说、理论、法律专家意见等寻求帮助,“拿来主义”的随意性省去了法官重新寻找论据、建立论证模型和推导结论的过程,成为法官经济的选择。

(三)主体因素:法律学说供给与司法需求张力致法官趋利避害

一方面是对法律必须给出正解的需求,另一方面是无法达成充分共识的学说交锋,法官与其冒险选择无法确定的优势学说,甚至走入通说“不通”的困境,更愿意到最高人民法院出版的审判案例参考读书或指导性案例中寻找支持依据。据调研发现,围绕司法裁判中是否适用法律学说,受访法官

---

〔1〕 参见黄卉:《论法学通说》,载《北大法律评论》2011 年第 2 期。

〔2〕 参见高艳东:《从盗窃到侵占:许霆案的法理与规范分析》,载《中外法学》2008 年第 3 期;张明楷:《许霆案的刑法分析》,载《中外法学》2009 年第 1 期。

表示会谨慎援引,主张对于重大、疑难案件,法院内部已有多种助于共识形成的决策通道,如法官专业会议、审判委员会等专门咨询机构等,无须法律学说“把脉问诊”。

同时,对受过专业法学教育的人来说,特别是学历越高,越会购置阅读法学专著,从而表现出对法律学说的强烈兴趣。但是谈及是否会将学者的理论探索用于裁判文书时,受访法官并没有表现出明显积极性,普遍表示法律学说很多时候是一家之言,即便是法学大家的观点,获得学界广泛认可,为避免法律风险,在司法裁判引用时通常会巧妙处理,以不着痕迹的方式融入裁判文书之中。只有极少数法官愿意在司法裁判文书中明确援引法律学说(见表11-1)。

表11-1　司法裁判中是否愿意援引法律学说的法官态度

态度	方式	主要考量因素
否	直接排斥	学说争鸣交给学术自由,在未为立法资源吸收前,应各行其道,不应引入司法裁判
	间接(隐形)排斥	对学说观点态度不定,但与个案契合,为规避风险作出的选择
是	直接援引	法律学说只有走向司法实践,才能获得生命力,司法实践促进新的法律知识生产。援引法律学说也是法官不得拒绝裁判的职责所系

(四)方法因素:法律学说的不当运用影响司法裁判的个案效果

在司法裁判中援引法律文书离不开法官的选择,但作出何种选择对法官来说是一场考验。直接援引是否会介入学说争鸣,且援引的观点是否依然占据通说地位,对法律学说阐释的度如何把握,回应当事人的学说主张是否会引发不良法律效果等,类似问题的回答不仅需要扎实的专业知识,更有赖丰富的司法实践以及往返于学说与司法实践之间的司法智慧,成为众多法官难以企及的高度,法官谨慎为之也就不足为奇了。明确法律学说援引的原则,并在原则指引下明晰援引的方法、路径,防止法官绝对排斥或随意、不当援引。因此,规范法律学说司法运用的现实选择成为当务之急。

三、裁判文书援引法律学说说理的正当性确证

裁判文书能否援引法律学说,两大法系曾有长期争论,形成了支持说与反对说的对立。但非此即彼的对立并非一成不变,英美法系对专家意见的重视推动了法律学说运用的兴盛,二者已实现知识生产的互通与融合。

(一)从"对立"到"转向"

1."支持说"与"反对说"的对立

其一,"支持说"。大陆法系学者多持支持观点,这与法系传统与法律教育传统有关。首先,大陆法系"法学家法"色彩浓厚,十分重视法学家在法律注释、理论研究、法典编纂上的成就,以至于瑞士《民法典》直接赋予其法源地位。其次,从法学教育传统出发,大陆法系崇尚学院教育,进入法院之前一般经过了专业法学训练和系统理论知识学习,奠定了一定的学术基础,司法裁判中不排斥援引法律学说。最后,从法教义学出发,基于法官与法学家均隶属于法律职业共同体的认同共识,援引法律学说可以增强司法裁判文书说理的可接受性。德国学者认为,裁判文书不仅应当多援引法律学说进行说理,而且应当尽可能援引"非通说",形成理论对话。援引时应注明学说的具体出处,以"促成学术与实务的良性互动"。〔1〕无独有偶,一些民法学者受到德国、瑞士等民法理论的影响,也主张将具体法理与学说作为民事司法实践的重要渊源,将其运用到民法理论的补充、续造与完善之中。〔2〕

---

〔1〕 参见金枫梁:《裁判文书援引学说的基本原理与规则建构》,载《法学研究》2020年第1期。

〔2〕 参见李敏:《论法理与学说的民法法源地位》,载《法学》2018年第6期;杨群、施建辉:《〈民法总则〉"法理"法源规则缺失与实践重建》,载《南京大学学报(哲学·人文科学·社会科学)》2019年第3期。

其二,"反对说"。持反对观点者多从英美法系立场出发,主张法学家、法官身份不同,职责定位有别,前者偏重理想法层面的探索求真,是现行法律制度的批评者和完善者,后者着重现实法律问题的定分止争,是社会现行法律制度的"卫道士",从而建构起面向法学理论和法律实践的不同知识谱系。司法裁判面向的是当事人而非法学家,应回归"当事人本位",避免混淆说理对象导致判决结果不确定性,应严格限制法律学说在司法判决中出现。波斯纳认为,在美国,法律学说和司法审判彼此忽视、各行其是,造成该种现象的原因既有司法系统的原因,也包括法学理论界的推动。一方面,法官终身任职即是对法官素能的最高褒奖,无须其他理由正当化司法权威,从而造就了法官的保守和神秘,不需看法学家的著书立说,甚至不亲自撰写裁判文书;另一方面,受实用主义学术传统的影响,美国的法学学术市场日益广阔和专业化,优秀的法学家倾向以社会科学的方法对法律进行"二阶观察",不去考虑法官是否为合适的受众,因为他们可以在专业领域找到足够多的读者。[1]

2. "反对说"向"支持说"的转向

大陆法系国家的法律学说源于古希腊,繁荣于古罗马。在古罗马法时代及中世纪的西欧各国,法律学说具有法源的效力。但至近代法国,法律学说的法源地位一度被废除。19 世纪早期,法典的颁布使法官十分排斥法律学说。法国法院(特别是最高法院)不愿意进行裁判说理;相比之下,德国却更重视用法律学说来表达裁判理由,最高法院在表述判决理由时,喜欢旁征博引,犹如对教科书的运用。而法国最高法院的判决书却仿佛碑文一般惜墨如金,只用个"鉴于"句式便结束。法学家的思想对于德国《民法典》的编纂产生过关键性影响,即便是《民法典》制定后学者的论文著作,在审判中被

[1] 参见[美]理查德·波斯纳:《各行其是:法学与司法》,苏力、邱遥堃译,中国政法大学出版社 2017 年版,第 5~10 页。

当作有力的典据加以援用亦不在少数。[1] 继受罗马法的影响,德国近代逐渐形成萨维尼、耶林为代表的“学说汇编法学”。从根本上,在该法学的熏陶下培养出来的实务家,由于对教授们怀着最大的敬意,较之判例、更热衷频繁引用学说,并撰写内容可与学术论文相媲美的判决书……而德国的判决书介于两者之间,可以学术论文为其特征。[2] 不仅如此,德国法学教授与审判实务关系密切,普遍兼任法官职务,其教学内容充满活生生之气象,学校课程与考试制度均受审判实务之影响。无论是校内还是国家的法学考试,除法制史、法理学等极少数科目外,试题一律皆为实例题,并且备有法典。总之,于法律学领域内,无法将理论与实务分开。[3]

在近代英国,法律学说在司法中并不受待见,直到现代才有改观。[4] 随着两大法系的融合与借鉴,学术论著中的学说逐渐在英美法系国家的司法审判中得到重视。司法判决看重法律意见的论述,而法律意见中经常引证法学论著的观点。

(二)法律学说的实践性

古罗马法学家的理论和实践乃是同一的,他们的理论是构建来加以适用的,而他们的实践则因为秉受科学的洗礼而全然升华。[5] 法学家及其学说备受重视的传统,一直到近代法典制定后仍然继续保持下来。著名法学家在法官心中的权威性没有因法律传统的不同而呈现本质的差别,即便在遵循先例的英美法系国家,柯克、卡多佐、庞德等法学大家的法律学说对法律解释依然发挥重要指引作用。[6] 英国法学家威廉·布莱克斯通的著作《英国法释义》深深影响了英国和美国的法律发展进程,时至今日,虽然美国

---

〔1〕 参见[日]高柳贤三:《英美法源理论》,杨磊、黎晓译,西南政法学院1983年印行,第64页。
〔2〕 参见[日]大木雅夫:《比较法》,范愉译,法律出版社1999年版,第279~280页。
〔3〕 参见翁岳生:《法治国家之行政法与司法》,台北,月旦出版有限公司1997年版,第455页。
〔4〕 参见彭中礼:《论法律学说的司法运用》,载《中国社会科学》2020年第4期。
〔5〕 参见[美]罗斯科·庞德:《法理学》(第1卷),余履雪译,法律出版社2007年版,第24页。
〔6〕 参见杨春福:《法理学》,清华大学出版社2009年版,第86页。

大多数司法判决依据判例进行理由证成,但有时也会例外引用《英国法释义》中的学术观点进行问题阐释。[1] 域内援引著名法学大家观点作为增强释法说理论据的司法判决亦不在少数。在“汤某与陆某等侵害健康权纠纷案”中,[2]裁判文书记载,“对于采取何种方法来判断相当因果关系,史尚宽先生给出了明确的答案,即‘行为时存在而可为条件之通常情事或特别情事中,于行为事依吾人智识经验一般可得而知及行为人所知之情事为基础,而且其情事对于其结果,为不可缺之条件,一般有发生同种结果之可能者,其条件与其结果,为有相当因果关系’。也就是说,如果根据社会一般见解,能够确定加害行为客观上可能导致损害结果,就可以认定二者具有因果关系,并不要求加害行为与损害后果之间具有必然的联系”。裁判文书运用我国台湾地区著名民法专家史尚宽先生的学说见解,论证法律上因果关系与事实上因果关系的区别,以纠偏当事人或社会公众存在的法律事实与客观真实混同的认识误区,彰显了相当因果关系的实践生命力。

(三)法律实践更迭新的法律学说

法律学说与司法实践相生相长。费希特说:“学者的使命主要是为了社会服务,因为他是学者,所以他比任何一个阶层都更能真正通过社会而存在,为社会而存在。”[3]学者能够以旁观者的立场,从社会的视角来观察研究法治现象,他们可以关注到普通人看不到的各种社会矛盾与利益冲突。法律学说不囿于司法实践,而是具有强烈的社会担当,观照法律运行的社会效果,并因应社会发展之需产生新的法学理论,为司法裁判提供新的智力支持。[4] 换言之,法学理论期待法律实践为其提供现实的契机,法律实践期待法学理论为其提供智识的源泉。近年来,随着科学技术的发展,新型的互联

---

[1] 参见原蕙:《学说作为法律渊源之研究》,山东大学2017年硕士学位论文,第13页。

[2] 参见新疆生产建设兵团第(农)二师中级人民法院民事判决书,(2006)农二民终字第101号。

[3] 参见[德]费希特:《论学者的使命、人的使命》,梁志学、沈真译,商务印书馆1984年版,第42页。

[4] 参见王晓烁:《学说在司法审判中的运用》,载《河北经贸大学学报(综合版)》2013年第3期。

网案件对新的法学理论提出了需求,民商事领域许多新问题的出现,亦催生了新的法学理论。如涉及互联网平台用工从业者的权益保护问题,双方是否形成劳动关系,现行法律没有明确规定,司法实践做法不一,需要为统一法律适用、实现同案同判进行理论探索和实践尝试。以“卢某诉赤峰云速跑腿服务有限公司劳动纠纷案”[1]为例,法官指出,卢某主张其为云速跑腿公司工作,接受云速跑腿公司指派完成工作,受云速跑腿公司管理,计件领取劳动报酬,双方应为劳动关系。云速跑腿公司主张,卢某自行提供工具,自行决定工作时间,不受公司管理,取得的报酬不具有工资性质,双方系合作关系。

首先,从立法层面看,现行法律对互联网平台与从业者的关系未有规定……对于这类新业态,并没有对劳动关系作出强制性规定,而是尊重当事人意思自治。

其次,从法学理论上看,互联网平台用工与传统用工的从属性存在以下不同:平台用工人格从属性若即若离,不具有传统劳动关系下明显的人身依附性特征。许多平台工人享有较强的自主性,包括是否提供服务、提供多少服务、何时提供服务等,而传统劳动者不能自由决定是否工作以及工作的数量、时间和地点;经济从属含糊不清。从业人员完成相应业务后,从运营商处获得报酬,尤其是按照固定周期结算报酬的情况确实存在,但从业人员自行收取费用作为报酬,或者从业人员收取费用将部分费用作为报酬也大量存在。尽管前者与传统劳动关系的报酬支付形式相比体现出更明显的经济依附,但往往又是按照从业次数或者业务量决定报酬金额,不存在固定薪酬保障。而传统劳动者工资一般是固定的,与雇主营业收入并不直接挂钩;从业从属难以界定。网络运营商从事的是网络平台的建设运营,是对于业务供给信息的收集发布,并不直接经营实体业务。基于互联网平台用工从属

[1] 参见内蒙古自治区赤峰市中级人民法院民事判决书,(2019)内04民终4645号。

性的弱化,学理上主张在劳动关系和劳务关系之外,建立第三类用工关系,或者创立第三种主体——类劳动者主体。

(四)法律学说的实践功能

法律学说是法学家基于法律观察、思考的产物,不是书斋里的学问,也不是法学家的自说自话,其根植于特定的法文化土壤之中,常常基于对生活经验的考量提出,因应司法实践之需,更回归司法实践,起点和终点都是司法实践,从而奠定了其本质属性——实践关怀和实践品格。

1. 辅助性的审判资源

法律学说是学者智慧的结晶,是学者经过深思熟虑提出的法律理论,符合填补法律漏洞的知识前提。其辅助性审判资源主要是指若司法裁判中找不到相应的制定法、判例法,法官将依据学说审判案件。[1] 此种情况主要出现于20世纪的瑞士。

2. 裁判说理的理由来源

裁判理由是为了说明法官推理过程和对法律理解适用的理由,法律学说虽然没有强制约束力,但因其系对某一问题进行了符合法律价值指引的系统性阐释,常常被法官用于文书说理。[2] 可以说,引用法律学说释法说理已成为众多国家惯常的做法,以德国为例,法官撰写判决时常常旁征博引许多知名学者的学说,不仅指出采纳某个学说的理由,还会阐释摒弃某个观点的原因,通过对比论证强化说理的可接受性。据学者研究,德国最高法院法官尤其重视法学家的通说见解,甚至在司法审判中长篇援引,以致判决书演变成某一理论证成的系统阐释。[3] 从我国司法实践出发,随着司法改革进程尤其是司法公开的实施,裁判文书说理的重要性日益凸显,受过法学专业教育的法官不断增多,在缺乏具体的成文法指引,或需要借助理论著作中的

---

〔1〕 参见王晓烁:《学说在司法审判中的运用》,载《河北经贸大学学报(综合版)》2013年第3期。

〔2〕 参见彭中礼:《论法律学说的司法运用》,载《社会科学文摘》2020年第6期。

〔3〕 参见欧宏伟:《联邦德国最高法院民事判决书评介》,载《法律适用》2007年第6期。

法律原则进行司法推理、阐释判决理由时,往往会借鉴教科书或法学著作中的理论学说。因此,为增强裁判公正性、提高司法公信力,对与案件有关的权威学说或观点的适当引用,已成为增强裁判文书说理可接受性的重要选择。

3. 法律解释的方法来源

援引法律学说的理性基础,不在于其提供的答案正确与否,而在于其秉持法的安定和理想,符合逻辑推理的理性要求,是否能与司法个案契合无间,则需以法的正义和合目的性来检验。[1] 在司法实践中,具有一般指引性的制定法规则并不能时刻与变动不居的司法个案契合无间,大陆法系更是难以摆脱成文法滞后性束缚,有法律解释的迫切需求,无论文义解释、历史解释、目的解释等何种解释方法,都离不开法学家在法规范与事实间的往返、论证,其中反映"顺天意、存伦理、敬法律"理念的学说主张,就会成为法官用来对法律概念、法条进行法律解释,实现逻辑自洽的理论工具。

4. 裁判规则的创制渊源[2]

法学研究的使命在于批判性,通过批判对制定法和司法实践进行修正、完善是其职责所在,从而促成司法裁判或立法的改变,此为法律学说的裁判规则创制功能。尤其在疑难案件中,面对法律空白或疏漏,为了个案正义的实现,法律学说的出现有助于弥补该一缺憾,通过在冲突的权利中进行价值判断,在结果考量、目的取向等综合思忖后,给出一个肯定此否定彼,而不是反之亦可的答案。学者认为,凡是成为裁判依据的规范,无论是否为法律规范,只要能作为法官判案的依据都应当成为法律渊源。[3] 法律学说通常隐藏于实定法中,受整个法律制度价值体系的统领,主要指向为多数人承认的

---

〔1〕 参见江珞伊:《刑事裁判文书说理改革视域中的通说运用——以规范化为中心》,载《司法体制综合配套改革中重大风险防范与化解》,人民法院出版社2020年版,第1006页。

〔2〕 参见于晓青:《法学理论的实践向度——理论与实践难题的探索》,载《苏州大学学报》2012年第2期。

〔3〕 参见高其才:《法理学》,清华大学出版社2007年版,第72页。

共同生活原理,包括正义、衡平及比例等自然法法理,既尊重人的最低限度的自由和权利,又明晰行为的边界确保义务的履行。除为司法裁判提供助力外,作为学者在前人理论基础上的完善,法律学说可谓学者多方位思考后的提炼,具有创新性和实践性。其对某一法律现象或疑难问题的探讨,体现了学者通过个案对人性的追问,是具有丰富人文知识积淀的学者在不断自我否定中提炼出的智慧和精华,运用于司法裁判可以给司法人员提供新的参考、新的视角,这些超越个案的深思形成的观点体现了更好的理想法情景,有助于发现一些现行法迄今为止尚未解决的法律问题,借此促成司法裁判或立法的改变。[1]

四、裁判文书援引法律学说说理的规则建构

法律学说与司法裁判是理想法探索和现实法适用的关系,二者同归于法个案,经由个案正义的实现达致彼此的契合无间。但是法律学说作为非正式法源,其司法适用应审慎为之,当以必要性为基础,以把握正当性为重点,以避免引发学术争端为边界,并以实现裁判文书的可接受性为目标,把握实体重点,有序推进程序进行,努力实现法律学说与司法裁判的融合。

(一)坚持"四原则"

一是必要性原则。审慎立场蕴含的是司法克制的姿态,反映了严谨的司法伦理。司法裁判必须顾及法律效果的长远与潜在影响。即便裁判说理存在欠缺,不符合裁判说理的分析流程或法律思维,但也不能为提升裁判说理的效果,随意地选择论证依据。总体而言,审慎立场是一种法官注意义务,即由于论证题材纷繁芜杂、复杂多变,法官在众多论据中选择法律学说,必须审慎地确定运用条件、考量运用语境的准确性,力求运用的妥当性。作为司法体制改革的一项基础性工程,裁判文书说理改革的主线明确,分别是

---

〔1〕 参见[德]卡尔·拉伦茨:《法学方法论》,陈爱娥译,商务印书馆2003年版,第113页。

强化论证提高接受性,实施繁简分流提升说理效率。繁简分流的说理要求为繁案精写、简案简写。对于简易程序案件、非重大或疑难的普通审案件,文义解释、目的解释等惯常解释方法指引下即能实现法律规范与司法个案的耦合,无须在司法裁判中援引法律学说。反之,重大、疑难或广受关注的裁判文书援引法律学说的迫切性高,法律学说通过发挥法律语言和公众认知之间的沟通,确保了法的确定性和稳定性,让公众更好地理解法律规范由纸面落到地面的推理过程,增强司法公信力,此时法律学说引用就是必要的、不可或缺的。

二是正当性原则。在以事实与规范构建的裁判逻辑中,法外因素的融入应有充足的理由,否则不仅影响裁判说理的谋篇布局,而且会影响法律的安定性与裁判的确定性。[1] 把握法律学说融入司法裁判的正当性,包括援引法律学说的合法性和合理性两个维度。合法性强调的是要将法律学说放置于国家法律体系中考虑和衡量,确保法律学说与法律精神、法律原则和价值等相符。合理性强调的法官运用法律学说要考虑学说本身的合理性,又要兼顾运用法律学说得出裁判结论的合理性,避免援引有争议的学说观点。但也不尽然,由于现代社会治理的复杂性,法律一经出台依然落后于社会实践,狭义法律面对疑难、复杂案件的捉襟见肘或无能为力,推动学者寻求广义的法律类型,作为非正式法源的法律学说呼之欲出,它是一种权威性的理由,以支持特定立法决定、司法决策或其他根据情势而不是内容所作出的裁决。[2] 简言之,法律学说可以用来证成法官司法裁判有效的原因,法院需根据立法精神及实践经验,在法律学说比较分析基础上选择性适用。在“陈某与罗某甲监护权纠纷上诉案”中,对于“代孕”现象在立法中缺乏相应的规定,法院在判决书中援引了相关学说,但理论界对该问题有不同立场,法院

〔1〕 参见杨铜铜:《论法谚的司法运用》,载《法学》2021 年第 7 期。

〔2〕 参见[瑞典]亚历山大·佩岑尼克:《法律科学:作为法律知识和法律渊源的法律学说》,桂晓伟译,武汉大学出版社 2009 年版,第 26 页。

列举几种不同观点并进行解释,在考虑我国立法精神、有关伦理观念以及文化背景等方面因素的基础上,选择“分娩说”作为裁判的依据。[1]

三是避免学术辩论原则。法律学说带有一定的主观性,可能在司法运用中无法与法官同频共振,由此产生不同的裁判结果,与实质正义冲突。为避免出现这种僵局,应坚持司法裁判的非学术化,使司法裁判尽可能远离学术争论。要善于将抽象的法律学说转化为判决的具体道理,并且用当事人、社会公众看得懂的语言予以表达,用能使受众接受的方式把法理讲清楚、把事理讲全面、把道理讲透彻,适应裁判说理的实质化、理性化要求,切实防止裁判文书的学术化倾向。[2] 作为司法裁判者,法官所做的只是在已有学说的基础上更进一步地强化论证,这将会大大降低论证负担。同时,对于待决案件不存在通说的事实情况,也从侧面反映出不存在关于此案件的很合理的、主流学术界有一致意见的答案,基于此情况,他人不能、也不会有此期待——在此案件中,法官以己之力解决所有理论争议的问题,这也事实上减轻了法官的论证负担。[3]

四是可接受性原则。选择何种学说作为说理论证资源,这涉及学说的可接受性问题,包括法律学说本身的可接受性以及将其适用个案的可接受性两个方面。一般而言,法律学说是学术界和司法界针对某一具体法律问题长期理性商讨的结果——是得到普遍承认的;哪种学说能获得广泛认可甚至成为“通说”不是有赞同该观点的学者和司法界人士的数量决定的,也不是所谓的“大家”之说,最重要的标准是各个意见的说服力和论证质量。[4] 即便对于尚未形成通说的待决案件,法官对于选择何种学说作出裁

[1] 参见上海市第一中级人民法院民事判决书,(2015)沪一中少民终字第56号。

[2] 参见胡昌明:《裁判文书释法说理方法——〈最高人民法院裁判文书说理指导意见〉的案例解读》,人民法院出版社2018年版,第139页。

[3] 参见原蕙:《学说作为法律渊源之研究》,山东大学2017年硕士学位论文,第22页。

[4] 参见庄加园:《教义学视角下私法领域的德国通说》,载《北大法律评论》编辑委员会编:《北大法律评论》第12卷·第2辑,北京大学出版社2011年版,第328~330页。

判,不能恣意为之,而应充分听取双方的论辩,选择支持的观点并进行论证,尤其是在选择少数观点时,必须承担较重的论证负担,这样才使其依少数观点作出的判决与依照通说作出的判决的论证力度相当,强化法律人的共识,并为其他法律人进一步思考提供可能性。就其根源在于,相关法律学说经过实践的反复打磨和时间的沉淀,与法治原则、法治精神同向,针对争议的法律问题,能从丰富现实生活中揭示其中蕴含的规律性,向公众阐释法律逻辑,也向具有独立话语体系的法律系统反馈实践逻辑,进而输出公平正义。〔1〕因此援引的法律学说应具有一定指导性,兼顾法律逻辑和公众情感,能将晦涩的专业术语转化为能为一般受众理解且不失法律严谨的对话。如学者所说,无助于加强说服力的不必强为引用,引用应以妥适为原则,应求适当,应通俗易懂。〔2〕这才是司法实践孜孜以求的可增强裁判文书说理可接受性的法律学说。

(二)聚焦"三重点"

一是明确法律学说的界定标准。厘定法律学说是援引的前提和基础,现实中常拿来作为说理或论证的资源,对法律学说本身的认知有限,导致法学知识生产出现"过失"。〔3〕审视法律学说或通说,其要融入司法裁判,必须具备一定内在特质:(1)主体要件,经由法学家而非法律文本提出,且不为法律文本涵摄;(2)形成要件,经过法学家较充分探讨,遵循一定的逻辑规律和系统梳理,具有一定思想价值,能有效论证自己主张的正确性,并能说服受众接受自己观点,形成了一定的学术共识;(3)形式要件,法律学说一般浓缩在学术论文、法学著作或法律词典中,便于学说的推广与普及;(4)实质要

---

〔1〕法律学说的作用体现为:通过引用以前判决所遵循的法律学说,法官能够较好地实现同案同判,维护司法的统一性,实现形式的司法正义;通过衡量旧判决支持的法律学说与其他法律学说,来判断旧的法律裁决是否达到不可承受的地步;通过放弃旧判决支持的法律学说,选择新的法律学说支持新的裁决意见,并强化论证,实现实质的司法正义。

〔2〕参见张建伟:《〈孝经〉写入判决书的法文化解读》,载《人民法院报》2010年7月23日,第5版。

〔3〕参见姜涛:《认真对待法学通说》,载《中外法学》2011年第5期。

件,司法裁判援引的法律学说应与制定法精神相符,与社会主义核心价值观相符,法官得从中在法秩序内筛选出适用个案的学说。[1]

二是规范法律学说的运用条件。如前所述,司法裁判援引法律学说应遵循必要性、正当性原则,不能过分夸大法律学说对司法裁判的襄助、补强作用。如已形成普遍约束力的共识,不需法官着重强调,若仅为一家之言,理论界的持续争鸣有助于推进学术繁荣,强行融入司法裁判,可能遭遇公正性疑问。可从以下方面把握法律学说的运用条件。(1)法律条文词义或句意不明,有待进一步解释;(2)存在法律漏洞,有待与法律精神契合的法律学说的填补;(3)机械适用法律难以实现个案正义,需要从公平正义等原则出发具体裁量;(4)兼顾公平与效率,援引法律学说时多援引通说,减轻论证负担,且尽量简单明了,避免长篇累牍,甚至内卷化。

三是指明法律学说的运用方法。司法裁判运用法律学说,应遵循科学的方法。(1)把握法律学说的位阶,善于通过发现方法援引权威观点或专家意见。同时,避免过度迷恋通说,对通说予以尊重的同时,明了通说非绝对的真理,非恒久不变,要在充分了解其内容和意义基础上正确运用。[2](2)掌握法律学说的转化方法,法律学说在具体化之前不发生规范的作用,融入鲜活的个案中是其获得蓬勃生命力的关键。(3)探索法律学说简化说理过程但强化说理效果的方法,按照繁简分流、快慢分道的司法改革要求,遵循繁案精说、细说,简案简说、不说,准确运用法律学说。

在司法实践中主要有两种方式:一是具体援引。法官援引法律学说时提及了学者姓名,并详细阐述了学者的观点,此种情形一般在引用学术大家的观点时比较常见。二是概括援引。法官援引法律学说时不言及学者的姓

---

〔1〕　参见刘树德:《无理不成"书"——裁判文书说理23讲》,中国检察出版社2020年版,第365页。

〔2〕　参见王泽鉴:《法律思维与民法实例:请求权基础理论体系》,中国政法大学出版社2001年版,第300页。

名，援引的重点放在学说概念、与法律原则或精神的契合以及与本案的契合上。此时，法律学说的“在场”感并没有丧失，而是以隐形的方式固化于裁判文书之中。在司法实践中，除已达成共识的观点或学术大家的主张外，法官多选择概括式援引方式，在发挥学说解释法律、补强说理功能之外，尽量保持克制和学术中立，避免介入学者之间的纷争。

（三）贯通“四程序”

程序公正是实现法治的前提和保障，司法裁判援引法律学说亦应受程序规则制约，具体包括启动程序、开示程序、审查程序以及回应程序四个方面（见图 11－1）。

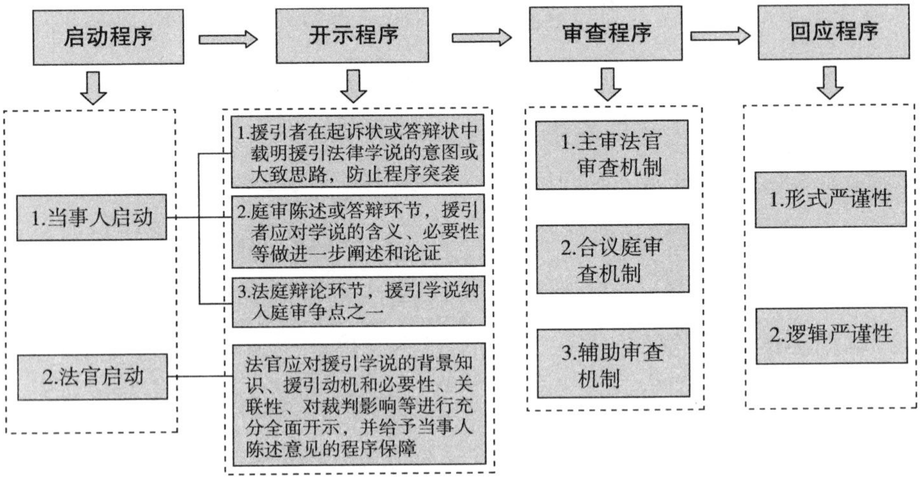

图 11－1　司法裁判援引法律学说的程序运行

一是启动程序。具体包括：(1)当事人启动。当事人援引法律学说证成其主张，此为当事人诉讼权利的范畴之一。当事人及代理人基于利益最大化考虑，具有利用一切有利因素以支撑其主张的原动力，其所受羁绊及顾虑相较法官为少，主动援引的原动力更强，是助力法律学说进入司法审判的重要推手。同时，当事人主动援引比法官主动作为更利于避免正当性质疑。(2)法官启动。相较当事人，法官主动援引法律学说应受严格的规则约束。

首先,必须契合法律学说运用的4项基本原则,即必要性、正当性、避免学术辩论、可接受性原则。其次,法官应对法律学说的背景性知识,包含内涵、渊源、价值立场、适用条件、学术界认可度、立法者认知度、司法实务援引度等方面的知识做好基本功,以“知”为“用”的前提。最后,准确把握法律学说与案件的关联性,并进行充分论证,避免法律学说运用的随意性。

二是开示程序。法律学说的援引,无论是当事人还是法官启动,均不应“秘而不宣”,诉讼中的“开示”为必经程序。具体程序设置上,首先,援引者应在书面起诉状或答辩状中明确载明援引法律学说的基本意图或大致思路,以保证相对方的知情权和辩论权,防止程序突袭。其次,在庭审中的诉讼理由陈述或答辩环节,援引者应对援引学说的含义、援引必要性、与案件的关联性等方面作进一步的充分阐述和论证。最后,在法庭辩论环节,建议将援引学说纳入庭审的法律争点之一。双方当事人可就此充分发表意见,进行充分辩论。在法官主动援引时,开示要求应该更高。法官应在庭审中对援引学说的背景知识、援引动机和必要性、适用案件的关联性、适用与否对裁判的影响等方面进行更为充分和全面的开示,并给予事人就此充分阐述意见的程序保障。

三是审查程序。审查程序为判断是否采信法律学说作为裁判依据的决定性程序,具体分为主审法官审查、合议庭审查和辅助审查。(1)主审法官审查。该机制适用于当事人援引启动方式。承办法官在提交合议庭审查前,应在充分调查研究基础上,发挥“预先审查”的过滤机制,对当事人提出的援引学说能否适用本案、能否达到证明目的等内容形成独立判断,以供合议庭参考。(2)合议庭审查。合议庭为法定的裁判结果决定机制,秉承的是多数决程序。考虑司法裁判援引法律学说在实践中还不成熟,相应机制极不完善,为体现司法裁判的严肃性,避免援引不当造成对司法权威的极大损害,建议在是否援引上执行“全票通过”机制,须取得合议庭成员一致同意方可运用于裁判。(3)辅助审查。该机制非必经程序,仅作为合议庭审查机制的助力程序。辅助机制的启动,是指出现合议庭对学说的内涵、运用条件等知识把握不准、对是否援引存在争议等情形时,合议庭决定寻求法官会议、审判委员会、专家咨询委员会等的咨询、参考意见。当然,辅助机制形成的意见,对合议庭没有必须遵循的效力。

四是回应程序。回应程序,是指司法裁判援引法律学说的实践环节,即经过合议庭审查认定,将法律学说运用于裁判文书说理,形成于判决文字的运用程序。为确保裁判文书的严谨性,回应程序应以"是什么""为什么""怎么做"的基本思路,遵循形式严谨性和逻辑严谨性。(1)形式严谨性,解决"是什么"的问题。首先,以"明示援引"为要求,应将裁判文书援引法律学说作为裁判依据的意图"显性化",切忌朦胧隐晦、语焉不详,确保当事人知情权;其次,以"明示来源"为要求,文书中清晰论述法律学说内容的基本要素,包含主要含义、权威出处、代表人物等,切忌"概念援引""简单引用"等粗暴论证方式。(2)逻辑严谨性,解决"为什么""怎么做"的问题。首先,应以论证充分为要求,文书中具体阐明援引学说作为判决依据的必要性,与案件事实的契合性以及援引论证的正当性。特别是当事人主动援引时,更应充分阐释是否援引及缘由作为回应。其次,确保论证过程的严谨性。可参考逻辑三段论作为论证推理的基本思路,将查明的案件事实为小前提,以法律学说适用为大前提,通过详细论证推导出判决结果。

法律学说与司法裁判诞生路径不同,承载的使命有别,但知识理性与实践理性的融合性更为迫切。随着互联网的发展,新型案件对法律学说提出了发展需求,同时也不断催生新的法学理论。作为司法实务工作者,我们期待更多的法律学说能为司法裁判供给源源不断的智识资源,切实让人民群众感受到公平正义就在身边。

第十二章
裁判文书说理的本体论(十一)
——援引指导性案例说理*

2010年最高人民法院印发《关于案例指导工作的规定》,赋予指导性案例在类案裁判中"应当参照"的效力;2015年发布最高人民法院《实施细则》,进一步明确人民法院审理类似案件应当将指导性案例裁判要点作为裁判理由引述;2018年又发布最高人民法院《指导意见》明确指出,法官可以运用指导性案例作为论据论证裁判理由,以提高裁判结论的正当性和可接受性。可以说,随着前述若干制度性文件的层层细化,31批指导性案例的连续发布及个案的实践运用,具有中国特色的案例指导制度已逐步落地生根。

一、裁判文书援引指导性案例的实践扫描

对比实证数据发现,裁判文书参照适用指导性案例仍存在

---

* 此部分系与刘贝合作而成,原题为《司法裁判文书援引指导性案例裁判要点的"叙事"模式》,原载《西南政法大学学报》2023年第1期。

诸多问题。从“援引”角度大而言之，具有以下几个特点。

(一)援引率低

据《最高人民法院指导性案例2020年度司法应用报告》统计，2020年裁判文书累计应用案例7319例，其中，法官明示援引2818例，隐性援引4196例。据统计，指导性案例的援引数量虽逐年上升，但相较每年公开的亿万计的裁判文书，援引率仍极低。

(二)援引不规范

裁判文书援引指导性案例的内容不统一。虽然最高人民法院以制度性文件明确了裁判文书引述内容应为编号和裁判要点，但依《最高人民法院指导性案例2020年度司法应用报告》梳理，除裁判要点外，援引裁判理由、基本案情、裁判结果、裁判思路以及仅将指导性案例作为证据的情况仍然存在。同时，细究指导性案例在裁判文书中的表达，从“指导性案例”、“指导案例”、“裁判要点”、“裁判要旨”、大小写数字编号的名称表达上的不规范，到裁判文书内、外部证成中逻辑混乱的案例援引，甚至援引案例后释法说理水平的参差不齐。

(三)“消极”应对诉讼参与人的援引

在2020年累计法官明示援引案例的裁判文书中，法官主动援引1792例，被动援引1026例。[1] 指导性案例援引主体中法官仅占比25%，而当占比高达75%的其他援引主体将案例作为控(诉)辩理由时，更多的法官选择不在裁判文书中回应，或者是以“某某指导性案例不具有相似性/参考性”一笔带过含糊回应。这种情况在各基层、中级人民法院尤为明显。此外，因裁判文书表达水平良莠不齐，即使法官积极援引或积极回应援引指导性案例说理时，也难以达到辅助提高文书释法说理的充分性效果。

---

〔1〕 郭叶、孙妹:《最高人民法院指导性案例2020年度司法应用报告》，载《中国应用法学》2021年第5期。

裁判文书如何援引指导性案例来妥善完成文本叙事,如何在新叙事理念下丰富裁判文书话语体系的关注与探讨鲜少。尤其是,从制度的实践理性分析,正如法官以裁判文书体现裁判结论的形成过程与理据一样,援引指导性案例的作用效能最终亦应体现于裁判文书之中,但就指导性案例如何嵌入裁判文书叙事文本,以何种表达方法运用指导性案例增加文本叙事张力,如何把握裁判文书援引案例说理的限度等关切案例指导制度落地落实的问题,更被司法实务界与学术界所忽视,乃至几乎空白。此种“理论留白”使法官每次对援引型文书的制作都像是具有创造性的探险行动,需要花费大量时间来思考它的安放处所,间或望而却步。笔者拟从民事裁判文书如何援引指导性案例叙事的角度出发,尝试构建统一的案例嵌入型裁判文书叙事模式,以解决因差异性的叙事能力及低操作性的制度规范而导致的不规范现象,进而打通制度落实的“最后一公里”。

二、裁判文书援引指导性案例引发的叙事转变

案例指导制度的确立、完善与运行,使类案裁判文书的叙事语境发生变迁。指导性案例的援引意味着其将以具象化的裁判规则作为叙事内容被嵌入传统的文书叙事模式之中,进而带来裁判文书整体的叙事风格的转变。

(一)“说服力”叙事理念的转化

不可否认,传统的裁判文书是具有规范结构、逻辑、立场的叙事文本。在未推行案例指导制度的司法情境中,承办待决案件的法官作为裁判文书文本故事唯一的叙述者,以个人逻辑化、符号化的演绎推理性叙事,封闭了信息接收者(受众)的对话空间,排除了受众参与叙事的可能性。[1] 此种文书结构下的裁判极易脱离现实语境,使受众理解受阻,进而影响裁判结果的

---

〔1〕 参见赵爽英:《电视新闻叙事的封闭性与开放性》,载《新闻界》2013年第17期。

接受度。[1] 此时的法官更多的是依凭司法的权威性来“威慑”受众,同时减缓自身的论证负担。[2]

随着裁判文书改革的推进、指导性案例制度的出台与运行,受众的司法需求增加、参与愿望增强,传统叙事风格的司法权威性受到了极大的冲击。就新出现的案例援引型裁判文书而言,援引案例的当事人成了文书中部分内容的转述者,其转述立场在裁判文书中受到回应,求证性的表达需求受到尊重,文书的对话性特点凸显。此时的裁判结论不再是法官一个人的逻辑推理论断所获得,裁判文书亦更像是满足受众参与叙事的感性化、突出受众地位的说服性司法消费产品。[3] 当事人见证了产品结果的诞生,产生了对案件事实及逻辑推导过程的整体性理解与信服。

1. 传统型裁判文书体现的叙事学理念

法律叙事学对传统民事裁判文书与叙事的关系讨论由来已久,厘清传统裁判文书各部分对叙事的需求,有助于更清晰地探讨嵌套式裁判文书叙事风格的转变。

(1)案件事实的本体构建对叙事的需求。探究传统裁判文书的案件事实与叙事的关系应当思考案件事实从何而来。案件事实的前身是具有历史性的、本体意义上的客观存在,[4]但法官无法直观获取到这种客观存在,当然,即使是历经客观事实发生的当事人也是无法获取全知视角下的客观事实的。法官在整个个案司法程序中似乎都在探寻案件的真相。物证、书证、视听资料、证人证言等证据和当事人对案件事实的陈述是法官获得事实要素的两个核心来源。证据是发生于过去的客观事实所遗留至今的痕迹,每

[1] 参见钟林燕:《论裁判文书说理的积极修辞及其限度》,载《法学》2022 年第 3 期。

[2] 参见于辉:《裁判事实构建中的叙事及其评估——以批判性思维为视角》,载《法学论坛》2016 年第 6 期。

[3] 参见孙跃:《案例指导制度的法律经济学分析:现实困境、成因及出路》,载《理论月刊》2018 年第 9 期。

[4] 参见杨知文:《指导性案例中的案件事实陈述及其编撰》,载《环球法律评论》2020 年第 5 期。

个证据材料本身所能体现的事实是片段的、支离的,证据堆积的是事实的构成要素,而非片段化事实本身。法官对证据所体现的案件事实的推论、判断是一种先于语言的思维活动;而客观事实等待语言的表达与构建,此时语言构建的证据事实已不等同客观事实本体。

当事人对案件事实的陈述是法官将证据事实粘合成完整的故事化的案件事实的最直接来源。司法过程中当事人以证据事实作为基础及界限,通过语言、逻辑和制度规则等黏合、弥补证据事实的断层以构建和陈述案件情况,而法官需要依据制度规则从这种对抗性叙事文本中论证与认定案件事实。这实质上是基于他方语言叙事文本下的事实文本再构建,而此时的叙事在文本中发挥的构建作用之于案件事实而言是本体的,即叙事构建了案件事实。

(2)内部证成的逻辑表达对叙事的需求。被传统裁判文书陈述的案件事实并不全然获得演绎推理闭环上的参与者身份,法官运用演绎(涵摄)在事实与法条之间往返求证、周延论断以获得正当性裁判结论的过程,前置于文书制作的裁判思维活动,是裁判文书说理的立意及归途。裁判文书释法说理是通过逻辑结构及表达策略使其思维活动外化以获取受众的认同与接受。法官为封闭其法律推理的逻辑链条以获得结论的权威性,将依法条的抽象事实要件来筛选、裁剪构成裁判理由的案件事实要件,法条的"射程"成为裁判文书要件事实筛选与表达叙述的边界,以案件事实要件的勾勒、排序隐性关联法条规范,以对案件事实要件归入法律概念的阐释论述显性搭建事实与法条之桥梁。此时,文书表达逻辑结构的周延即是司法裁判中法律推理逻辑结构的周延,裁判结论的说服力源于裁判文书有力的理性叙事逻辑。

2. 案例援引型裁判文书体现的叙事学理念

传统型民事裁判文书的待决案件事实与内部证成的逻辑结构,均由整体性、融贯性的叙事理念引导成文,而指导性案例的援引改变了民事裁判文书的叙事风格。

在待决案件中,法官对指导性案例的有效援引将辅助裁判文书制作的全过程与全文本。如将裁判要点对待决案件裁判文书的嵌入称为显性援引,那么法官依指导性案例的基本案情、裁判理由等对待决案件事实要素进行的筛选、裁剪、排序与叙述,则是文书对指导性案例的隐性援引。裁判要点作为一个完整的叙事文本嵌入待决案件裁判文书的内部证成部分。[1] 因其是从具有具体情境的案例事实中归纳提取出来的类型化事实,[2] 能够搭建待决案件事实与法条的桥梁,辅助涵摄(演绎)以获得裁判结论。或在法律空白情况下,其直接作为大前提予以涵摄待决案件事实以推动裁判结论的获得。而案例的基本案情、裁判理由等则作为具有情境性的案例事实部分隐性帮助法官对作为外部证成的待决案件事实要件进行挑选、裁剪及陈述。此情形下的隐性援引与显性援引一道维护着裁判文书全文叙事的统一性和融贯性。[3] 限于文章篇幅,本书只探讨裁判要点这一显性援引的文本叙事之构建,不进一步赘述隐性援引。

(二)“演绎+类比式”叙事逻辑的转换

传统型裁判文书“就事论事”的叙事完成在一个封闭式的逻辑思维空间,内部事实呈现的完整性以及法条依据对事实的涵摄在表达上的逻辑力就成为丰富文书释法说理的基点。然而,随着具有独立逻辑结构及事实情节的指导性案例被援引而服务于裁判文书释法说理,即被嵌入裁判文书的结构关系中时,便敲破了裁判文书三段论式的逻辑结构构建的封闭性外壳,它通过对传统型裁判文书结构的解构、重构,形成了裁判文书叙事逻辑上的

---

〔1〕 参见雷磊:《从“看得见的正义”到“说得出的正义”——基于最高人民法院〈关于加强和规范裁判文书释法说理的指导意见〉的解读与反思》,载《法学》2019年第1期。

〔2〕 参见孙万怀:《判例的类比要素:情景、中项与等值以刑事裁判为视角》,载《中外法学》2020年第6期。

〔3〕 参见张天择:《指导性案例参照中的类案判断尺度:内部证成与外部证成》,载《南大法学》2022年第1期。

突破。

1. 嵌套式叙事结构的界定

嵌套式结构又称递归式结构,属于分形学的概念,是指“结构与结构的相互嵌套,不同尺度、层级上的相似性对称”。[1] 其体现在文书中即指导性案例与待决案件事实文本间结构关系的互嵌。[2] 裁判文书中的待决案件事实元素及逻辑结构是整个文书表达的基本框架、故事主线。[3] 在处理抽象法律概念归入前,待决案件事实本身具有具象化的情景与事实情节,而指导性案例是基于其事实特定具体情景适度抽象、归纳出的,是类型化的情景,抽象化程度是法条与待决案件事实的中值。[4] 为了方便表达案例嵌入文书的目的性,法官会以案例文本作为对标来排列、表达待决案件事实,以体现两者间更加融合的相似性对称。

2. 嵌套式文书中的叙事元素关系网络

裁判文书中叙事元素关系网络发生改变。[5] 传统型裁判文书由法律事实、客观事实、裁判依据等叙事元素构成,而法官长期以来的经验积累形成了各元素间稳定的关系网络,即法官以叙事目的为中心,以待决案件的法律事实情节为本位,遵循演绎推理逻辑,在传统裁判文书中为各个叙事元素建立起固定的关系位置。但是,存在独立关系主体和关系网络的指导性案例的嵌入,使之发生改变。

指导性案例23号裁判要点:消费者购买到不符合食品安全标准的食品,要求销售者或者生产者依照食品安全法规定支付价款10倍赔偿金或者依照

---

〔1〕 杨健:《创作法——电影剧本的创作理论与方法》,作家出版社2012年版,第54页。

〔2〕 Mark Granovetter, *The Impact of Social Structure on Economic Outcomes*, Journal of Economic Perspectives, 2005.

〔3〕 贾兵:《论电影嵌套式结构的内涵与类型》,载《电影文学》2017年第24期。

〔4〕 参见孙万怀:《判例的类比要素:情景、中项与等值以刑事裁判为视角》,载《中外法学》2020年第6期。

〔5〕 参见张洪涛:《从经济的嵌入性看法律的嵌入性及其基本形态》,载《东南大学学报》2017年第3期。

法律规定的其他赔偿标准赔偿的,无论其购买时是否明知食品不符合安全标准,人民法院都应予支持。

以指导案例 23 号为例,案例中“消费者购买到不符合食品安全标准的食品,要求销售者或者生产者依照食品安全法规支付价款 10 倍赔偿金或者依照法律规定的其他赔偿标准赔偿”的内容是该裁判规则所明确的必要性事实元素 A,“购买时是(B+)否(B-)明知食品不符合安全标准”中“是否”后面的情节是可选择的规则内容,即选择性事实元素 B。二者的内容描述是依时间顺序所作的完整性叙述,笔者暂称为裁判文书中的具象化事实元素。其选择性情节元素的前缀“无论”及“人民法院都应予支持”的内容描述 P 是类似裁判依据的规则性结论,与事实元素的具象化及历时性不同,它具有抽象性及预测性,暂称为结果性类规则元素。而当案例的上述元素结构被嵌入文书关系网络中时,法官为保持各元素互动关系的统一,必然需依网络构建目的对嵌入的元素进行裁剪、重组,以期其与原关系网络中的元素能够达到紧密的合作关系,共同完成裁判文书的叙事效果。[1]

3. 嵌套式文书中的双线叙事逻辑结构

指导性案例嵌入的裁判文书中叙事逻辑结构完成再建构。法官通过“演绎式”的逻辑结构来体现法律事实、客观事实、裁判依据等叙事元素的关系网络。指导性案例文本包含的必要性事实元素 A 与选择性事实元素 B(B+,B-)共同构建完整的具象化事实元素 S,即 A+B(B+,B-)=S,其与结果性类规则元素 P 完成整个案例内部的叙事逻辑结构即 S-P。案例嵌入的前提是待决案件的事实元素是与 S 具有类似性的 S1。指导性案例援引的叙事模式,是将与案件核心事实情节具有类似性的案例事实及裁判规则嵌入传统型裁判文书中,形成本体事实与案例事实为双中心的文本表达

〔1〕 参见谢舜、王天维:《社会组织的嵌入性与本土化培育》,载《江汉论坛》2021 年第 5 期。

结构,从演绎推理与类比推理的双逻辑关系、多维度的排列方式来呈现叙事,表现为新型的"演绎+类比"文书结构。新叙事结构以演绎推理描述结论的逻辑力,以类比推理辅助结论的认同感,将受众多维度地包裹在其构建的立体思维结论之中。

指导性案例的事实与待决案件事实是发生于不同时空、具有类似性的平行存在,在同一个裁判文书中,只因其案例事实及裁判结果发生且完成于待决案件之前,故能够起到预示案件裁判结果P的效力,且因案例指导制度的确立更是赋予了裁判结果以权威性及信服力。这是法官处理文书中两者嵌套关系的动力与目的。

(三)具体情境下叙事重心的分流

裁判要点在形式和内容上是裁判观点及规则的载体,可视为法律在具体类型化情境下的细化。[1] 案例的援引,使传统的"单一型"演绎式叙事情境产生差异。在宏观的"演绎+类比式"结构下,两文本间嵌套关系的处理,因受案例类型、援引情境差异化影响,微观上的"分流型"叙事模式显现。进言之,待嵌套的各文本内部逻辑结构均将被拆解成多个部分,以待法官依差异"分流"完成裁判文书中案件元素与案例元素的再组合及逻辑结构的融合构建(见图12-1)。[2]

---

〔1〕 孙跃:《日本司法判例援引技术初探及启示——基于民事判例的考察》,载《海峡法学》2018年第2期。

〔2〕 参见贾建军:《论裁判文书参照指导性案例的规范方式》,载《法律方法》2019年第2期。

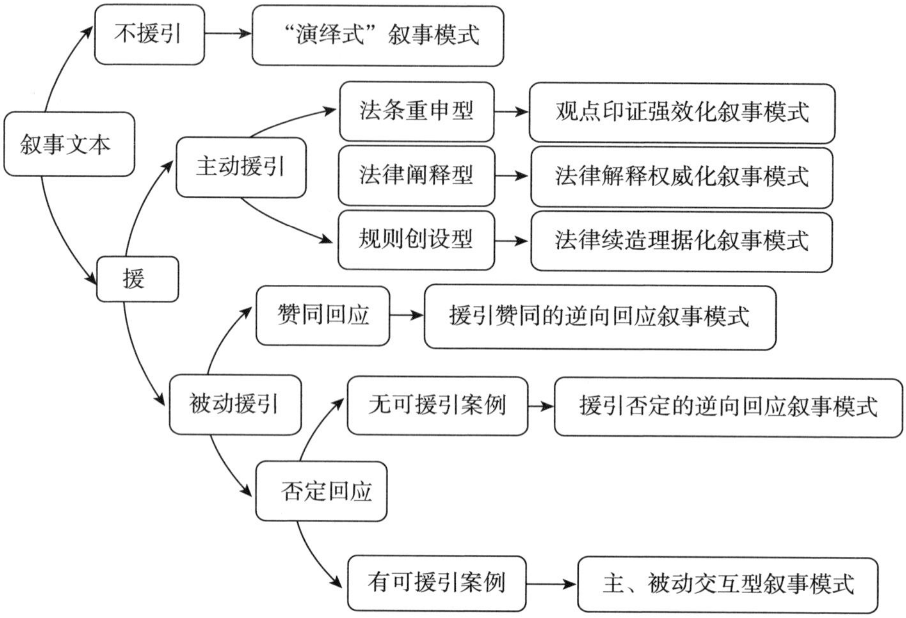

图 12－1　嵌入式叙事模式构建

1. 主动援引案例型裁判文书的叙事

依据《实施细则》第 10 条的规定,法院审理类似案件应当将指导性案例作为裁判理由引述,该规定所构建的是裁判文书主动援引案例说理的情境。在此情境下,法官作为文书中论述的唯一主体,声音清晰而单一,故裁判文书说理的核心内容应是案例,其他诸如案件的事实元素等均应围绕其嵌入进行铺陈。而在铺陈模式的构建上,区分案例内容功能则成为法官处理文书关系结构的中心。

指导性案例的类型划分是妥善分流嵌入裁判文书的前提。就如何分类指导性案例,学者已有诸多探讨。如陈兴良教授曾就最高人民法院、最高人民检察院发布的第一批指导性案例以实体内容的不同,将其分类为规则创制性、政策宣示型、工作指导型。〔1〕资琳副教授则依据前 64 个指导性案例

〔1〕 陈兴良:《案例指导制度的规范考察》,载《法学评论》2012 年第 3 期。

所实现的主要功能、法律适用方式的不同,将指导性案例分类为造法型、释法型、宣法型。[1] 苏永钦教授依据裁判功能将案例分为找法型、正法型、统法型以及补法型。[2] 瞿灵敏博士在其文章中将最高人民法院公布的前5批指导性案例按照其对法规范的适用方式的不同,区分为法条重述型、释法型和造法型[3]等。

上述学者对指导性案例的分类标准源于案例的功能及适用方式视角。为切实满足民事裁判文书援引指导性案例释法说理视角下分流叙事文本的需求,笔者借鉴上述观点,以援引目的及主要功能为标准,将民事指导性案例裁判要点分为法律阐释型、规则创设型及法条重申型。法律阐释型案例是指对于法律规范中模糊、抽象的规定作具体、明确的合理阐释,进而作出裁判的案例类型,其确定了比司法解释更具象化的裁判规则,为宏观的法条与微观的案件事实间搭建中观桥梁,解释或延伸法律涵摄范围以致能容纳案件事实情节,增加文书裁判依据推导裁判结论的权威性,[4] 如前述指导案例23号,其对"消费者"进行解释,即"不论其购买时是否明知食品不符合安全标准"均属于"消费者"范畴,并受相关法律的保护。规则创设型即法官借助法律适用方法创设新的裁判依据填补法律空白而做出裁判的案例,如指导案例15号,法官对关联公司人格混同的情形认定及适用的裁判规则并不被《公司法》所涵摄,而系该案例所创设。法条重申型案例并无规则的创设及解释,仅单纯地重复法条或司法解释,以叠加的手段增强说服力。如指导案例168号在《民法典》实施后即为典型的法条重申型案例。它明确的"抵押人未依抵押合同约定办理抵押登记的,不影响抵押合同的效力"规则是对

---

[1] 资琳:《指导性案例同质化处理的困境及突破》,载《法学》2017年第1期。

[2] 苏永钦:《司法造法几样情——从两大法系的法官造法看两岸的司法行政造法》,载《中德私法研究》2018年第17期。

[3] 瞿灵敏:《指导性案例类型化基础上的"参照"解读——以最高人民法院指导性案例为分析对象》,载《交大法学》2015年第3期。

[4] 付玉明、汪萨日乃:《刑事指导性案例的效力证成与司法适用——以最高人民法院的刑事指导性案例为分析进路》,载《法学》2018年第9期。

《民法典》第 215 条的直接适用，而违约赔偿责任及相应减轻赔偿责任情形的规则也未脱离《民法典》第 577 条、第 584 条、第 592 条规范的涵摄。

2. 被动援引案例型裁判文书的叙事

依据《实施细则》第 11 条的规定，法院应当查询案例，公诉机关、案件当事人及其辩护人、诉讼代理人引述指导性案例作为控(诉)辩理由的，应当在裁判理由中回应是否参照。即该规定所构建的系法官在裁判文书中被动援引案例说理的情境。因法官对案例的类似性判断发生在裁判文书之中，故其必然产生两种情境：一是法官通过比对判断案例事实与案件事实具有类似性的肯定情境；二是案例事实与案件事实不具类似性的否定情境。此间，法官的论述应当重点处理好其与援引者叙述的对话及案例与案件事实元素的差异，完成援引者与案例事实对裁判文本的“二元性嵌入”。

主、被动交互模式发生于被动回应时当事人援引案例事实与待决案件不具有一致性，但具有一致性的案例存在的情境。法官的被动回应制度与案例主动查询制度使多案例文本被嵌入案件裁判文书中成为可能。此情境下，传统的文书结构体系被拆分得更加细腻，两个独立的案例文本被共同嵌入裁判文书的结构中，与案件的事实要件作更为细致的区分性描述，三者间各自原有的独立结构被打破，法官将已拆分好的事实要件进行重新的构建连接，事实间的双向性嵌入让三者间的关系更融通。

三、主动援引型裁判文书的叙事模式构建

(一)法条重申型案例的观点印证强效化叙事模式

该类型指导性案例的事实情节元素及后果性类规则元素均明显涵摄于相关法条之内，仅是在情节表述上更加细节化。其嵌入与否均不影响文书结构及事实情节的完整性。故指导性案例内部结构“S + P”无须被拆解，与裁判文书中的事实情节关系并不紧密，嵌入性程度低。故法官在其案件表达逻辑结构外对案例作单纯叠加即可，即在连贯的演绎逻辑之上的“叙事

流”,以案例事实和结论与案件间的类似性来强化已有的裁判推理。因嵌入者并未实质性触及案件内部证成的封闭式逻辑,故案件中的演绎(涵摄)逻辑仍系裁判文书表达的核心。此模式中,文书仅在完成案件释法说理后将案例作为外围性辅助简略提及即可。

【裁判文书样本1】[1]在当事人主张援引指导案例19号的情况下,法官并未回应,并在文书中说理如下,“……因此,北汽公司作为被套牌车辆的所有权人,提供该公司其他车辆的临时号牌给周飞龙使用的行为即是同意周飞龙套牌。根据《最高人民法院关于审理道路交通事故损害赔偿案件适用法律若干问题的解释》第五条‘……’的规定,对涉案事故导致张某2、董某、张某1死亡及蔡丰卉受伤造成的经济损失由被告余文俊在无责任交强险的限额内赔偿后不足的部分,应由周飞龙与北汽公司承担连带赔偿责任”。

在裁判文书样本1中,最高人民法院《关于审理道路交通事故损害赔偿案件适用法律若干问题的解释》第5条作为大前提,其完整的涵摄作为小前提的案件事实,该文书的叙述者在演绎式逻辑结构下已就待决案件事实情节进行了完整的描述。指导案例19号的S“机动车所有人或管理人将机动车号牌出借他人套牌使用,或者明知道他人套牌使用其机动车号牌不予制止,套牌机动车发生交通事故造成他人损害的”与P“机动车所有人或者管理人应当与套牌机动车所有人或者管理人承担连带责任”几乎没有脱离法条的涵摄范围,故两案情节不具有互补及解释性,是典型的法条重申。

1. 符号式

演绎:(本院认为)北汽公司作为被套牌车辆的所有权人,提供该公司其他车辆的临时号牌给周某使用的行为即是同意周某某套牌。指导案例19号裁判要点与其相似,故根据最高人民法院《关于审理道路交通事故损害赔偿案件适用法律若干问题的解释》第5条“……”的规定,对涉案事故导致各原

---

〔1〕 参见贵州省六盘水市中级人民法院民事判决书,(2017)黔02民终582号。

告受伤造成的经济损失由被告余文俊在无责任交强险的限额内赔偿后不足的部分,应由周飞龙与北汽公司承担连带赔偿责任。

因此,类援引仅为印证和强效化裁判文书中裁判结论的权威性,故仅将案例简化成地标性、符号性的“指导案例×号”,在案件的逻辑结构中点缀,是极简之式。该模型系在法官对案件的事实元素S1作完整叙述后、在作为裁判依据的案例后果性类规则元素P引入前,用“其与指导案例×号类似”即完成案例嵌入。此间,既强固了受众对案件与案例事实类似性的认知,亦铺垫了法官结论获得的权威性,即:

待决案件事实情节元素S1,因S1与指导案例×号裁判要点相似,依法条R的规定,S1–P。[1]

2. 复述式

演绎:(本院认为)北汽公司作为被套牌车辆的所有权人,提供该公司其他车辆的临时号牌给周某使用的行为即是同意周某某套牌。根据最高人民法院《关于审理道路交通事故损害赔偿案件适用法律若干问题的解释》第5条“……”的规定,对涉案事故导致各原告受伤造成的经济损失由被告余某俊在无责任交强险的限额内赔偿后不足的部分,应由周某龙与北汽公司承担连带赔偿责任。另,该部分事实与指导案例19号裁判要点所述情形具有相似性,其亦重申了“机动车所有人或者管理人应当与套牌机动车所有人或者管理人承担连带责任”。

在此种模式中,法官通过对案例后果性类规则元素P内容的机械重申,以防止受众受其他因素干扰而出现理解差异,并以此为待决案件裁判结论的权威性及公正性加持。同时,将案例元素置于整个裁判文书文本结构的末端,系防止演绎式逻辑结构的完整性被打破,以保持三段论推理的封闭性及逻辑力,提升整体阅读感。作为裁判依据即大前提的法条R中抽象性事

〔1〕 文中模型构建均参见栗峥:《合理怀疑的本土类型与法理构建》,载《中国社会科学》2019年第4期。

实要素描述为 M,因法律后果/法律规则描述与指导性案例中后果性类规则元素具有一致性,故为 P。复述型观点印证强效化叙事模式为:

因 M→P,S－M,所以 S－P。此案与指导案例×号具有相似性,其亦重申了 S－P 的论断。

(二)法律阐释型案例的法律解释权威化叙事模式

该类案例的事实元素不被法条的抽象性事实元素所涵摄,但仍置于立法原则及立法目的辐射范围之内。其嵌入目的系确立案件事实元素与法律规则间的涵摄关系,以减免法官在完成案件事实描述后对后果裁量的叙述负担。作为连接案件与法条间事实元素的桥梁,嵌入的案例内容应是裁判文书论述中内部证成的核心环节,并以构建案例与案件间各叙事元素之间互补融合的关系为描述重点。法官应当以案例事实元素的内部结构为模板,将各案件事实元素进行细化的再拆分与再建构,后将案例嵌入裁判文书中案件事实最中心的叙事环节即因果关系链条论证中。这样,通过案件事实元素对嵌入的案例事实元素间关系的改变及嵌入元素对裁判文书表达方式的融合,实现文书内部二事实文本"你中有我,我中有你"的双向嵌入。

【裁判文书样本 2】被害人汪某某因交通事故致损害。经鉴定,汪某某因交通事故所致外伤在血栓形成过程中发挥主要作用,外伤参与度 75%。判决载"本院认为……外伤参与度问题,根据最高人民法院指导案例 24 号,交通事故的受害人没有过错,其体质特征对损害后果的影响不属于可以减轻侵权人责任的法定情形。因此,中国人民财产保险股份有限公司福鼎支公司对参与度的主张,不予采信"。

指导案例 24 号的裁判要点所确定的裁判规则即"交通事故的受害人没有过错,其体质状况对损害后果的影响不属于可以减轻侵权人责任的法定情形",仅从原《侵权责任法》第 26 条(现行《民法典》第 1173 条)的文义解释中无法获得,故其归属法律阐释型案例。法官需要对两个事实文本中具有类似性的事实情节进行叙述,如待决案件中被害人汪某某的无过错、外伤即已有的体质特征对血栓形成的影响等情节。在嵌入指导性案例时,其与文书中各内容和结构的不同处理,所带来的结构变化及效果又存在差异。

1. 分离式

演绎:(本院认为)指导案例24号裁判要点,"交通事故的受害人没有过错,其体质状况对损害后果的影响不属于可以减轻侵权人责任的法定情形"。在汪某某没有过错的情况下,鉴定意见所确定的"汪某某因交通事故所致外伤在血栓形成过程中发挥主要作用,外伤参与度75%",即认定汪某某个人体质状况对血栓的形成存在影响,与上述案例具有类似性。故本院认定该情形不属于原《侵权责任法》第26条规定的可以减轻侵权人责任的法定情形,被告应就原告损失承担全部赔偿责任(在无其他减免情形下)。

分离式叙事模式体现于文书对案例与案件事实表达描述上形于外的"分离状态",即将需嵌入的案例完整地置于案件演绎推理的论述之前,并在法官完成案件事实元素的叙述后肯定两者类似性,其不参与后段推理性叙事。但是,文本间各自内部结构的独立性及完整性须建立于内部元素关系间的关联性之上,即两文本间行于内的"耦合状态"。它体现于文书中案件内部要素的深描:待法官深入全面地分析案例事实要件中各节点要素及其结构顺序后,基于一致性原则,对叙述的案件事实元素中节点要素进行取舍、排序及结构构建。设指导性案例为F,其确立的裁判规则为S-P中,事实元素S中事实节点的叙述顺序为Aa/Ba+Ab/Bb+Ac/Bc+……待决案件的事实元素S1,其包含的事实节点有A1b/B1b,A1a/B1a,A1c/B1c……法条R确定的裁判规则为M-P。故分离型法律解释权威化叙事模式为:

指导案例×号裁判要点为F[S(Aa/Ba+Ab/Bb+Ac/Bc+……)-P],该案案件事实为S1(A1a/B1a+A1b/B1b+A1c/B1c+……),与该案例具有类似性,故本院认定S1被法条R所涵摄,即S1-P。

2. 融合式

演绎:(本院认为)在汪某某没有过错的情况下,鉴定结论所确定的"汪某某因交通事故所致外伤在血栓形成过程中发挥主要作用,外伤参与度75%",系认定汪某某个人体质状况对血栓的形成存在影响。因最高人民法院指导案例24号裁判要点所确认的事实情形,即交通事故的受害人没有过错,其体质状况对损害后果存在影响,与前述事实具有相似性。参照该指导案例裁判要点"交通事故的受害人没有过错,其体质状况对损害后果的影响不属于可以减轻侵权人责任的法定情形",对被告某某以汪某某个人体质状况为由主张适用原《侵权责任法》第16条之规定,本院不予支持。

此模型中案例介入案件演绎推理性结构内部,它强调的是案例与案件中的事实元素的深度合作,以及案例结构对裁判文书双向性嵌入的体现,即先依案例事实元素内部节点及结构顺序对案件事实元素作描述,后以其与案例事实元素所具有的类似性作为获得案例类规则元素的"因",推导出案例类裁判规则的参照效力,进而完成作为"果"的法条适用及结论获得的逻辑性表达。此类叙事模式公式为:

待决案件的事实元素为S1(A1a/B1a + A1b/B1b + A1c/B1c + ……),因指导案例×号的事实元素S与其具有相似性。参照该案例裁判要点F(S－P),对原/被告主张因适用法条R(M－P)而获得结论P,本院予以支持/不支持。

(三)规则创设型案例的法律续造理据化叙事模式

依此类案例所叙述的事实元素S与后果性类规则元素P之间的关系即S－P,无论是法条还是该法条立法目的、原则,均无法涵摄的,是具有创设性的元关系结构。嵌入该类案例,是为了弥补法官在遇到与其事实情节具有相似性的待决案件时,无裁判后果可预测、无裁判依据可适用的情形。因该类案例的后果性类规则元素是待决案件裁判文书论述内容得以完整不可或缺的组成部分,嵌入程度极高。因裁判要点是作为类裁判依据所适用,故对裁判要点确立规则的说理论证成为叙事的中心。

【裁判文书样本3】[1]南沙胜得公司与香港胜得公司系关联公司，关于南沙胜得公司应否对香港胜得公司本案所负债务承担连带责任的问题。判决书所载："根据《最高人民法院关于案例指导工作的规定》第七条规定：'……'《〈最高人民法院关于案例指导工作的规定〉实施细则》第九条规定：'……'参照最高人民法院发布的《指导案例15号》的裁判要点'……2.关联公司人格混同，严重损害债权人利益的，关联公司相互之间对外部债务承担连带责任'，关联公司人格混同的结果因素，是指人格混同的程度必须达到严重损害债权人利益的后果时，法院才否认关联公司的法人人格，让关联公司之间承担连带责任。由于加力果公司在本案诉讼中表示香港胜得公司具有履行支付本案货款的能力，香港胜得公司和南沙胜得公司分别作为独立的法人依法独立承担民事责任，故即使香港胜得公司和南沙胜得公司之间存在关联公司的关系且构成关联公司人格混同，但尚没有导致债权人利益严重受损的情形出现，故加力果公司在本案中要求南沙胜得公司对香港胜得公司所负本案的债务承担连带责任的上诉请求，没有事实和法律依据，二审法院不予支持"。

裁判文书样本3中，指导案例15号所确立的是无法条可演绎（涵摄）的创设性裁判规则，其事实情节元素S由必要性事实元素Aa"关联公司人格混同"与Ab"严重损害债权人利益"共同构成，法官于说理开端援引裁判要点，即是作为内部证成中的"大前提"，考量Aa与Ab间关系叙述出现断层，法官进一步阐述是"人格混同的程度必须达到严重损害债权人利益的后果"。法官通过对待决案件事实情节元素A1a"香港胜得公司具有履行支付本案货款的能力，香港胜得公司和南沙胜得公司分别作为独立的法人依法独立承担民事责任"与A1b"没有导致债权人利益严重受损的情形出现"的叙述，一方面，充分了理据的描述的待决案件中需要判断的事实情节元素；

---

〔1〕 参见广东省高级人民法院民事判决书，（2019）粤民再466号。

另一方面,其类指导性案例事实元素的描述方式,与前面铺陈的指导性案例事实元素相呼应对比,反向论证指导性案例的后果性类规则元素 P“关联公司相互之间对外部债务承担连带责任”不能获取。该模式极具可操作性,公式为:

因无法条 R 涵摄待决案件事实元素 S1,而待决案件事实元素 S1(A1a/B1a + A1b/B1b + A1c/B1c + ……)与指导案例事实元素 S 具有/不具有类似性,参照/不参照指导案例裁判要点 F 所确立的 S – P,S1 可以获得裁判结论 P/当事人主张以 S1 获得裁判结论 P,本院不予支持。

四、被动援引型裁判文书的叙事模式构建

在此情境下,援引者在裁判文书中获得话语权,兼受众与叙述者双重身份。此时文书对话主体显现,叙述主体间的对话空间得以打开。因赋权,援引者成为最具需求且最严厉的文书受众。法官不能再将所有受众同等视之,而应将援引者作为涟漪的中心点,往外一圈一圈地“差序化”涵摄受众。[1] 故法官关注点应当是如何通过释法说理对援引者作出满意的回应。需求主体结构的改变推动作为故事产品供给侧的文书结构的改变。逆向聚焦型叙事模式的构建即满足文本“产销”主体之需求。

与案件事实情节间具类似性是案例能够援引的前提,故叙事内容应聚焦二者间事实节点要素对比分析的外部证成,从援引者主张的基础性问题出发,让案例援引者与法官在文书中进行对话商谈,以达成对后期推理性论述的共识。叙事结构上,法官应当以丰富而细致的事实要素描述回应援引者的对话需求,提高援引者对法官立场的认可度。援引者在前段外部证成的聚焦说理中所获得满足感,会如余光般推及于内部证成的逻辑力及结论正当性上,故法官无须对内部证成过多着墨。

---

〔1〕 参见费孝通:《乡土中国》,生活·读书·新知三联书店2013年版,第30页。

（一）援引赞同语境下的逆向回应叙事模式

法官赞同援引皆因案件与案例的事实情节间具有类似性，故“聚光灯”应打在案件与案例的类似事实元素之上。[1] 法官对案件的事实叙述应当对事实情节进行整体性描述。为铺垫嵌入者，法官应在进行案件事实描述时将目光往返于两个事实情节发展之间，以案例事实之形描案件事实之实。[2]

1. 互文式

演绎：上诉人×××主张最高人民法院指导案例19号的案件事实与本案类似，应当参照适用。该指导案例裁判要点明确的情形即机动车所有人将机动车号牌出借他人套牌使用，套牌机动车发生交通事故造成他人损害的情形，与本案中作为被套牌车辆所有权人的北汽公司，提供其他车辆的临时号牌给周某龙使用即同意周某龙套牌，且该车辆发生了案涉交通事故造成多人死伤的情形具有类似性。故对上诉人参照该指导案例裁判要点，要求周某龙与北汽公司就涉案事故导致张某2、董某、张某1死亡及蔡某卉受伤造成的经济损失由被告余某俊在无责任交强险的限额内赔偿后不足的部分承担连带赔偿责任的主张。符合最高人民法院《关于审理道路交通事故损害赔偿案件适用法律若干问题的解释》第5条之规定，本院予以支持。

在此类案例嵌入形式中，两个文本间围绕类似事实情节所形成的互文式叙事，[3] 是叙事结构形成的关键性问题。[4] 在确定案例援引的主体及主张后，对指导性案例的事实情节元素S（Aa/Ba，Ab/Bb，Ac/Bc……）与待决案件的事实情节元素S1中相对应的全部节点元素A1a/1Ba，A1b/B1b，

---

〔1〕 参见曾庆香：《新媒体语境下的新闻叙事模式》，载《新闻与传播研究》2014年第11期。

〔2〕 参见孙跃：《日本司法判例援引技术初探及启示——基于民事判例的考察》，载《海峡法学》2018年第2期。

〔3〕 参见郝周成：《新媒体语境下“融合报道”的叙事学分析——以第二十九届中国新闻奖媒体融合奖项获奖作品为例》，载《出版广角》2020年第14期。

〔4〕 彭柳：《新媒体时代的新闻叙事及文本特征》，载《编辑之友》2017年第11期。

A1c/B1c 进行对比描述,以发现两者间的涵盖关系及相似度,进而推理出案件事实与案例事实本质上的一致性,回应援引主体法官的赞同立场。此部分判断性叙事应圈定于案件事实确认的外部证成。在认可案例的参照力后,运用案例辅助裁判规则涵摄案件事实,并以此形成裁判结论。此部分推理性论述应集中于案例辅助下的案件内部证成。即:

(援引主体)×××主张指导案例××号与本案类似,应当参照适用。该指导案例裁判要点所描述的完整事实节点包括,Aa/Ba,Ab/Bb,Ac/Bc,……,而其与待决案件事实节点 A1a/1Ba, A1b/B1b, A1c/B1c 具有类似性,故×××参照该指导案例裁判要点要求获得裁判规则 P 的主张,本院予以支持。

2. 超链接式

演绎:上诉人×××主张最高人民法院指导案例 19 号的案件事实与本案类似,应当参照适用。本院认为,本案中,北汽公司作为被套牌车辆的所有权人,提供该公司其他车辆的临时号牌给周某龙使用即同意周飞龙套牌,且该车辆发生的案涉交通事故造成张某 2、董某、张某 1 死亡及蔡某卉受伤。上述情形确与该指导案例具有类似性,×××主张参照该案例所确立的裁判规则适用,本院予以支持。根据最高人民法院《关于审理道路交通事故损害赔偿案件适用法律若干问题的解释》第 5 条“……”的规定,本院认定,对涉案事故导致张某 2、董某、张某 1 死亡及蔡某卉受伤造成的经济损失由被告余某俊在无责任交强险的限额内赔偿后不足的部分,由周某龙与北汽公司承担连带赔偿责任。

为避免破坏裁判文书内部叙事结构及叙事元素关系网络的完整性,此模型仍以案件事实情节的描述为主,如网络新闻文本的超链接般提及案例的存在及认可态度,以外接式文本关键词使受众在内心形成文本迁移,于文书之外自行获得案例事实情节代入案件事实,并建立理性勾连以获得对法官叙事结构及结果的认可理解。[1] 其表达模式为：

（援引主体）×××主张指导案例××号与本案类似，应当参照适用。本院认为，本案事实节点A1a/1Ba，A1b/B1b，A1c/B1c被该指导案例事实情节完整涵盖，即具有类似性，应当参照适用。故依据法条R（S－P）的规定，得出裁判结论P。

（二）援引否定语境下的逆向回应叙事模式

在此语境中，两案例和案件存在类似性事实情节是当事人作出可否援引的判断基础，而部分关键性事实情节的差异则是法官否定两案类似性的根本原因。与正向援引完整的案例事实情节嵌入不同，否定援引的案例嵌入应当是聚焦节点性事实的非线性叙事。[2] 此时，“聚光灯”打在了案例与案件差异性是事实情节之上，以点带面地对光圈下的异同作细致的对比分析成为文书表达的中心，故仅嵌入案例的一个或部分节点要素。

1. 板块式

之所以称为“板块式”嵌入模式，系法官在处理指导性案例的嵌入前，已先将案件事实与案例事实切割成分散、网状的多个事实节点，仅将待决案件需要对比分析的差异性节点进行叙述，以一种点状结构来完成叙事的聚焦、融合以及板块化，从而更加积极地体现援引者参与事实构建的多向可能性。

【裁判文书样本4】[3]阿里巴巴公司作为电子商务平台经营者被二审法院认定在友拓公司侵犯朗科公司发明专利权时未采取必要措施制止侵权行为，阿里巴巴公司在再审中援引指导案例83号主张其已采取必要措施，再审法院在民事裁定书中陈述：“阿里巴巴公司主张83号指导案例认定，对被诉侵权产品采取的必要措施应当审慎合理，但转通知是必要措施之一，本案二

---

〔1〕 周庆祥：《如何融合：数字多媒体新闻叙事策略分析——以台湾媒体融合实践为基础的讨论》，载《新闻记者》2013年第10期。

〔2〕 参见王磊：《嵌入性：社会政策与社会治理的内在逻辑》，载《治理研究》2020年第2期。

〔3〕 参见最高人民法院再审知识产权与竞争纠纷裁定书，（2019）最高法民申5971号。

审判决未遵守83号指导案例的裁判规则。但83号指导案例的裁判规则说明采取必要措施应当遵循审慎合理的原则,并强调转通知是电子商务平台经营者的最低义务,并不能由此反推履行了转通知义务就已经完成了法律规定的采取必要措施的义务。转通知是电子商务平台经营者承担的最低义务,转通知后是否还需要进一步采取必要措施,仍需要进一步结合通知内容作出判断。本案中,阿里巴巴公司虽然履行了转通知义务,但并不能因此证明其采取了必要措施。而且,友拓公司收到转通知后的回复是'我司正在准备材料中,准备好后第一时间发过去'。因此,友拓公司并未提出不侵权的反通知。阿里巴巴公司并不能据此证明其无须采取任何措施已能够较大可能防止侵权行为发生。"

指导案例83号裁判要点:(1)网络用户利用网络服务实施侵权行为,被侵权人依据侵权责任法向网络服务提供者所发出的要求其采取必要措施的通知,包含被侵权人身份情况、权属凭证、侵权人网络地址、侵权事实初步证据等内容的,即属有效通知。网络服务提供者自行设定的投诉规则,不得影响权利人依法维护其自身合法权利。(2)原《侵权责任法》第36条第2款所规定的网络服务提供者接到通知后所应采取的必要措施包括但并不限于删除、屏蔽、断开链接。"必要措施"应遵循审慎、合理的原则,根据所侵害权利的性质、侵权的具体情形和技术条件等来加以综合确定。

此情境下的叙事集中在案件与案例的差异性事实要素的对比分析上,在事实要素的对比中发现要素性事实群体性或个体性的差异,即待决案件事实要素A1a/1Ba或A1b/B1b或A1c/B1c与指导性案例事实要素Aa/Ba或Ab/Bb或Ac/Bc间存在本质性差异,并以此推导出其对于案件事实S1的性质认定将偏差于案例事实S,回应援引主体文本叙述者否定立场。而后,叙述者仅需立足于案件内部完成传统的演绎式论述以获得结论即可。如裁判文书样本4中,指导性案例与待决案件具有差异性的案件事实要素为"转通知"与"必要措施"间的关系问题,主动援引案例的当事人认为其履行了转通知义务即视为完成了审慎合理的必要措施，但法官以阐释指导性案例的裁判要点就该差异点所确立的裁判规则内容即转通知义务的履行对于必要措施的完成是必要非充分条件关系，进行细致分析论证，以该差异点推导出指导性案例的不能适用。后段既与传统型裁判文书说理无异，对前部分案例介入的外部证成构建叙事模式如下：

（援引主体）×××主张指导案例××号与本案类似，应当参照适用。然经分析发现，本案情节 A1a≠Aa 或 A1b≠Ab 或 A1c≠Ac，故因 S≠S1，本院认定该指导案例对本案不具有参考性。

2. 复调式

否定语境下的援引者话语权呈现的开放性，增加了多种声音来源独立的话语权威性，裁判文书摆脱了单一而同质的叙事方式，构成了具有对抗性的“多声部”复调式叙述。当事人作为被赋权的援引主体，其话语的民主化应该在文书中被体现。复调式逆向回应叙事模式即是以话语主体为中心所构建的微观叙事模式。因此类型模式以体现当事人话语权为核心，故适用于当事人过于情绪化、当事人间关系过于僵化或者对法官公正性质疑等案件，以此强调对当事人话语权的保护并安抚当事人的主观不信任感，使其对法官的叙事提升认可度。[1]

演绎：阿里巴巴公司主张指导案例 83 号事实与本案类似，应当参照适用。阿里巴巴公司主张指导案例 83 号裁判要点：“网络用户利用网络服务实施侵权行为，被侵权人依据侵权责任法向网络服务提供者所发出的要求其采取必要措施的通知……原《侵权责任法》第 36 条第 2 款所规定的网络服务提供者接到通知后所应采取的必要措施包括但并不限于删除、屏蔽、断开链接。”在本案中，转通知是电子商务平台经营者的最低义务，转通知后是否还需要进一步采取必要措施，仍需要进一步结合通知内容作出判断。事

[1] 参见[美]凯伦·沃尔-乔根森：《数字新闻学的情感转向：迈向新的研究议程》，田浩译，载《新闻界》2021 年第 7 期。

实上是,友拓公司收到转通知后的回复是“我司正在准备材料中,准备好后第一时间发过去”。因此,友拓公司并未提出不侵权的反通知。阿里巴巴公司并不能据此证明其无须采取任何措施已能够较大可能防止侵权行为发生。故阿里巴巴公司并不能证明其行为满足并完成了“所应采取的必要措施”,其提出应参照适用指导案例 83 号裁判要点的主张,本院不予认可。

在此类型的嵌入中,以当事人主张的指导性案例中事实发展元素 S 为主线,将 S 所展示的诸如时间 Aa/Ba、行为主体 Ab/Bb、主观方面 Ac/Bc、行为 Ad/Bd 等事实节点进行拆分,类比待决案件相应事实节点与之是否具有类似性,以缺陷情节的重要性作为核心,即以指导性案例结构链条(Aa/Ba + Ab/Bb + Ac/Bc)中的某个事实节点的差异性为突破进行案件与案例关系结构的论证描述,以获得否定结论。

(援引主体)×××主张指导案例××号与本案类似,应当参照适用。然而,其主张的指导案例的事实情节元素 S 的完整性事实情节结构为 Aa/Ba + Ab/Bb + Ac/Bc,而本案中的事实节点 A1a/B1a 所显示出来的性质与指导案例中事实节点 Aa/Ba 不一致,故本案因缺乏案例中必要性事实节点,无法适用×××主张的指导案例裁判规则。

(三)援引否定回应后的主动援引互交型叙事模式

法官在对当事人援引的案例事实情节进行否定后主动嵌入正确案例,这一语境包含两个逻辑前提:一是符合要求的案例存在。即该案例所描述的事实情节涵摄案件,且其情节部分与已被否定的案例存在类似性或曰两案所涉法条存在部分基础事实上的同向性。二是案件与两案例均存在类似性节点要素,差异仅是在关键性节点要素的区别判断上。两案例与案件类似情节是否属于事实属性判断的关键性节点,成为何者适用的依据。

因逻辑前提的不完备,导致了主、被动援引案例情形尚不存在的实然状态。一方面,最高人民法院截至 2021 年 12 月发布案例仅 178 例,其涵盖民、刑、行政、诉讼等实体法及程序法内容。其发布数量的有限性和涉及内容的广泛性差异,致存在具有类似性情节的案例的可能性极低。另一方面,在收集的被动援引样本中,暂无可供分析归纳的样本材料。然而案例发布数的逐年增加、涉及范围的逐年细化及制度的发展和完善,均预示事实情节细节化差异的案例产生之必然。故此,本章仍拟构建此情境下的叙事模式,以备可能出现的情形。

1. 纠正式

援引者与案例间的立场不一致,但与案件立场具有一致性。即所谓当事人错误地认识了案件的事实要素,导致其错误地以为本案与案例的事实具有相似性。法官推翻该案例后,再援引正确的指导案例进行说理。因当事人援引的案例不能证明其主张,故推翻案例,引入能够证明两者主张的案例释法说理,故此情境下,两个案例的嵌入情节部分具有相似性表象和差异性本质,该两个事实情节元素与待决案件的该部分情节元素以对比方式进行关系构建。叙事模式构建:

×××主张指导案例××号与本案具有类似性。但依其所述,该案例之所以与本案具有类似性系因其事实情节元素 S≈S1,然该案例所述事实情节元素实为 Z 而非 S,故其对本案不具有类似性。另,因具有与本案事实情节元素相似性的 S 为指导案例××号所确定,故本案可以参照适用该案例所确立的裁判规则 S－P,获得结论 P。

2. 推翻式

被援引案例与援引者间的立场具有一致性,但与案件立场及法官的立场不一致。即援引者错误地理解了案件的情节要素,导致其误以为案件与案例的事实具有类似性。因当事人主张与援引的案例均不成立,故推翻该案例,引入正确案例进行释法说理。

×××主张指导案例×号与本案具有类似性。然该案例事实元素 S 的事实节点结构(Aa/Ba + Ab/Bb + Ac/Bc),与本案事实元素中的节点要素具有不一致性,即 Aa/Ba,Ab/Bb,Ac/Bc……≠A1a/1Ba,A1b/B1b,A1c/B1c

或(Aa/Ba)/(Ab/Bb)/(Ac/Bc)≠(A1a/1Ba)/(A1b/B1b)/(A1c/B1c),故 S≠S1,两者不能参照适用。又因(a,b,c)=(a2,b2,c2),(a2,b2,c2)是指导案例××号的故事性情节元素 S2,故本案可以参照适用该案例所确立的裁判规则 S2－P,获得结论 P。

交互型叙事的独特优势在于其叙事的开放性更重视传受间强关系的构建。法官能够通过事实情节、适用路径和参与体验等内容设计来达到其叙事目的,用正反向叙事内容帮助构建个性化的叙事体系,使受众延长阅读时间、增加阅读沉浸感与参与感,[1]以实现更深层次的说服效果。[2]

综上,案例嵌入式文书叙事模式的统一,能增加裁判结论的权威性及可接受性,其极具操作性的固定模式亦能为法官减轻论证负担。在指导案例的持续发布、类案检索统一裁判标准不断推进的背景下,案例的运用必将平常化,故宜就叙事模型样式制订更细节化的制度性文件来予以规范并推广,同时将嵌入式文书的制作纳入绩效化管理,建立有效的奖惩机制,以摆脱受法官能力差异影响的文书释法说理效果的差异。

---

〔1〕 参见李鲤、吴瑾:《沉浸式新闻:概念辨析、叙事重构与概念反思》,载《中国出版》2020 年第 18 期。

〔2〕 许向东:《转向、解构与重构:数据新闻可视化叙事研究》,载《国际新闻界》2019 年第 11 期。

第十三章
裁判文书说理的方法论(一)
——刑事裁判说理的犯罪论视域

裁判文书说理,是审判实践活动的重要组成部分,无论是说理的内容,还是说理的方法,均会受到法学尤其是部门法学体系、结构、方法论等的影响。此章主要就刑法学体系对刑事裁判说理的影响作些探讨。

一、刑事裁判文书说理与犯罪论体系

犯罪论体系多元格局的形成,推动了学术话语层面的刑法知识形态的变化。随着 20 世纪 90 年代德国、日本系列刑法教科书的翻译引进,尤其是 21 世纪初(2003 年具有标志性)各种国际性或者全国性犯罪构成体系研讨会的召开、部分法学刊物对犯罪理论体系专题的刊登、部分学者对犯罪论体系的比较研究及知识性创作,我国刑法学犯罪构成理论体系的"一元"局面即以苏联犯罪构成体系为摹本并结合本国实践有所创新的四要件犯罪论体系终被打破,并已形成四要件犯罪论体系与阶层犯

罪论体系的"二元"竞争格局。[1]

从实践维度来看,"阶层犯罪论体系"至今尚未见诸具体裁判之中。居于通说地位的,以犯罪客体—犯罪客观方面—犯罪主体—犯罪主观方面为排列顺序的"四要件犯罪论体系"仍处在指导实践的主导地位,检察官起诉或者抗诉、辩护人的辩护、法官裁判均按此犯罪论体系进行思维和表达,例如,"徐某某隐匿、故意销毁会计凭证、会计账簿、财务会计报告案"中,辩护人提出如下辩护意见,"公诉机关指控被告人徐某某构成隐匿、故意销毁会计凭证、会计账簿、财务会计报告罪的证据不足。一、从犯罪的客体及犯罪对象方面讲,我国《刑法》第 162 条规定的犯罪对象是会计法规定的应当保存的公司、企业的会计资料,而个体的会计资料不属于会计法调整的范围。二、从犯罪的客观方面讲,徐某某没有实施隐匿、故意销毁会计凭证、会计账簿、财务会计报告的行为,因为徐某某拿走的是徐某某电器商城的商品经营账,并不是公司的账。三、'徐某某电器商城'的投资人、经营者是徐某某个人,而并非靖边县五金交电有限公司,电器商城经营行为是个人而非公司集体行为。四、徐某某与靖边县五金交电公司事实上形成了承包关系,而且也全部如数上交了承包费。综上,公诉机关指控被告人徐某某犯隐匿、故意销毁会计凭证、会计账簿、财务会计报告罪,证据不足,应依法判决徐某某无罪"。

但是,实践个案也出现按不同排列组合的"四要件犯罪论体系"进行表达,[2]包括:第一,犯罪主体—犯罪客体—犯罪主观方面—犯罪客观方面,例如,"朱某某、雷某某抢劫案"的裁判理由,"这是刑法规定的抢劫罪。本罪的犯罪主体是年满 14 周岁并具有刑事责任能力的自然人;犯罪侵犯的客体是

---

[1] 参见陈兴良:《刑法的知识转型(学术史)》,中国人民大学出版社 2012 年版,第 66 ~ 112 页。

[2] 有学者指出,除上述通行的排列顺序外,至少还存在以下 3 种排列顺序,一是犯罪主体—犯罪客体—犯罪主观方面—犯罪客观方面;二是犯罪客观方面—犯罪客体—犯罪主观方面—犯罪主体;三是犯罪主体—犯罪主观方面—犯罪客观方面—犯罪客体。参见赵秉志:《论犯罪构成要件的逻辑顺序展开》,载《政法论坛》2003 年第 6 期。

公私财物所有权和公民人身权利，侵犯的对象是国家、集体、个人所有的各种财物和他人人身；犯罪主观方面表现为直接故意，并具有将公私财物非法占有的目的；犯罪客观方面表现为对公私财物的所有者、保管者或者守护者当场使用暴力、胁迫或者其他对人身实施强制的方法，立即抢走财物或者迫使被害人立即交出财物”；“这是刑法规定的强迫交易罪。本罪的犯罪主体除自然人以外，还包括单位；犯罪侵犯的客体是交易相对方的合法权益和商品交易市场秩序；犯罪主观方面表现为直接故意，目的是在不合理的价格或不正当的方式下进行交易；犯罪客观方面表现为向交易相对方施以暴力、威胁手段，强迫交易相对方买卖商品、提供或者接受服务，情节严重的行为”。

第二，犯罪客体—犯罪主体—犯罪主观方面—犯罪客观方面，例如，“高某某、乔某某过失致人死亡案”的裁判理由，“这是刑法规定的教育设施重大安全事故罪。该罪侵犯的客体，是公共安全和教学管理秩序，主体是对教育教学设施负有维护义务的直接人员，主观方面表现为过失，客观方面表现为不采取措施或者不及时报告致使发生重大伤亡事故的行为”。

此外，实践个案还存在“简化版”的表达方式，包括：

其一，“犯罪客体—犯罪客观方面”，例如，“董某、陈某非法经营案”的裁判理由，“第一，‘冰点传奇’‘外挂’软件属于非法互联网出版物。盛大公司所经营的《热血传奇》游戏是经过国家版权局合法登记的游戏软件，受国家著作权法的保护，被告人董某、陈某购买、使用‘冰点传奇’‘外挂’程序软件在出版程序上没有经过主管部门的审批，违反了《出版管理条例》的规定，在内容上也破坏了《热血传奇》游戏软件的技术保护措施，肆意修改盛大公司《热血传奇》游戏的使用用户在服务器上的内容，不仅违反了《信息网络传播权保护条例》的相关规定，而且侵犯了著作权人的合法权益……第二，被告人董某、陈某利用‘外挂’软件从事‘代练升级’，构成非法经营罪。二被告人购买了电脑，聘用了工作人员，先后替 1 万多名不特定人使用非法‘外挂’程序进行代练，并收取费用，客观上是对该非法‘外挂’程序的发行、传播，属于出版非法互联网出版物的行为”。

其二,“犯罪主观方面—犯罪客观方面”,例如,“崔某、仇某某、张某某盗窃案”的裁判理由,“一、被告人崔某、仇某某、张某某主观上具有非法占有他人财物的目的。三被告人均明知仇某某名下的涉案银行卡内的钱款不属仇某某所有,而是牟某某存储的个人财产。当涉案银行卡被吞、牟某某要求仇某某帮助领取银行卡时,三被告人不是协助取回涉案银行卡并交还牟某某,而是积极实施挂失、补卡、取款、转账等行为,将卡内钱款瓜分,明显具有非法占有他人财物的目的。二、被告人崔某、仇某某、张某某的行为具有秘密窃取的性质……本案中,三被告人虽然是公然实施挂失、补卡、取款、转账等行为,但被害人并没有当场发觉,更无法阻止三被告人的行为。被害人虽然对三被告人可能侵犯其财产存在怀疑和猜测,并在案发后第一时间察觉了三被告人的犯罪行为,但这与被害人当场发觉犯罪行为具有本质区别。因此,三被告人的行为完全符合盗窃罪‘秘密窃取’的特征。三、被告人崔某、仇某某、张某某的行为符合盗窃罪‘转移占有’的法律特征……涉案银行卡被吞后,被害人牟某某虽然失去了对卡的实际控制,但基于掌握密码,并未丧失对卡内钱款的占有和控制。被告人崔某、仇某某、张某某如果仅仅协助被害人取回涉案银行卡,不可能控制卡内钱款。三被告人是通过积极地实施挂失、补办新卡、转账等行为,实现了对涉案银行卡内钱款的控制和占有。上述行为完全符合盗窃罪‘转移占有’的法律特征”。

其三,“犯罪客观方面—犯罪主体”,如“李某职务侵占案”的裁判理由,“李某系沪深航公司的驾驶员,在完成运输任务过程中,不仅负有安全及时地将货物运至目的地的职责,还负责清点货物、按单交接及办理空运托运手续。因此,李某对其运输途中的货物负有保管职责。托运人将涉案金币交付给沪深航公司承运,由此沪深航公司取得了对涉案金币的控制权。李某受沪深航公司委派具体负责运输该批货物,其在运输途中亦合法取得了对该批货物的控制权。根据本案事实,托运人对涉案金币所采取的包装措施,仅是将金币等货物用纸箱装好后以胶带封缄。该包装措施虽然在一定程度上宣示了托运人不愿他人打开封存箱的意思，但主要作用在于防止货物散落。托运人办理托运时，就已整体地将保管、运输该批货物的义务交付给沪深航公司，托运人在整个运输过程中客观上已无力控制、支配该批货物。因此，李某作为涉案货物承运人沪深航公司的驾驶人员，在运输涉案货物途中，对涉案货物负有直接、具体的运输、保管职责。李某正是利用这种自身职务上的便利，伙同他人将本单位承运的货物非法占有”。

二、刑事裁判文书说理与犯罪论逻辑

无论是犯罪论体系的构建，还是司法实践中犯罪的认定，均离不开论证逻辑。正如我国学者指出的，“阶层性是四要件犯罪论体系与阶层犯罪论体系之间的根本区别之所在”。[1] 犯罪成立条件之间的位阶关系有利于保证定罪的正确性。按照阶层犯罪论体系的要求，司法裁判应遵循以下判断规则：(1)客观判断先于主观判断；(2)具体判断先于抽象判断；(3)类型判断先于个别判断；(4)形式判断先于实质判断。

从实践维度来看，个案往往采取了相反的判断规则：(1)主观判断先于客观判断，例如，“赵某某故意伤害案”的裁判理由，“被告人赵某某、李某等为报复被害人，主观上有故意伤害他人身体的故意，客观上实施了持刀追赶他人的行为，并致被害人死亡后果的发生，其行为均已构成故意伤害(致人死亡)罪。被害人被逼跳水的行为是被告人等拿刀追赶所致，被害人跳水后死亡与被告人的行为有法律上的因果关系，即使被告人对被害人的死亡结果是出于过失，但鉴于事先被告人等已有伤害故意和行为，根据主客观相一致原则，亦应认定构成故意伤害(致人死亡)罪”。再如，“成某某诈骗案”的抗诉理由，“主观上，原审被告人成某某、黄某某在进入各被害单位之前就已

[1] 参见陈兴良：《刑法的知识转型(学术史)》，中国人民大学出版社2012年版，第109页。

具有骗取被害单位车辆的犯罪故意;客观上,两被告人在意图非法占有被害单位车辆的思想驱使下,首先使用假身份证和驾驶证到职介所登记,再去被害单位应聘,既虚构了其身份及其遵纪守法的事实,又隐瞒了其‘并非想从事司机职务’及其曾经诈骗其他单位车辆的真相,骗取了被害人的信任,使被害人陷入错误认识,‘自愿’将车辆交其保管,从而实现其非法占有被害单位财物的目的”。

(2)抽象判断先于具体判断,如“朱某某盗窃案”的裁判理由,先从社会危害性层面作抽象判断,再对盗窃行为构成要件作具体判断,即“一、关于对被告人朱某某的行为能否用刑法评价的问题。刑法第二条规定:‘中华人民共和国刑法的任务,是用刑罚同一切犯罪行为作斗争,以保卫国家安全,保卫人民民主专政的政权和社会主义制度,保护国有财产和劳动群众集体所有的财产,保护公民私人所有的财产,保护公民的人身权利、民主权利和其他权利,维护社会秩序、经济秩序,保障社会主义建设事业的顺利进行。’第十三条规定:‘一切危害国家主权、领土完整和安全,分裂国家、颠覆人民民主专政的政权和推翻社会主义制度,破坏社会秩序和经济秩序,侵犯国有财产或者劳动群众集体所有的财产,侵犯公民私人所有的财产,侵犯公民的人身权利、民主权利和其他权利,以及其他危害社会的行为,依照法律应当受刑罚处罚的,都是犯罪,但是情节显著轻微危害不大的,不认为是犯罪。’被告人朱某某为泄私愤,秘密侵入他人的账户操纵他人股票的进出,短短十余日间,已故意造成他人账户内的资金损失 19.7 万余元。这种行为,侵犯公民的私人财产所有权,扰乱社会经济秩序,社会危害性是明显的,依照刑法第二百七十五条的规定,已构成故意毁坏财物罪,应当受刑罚处罚。二、关于股票所代表的财产权利能否作为故意毁坏财物罪的犯罪对象问题……三、关于犯罪数额的计算问题……四、关于量刑问题……”。

(3)个别判断先于类型判断,如“王某等诽谤案”的裁判理由采取了犯罪主体—犯罪客体—犯罪主观方面—犯罪客观方面的论证顺序,其中犯罪主观方面的判断属于个别判断，而犯罪客观方面的判断属于类型判断，即“在主体方面，四被告人均属完全刑事责任能力人。在客体方面，诽谤罪的客体是公民的名誉、人格，而对于政府工作人员来说政治名誉是其人格、名誉的组成部分，四被告人的行为意欲侵害的是县委、县政府领导人的政治名誉，因此四被告人的行为侵犯的客体属于诽谤罪的客体。主观方面，尽管四被告人各有其不同的上访事由，涉及不同的分管领导。但从整体上看，均因其各自上访问题未得到满意解决而对县委、县政府产生不满，遂共同产生贬损县委、政府领导人政治名誉的念头，且均明知捏造的系虚假事实一旦散布出去必然会损害他人人格、破坏他人名誉，因此四被告人均有诽谤他人的犯罪故意。客观方面，四被告人针对县委、政府领导人共同实施了准备书写工具，商议捏造虚假事实，书写‘大’‘小’字报及复印‘小’字报；被告人王某、罗某、阮某还亲自实施了到昭通市区及鲁甸县城张贴的行为；四被告人的行为造成了共同的危害后果。另外，四被告人采用捏造虚假事实书写‘大’‘小’字报这种恶劣的方法，选择昭通市区及鲁甸县城人员密集的公共场所进行张贴散布诽谤他人政治名誉，四被告人的行为属于情节严重。综上所述，四被告人属共同犯罪，其行为均已构成诽谤罪”。

（4）实质判断先于形式判断，如“李某抢劫案”的裁判理由不是先对抢劫一根玉米的行为作形式判断，即论证与判断此行为是否该当抢劫罪的实行行为，而是在量刑部分（是否适用缓刑）对此行为的社会危害性作实质判断，即“抢劫罪侵犯的是财产权利和人身权利双重客体，本案中李某劫取的玉米价值甚小，对于超市来说损失甚微，但李某深夜持刀架在被害人脖子处实施抢劫，给被害人造成的人身危险性远远超过财物本身的价值，给社会带来了不安全因素，具有严重的社会危害性，故不宜对李某宣告缓刑”。

四要件犯罪论体系反映到实践个案的裁判理由论证中，除不像阶层犯罪论体系所体现的先后有序递进外，还间或存在部分要件“循环往复”或者杂糅在一起的现象，如“顾某某非法拘禁案”的裁判理由不仅将犯罪动机混同于犯罪目的,而且将犯罪主观方面与犯罪客观方面并在一起论证,即“被告人顾某某为索取夫妻间曾协商约定的由其妻承担的债务,在其妻离家出走后,担心其妻不承担共同债务而落得人财两空,为迫使其妻的亲人及时找回其妻,扣押了其妻的亲人作为交换其妻的条件,从而达到要其妻承担债务与其离婚的目的,是一种‘债务纠纷’的绑架行为。被告人顾某某在实施其违法行为时,实施了‘扣押人质’‘以钱赎人’等类似绑架行为的客观外在的行为,但其主观上不具有索取财物的目的,不完全具备绑架罪的特征要件,不构成绑架罪。其为达到这一目的而非法扣押了人质钟某某,限制了人质钟某某的自由权利,影响较大,其行为构成非法拘禁罪”。显然,正是此种逻辑不清晰的论证方式,导致观点即“是一种‘债务纠纷’的绑架行为”与“不完全具备绑架罪的特征要件,不构成绑架罪”的前后矛盾。

此外,从实践来看,四要件犯罪论体系与阶层犯罪论体系的判断规则、论证思维逻辑的不同,或许对大部分案件的最终处理结论不会带来影响,但间或直接影响到对同一事实的不同定性,如“成某某诈骗案”中检察院、一审法院、二审法院之所以存在定性分歧,与裁判论证是先进行客观判断还是先进行主观判断有直接关系。检察院的抗诉意见认为,“主观上,原审被告人成某某、黄某某在进入各被害单位之前就已具有骗取被害单位车辆的犯罪故意;客观上,两被告人在意图非法占有被害单位车辆的思想驱使下,首先使用假身份证和驾驶证到职介所登记,再去被害单位应聘,既虚构了其身份及其遵纪守法的事实,又隐瞒了其‘并非想从事司机职务’及其曾经诈骗其他单位车辆的真相,骗取了被害人的信任,使被害人陷入错误认识,‘自愿’将车辆交其保管,从而实现其非法占有被害单位财物的目的。综上,原审被告人成某某、黄某某的行为已构成诈骗罪”。二审法院裁判理由,“原审被告人成某某伙同原审被告人黄某某,以非法占有为目的,使用假身份证和驾驶证骗取被害单位招聘成某某做司机,后成某某利用给被害单位送货之机,伙同黄某某将被害单位的车辆非法占为己有;成某某没有为被害单位从事司机一职的主观愿望,其骗取的司机一职只是其骗取被害单位财物的一种手段,原审被告人成某某、黄某某的行为已构成诈骗罪”。抗诉意见和二审裁判理由均是先进行主观判断,认为被告人主观上有诈骗故意,进而基于此种故意实施了“诈骗”行为,因而构成诈骗罪。但是,按照阶层犯罪论体系的判断规则,宜先分析被告人的行为是职务侵占行为还是诈骗行为,两者的关键区别在于:第一,财物被侵害之前的状态是处于行为人控制还是由被害人控制;第二,财物的转移状态发生变化的原因是利用职务便利还是基于被骗而陷入认识错误进而做出财产处分。从该案案情来看,被告人虽然在取得司机身份时存在欺骗因素,但此并不意味着财物状态的改变也是基于被骗而陷入错误认识进而作出处分的结果。因而,该案被告人行为的定性宜为职务侵占罪。

三、刑事裁判文书说理与犯罪论命题

犯罪论体系性思考和犯罪论命题性思考,一直是刑法学体系要平衡处理好的两个方面。其实,犯罪论体系离不开系列具体犯罪论命题或者问题。这里仅结合因果关系、共谋共同正犯、自杀 3 个问题进行分析。

1. 因果关系的认定及说理

因果关系的认定在结果犯中至为重要。关于因果关系认定的理论学说,大致经历“条件说”—“相当说”—“客观归责说”的发展过程。

所谓“条件说”,即仅在行为与结果之间寻找一个实证意义上的联系,即对客观事实进行“有、无”或“是、否”的判断。“条件说”对于解决简单的因果关系认定(如甲开枪致乙死亡)不存在困难,但对于存在众多“条件”从而需要分清原因力主次和责任大小的案例就存在困难。“条件说”对于认定事实因果关系具有积极意义,但因不对原因力作实质判断,容易导致刑法因果关系的认定范围过于宽泛。我国传统刑法因果关系学说因肯定“偶然因果关系”的存在,而类似“条件说”。“洪某某故意伤害案”的二审裁判理由就

采用了“偶然因果关系”进行论证。

【案例1】[1]经审理查明:被告人洪某某与曾某某均在福建省厦门市轮渡海滨公园内经营茶摊,2人因争地界曾发生过矛盾。2004年7月18日17时许,与洪某某同居的女友刘某某酒后故意将曾某某茶摊上的茶壶摔破,并为此与曾某某同居女友方某某发生争执。正在曾某某茶摊上喝茶的陈某某(男,48岁)上前劝阻,刘某某认为陈某某有意偏袒方某某,遂辱骂陈某某,并与陈扭打起来。洪某某闻讯赶到现场,挥拳连击陈某某的胸部和头部,陈某某被打后追撵洪某某,追出二三步后倒地死亡。洪某某逃离现场,后到水上派出所轮渡执勤点打探消息时,被公安人员抓获。经鉴定,陈某某系在原有冠心病的基础上因吵架时情绪激动、胸部被打、剧烈运动及饮酒等多种因素影响,诱发冠心病发作,冠状动脉痉挛致心搏骤停而猝死。

二审法院经审理认为,被告人洪某某故意伤害他人身体致人死亡的行为,已构成故意伤害罪。洪某某关于原判对其定罪量刑错误的上诉理由,经查,首先,被告人拳击行为发生在被害人与其女友刘某某争执扭打中,洪某某对被害人头部、胸部分别连击数拳,其主观上能够认识其行为可能会伤害被害人的身体健康,客观上连击数拳,是被害人死亡的因素之一。因此,对被告人应当按照其所实施的行为性质以故意伤害定罪。虽然死亡后果超出

---

〔1〕 厦门市中级人民法院认为,被告人洪某某故意伤害他人身体,致被害人死亡,其行为已构成故意伤害罪。被告人洪某某在刑满释放后5年内再犯应当判处有期徒刑以上刑罚之罪,系累犯,应从重处罚。鉴于被告人洪某某归案后能坦白认罪,且考虑被害人原先患有冠心病及心肌梗死的病史,其死亡原因属多因一果等情节,可以从轻处罚。依照刑法相关规定,判决如下:被告人洪某某犯故意伤害罪,判处有期徒刑10年零6个月。宣判后,被告人洪某某不服,上诉提出,其只是一般的殴打行为,原判定罪不准;被害人死亡与其只打二三拳没有关系,不应负刑事责任,请求二审给予公正裁判……最高人民法院经复核后认为,被告人洪某某殴打他人并致人死亡的行为,已构成故意伤害罪。洪某某曾因犯罪被判刑,刑满释放后5年内又犯罪,应依法从重处罚。但被害人患有严重心脏疾病,洪某某的伤害行为只是导致被害人心脏病发作的诱因之一。根据本案的特殊情况,对被告人洪某某可以在法定刑以下判处刑罚。一审、二审判决认定的事实清楚,证据确实、充分,定罪准确。审判程序合法。二审判决量刑适当。依照刑事法律相关规定,裁定核准福建省高级人民法院以故意伤害罪,在法定刑以下判处被告人洪某某有期徒刑5年的刑事判决。

其本人主观意愿,但这恰好符合故意伤害致人死亡的构成要件。故原判定罪准确,洪某某关于定罪不准确的上诉理由不能成立。其次,被告人拳击行为与被害人死亡结果之间具有刑法上的因果关系。被告人对被害人胸部拳击数下的行为一般情况下不会产生被害人死亡的结果,但其拳击的危害性为,与被害人情绪激动、剧烈运动及饮酒等多种因素介入"诱发冠心病发作"导致了死亡结果的发生。被害人身患冠心病被告人事先并不知情,是一偶然因素,其先前拳击行为与被害人死亡结果之间属偶然因果关系,这是被告人应负刑事责任的必要条件。因此,被告人的行为与被害人死亡的结果具有刑法上的因果关系,洪某某关于对被害人死亡不负刑事责任的上诉理由不能成立。鉴于该案的特殊情况,原判对洪某某的量刑过重,与其罪责明显不相适应,可在法定刑以下予以减轻处罚。依照刑事法相关规定,撤销厦门市中级人民法院刑事判决中对被告人洪某某的量刑部分,以洪某某犯故意伤害罪,在法定刑以下判处有期徒刑 5 年,并依法报送最高人民法院核准。

"相当说"是对"条件说"的修正,即针对同等权重的条件,引入价值评价的要素进行筛选,淘汰掉那些偶然发生的、不具有刑法关注意义的条件。该说认为,行为导致结果的发生在一定程度上必须是可能的,以便能将该行为视为结果发生的原因。[1] 至于具体判断因果关系,一般分为两个阶段来判断:首先判断是否存在条件关系(明确行为与结果之间是否存在事实上的关联);其次判断是否存在相当因果关系(以存在条件关系为基础,进一步就客观性归责的范围予以规范性限定)。[2] 根据相当性判断标准的不同,"相当说"细分为以下三说:"主观说"以行为人实施行为当时认识到的情状以及可

---

〔1〕 参见[德]汉斯·海因里希·耶赛克、托马斯·魏根特:《德国刑法教科书(总论)》,徐久生译,中国法制出版社 2001 年版,第 348 页。

〔2〕 参见[日]西田典之:《日本刑法总论》,刘明祥、王昭武译,中国人民大学出版社 2007 年版,第 68 页。

能认识的情状为判断的基础;“客观说”认为应当进行客观的事后预测,即站在裁判者的立场上,无论是行为当时存在的一切事情还是行为后产生的事情,只要它们对一般人来说曾是可能预见的,均必须考虑;“折中说”主张,以行为时一般正常人可以认识的情状以及行为人特别认识的情状来作判断。[1] 就“洪某某故意伤害案”与“廖某某过失致人死亡案”而言,根据“主观说”,因行为人殴打被害人时不知道被害人患有心脏病,因而殴打行为与被害人死亡之间不具有因果关系;按照“客观说”,殴打时被害人已经患有心脏病,虽然行为人并不知道该事实,但殴打行为与被害人死亡结果之间仍然可能存在因果关系;根据“折中说”,判断结果可能会模棱两可。

【案例2】[2]经审理查明:2001年5月4日9时许,被告人廖某某因卖鱼短斤少两问题引起双方发生争吵,并互相向对方推打了一拳。接着,赖某某打电话叫其妻兄等人来帮忙。被告人廖某某见状也打电话叫李某某来帮忙。后被告人廖某某见赖某某叫来了五六个人,且李某某未到,便拨打“110”报警。后经群众劝解赖某某及其亲友向市场外离去。此时,李某某带着一男子(另案处理)赶到,并问被告人廖某某与谁争吵,被告人廖某某即指着赖某某,并与李某某及其带来男子一起追赶赖某某。被告人廖某某妻子梅某某见状即上前抱住廖某某,叫廖某某不要再打,但被告人廖某某挣脱梅某某,带着李某某等人追上赖某某,当李某某及其带来的男子追上赖某某后,即分别用拳头向赖的头、胸部打了多拳。稍后,接报警而赶到的公安人员,将被告人廖某某和赖某某等人带回龙山派出所调查处理,后赖某某在问

---

〔1〕 参见[日]大冢仁:《刑法概说(总论)》,冯军译,中国人民大学出版社2003年版,第163页。

〔2〕 佛山市顺德区人民法院刑事判决书,(2003)顺刑初字第692号。佛山市中级人民法院刑事判决书,(2003)佛刑终字第651号。一审判决后,上诉人梅某、赖某和、赖某贤、赖某旋、左某秋上诉提出,撤销一审判决,依法追究被上诉人的过失致人死亡的刑事责任。佛山市中级人民法院经审理查明的事实、认定的证据与一审一致,并认为,由于两名被上诉人廖某某、李某某实施了侵权行为,造成了一定的损害结果,且该侵权行为与损害结果之间有因果关系,具备民事侵权行为的构成要件,两名被上诉人廖某某、李某某应承担民事赔偿责任。依照刑事诉讼法的相关规定,判决如下:维持被告人廖某某、被告人李某某无罪的判决。

话结束后即昏迷倒地,经送医院抢救无效而死亡。经法医鉴定,赖某某符合在冠心病、陈旧性心肌梗死、慢性心包炎的基础上,在受到外部诱因(如外伤)作用下致心性猝死。

佛山市顺德区人民法院认为,被告人廖某某、李某某殴打受害人赖某某,受害人赖某某在受到外部诱因(如外伤)作用下致心性猝死,但被告人廖某某、李某某的行为不构成犯罪。主观上,首先,被告人廖某某、李某某没有故意或者过失的心理态度,即没有刑法上的罪过。受害人及其家人不知道受害人有如此严重的疾病,被告人更不可能知道。其次,被告人与受害人素不相识,一般的殴打会造成死亡的后果无法预见,也不可能预见。客观上,法医鉴定意见证实受害人的损害程度不足以致死,但没有对其损害程度作出鉴定,从受害人在派出所的问话中看出,受害人没有什么大碍,在正常情况下,被告人的殴打行为,不会造成轻伤以上的伤害。行为在客观上虽然造成了损害结果,但不是出于故意或者过失,而是由于不能预见的原因所引起的不构成犯罪。两名被告人虽有殴打受害人的情节,但其伤害程度未达到需刑事处罚、承担刑事责任的起点。两名被告人殴打受害人的行为与受害人的死亡结果有因果关系,但根据犯罪构成去衡量,两名被告人不应承担刑事责任。依照刑事诉讼法相关规定,判决如下:(1)被告人廖某某无罪;(2)被告人李某某无罪。

"客观归责理论(说)"是对"条件说"和"相当说"的发展,其完成了从归因到归责的转变,主张从以下4个层次来进行客观归责的判断:一是条件关联,即说明事实之间的关联,借助经验规律意义上的因果概念而考察行为和结果之间的最低限度的关联;二是相当性关联,即通过客观合目的性对或然律的补充而分析行为与结果之间的被确定性关联,从而确定事实之间的关系具有进行刑法评价的价值;三是风险性关联,即说明行为对谨慎义务的违反和结果发生之间的详细联系,从而在规范的意义上评价行为与结果之间所具有的确切联系在刑法上有相当的重要性;四是保护目的性关联,即说明所出现的结果是在被损害的规范保护范围内。[1] 客观归责包含两大步骤:风险制造和风险实现。风险制造的判断标准带有"价值"与"规范"的双重性:一是风险的产生或者提升,是一个利用生活常识进行相当性判断的价值论的问题,即判断者利用生活经验对"可能性"进行的评判;二是风险制造的"不容许性",是指依照规范的价值立场,行为因其所附着的风险必须被禁止的性质。风险实现同样具有"价值"与"规范"评价的双重性:一是人们必须通过生活常识、盖然性这样的价值因素来比对某一结果是否落入某个典型的"风险区域"内;二是风险区域的范围要依据刑法保护规范的范围来确定。[2] 按照日本学者的观点,该理论较好地解决了"相当因果关系说"存在的三大问题,因而是一种更好的规范性工具(Normative Methode):一是该理论存在不协调,即一方面只承认事前视角,另一方面又承认风险制造之外的风险实现过程,而风险实现的判断建立在事后视角之上;二是"相当性"作为评价标准而言,过于笼统,缺乏实质内容;三是该理论不适于"规范"思维。[3] 以特殊体质被害人案件为例,在制造风险阶段,倘若被告人在行为前已经得知被害人患有心脏病,那么被告人对被害人实施殴打行为,从社会生活经验、一般人的认识水平来判断,就在客观上创设了被害人死亡的危险,即制造了法所不允许的危险;相反地,倘若被告人事前并不知道被害人具有特殊体质,以正常的一般人为判断依据,分为两种情况:一是认为行为人的殴打行为没有制造死亡的风险,则不必进行下一阶段的判断,被害人的最终死亡结果不能归责于行为人的行为;二是认为行为人的殴打行为制造了死亡的风险,则需要进行下一阶段的判断,即风险是否实现。[4] 在风险实现阶

---

〔1〕 参见吴玉梅:《德国刑法中的客观归责研究》,中国人民公安大学出版社 2007 年版,第 135 页。

〔2〕 参见熊琦:《论客观归责理论的规范维度——兼析本体论、价值论因果关系与客观归责的本质区别》,载赵秉志主编:《刑法论丛》第 31 卷,法律出版社 2012 年版,第 66 ~ 67 页。

〔3〕 参见熊琦:《论客观归责理论的规范维度——兼析本体论、价值论因果关系与客观归责的本质区别》,载赵秉志主编:《刑法论丛》第 31 卷,法律出版社 2012 年版,第 62 页。

〔4〕 参见孙运梁:《致特殊体质被害人死亡案件中的刑事归责问题》,载《法学》2012 年第 12 期。

段,倘若行为人知道被害人具有特殊体质,并加以利用而造成死亡结果,那么行为人不但制造而且实现了不被容许的风险,被害人死亡的结果归责于行为人的行为;倘若行为人不知道被害人具有特殊体质,就需按照日本学者山中敬一的观点进行以下方面的考察:第一,第一次的直接危险(如殴打)对于具体结果的继续作用大小与强弱;第二,以事后判明的事情作为判断资料,审视第一次危险行为遭遇潜在危险源(如心脏病患)的客观概率;第三,比较第一次危险与第二次危险(潜在危险)对结果惹起力的大小。倘若潜在危险源的结果惹起力优越于第一次危险的危险力,则所造成的结果就不是第一次危险的实现,而是由被害人的特殊体质因素所引起。[1]

按照“客观归责理论”,“洪某某故意伤害案”与“廖某某过失致人死亡案”中殴打行为与死亡结果之间存在条件关系,但被害人死亡结果能否作为一种“作品”归责到被告人,尚需要依循客观归责理论的规则体系进行分析,因行为人殴打被害人,并没有制造被害人死亡的危险,所以被害人死亡的结果不能归属到被告人的行为上。

此外,在某些具体个案中,基于“条件说”、“相当说”或者“客观归责理论”来进行说理,间或会得出不同的结论,如“丁某故意杀人案”。

【案例3】丁某(女)与赵某系同村村民。赵某平素好吃懒做,爱占小便宜,谁家摆酒席,他总是不请自到,名声不太好。2007年10月6日,丁某过生日,在家摆了两桌酒席,邀请亲朋好友前来赴宴,赵某不在邀请之列。中午时分,酒席即将开始,赵某从外面赶来,不容分说坐下就吃。赵某的行为让丁某十分不满,觉得赵某搅了自己的酒席,就对赵某说:“我好像没请你,你怎么谁家的饭都吃呀?”赵某一副无赖嘴脸,笑嘻嘻地说:“我这个人不挑食,什么都敢吃,就算是农药我也敢喝。”赵某此话一出,更让丁某对其心生厌恶,对赵某说:“你真敢喝农药?别吹牛了。我要是拿来了,你不喝怎么

---

〔1〕 参见[日]山中敬一:《刑法中的客观归属论》,成文堂1997年版,第534~535页。

办？你要是不喝，就从老娘的裤裆下钻过，敢不敢？”赵某的行为也让众人对其不满，于是众人很默契地跟着起哄。赵某见众人均针对他，无法收回刚才所言，只能硬着头皮同意了。丁某心想反正赵某不可能真的喝农药，正好借这个机会整治一下赵某，就拿杯子去房间里倒了一杯农药端在赵某面前，对赵某说：“这是农药，你敢喝吗？”赵某见真的端上来一杯类似农药的液体，心生怯意，但眼见丁某已经做出叉开双腿的姿势，周围的人也都跟着起哄，赵某不愿意服输，端起杯子一口气喝完了。丁某表情立即变得惊愕，旁边有人问：“难道真的是农药吗？”丁某下意识地点了点头。众人这时才意识到大事不好，连忙和丁某一起将赵某送往医院。在送往医院的途中，赵某因毒性发作死亡。

根据“条件说”的价值中立判断规则(“conditio sine qua non”公式)，丁某递毒药的行为与赵某自饮毒药的行为之间均是赵某死亡结果的“条件”；同时由于“条件”之间的平等关系，所以，丁某的行为与赵某的行为不但同时而且也是同等地引起了赵某的死亡。按照“中断说”，[1]赵某如知道杯中系农药而饮下，显然属于“通常情况下不会介入的某种行为”，因而可以中断丁某与结果之间的因果关系；但是，若赵某因发生(某种不可避免的)事实认识错误，以为丁某不会投毒而饮下“农药”，同样属于“通常情况下不会介入”的行为，却不宜中断原有的因果关系。按照“客观归责理论”，赵某的行为到底是不是一个十足典型的自赴风险行为，即赵某是否对作出合理决定所需要的情景具备充分足够且无误的认识，就需要从规范视角来加以研判。基于该案案情的表述不十分清楚，就需要考虑以下情形：其一，赵某对重大情形具有完全十足的认识，但仍决定饮下农药。此情形中，丁某的行为即便在普

---

〔1〕 按照我国学者的观点，“中断说”本质上与“相当说”属于同一理论类型。我国的“因果关系中断”理论所关注的要素属于价值判断标准，即中断的3个条件：一是必须有能够引起而不仅仅是促进危害结果的介入原因；二是介入原因必须是异常原因；三是介入原因必须合乎规律地引起结果发生。参见马克昌主编：《犯罪通论》，武汉大学出版社1999年版，第225～226页。

通生活经验上制造了赵某死亡的风险,但也未制造任何法规范所禁止的风险。赵某的行为是十足的自赴风险,丁某的行为对其死亡中断归责。其二,赵某对重大情形一无所知,完全被蒙在鼓里,则丁某以农药供饮的行为可以故意杀人罪或者过失致人死亡罪归责。其三,赵某对重大情形有所认知,但错误地认为丁某是在开玩笑,端来的液体是类似农药的无毒或者微毒液体,目的在于当众使其难堪。此情形中,丁某确切地知道这是一瓶农药,其从厨房拿出农药并递给赵某的行为明显制造了禁止风险。〔1〕 赵某既然是出于错误才饮下农药的,显然不能表示其对刑法保护的放弃,此时即使从自我保护原则来考虑也不排除丁某的责任。〔2〕

2. 共谋共同正犯的认定及其说理

所谓"共谋共同正犯",〔3〕是指2人以上共同谋议实行犯罪,共谋者中的一人或一部分人直接实行了所共谋之罪时,其他没有参与实行行为的共谋者也与之构成共同正犯的情况。在日本,刑法理论曾经对共谋共同正犯存在肯定和否定之争,现在肯定的前提下重点转向到如何限定共谋共同正犯的成立范围、如何进一步明确共谋共同正犯的构造、如何深化研究不作为的共谋共同正犯、共谋的"射程"、共谋的因果性即错误等精细的问题。〔4〕 在德国,刑法"通说对于共同正犯采取'行为(犯罪)支配理论',亦肯定共谋共同正犯之存在"。〔5〕 在法国,"出于惩罚犯罪的考虑,法院判例倾向将那些

---

〔1〕 就规范角度而言,赵某自赴风险的行为当然也构成了禁止风险。赵某行为的禁止风险与丁某行为的禁止风险构成风险竞合。参见熊琦:《论客观归责理论的规范维度——兼析本体论、价值论因果关系与客观归责的本质区别》,载赵秉志主编:《刑法论丛》第31卷,法律出版社2012年版,第75~76页。

〔2〕 参见熊琦:《论客观归责理论的规范维度——兼析本体论、价值论因果关系与客观归责的本质区别》,载赵秉志主编:《刑法论丛》第31卷,法律出版社2012年版,第57~76页。

〔3〕 其有别于"实行共同正犯",即二人以上共同实行犯罪(直接实施实行行为)的情形,例如,1871年通过的现行德国《刑法典》第25条、1908年通过的现行日本《刑法典》、1953年通过的韩国《刑法典》、1956年通过的现行泰国《刑法典》等,均对(实行)共同正犯作了规定。

〔4〕 参见刘艳红:《共谋共同正犯论》,载《中国法学》2012年第6期。

〔5〕 参见张丽卿:《刑法总则理论与运用》(修订2版),一品文化出版社2005年版,第311页。

与犯罪行为进行合作的人都视为共同正犯,而不是仅仅认定为共犯,即使这些人并未直接参与构成犯罪的事实上的行为,亦不例外”。〔1〕 正如有学者指出的,当今刑法“共犯论”深受“实质客观说”的影响,即正犯与狭义共犯的区别不再执着于是否实施了构成要件中的实行行为,而是以“对实行行为规范地、价值地加以理解”为前提,“参照各个行为人在共同犯罪中是否具有主要地位,对结果的发生是起着重要作用还是辅助作用,是不是支配了结果的发生过程等,进行实质性的判断”。〔2〕 可以说,此种学说为“共谋共同正犯”的证成提供了理据。

在我国刑法理论中,受我国现行刑法对共犯规定的影响,较长时期均没有从“共谋共同正犯”的层面来加以论述,〔3〕而更多的是从共谋是否成立“共同犯罪”的角度来作出分析,例如,“否定说”认为,共谋不是共同犯罪行为,共谋而未实行,就意味着缺乏共同犯罪行为,不能构成共同犯罪。〔4〕 “肯定说”认为,共同犯罪行为包括犯罪的预备行为和实行行为。共谋不仅仅是共同犯罪意图的单纯流露,而且是共同犯罪预备行为,共谋构成共同犯罪。〔5〕 有学者开始立足中国刑法语境提出由“共谋共同犯罪”向“共谋共同正犯”的转换命题,并就其成立条件及处罚进行了论述。〔6〕

在审判实践中,个案判决采取了共谋成立共同犯罪的立场,如在“陈某

---

〔1〕 参见[法]斯特法尼等:《法国刑法总论精义》,罗结珍等译,中国政法大学出版社 1998 年版,第 312 页。

〔2〕 参见黎宏:《日本刑法精义》(第 2 版),法律出版社 2008 年版,第 255 页。

〔3〕 参见高铭暄主编:《中国刑法学》,中国人民大学出版社 1989 年版,第 185 页;陈兴良:《共同犯罪论》,中国社会科学出版社 1992 年版,第 87 页;等等。需指出的是,日本学者解读我国刑法的规定包含了共谋共同正犯的类型,“对于中国刑法中的共同犯罪,当然也可以认为包含着共谋共同正犯。第 26 条第 1 款规定的犯罪集团与主犯、第 2 款所规定的犯罪组织以及第 3 款所规定的首要分子”。参见[日]大谷实:《日本刑法中正犯与共犯的区别——与中国刑法中的“共同犯罪”相比照》,王昭武译,载《法学评论》2002 年第 6 期。

〔4〕 参见高格:《关于共同犯罪的几个理论问题的探讨》,载《吉林大学社会科学学报》1982 年第 1 期;林文肯、茅彭年:《共同犯罪理论与司法实践》,中国政法大学出版社 1987 年版,第 54 页。

〔5〕 参见高铭暄主编:《刑法学》,高等教育出版社 2002 年版,第 363 页。

〔6〕 参见刘艳红:《共谋共同正犯论》,载《中国法学》2012 年第 6 期。

某等盗窃案”[1]中，一审法院认为，“被告人经某甲单独或伙同被告人经某乙、王某某盗窃大发牌汽车5辆、桑塔纳轿车3辆，共计价值人民币53.52万元；被告人经某乙、王某某参与共同盗窃大发牌汽车2辆、桑塔纳轿车1辆，共计价值人民币17.92万元。其行为均已构成盗窃罪，且数额特别巨大，情节严重。在共同盗窃活动中，经某甲系主犯，经某乙、王某某系从犯。考虑到经某甲归案后，能如实交代部分罪行，认罪悔罪态度较好，且被盗车辆大部分被追回，可酌情从轻处罚。被告人陈某某销赃3辆大发牌汽车，得赃款1.45万元，其行为已构成销赃罪；事先与经某甲等人通谋，事后并代为销售，参与共同盗窃桑塔纳轿车1辆，价值人民币14.7万元，其行为又构成盗窃罪。鉴于其在共同盗窃犯罪中作用小于其他主犯，可酌情从轻处罚”；二审法院认为，“被告人经某甲、经某乙、王某某勾结一起，秘密窃取机动车辆销售，其行为均构成盗窃罪；陈某某事先与盗窃案犯通谋，应以盗窃共犯论处；陈某某明知是盗窃的车辆仍予销售，其行为又构成销赃罪”。如“郭某某等抢劫案”。[2]

【案例4】[3]经审理查明：2001年6月3日晚，被告人郭某某、王某、李某某和陈某某在上海一家招待所内合谋，欲行抢劫，其中王某、李某某各携带一把尖刀，陈某某提出，其认识一名住在光林旅馆的中年男子赵某，身边带有1000多元现金，可对其抢劫，其余3人均表示赞成。4名被告人于当晚商定将赵某诱至旅馆，采用尼龙绳捆绑、封箱胶带封嘴的手段对其实施抢劫。次日上午，郭某某、王某、李某某和陈某某到位于光林旅馆附近的长城旅馆开了一间房，购买了作案工具尼龙绳和封箱胶带，陈某某按预谋前去找赵

---

〔1〕参见最高人民法院刑事审判第一庭、第二庭编：《刑事审判案例》，法律出版社2002年版，第451～456页。

〔2〕参见最高人民法院刑事审判第一庭、第二庭编：《刑事审判参考》（第4卷·下），法律出版社2004年版，第81～87页。

〔3〕一审宣判后，被告人郭某某、王某不服，向上海市高级人民法院提出上诉。被告人陈某某、李某某服判，未上诉。被告人郭某某上诉称其未持刀加害被害人；王某上诉称其有自首和立功的情节。上海市高级人民法院经审理后裁定驳回上诉，维持原判。

某,其余3人留在房间内等候。稍后,赵某随陈某某来到长城旅馆房间,王某即掏出尖刀威胁赵某,不许赵某反抗,李某某、郭某某分别对赵某捆绑、封嘴,从赵某身上劫得人民币50元和1块光林旅馆财物寄存牌。接着,李某某和陈某某持该寄存牌前往光林旅馆取财物,郭某某、王某则留在现场负责看管赵某。李某某、陈某某离开后,赵某挣脱了捆绑欲逃跑,被郭某某、王某发觉,郭某某立即抱住赵某,王某则取出尖刀朝赵某的胸部等处连刺数刀,继而郭某某接过王某的尖刀也刺赵某数刀。赵某被制服并再次被捆绑住。李某某、陈某某因没有赵某的身份证而取财物不成返回长城旅馆,得知了赵某被害的情况,随即拿了赵某的身份证,再次前去光林旅馆取财物,但仍未得逞。4名被告人遂一起逃逸。赵某因大失血死亡。此外,被告人郭某某、王某和李某某还结伙流窜持刀抢劫4次,劫得人民币和手机、照相机、传真机等财物。

上海市第二中级人民法院认为,被告人郭某某、王某、李某某和陈某某分别结伙采用持刀行凶、绳索捆绑和胶带封嘴等手段,多次强行劫取财物,并致1人死亡,其行为均构成抢劫罪。被告人郭某某、王某持刀加害被害人的事实,有郭某某、王某两人的相互指证,还有陈某某、李某某的间接印证,王某也曾多次供认自己实施了加害行为,故应认定郭某某、王某两人共同对被害人实施了加害行为。郭某某在公安机关第一次被盘问时,未如实供述抢劫事实,在同案犯已经供述之后,郭某某仍未供认其持刀行凶的事实,故不符合自首条件。王某在抢劫过程中持刀加害被害人的事实,是杀人抢劫的主要事实,王某当庭否认,依法不能认定为自首。李某某、陈某某对郭某某、王某两人为制止被害人反抗、脱逃而持刀行凶应有预见,故应承担抢劫致人死亡的罪责。陈某某因形迹可疑被公安机关盘问后,即如实供述了罪行,可认定为自首。依照刑法相关规定,判决如下:被告人郭某某犯抢劫罪,判处死刑,剥夺政治权利终身,并处没收财产人民币5万元……

从裁判说理来看,这些判决如同刑法理论一样认定,共谋者是实行行为者的“共犯”或者与实行行为者成立“共同犯罪”,而没有进一步地论述共谋者是哪种性质的共犯,即正犯、教唆犯还是帮助犯。在“陈某某等盗窃案”中,一审判决认为,“(被告人陈某某)事先与经某甲等人通谋,事后并代为销售,参与共同盗窃桑塔纳轿车1辆,价值人民币14.7万元,其行为又构成盗窃罪。鉴于其在共同盗窃犯罪中作用小于其他主犯,可酌情从轻处罚”;二审判决认为,“(被告人)陈某某事先与盗窃案犯通谋,应以盗窃共犯论处”。在“郭某某等抢劫案”中,一审、二审判决均没有出现“共同犯罪”的表述。正如有学者指出的,“共同犯罪的成立只是代表连带责任的确立,共同犯罪中各参与人的行为性质及类型的划分,才是共同犯罪不同于单独犯的核心问题”。[1] 因此,我们的判决说理不能仅仅停留在肯定共谋者成立共同犯罪,而更有必要论证共谋者成立哪一种类型的(广义)共犯,即共谋共同正犯、教唆犯、帮助犯,并根据其作用再区分主犯、从犯、胁从犯,最后在“充分讲理”的前提下作出罪责刑相适应的处罚,也就是要通过进一步的说理来准确回答“各个共谋者的性质”问题。[2] 如在“郭某某等抢劫案”中,被告人陈某某不但积极参与共同抢劫故意的形成,尤其是其行为对于抢劫犯罪的开始和完成更是起到至关重要的作用,具体包括:陈某某的提议,赵某才成为被害人;陈某某利用了假身份证,才租住了宾馆作为犯罪地点;陈某某利用与赵某同乡的关系,顺利地将赵某骗至犯罪现场。陈某某在整个抢劫犯罪中给实行担当者提供行动方案、引导犯罪进程,并对赵某被害结果的完全认同(在赵某被害后迅速拿走其身份证等行为)。陈某某对全案的进程所起的引

[1] 参见刘艳红:《共谋共同正犯论》,载《中国法学》2012年第6期。

[2] 参见[日]大谷实:《日本刑法中正犯与共犯的区别——与中国刑法中的“共同犯罪”相比照》,王昭武译,载《法学评论》2002年第6期。我国有学者认为:“我国刑法没有必要引入共谋共同正犯概念,类似于日本某些在共同犯罪中幕后起重大作用的指挥者、策划者在中国本来就是主犯,而我国的主犯概念充分保证了对起主要作用的犯罪人的严惩。”参见李洁:《中日共犯问题比较研究概说》,载《现代法学》2005年第3期。显然,此论述仍然不能回答不属于“在共同犯罪中幕后起重大作用的指挥者、策划者”的共谋者即难以认定为“主犯”的那部分共谋者的“性质”问题。

导、支配作用,足以认定其为支配性的共谋共同正犯。尽管法院量刑时考虑到被害人赵某系郭某某、王某2人杀死,陈某某未亲手实施杀人行为,故从体现个人责任原则出发,对郭某某、王某判死刑,而对陈某某判处有期徒刑11年,但判决始终并未对此量刑结果的前提即被告人陈某某在共同抢劫中的“(行为)性质”进行精细化地说理。

3. 自杀的认定及其说理

自杀是否作为犯罪处理,经历了从犯罪到不构成犯罪的变化。[1] 但是,多数国家或者地区对参与自杀(教唆或者帮助自杀)的行为,均予以单独的规定,[2]例如,日本《刑法》第202条规定,教唆或者帮助他人自杀,处……基于我国刑法未对参与自杀的行为作出独立的规定,刑法学界存在以下不同观点立场和论证理由[3]:其一,教唆、帮助自杀的,并非属于共同犯罪中的教唆犯或者帮助犯,但由于行为人的教唆行为、帮助行为对自杀者的死亡结果提供了原因力,即具有因果关系,所以,一般应按故意杀人罪定罪处罚。同时,由于自杀者本人具有意思决定的自由,因而社会危害性较小,宜依照情节较轻的故意杀人予以从轻、减轻或者免除处罚。[4] 其二,生命法益是个人一切价值获知权利赖以存在的物质载体或者本源,在生命的保护上应例外地承认“家长主义”,因而应否认法益主体对自己生命的自己决定权,即自杀具有违法性。但自杀因源于自己决定,其违法性低,不值得处罚;从刑事政策的视角来看,也欠缺处罚自杀的必要性和合理性。参与自杀是否定、侵

[1] 参见李建军:《自杀行为在西方法律史上从“犯罪”到“权利”的演变分析》,载《政治与法律》2007年第2期。

[2] 此外,奥地利《刑法》第78条、西班牙《刑法》第143条、意大利《刑法》第580条、法国《刑法》第223-13条、瑞士《刑法》第115条、丹麦《刑法》第240条、英国《1961年自杀罪法》第2条等,均将参与自杀行为的全部或者部分作为犯罪处理。

[3] 近期,有学者将其归纳为“共犯说”“社会危害性说”“因果关系说”“社会伦理说”等,并认为这些主张均不能合理地论证教唆或者帮助自杀行为应当受到刑事处罚。参见王钢:《自杀的认定及其相关行为的刑法评价》,载《法学研究》2012年第4期。

[4] 参见高铭暄、马克昌主编:《刑法学》(第5版),北京大学出版社、高等教育出版社2011年版,第462~463页。

犯他人生命权的行为,相较自杀者的自杀意思,更有必要保护其生命的绝对价值。参与自杀应以情节较轻的故意杀人罪的教唆犯或者帮助犯论处。依据我国现有的共犯立法和共犯理论,完全能够妥善地解决自杀参与行为以及同意(嘱托)杀人的刑事责任问题,因而刑法无须另行增设教唆、帮助自杀罪或者同意(嘱托)杀人罪。〔1〕 其三,基于罪刑法定原则的考虑,教唆或者帮助自杀的行为,与杀人行为本身不能等同,属于法无明文规定的情形,不应以故意杀人罪论处。同时,从弥补法律漏洞出发,有必要在刑法中特别规定教唆、帮助自杀罪。〔2〕 其四,基于自己决定与自我答责的原理考虑,生命处分权属于自己决定权利的范畴,是人的权利和自由。他人基于自己的意思所实施的自杀行为,在规范上属于完全自由地处置自己生命的行为,所以,参与他人在法规范上完全自由地处置自己生命的行为,不是杀人行为。根据被害人的意志而杀死被害人的行为,也不是刑法上的杀人行为;把同意杀人、教唆杀人或者帮助杀人视为杀人罪的刑事立法,均违反了“自由是法的存在根据”的原则,均忽视了自我决定的绝对价值。〔3〕 或者认为,虽然生命是极为重要的法益,但是不能由此得出自杀也是违法行为的结论。相反,自杀行为本身体现着个人对自身生命加以支配和处分的自由。无论是从社会层面还是从个人权益保护或者道德哲学的角度,均没有理由对这种自由加以限制。从自我答责和法益侵害角度均应当认为教唆或者帮助自杀行为不足以构成刑事不法,因而,不仅必须将教唆或帮助自杀行为排除在故意杀人的构成要件之外,而且也不应在刑法中增设教唆或者帮助他人自杀罪。〔4〕

从裁判说理看,个案采取了上述有关的立场,例如,“夏某某故意杀人

---

〔1〕 参见钱叶六:《参与自杀的可罚性研究》,载《中国法学》2012 年第 4 期。

〔2〕 参见陈兴良:《判例刑法学》(教学版),中国人民大学出版社 2012 年版,第 203 ~ 204 页;冯凡英:《教唆、帮助自杀行为刍议》,载《人民检察》2004 年第 2 期。

〔3〕 参见冯军:《刑法的规范化诠释》,载《法商研究》2005 年第 6 期;冯军:《刑法中的自我答责》,载《中国法学》2006 年第 3 期。

〔4〕 参见王钢:《自杀的认定及其相关行为的刑法评价》,载《法学研究》2012 年第 4 期。

案”“邓某某故意杀人案”采纳了第一种观点。但从裁判理由来看,其均没有对教唆、帮助自杀构成(故意)杀人罪的构成要件进行说理和论证,也就是说,尚没有很好地回答下列这些问题:教唆自杀行为或者帮助自杀行为是否符合(故意)杀人罪的“杀人”这一实行行为的规定性;被告人的教唆自杀行为(言语刺激)、帮助自杀行为(提供安眠药和水,准备凳子、扶上凳子和系绳子,买回农药勾兑并递给)是否对被害人的生命法益具有危险性或者实害性;被告人的教唆行为、帮助行为与被害人的死亡是否存在刑法意义上的因果关系,被告人的教唆、帮助自杀故意是否属于故意杀人罪的“故意”;“以隐瞒、谎骗的方式妨碍实施抢救因自杀而处于生命危险的人的行为”(“蒋某某故意杀人、故意伤害案”)是不作为的故意杀人行为,还是作为的故意杀人行为,抑或是教唆、帮助自杀行为的不可罚的后续行为等,而只是笼统地得出结论“被告人的教唆、帮助自杀行为,构成故意杀人罪”。

【案例5】〔1〕经审理查明:被告人夏某某与被害人吴某某系原配夫妻,夫妻关系一直融洽。2004年1月的一天,吴某某在结冰的路上行走时滑倒,致一条腿折断。此后,吴某某陷入伤痛之中,加之面临经济困难,产生自杀念头。被告人夏某某在劝说吴某某打消轻生念头没有效果之后,在眼前艰难处境的压力下也产生不想活的念头,便与吴某某商量两人一起上吊结束生命。2004年5月12日1时许,夏某某在租住的地下室准备了一高一矮两把凳子,并准备了绳子,接着先将吴某某扶到矮凳子上,又从矮凳子上扶到高凳子上,让吴某某站立在凳子上,将绳子一端系在吴某某的脖子上,另一端系在地下室的下水管上,然后其将吴某某脚下的凳子拿开,吴某某脚动了几下即窒息而死。过了十几分钟,夏某某也准备上吊自杀,但想到这样会连累房东,即打消自杀念头,于天明时到公安派出所投案自首。

乌鲁木齐市中级人民法院认为,被害人吴某某已有自杀意图,被告人夏

〔1〕“夏某某故意杀人案”,乌鲁木齐市中级人民法院刑事判决书,(2004)乌中刑初字第219号。

某某帮助被害人自杀,其主观上明知会出现他人死亡的结果而仍故意为之,客观上其积极主动地帮助被害人吴某某自杀,导致吴某某死亡结果的发生,其行为已构成故意杀人罪。鉴于被告人夏某某行为的社会危害性相对较小,犯罪情节较轻,且被告人夏某某具有自首情节,可依法从轻处罚。依照《刑法》第64条、第67条第1款、第232条之规定,判决如下:被告人夏某某犯故意杀人罪,判处有期徒刑5年。

【案例6】〔1〕经审理查明:被害人李某某中风半瘫长达20年。因其不堪忍受长期病痛折磨,一直有轻生念头。2011年5月12日,李某某摔了一跤,病情恶化,其不想拖累儿子,再次产生了强烈的轻生念头。2011年5月16日早上,李某某要求其子邓某某为其购买农药以实施自杀。面临母亲的坚决求死的请求,邓某某忍痛成全,买回农药进行勾兑后递给母亲。邓母当即服用农药,中毒身亡。2011年5月30日,广州市番禺区人民法院审理本案时,充分考虑到被告人邓某某帮助其母自杀的行为系应长期受病痛折磨的母亲之请求,出于帮助其母免受疾病痛苦的善良动机才实施的,其主观动机有值得宽宥之处;同时法院综合考虑该案的其他情节如被告人系初犯、认罪态度较好,且一贯十分孝顺病重老母,最终判处被告人有期徒刑3年,缓刑4年。

此外,正如有学者指出的,在我国以往司法实践中,因未能准确界定"自杀",〔2〕导致将那些其实属于故意杀人的间接正犯、不作为故意杀人或者过

---

〔1〕 参见钟亚雅、许晓君、崔杰峰:《帮助自杀,罪不可恕,其情可悯》,载《检察日报》2012年6月6日。

〔2〕 关于"自杀"的定义存在不同观点:其一,自杀,是指"在被害人事前知道自己行为结果的前提下,直接或间接地由其自己实施的作为或不作为所引起的死亡"。其二,自杀,是指"通过被害人对自己生命进程的刻意干预而导致的非正常死亡"。其三,自杀即被害人以自我答责的方式通过自己的行为杀死自己。其四,自杀系被害人故意并且自愿地直接引起了自己死亡。其五,自杀意味着被害人在健全的精神状态下故意造成自己死亡。其六,刑法中认定自杀,在主观方面,被害人不仅应当认识到并且意欲死亡结果发生,而且必须是自愿的,即自主决定地选择死亡;在客观方面,被害人必须事实性地支配着直接导致死亡的行为,在将不可逆转地造成死亡结果的最后关键时刻自己控制着事态的发展;等等。参见王钢:《自杀的认定及其相关行为的刑法评价》,载《法学研究》2012年第4期。

失致人死亡的行为,按照“教唆、帮助自杀”或者“相约自杀”案件来处理,进而致使说理不妥当。从裁判说理的角度来说,个案处理中有必要严格区分故意杀人(包括不作为杀人、间接正犯杀人、放任故意杀人)、教唆、帮助自杀、过失致人死亡、自杀,从而进行相应的说理论证。“魏某故意杀人案”的“用双手掐住徐某的颈部,继而又用枕头将徐某捂死”,“陈某某故意杀人案”的“持刀片割破被害人王某某的右手腕”和“持水果刀朝被害人王某某的左胸部及左颈部连刺数刀”,属于典型的(故意)杀人行为(所谓“相约自杀”只是事前的约定或者起因)。在“徐某故意杀人案”中,被告人“逼其父亲与其一起服毒自尽”的行为是认定为(故意)杀人行为,还是认定为教唆自杀行为;在“麻某某故意杀人案”中,被告人“神志清醒时不对实施自杀的曾某某进行救助,并在其心脏部位扎一刀”的行为(在“扎一刀”并非被害人死亡的原因时),是按“相约自杀”作无罪处理,还是认定为故意杀人(未遂),均有进一步探讨的余地。

【案例7】[1]经审理查明:2007年11月2日被告人魏某通过他人介绍与被害人徐某取得了联系,邀请徐某当模特到云南拍一些少数民族服饰的照片,并许诺给徐某7000元的酬金。2007年11月3日魏某与徐某一同从青岛出发,于当日23时许到达丽江,并入住丽王酒店1301房间。2007年11月4日早晨,2人以300元的价格包了和某新驾驶的云PT0550出租车到丽江玉龙雪山,2时许回酒店入住。后两人发生了性关系,至次日凌晨3时许,两人相约自杀,魏某先用双手掐住徐某的颈部,继而又用枕头将徐某捂死后自杀未遂。于2007年11月6日16时30分许魏某才到丽江市公安局刑警支队投案自首。

法院认为,被告人魏某无视国家法律,非法剥夺被害人徐某的生命,其行为已构成故意杀人罪。鉴于被告人魏某在案发后主动到公安机关投案自

---

〔1〕 云南省丽江市中在级人民法院刑事判决书,(2008)丽中刑初字第54号。

首,其家属愿积极赔偿被害人家属的经济损失,并对附带民事诉讼部分经调解达成调解协议,由被告人魏某赔偿附带民事诉讼原告人徐某某、刘某某经济损失人民币40万元(已另行制作调解书),可对被告人魏某从轻处罚。经合议庭评议,并经本院审判委员会讨论决定,依照刑法相关规定,判决如下:被告人魏某犯故意杀人罪,判处死刑,缓期2年执行,剥夺政治权利终身。

【案例8】〔1〕经审理查明:被告人陈某某因生活原因与被害人王某某相约自杀。2005年7月13日23时许,在本市白云山能仁寺后门外上山顶公园小路的一水泥平台上,被告人陈某某持刀片割破被害人王某某的右手腕,后割破自己的左手腕。至14日凌晨,被告人陈某某因担心他人发现后报警会导致自杀不成功,遂持水果刀朝被害人王某某的左胸部及左颈部连刺数刀,致被害人王某某当场死亡(经法医鉴定:被害人王某某系因左颈部、左胸部、右手腕被锐器作用致心脏、肺脏破裂,颈部、右腕部血管破裂合并失血性休克死亡)。随后,被告人陈某某持水果刀向自己的颈部、腹部连刺数刀,后被群众发现报警而自杀未遂。

法院认为,被告人陈某某故意非法剥夺他人生命,致人死亡,其行为已构成故意杀人罪,依法应予惩处。依照刑法相关规定,判决如下:被告人陈某某犯故意杀人罪,判处有期徒刑11年,剥夺政治权利3年。

【案例9】〔2〕经再审庭审查明:2001年春节前,原审被告人徐某要求其父亲徐某某给其人民币8万元,以解决家庭矛盾纠纷,遭到拒绝。2001年4月8日晚约11时,徐某带事先准备好的5瓶老鼠药及2个矿泉水瓶,来到其父亲徐某某住处的客厅,再次要求徐某某给钱,并说:"没钱,你就打算怎么死,是打算头破血流地死,还是怎么个死法。"徐某某仍不答应徐某的要求。于是,徐某将5瓶贴有"闻到死"标签的老鼠药分别倒入两个装有半瓶水的矿泉水瓶中,然后叫徐某某与其喝下一同自尽。徐某某说:"你何必这样做

---

〔1〕 广东省广州市中级人民法院刑事判决书,(2006)穗中法刑一初字第53号。
〔2〕 海南省海南中级人民法院刑事判决书,(2007)海南刑再终字第1号。

呢?"徐某威胁说:"你说什么都没有用,是打算头破血流地死好还是这样死好,你还是痛痛快快地喝,搞不好搭上两口人。"徐某某听后就接过装有老鼠药的矿泉水瓶往嘴里倒了一小口含着。此时,在门外的徐某某的妻子叶某某见状,便冲进客厅内抢下徐某某手中的矿泉水瓶,徐某某也把口里含的毒液吐掉。不久,徐某某感到全身发软,被其妻子叶某某、女儿徐某某送往昌江县人民医院治疗。

法院认为,原审被告人徐某因家庭琐事与其父亲徐某某发生纠纷,并逼其父亲与其一起服毒自尽,因被他人及时发现制止而未得逞,其行为已构成故意杀人罪(未遂)。对于未遂犯,依法可以比照既遂犯从轻或者减轻处罚。原一审判决、二审裁定认定事实清楚,证据确实、充分,定罪准确,审判程序合法,但量刑不当,应予改判。徐某的辩护人提出的原审被告人徐某与被害人徐某某的行为性质属于"相约自杀",徐某的行为不构成故意杀人罪的辩护意见亦不能成立,不予采纳。经本院审判委员会讨论决定,依照刑事法相关规定,撤销原判决和裁定,并判决原审被告人徐某犯故意杀人罪(未遂),判处有期徒刑9年。

【案例10】[1]原判认定:2008年9月29日13时至20时,被告人麻某某与其女友曾某某因婚姻、感情问题在被告人麻某某租住的新乡市牧野区牧野乡西牧村29号一房屋内一起相约自杀。自杀过程中,被告人麻某某持一把带齿尖刀,其女友曾某某持一把菜刀,双方各自在自己脖子上划了几刀,被告人麻某某自杀未遂。其间,被告人麻某某在自己意识清醒时不对实施自杀的曾某某进行救助,并在其心脏部位扎一刀。经法医鉴定,曾某某系以锐器切割颈部造成右静脉不全离断,最终因失血性休克死亡。

一审、二审法院以故意杀人罪判处被告人麻某某有期徒刑12年,剥夺政治权利3年。

---

〔1〕 河南省新乡市中级人民法院刑事附带民事裁定书,(2009)新刑二终字第99号。

第十四章
裁判文书说理的方法论(二)
——刑事裁判说理的类比运用

在刑事法语境中,“类推”有多重含义,例如,作为法律解释方法的类推解释、作为法律推理的类比推理、作为法律适用的类推制度。此章从刑事裁判文书说理的角度对相关“类推”话语的争鸣作些澄清。

一、刑事“类推话语”的争鸣

考察近期若干文献可知,学界对刑法中的“类推”存在诸多争论。一是刑法中应否禁止类推,禁止何种类推。例如,德国学者宾丁认为,“如果只在刑法领域实行类推之禁止,这实在是一件令人惊讶之事”;[1] 德国学者鲁道菲(Rudolphi)认为,刑法领域的禁止类推并不是没有例外的,尤其是:它针对的只是证立或

---

〔1〕 参见[日]木村龟二主编:《刑法学词典》,顾肖荣等译,上海翻译出版公司1991年版,第83页。

加重刑罚的法律规则,而不禁止类推适用取消可刑罚化或减轻刑罚的条款。[1] 我国有学者认为,“严格限制的类推制度是对罪刑法定原则的价值补充”;[2]有学者认为,刑法允许类推与罪刑法定原则并不冲突,刑法所要禁止的类推应该是超出不法类型的类推;[3]我国通说认为在刑法领域应禁止类推(不利于被告的情形),理由是,“类推可能导致法官随意适用法律,侵害公民自由权利”,[4]或者“类推是对体现国民意志的刑法的侵害”,“导致国民不能预测自己的行为之后果,要么造成行为的萎缩,要么造成国民在不能预测的情况下受到刑罚处罚”。[5] 二是刑法中“类推”是解释方法,还是法律推理(适用)形式、法律论证形式抑或是类推制度。德国学者耶赛克和魏根特认为,“类推无异于法学逻辑中的通常推论程序,该程序在所有法领域,包括刑法中,并不仅仅在对被告人有利时适用”。[6] 我国有学者认为,“刑法领域不可能禁止类推”,“刑法适用的过程,就是一个寻找事实与法律规范所规定的行为类型之间的相似性的类比或者说类推的过程”;[7]有学者认为,

[1] 参见雷磊:《类比法律论证——以德国学说为出发点》,中国政法大学出版社2011年版,第301页。

[2] 参见张建军:《试论类推制度对罪刑法定原则的价值补充》,载《甘肃农业》2005年第11期。

[3] 参见杨晓娜:《法律类推适用新探索》,中国政法大学出版社2013年版,第214~215页。

[4] 参见马克昌主编:《刑法学》,高等教育出版社2003年版,第11页。

[5] 参见张明楷:《刑法学》(第4版),法律出版社2012年版,第46页。

[6] 参见[德]汉斯·海因里希·耶赛克、托马斯·魏根特:《德国刑法教科书(总论)》,徐久生译,中国法制出版社2001年版,第155页。在当代德国法学方法论对于类比运用问题的研究上,能够区分出3种基本的理论路径:一是传统路径,即以传统的解释学理论为依据,以卡尔·拉伦茨、卡尔·恩吉施、克劳斯·威廉·卡纳里斯为代表;二是诠释学路径,即以本体论化的解释学(诠释学)为依据,以阿图尔·考夫曼、温弗里德·哈斯默尔为代表;三是分析性路径,即以分析哲学与逻辑为依据,以乌尔里希·克鲁格、特奥多尔·黑勒、罗伯特·阿列克西为代表。参见雷磊:《类比法律论证——以德国学说为出发点》,中国政法大学出版社2011年版,第11~70页。

[7] 参见黎宏:《“禁止类推解释”之质疑》,载《法学评论》2008年第5期。

类比可被用为法律论证的一种基本模式,也是法律规则的一种特殊适用模式。[1] 笔者认为,上述分歧的产生与诸位学者在不同的维度和语境来界定和理解"类推"有关,实有必要准确区分3个维度的"类推",即作为法律解释方法的"类推解释"、作为法律推理的"类比推理"和作为法律适用的"类推制度"。

二、作为法律解释方法的"类推解释"

针对法律解释方法的分类,不同学科和学者从不同视角或者立场作出了不同的界定。法理学者认为,法律解释方法可以分为一般解释方法与特殊解释方法两大类,其中,一般解释方法包括语法解释、逻辑解释、系统解释、历史解释、目的解释和当然解释等;[2] 特殊解释方法按照解释尺度的不同,分为字面解释、扩充解释和限制解释,[3] 按照解释的自由度的不同,分为

---

[1] 参见雷磊:《类比法律论证——以德国学说为出发点》,中国政法大学出版社2011年版,第95~96页。类比运用与涵摄的相同点在于其出发点依然在于既定的法律规则,不同点即特殊性在于:它是在法律规则没有明确规定的情况下,通过案件比较并确定案件间相似性的基础上,将法律规则扩张适用至待决案件的过程。参见雷磊:《类比法律论证——以德国学说为出发点》,中国政法大学出版社2011年版,第93页。

[2] 语法解释,又称文法、文义、文理等解释,是指根据语法规则对法律条文的含义进行分析,以说明其内容;逻辑解释,是指运用形式逻辑的方法分析法律规范的结构、内容、适用范围和所用概念之间的关系,以保持法律内部统一的一种解释方法;系统解释,是指将需要解释的法律条文与其他法律条文联系起来,从该法律条文与其他法律条文的关系、该法律条文在所属法律文件中的地位、有关法律规范与法律制度的联系等方面入手,系统全面地分析该法律条文的含义和内容;历史解释,是指通过研究立法时的历史背景资料、立法机关审议情况、草案说明报告及档案资料来说明法律条文的内容和含义;目的解释,是指从法律的目的出发对法律所做的说明;当然解释,是指在法律没有明文规定的情况下,根据已有的法律规定,某一行为当然应该纳入该规定的适用范围时,对适用该规定的说明(如禁止小汽车通行的街道,当然禁止拖拉机通过)。参见张文显主编:《法理学》,高等教育出版社、北京大学出版社2002年版,第331~332页。

[3] 字面解释,是指对法律所作的忠于法律文字含义的解释;扩充解释,是指当法律条文的字面含义过于狭窄,不足以表现立法意图时,对法律条文所作的宽于其文字含义的解释;限制解释,是指法律条文的字面含义较之立法意图明显失之过宽时,对法律条文所作的窄于其文字含义的解释。参见张文显主编:《法理学》,高等教育出版社、北京大学出版社2002年版,第331~332页。

狭义解释和广义解释。[1] 刑法理论一般将刑法解释方法分为文理解释与论理解释,论理解释又分为当然解释、扩大解释与限制解释;[2]或者认为,论理解释包括扩张解释、限制解释、当然解释、反面解释、系统解释、沿革解释、比较解释和目的解释,[3]或者认为,论理解释又包括扩大解释、缩小解释、合宪性解释、补正解释、目的解释等。[4] 日本学者认为,刑法解释方法从形式上分类,主要包括平义解释、当然解释、扩大解释、缩小解释、类推解释与反对解释;从实质上分类,主要有文理解释、体系解释、历史解释与目的解释;[5]或者认为,解释方法应当分为解释的参照事项与条文的适用方法,条文自身的含义、条文之间的体系关联、立法者的意思、立法的历史背景、法律意思(正义、事物的逻辑、解释的结果),属于解释的参照事项;平义解释、宣言解释、扩张解释、缩小解释、反对解释、当然解释、类推、比附、反制定法的解释(变更解释或者补正解释),属于条文的适用方法。[6] 我国有学者将刑法解释方法归纳为两大类:解释理由和解释技巧,其中,解释理由包括文理解释、体系解释、历史解释、比较解释和目的解释,解释技巧包括平义解释、宣言解释、限制解释、扩大解释、反对解释和补正解释;[7]有学者在分析检讨历史解

---

〔1〕 狭义解释,又称严格解释,是指严格按照法律条文的字面含义对法律的解释(与字面解释的不同在于:其不仅忠于法律条文的字面含义,而且主要是忠于被解释对象的立法意图);广义解释,是指不拘泥于法律条文文字含义,对法律的比较自由的解释(甚至可以改变立法原意)。参见张文显主编:《法理学》,高等教育出版社、北京大学出版社2002年版,第332页。

〔2〕 文理解释,就是对法律条文的文字,包括单词、概念、术语,从文理上所作的解释;论理解释,就是按照立法精神,从逻辑上所作的解释。参见高铭暄、马克昌主编:《刑法学》(第4版),北京大学出版社、高等教育出版社2010年版,第25页。

〔3〕 参见李希慧:《刑法探微》,中国人民公安大学出版社2007年版,第73页。

〔4〕 参见刘浩:《刑法解释方法论》,中国政法大学出版社2014年版,第23页。

〔5〕 文理解释、体系解释、历史解释与目的解释,都是为特定的大前提的真实含义提供理由的解释方法,参见[日]井田良:《讲义刑法学(总论)》,成文堂2008年版,第51~52页。

〔6〕 参见张明楷:《刑法学》(第4版),法律出版社2011年版,第38~39页。

〔7〕 参见张明楷:《刑法学》(第4版),法律出版社2011年版,第40~47页。有学者对此提出了异议,刑法解释理由与解释技巧的提出,使原本就无力而含糊的刑法解释方法变得更加欠缺明确性和可操作性;解释理由很容易与刑法解释中的法律论证相混淆,而解释技巧实际上是刑法解释方法论中的应有之义。参见刘浩:《刑法解释方法论》,中国政法大学出版社2014年版,第19页。

释、比较解释、合宪性解释、目的解释、补正解释、当然解释反对解释的基础上提出，采用点、线、面、体的数学思维去重新建构一种刑法解释方法体系，认为刑法解释方法从客观方法论的高度出发包括文理解释、扩大解释、缩小解释和体系解释。[1]

法律（刑法）解释方法可从不同的角度作出不同的分类，实乃当然。但是，按照逻辑学的要求，每次分类应坚持同一的标准，且标准必须明确，具体分类项之间不应出现交叉，否则就会产生逻辑混乱、外延不周全等问题，例如，上述法理学中“一般解释方法”与“特殊解释方法”的分类中，“一般”与“特殊”如何区分，具体含义到底何指，就不太明确；上述刑法理论通说将“扩大解释”“限制解释”归之于“论理解释”，不免又会使人对“从逻辑上所作的解释”产生进一步的疑问，同时体系解释、历史解释、目的解释等同样属于“按照立法精神”来进行的解释，却没有被纳入进来；日本学者将“平义解释、宣言解释、扩张解释、缩小解释、反对解释、当然解释、类推、比附、反制定法的解释（变更解释或者补正解释）”并列归属于“条文的适用方法”，也存在未能明确这些并列项是基于一种标准还是多维标准的问题；上述“点、线、面、体重新构建”的做法，将“体系解释”与“文理解释、扩大解释、缩小解释”并列，理由是四者各有“侧重”，但还是存在划分的标准是否同一的问题，等等。

那么，作为解释方法的“类推”，究竟应作如何归类，与扩大解释又是何种关系？对此，学界也存在分歧，上述日本学者或将“扩大解释”“缩小解释”与“类推解释”并列，或者将“扩张解释”“缩小解释”与“类推”“比附”并列。笔者认为，从分类标准的同一性出发，文义解释（字面解释）、扩大解释与缩小解释应是并列的关系，且三者（字面解释系“＝”，扩张解释系“＞”，缩小

---

〔1〕 文理解释坚持规范至上和侧重罪刑法定，扩大解释与缩小解释侧重罪刑均衡，体系解释侧重刑法解释的科学性与全局性。参见刘浩：《刑法解释方法论》，中国政法大学出版社2014年版，第25～41页、第73页。

解释系“ <”)已经使此种划分处在周延状态。也就是说,在此层面上,类推解释与扩张解释不是并列关系,进而两者只能是一种包容关系,即可按照扩张解释得出的结论是否违背罪刑法定原则,可以分为不违背罪刑法定原则的扩张解释和违背罪刑法定原则的扩张解释(类推解释)。[1] 至于如何区分扩张解释的结论是否违背罪刑法定原则,则是接下来的一个问题。

关于扩张解释与类推解释的能否区分及如何区分,学界同样也存在分歧。德国学界存在“强界分功能说”“弱界分功能说”“无界分功能说”,[2]即前两者主张可以区分,后者主张难以区分。日本学者植松正认为,“不许类推,容许扩张解释不外是语言魔术”。[3] 我国有学者认为,“扩大解释与类推解释没有固定不变的界限”,[4]“如何区分类推解释与扩大解释,是刑法学永恒的课题”;[5]有学者认为,“要清楚地界定扩张解释与不利于被告人的类推解释的关系和界限,是件不容易之事”;[6]有学者认为,扩大解释与类推解释的一个显著不同是解释的逻辑起点不同,扩大解释着眼规范本身,是从已然的单一事实出发,在可能对应的法律条文中,对需要解释的语词或概念进行穷尽;类推解释则着眼事实与事实之间以及事实与规范之间,通过事实对比,增加了该事实该当某个法规范的法律确信,抑或是通过法条对比增加了某个法规范涵摄个案事实的可能性;[7]有学者认为,扩大解释与类推解

[1] 我国刑法学者认为,违反罪刑法定原则的扩大解释,实际上是类推解释;在扩大解释内部,需要进一步区分合理的扩大解释与不合理的扩大解释。参见张明楷:《刑法学》(第4版),法律出版社2011年版,第46页。我国法理学者则认为,按照解释是否符合词义推论规则,可分为词义内的类比解释和续造性的类比论证,参见雷磊:《类比法律论证——以德国学说为出发点》,中国政法大学出版社2011年版,第297页、第301页。

[2] 参见雷磊:《类比法律论证——以德国学说为出发点》,中国政法大学出版社2011年版,第301页、第293~296页。

[3] 参见吴丙新:《扩张解释与类推解释之界分——近代法治的一个美丽谎言》,载《当代法学》2008年第6期。

[4] 参见张明楷:《刑法学》(第3版),法律出版社2007年版,第50页。

[5] 参见张明楷:《实质解释论的再提倡》,载《中国法学》2010年第4期。

[6] 参见赵秉志:《罪刑法定原则研究》,载高铭暄、赵秉志主编:《刑法论丛》第6卷,法律出版社2002年版,第92~93页。

[7] 参见刘浩:《刑法解释方法论》,中国政法大学出版社2014年版,第160~162页、第173页。

释在以下五个方面有别:其一,从形式上说,扩大解释得出的结论未超出刑法用语可能具有的含义,在刑法文义的“射程”内进行解释,类推解释得出的结论超出了用语可能具有的含义,是在刑法文义的“射程”外进行解释;其二,从着重点上说,扩大解释着眼刑法规范本身,仍然是对规范的逻辑解释,类推解释着眼刑法规范之外的事实,是对事实的比较;其三,从与立法者的意思的关系上说,扩大解释是为了使立法者的意思明确化,类推解释是在立法者的意思之外主张解释者自己所设定的原理;其四,从论理方法上说,扩大解释是扩张性地界定刑法的某个概念,使应受处罚的行为包含在该概念中,类推解释是认识到某行为不是刑罚处罚的对象,而以该行为与刑法规定的相似行为具有同等的危害性为由,将其作为处罚的对象;其五,从实质上而言,扩大解释没有超出公民预测可能性的范围,类推解释超出了公民预测可能性的范围。〔1〕

笔者认为,一是上述“区分说”存在将作为法律解释方法的“类推解释”、作为法律推理的“类比推理”、作为法律适用的“类推制度”(下文)等不同层面的“类推”混为一体的倾向;二是两者的区分必须在同一层面上进行,方能得出合理的结论。以上述“五点区别说”为例,第一点、第三点与第五点均是从某个方面来区分是否违背罪刑法定原则,此时是将“类推解释”作为一种法律解释方法;第二点、第四点的区分,则是将“类推解释”作为法律推理中的“类比推理”来对待的。应当说,区分不违背罪刑法定原则的扩张解释与违背罪刑法定原则的扩张解释(类推解释)的标准,应以解释结论超出被解释对象即法律条文或者规范的文义限度是否合理为准。至于如何进一步确定“是否合理”,实有必要根据具体情形来坚持“刑法条文可能具有的含义说”“法律条文逻辑含义许可范围说”“具有解释对象核心属性说”“国民预

〔1〕 参见张明楷:《如何区分类推解释与扩大解释》,载《人民法院报》2005 年 12 月 21 日,第 5 版。

测可能性说”“合法、合理标准说”等[1]主张中的某种、数种或者采取综合的立场，并进行充分的论证。[2]当然，在实践中难免对某种扩张解释究竟是不违背罪刑法定原则的扩张解释还是违背罪刑法定原则的扩张解释（类推解释），仁智各见。例如，2000 年 11 月 27 日最高人民法院《关于审理破坏野生动物资源刑事案件具体应用法律若干问题的解释》将《刑法》第 341 条的“出售”解释为“包括出卖和以营利为目的的加工利用行为”，是正常的扩大解释还是不合适的类推解释，就存在不同的评价。[3]

三、作为法律推理的“类比推理”

推理是从已知的判断推导未知的判断的活动。推理可分为形式推理和实质推理（又称辩证推理），其中，形式推理包括演绎推理、归纳推理和类比推理。法学界对法律推理的界定存在分歧，有的仅将其视为由已知前提推出结论的过程，例如，“法律推理就是以确认的具体案件事实和援用的一般法律条款这两个已知前提运用科学的方法和规则为法律适用结论提供正当理由的一种逻辑思维活动”，[4]有的还同时将推理的前提与结论的正确性（或正当性）的确立过程视为其有机组成部分，例如，“法律推理是指特定法律工作者利用相关材料构成法律理由，以推导和论证司法判决的证成构成或者证成方法”，[5]或者“法律推理，就是特定的法律工作者（其中心是法官）在具体案件中，确认相关案件事实、适用适当的法律规则以及为得出裁

---

〔1〕 我国台湾地区学者也作了类似概述，区分类推解释与扩大解释大致有以下几种观点：（1）以用语文义可能范围为标准；（2）以国民预测可能性为标准；（3）定型本质的解释观念；（4）以有疑时有利于被告人之考量原则为标准；（5）基于调和处罚要求与人权保障的观念确立的标准。参见黄朝义：《罪刑法定原则与刑法之解释》，载林山田等：《刑法七十年之回顾与展望纪念论文集（一）》，台北，元照出版有限公司 2001 年版，第 137～147 页。

〔2〕 参见陈志军：《论刑法扩张解释的根据与限度》，载《政治与法律》2005 年第 6 期。

〔3〕 参见张明楷：《刑法学》（第 4 版），法律出版社 2011 年版，第 45 页。

〔4〕 参见雍琦：《审判逻辑导论》，成都科技大学出版社 1998 年版，第 118 页。

〔5〕 参见解兴权：《通向正义之路——法律推理的方法论研究》，中国政法大学出版社 2000 年版，第 19 页。

判结论而对上述过程提出理由并加以正当化的思维过程”。[1] 各学者根据不同的标准对“法律推理”进行了分类，如博登海默将其分为“分析推理”和“辩证推理”；[2]昂格尔将其分为“形式主义的法律推理”和“目的性的或政策导向的法律推理”；[3]麦考密克将其分为“演绎推理”和“后果论推理”；[4]波斯纳将其分为“精密研究（主要是指三段论和其他逻辑方法）”和“实践推理”；[5]阿蒂亚和萨默斯将其分为“实质（法律）推理”和“形式（法律）推理”[6]。

在判例法体制下，对判例适用的主要方法就是类比推理，正如劳尔德·温利伯所言，“类推是判例法体制中法律推理的精髓”。[7] 按照史蒂文·J.伯顿的观点，类推可分为“三步骤”：(1)基点的确定，即对于待决案件首先是确定所要适用的判例；(2)识别相同点和不同点，即在判例和待决案件之间识别事实上的相同点和不同点；(3)作出判断，即对认定的相同点和不同点要作出判断，判定是相同点重要还是不同点重要，以此决定基点的选择。[8] 按照爱德华·H.列维的观点，类推可分为3个阶段：(1)找出相似点，即发现

---

[1] 参见余继田：《实质法律推理研究》，中国政法大学出版社2013年版，第30～31页。有学者将法官办案的推理过程分别界定为“事实推理”（发现事实真相的推论，旨在确认证据并基于证据确认案件事实）、“法律推理”（确认法律的推论，是探寻法律真实意思、平衡法律冲突、填补法律漏洞的推理，旨在发现、重构、填补与创制法律）、“判决推理”（将事实推理和法律推理的结果为前提和根据得出判决结论的推理）。参见王洪：《法律逻辑学》，中国政法大学出版社2008年版，第8页。显然，此种“三分法”是一种静态的分析法，不能真实地反映案件事实确认与法律规范确定之间的“往返流转”过程，难以解决解释学循环的问题。

[2] 参见[美]E.博登海默：《法理学：法律哲学与法律方法》，邓正来译，中国政法大学出版社2004年版，第518～519页。

[3] 参见[美]R.M.昂格尔：《现代社会中的法律》，吴玉章、周汉华译，译林出版社2001年版，第187～188页。

[4] 参见沈宗灵：《现代西方法理学》，北京大学出版社1992年版，第239～243页。

[5] 参见[美]波斯纳：《法理学问题》，苏力译，中国政法大学出版社2002年版，第50页。

[6] 参见[英]阿蒂亚（P.S.Atiyah）、萨默斯（R.S.Summers）：《英美法的形式与实质：法律推理、法律理论和法律制度的比较研究》，金敏、陈林林、王笑红译，中国政法大学出版社2005年版，第1～2页、第24～28页。

[7] 参见[美]理查德·波斯纳：《法官如何思考》，苏力译，北京大学出版社2009年版，第166页。

[8] 参见[美]史蒂文·J.伯顿：《法律和法律推理导论》，张志铭、解兴权译，中国政法大学出版社2000年版，第43～44页。

待决案件和判例之间的异同点;(2)确定规则,即从判例中抽象出规则,并对规则进行重新诠释,使之和待决案件的事实相对应;(3)得出结论,即将经过重新诠释的规则与待决案件事实之间进行相互对应的比较。[1] 按照孙斯坦的观点,类推具体包括以下5个步骤:(1)事实模式A,即已决案件,"源"案例,具有某些特征X、Y、Z;(2)事实模式B,即待决案件,"目标"案例,在某些方面区别于A,但也具有特征X、Y、Z;(3)法律用一定的方式处理A;(4)通过对A、B相互关系的思考发现某项规则可以说明为何用该原则处理A;(5)因为B具有A的特征,法律也应该在同一方面适用于B,得到同样的处理。[2] 综上,判例法中的类推具体表现出以下3个特点:一是待决案件与判例的事实比较,以发现是否存在"关系上的相似性";二是通过归纳概括获得类比推理的前提;三是基于判例和待决案件的小主题所归纳概括的主题而进行演绎并获得判决结果。[3]

在大陆法系中,传统观点认为,司法三段论即演绎推理(大前提、小前提、结论)是主要的方法,法律适用遵循的是包摄(涵摄)模式,即法官仅需要分析案件是否包含有法律规定的几个特征,就可决定能否将已经被证据所证明的案件事实包摄于法律规范之下,最后形成判决,并认为类推只有在填补法律漏洞时才有用武之地,是一种弥补大前提——法律漏洞的主要方法。[4] 显然,此种立场已将适用法律的主体的主观性排除在法律适用过程之外,将法律规范和案件事实视为一种客观认识的对象而非需要解释的对象,因而存在明显的不足和缺陷。对此,昂格尔作了如下评价,"根本就不存在这样的法律推理(是指传统三段论——笔者注),它属于某种探究与话语

---

〔1〕 参见[美]爱德华·H.列维:《法律推理引论》,庄重译,中国政法大学出版社2002年版,第3页。

〔2〕 参见杨晓娜:《法律类推适用新探》,中国政法大学出版社2013年版,第61页。

〔3〕 参见杨晓娜:《法律类推适用新探索》,中国政法大学出版社2014年版,第64~67页。

〔4〕 参见杨晓娜:《法律类推适用新探索》,中国政法大学出版社2014年版,第76、194页。例如,卡尔·拉伦茨认为,"法律漏洞的补充方法之一即是类推适用"。参见[德]卡尔·拉伦茨:《法学方法论》,陈爱娥译,商务印书馆2003年版,第253页。

形式的一个想象的工具论推理法的永恒部分”。[1] 德国学者拉伦茨认为,案件事实的确认与法律规范的寻找确定不是前后截然两分的过程,而是循环往复、双向交流、相互接近的过程,正如德国学者拉伦茨所言的,“恩吉施曾提及‘在大前提与生活事实间之眼光的往返流转’,朔伊尔德则说到‘在确认事实的行为与对之作法律评断的行为间的相互穿透’。它们都指称我们所熟悉的相互解明的过程,一种‘诠释学意义上的循环’现象。我们不能把案件事实与法条间的‘眼光之往返流转’想象为:只是判断者眼光方向的改变,其毋宁是一种思想过程,于此‘未经加工的案件事实’逐渐转化为最终的(作为陈述的)案件事实,而(未经加工的)规范条文也转化为足够具体而适宜判断案件事实的规范形式”。[2] 考夫曼也认为,法律适用过程不是一个严格意义上的逻辑推论,而是一个包含设证、归纳和演绎的类推过程,是一种带有相当复杂结构的案件与案件的比较。[3] 依此立场,我国学者对大陆法系和英美法系中的“类推”进行了比较,认为判例法的案例是显性的,法律规则是隐性的;而制定法中法律规则是显性的,案例是隐性的,二者并没有本质的区别,所包含的法学方法论(包括类推——笔者注)的问题基本上是一致的。[4]

以类推的“上位概念”为例,[5] 在英美法系中,此“上位概念”或者“类推基础”正是先例所蕴含的法律规则,需要后案法官去总结归纳,即先例和待决案件具有的相同点使二者均含有此“法律规则”所欲规范的意义,因而待决案件要遵循先例来处理。例如,德沃金处理“庄纳伯格(同性恋)案”时,首

---

〔1〕 参见[美]罗伯托·曼戈贝拉·昂格尔:《法律分析应当何为?》,李诚予译,中国政法大学出版社2007年版,第43页。

〔2〕 参见[德]卡尔·拉伦茨:《法律方法论》,陈爱娥译,商务印书馆2003年版,第162~163页。

〔3〕 参见杨晓娜:《法律类推适用新探索》,中国政法大学出版社2014年版,第77页。

〔4〕 参见杨晓娜:《法律类推适用新探》,中国政法大学出版社2013年版,第6~7页。

〔5〕 “类推是通过一个上位概念而推导”“类推能否成立,取决于类推基础的一般化是否足以令人信服”,参见[德]埃尔马·邦德:《类推:当代德国法中的证立方法》,吴香香译,载《求是学刊》2010年第3期。

先在“服用避孕药”相关先例中总结出“国家不应该禁止一个仅因被普遍视为不道德或者邪僻,但实质上对他人却全然不造成伤害的行为”的法律原则(规则),然后比较“庄纳伯格案”与“服用避孕药”先例的异同,决定应适用“服用避孕药”先例进行处理。[1] 在大陆法系中,此“上位概念”则存在于成文法之中,“司法者在具体的法律发现时便需不断地回溯地去探求隐藏在制定法(抽象的法律概念)背后的类型,去回溯到作为制定法基础的模范观念,根据该类型来作解释,而不应拘泥于抽象概念的表面文字上”。[2] 也就是说,需要法官来回往返“法律规范”和待决案件事实之间,使之二者不断地靠近,最终将法律规范适用于待决案件。例如,德国帝国法院 1910 年 7 月 7 日判决一个案件:早先成立的德国牧羊犬协会起诉其后成立的德国牧羊犬南德协会,认为后者侵犯了前者的名称权,要求后者立即停止使用该名称。当时德国《民法典》第 12 条规定,“有权使用某一姓名的人,因他人争夺该姓名的使用权,或因无权使用同一姓名的人使用此姓名,致其利益受损害,得请求消除对此的损害”。上述判决就是对此条与所办案件事实的不断往复和涵摄,得出结论认为此条既保护自然人的姓名权,也保护法人的名称权。[3] 由此可见,英美法系和大陆法系中类推的“上位概念”的依附载体存在差别,前者是具体先例的判决理由部分,后者是法典等规范性文件的抽象条文。

此外,笔者认为,判例法与大陆法中的类推还呈现出以下不同特点。成文法规范形成过程中所针对的“案例”(特定的具有社会危害性行为或者事实)显然不同于判例法中的先例,前者是“抽象的”(如杀人行为),后者是“具体的”(如张某利用手榴弹杀害王某);前者可以是“预测的或者可能出现的”(在前瞻性立法的情况下),后者必定是“已经发生的”。因此,在英美

[1] 参见杨晓娜:《法律类推适用新探》,中国政法大学出版社 2013 年版,第 66~67 页。

[2] 参见吴从周:《论法学上之“类型”思维》,载杨日然教授纪念论文集编辑委员会编:《法理学论丛——纪念杨日然教授》,台北,月旦出版股份有限公司 1997 年版,第 339 页。

[3] 参见杨晓娜:《法律类推适用新探》,中国政法大学出版社 2013 年版,第 71~73 页。

法系中,具体表现为先例—待决案件的类比过程,即比较两个案例的相同点和不同点,“相同点”处在决定性地位时就将先例所蕴含的法律规则适用于待决案件,“不同点”处于决定性地位时就不得以先例所蕴含的法律规则适用于待决案件;而在大陆法系中,具体表现为成文法规范与待决案件的相互涵摄,即目光往返法规范与待决案件事实之间,使之相互靠近和耦合。显然,英美法系中判例法的运作机制呈现“类推”即从“此具体”到“彼具体”、从“此部分”到“彼部分”,[1]而大陆法系成文法的运作机制表现为“演绎”即从“抽象”到“具体”、“从整体”到“部分”或“一般”到“特殊”。

四、作为法律适用的“类推制度”

类推制度在中国历史上源远流长。早在《尚书·吕刑》中就有“上下比罪”的记载。从《秦律》到《清律》几乎均有关于类推制度的规定。例如,《明律》规定:“凡律令该载不尽事理,若断罪无正条者,援引他律比附,应加应减,定拟罪名,议定奏闻。”《清律》规定:“律无正条,则比引科断,今略举数条,余可例推。”我国 1979 年《刑法》从当时实际出发,“为了切实保障国家和人民的利益,及时同法律虽没有明文规定但确实严重危害社会的行为作斗争,在坚持罪刑法定原则的基础上,实行有严格控制的类推制度”;[2]第 79 条规定:“本法分则没有明文规定的犯罪,可以比照本法分则最相类似的条文定罪判刑,但是应当报请最高人民法院核准。”1997 年《刑法》从完善我国刑事法制、保障人权的需要出发,第 3 条明文规定了具有中国特色的罪刑法定原则,即“法律明文规定为犯罪行为的,依照法律定罪处刑;法律没有明文规定为犯罪行为的,不得定罪处刑”,并废止类推制度,是我国刑法发展的一

---

〔1〕 有学者指出,类推作为一种普遍性的思维方法,类推的过程具有归纳概括性,类推结论的获得具有演绎性。参见杨晓娜:《法律类推适用新探》,中国政法大学出版社 2013 年版,第 54 ~ 57 页。

〔2〕 参见高铭暄主编:《刑法学》,法律出版社 1984 年版,第 103 页。

个重要标志。[1]

作为法律适用的“类推制度”不同于作为法律推理的“类比推理”(大陆法系)的最大差别在于:前者适用的前提必须是“法无明文规定”,即法律规范(如罪状构成要件)所类型化的“抽象事实”无法对应待决案件,而后者适用的前提必须是法律规范(如罪状构成要件)所类型化的“抽象事实”能够对应待决案件。[2] 在过去的司法实践中,类推适用的典型例子是,行为人与现役军人的配偶通奸,造成死亡严重后果,破坏军人婚姻的,类推适用破坏军人婚姻罪论处。在此情形中,破坏军婚罪的罪状为“明知是现役军人的配偶而与之同居或者结婚的”,其所类型化的“抽象事实”显然不能包含“与现役军人的配偶通奸”的情形。正是基于此种情形具有严重的社会危害性,且在客观方面与破坏军婚罪所规定的具体行为具有相似之处,[3] 因而类推适用破坏军婚罪论处。下列情形的处理则属于类比推理的情形。

【案例1】江苏省如皋市黄市镇的丁某与严某是邻居,因为丁家建房一事两家曾多次发生纠纷。有一次,丁某当众将粪便泼到严某的身上,导致严某的头上、脸上、身上到处都是粪便、蛆虫,严某深受刺激,精神恍惚,医生诊断为抑郁性神经症,后严某以丁某涉嫌侮辱罪提起诉讼。

《刑法》第246条侮辱罪的罪状是“以暴力或者其他方法公然侮辱他人,情节严重的”,此处的“其他方法”属于基于本质意义的类型规定,只要达到

---

〔1〕 参见高铭暄主编:《新编中国刑法学》,中国人民大学出版社1998年版,第21页。

〔2〕 有学者将“类比推理”与“类推适用”或“比照适用”等同,是指在法律没有明确的文字规定的情况下,比照相应的法律规定加以处理的推理。参见张文显主编:《法理学》,高等教育出版社、北京大学出版社2002年版,第334页。在我们看来,此处将类比推理限定在“法律没有明确的文字规定的情况下”,进而将其等同“类推适用”,具有两方面的不妥:一是类比推理在“法律有明文规定的情况下”也可能运用,例如,在公众场合驾驶汽车撞向不特定或者多数人的行为,需要与放火、爆炸、投放危险物质、决水等行为进行类比,方可认定其是否属于“其他危险方法”;二是“类比推理”与“类推适用”作为不同的两个概念存在,可以更好地区分作为法律推理层面的“类比推理”和作为类推制度层面的“类推适用”。

〔3〕 按照刑法通说的观点,“能够适用类推的仅仅是犯罪客观方面的某种不一致,具体说也就是犯罪行为的表现方式上的不一致”。参见高铭暄主编:《刑法学》,法律出版社1984年版,第105页。

“公然侮辱他人情节严重”就构成侮辱罪。该案中“泼粪便”的方法，使严某当众出丑，受到严重刺激，精神失常。“泼粪便”已经达到了同“暴力”相类似的侵害他人名誉和尊严的后果，可认定属于刑法所规定的侮辱罪的犯罪行为。此处将“泼粪便”与“暴力”作类比，就属于类比推理。

【案例2】[1]经审理查明：2003年1～8月，被告人李某以营利为目的，先后伙同刘某、冷某某等人预谋，采取张贴广告、登报的方式招聘“公关先生”，制订管理制度，指使刘某、冷某某对“公关先生”进行管理，在其经营的“金麒麟”“廊桥”“正麒”酒吧内将“公关先生”介绍给同性嫖客，由同性嫖客带至南京市“新富城”大酒店等处从事同性卖淫活动。(1)2003年7月中旬的一天，被告人李某组织赵某某(另行处理)在“新富城”大酒店一楼桑拿浴室包间内，以人民币200元的价格与顾客李某某进行同性卖淫活动。(2)2003年7月30日，冷某某组织骆某某(另行处理)在“新富城”大酒店一楼桑拿浴室包间内，以人民币200元的价格与顾客李某某进行同性卖淫活动。(3)2003年8月10日凌晨，冷某某组织赵某某(另行处理)在“新富城”大酒店一楼桑拿包间内，以人民币200元的价格与顾客李某某进行同性卖淫活动。(4)2003年8月9日晚，冷某某组织孙某某(另行处理)在“新富城”大酒店二楼桑拿包间内，以人民币200元的价格与顾客邬某某进行同性卖淫活动。(5)2003年8月15日，冷某某组织蒋某某(另行处理)在本市华阳佳园华彩苑6号701室，以人民币300元的价格与顾客戴某进行同性卖淫活动。(6)2003年8月16日凌晨，冷某某组织赵某某(另行处理)在“新富城”大酒店一楼桑拿包间内，以人民币200元的价格与顾客邬某某进行同性卖淫活动。(7)2003年8月17日凌晨，冷某某组织赵某某(另行处理)在“新富城”大酒店二楼桑拿包间内，以人民币200元的价格与顾客嵇某某进行同性卖淫活动。

---

〔1〕 江苏省南京市秦淮区人民法院刑事判决书，(2004)秦刑初字第11号。

南京市秦淮区人民法院经审理认为：被告人李某以营利为目的，招募、控制多人从事卖淫活动，其行为已构成组织卖淫罪，依法应予惩处。辩护人提出“被告人李某的行为不构成犯罪，况且《刑法》及相关司法解释对同性之间的性交易是否构成卖淫无明文规定，而且该案并不危害社会公共秩序和良好的社会风尚”的辩护意见，根据我国《刑法》的规定，组织卖淫罪，是指以招募、雇佣、引诱、容留等手段，控制多人从事卖淫的行为，组织他人卖淫中的“他人”主要指女性，也包括男性。该案被告人李某以营利为目的，经预谋以登报等方式招募“公关先生”，并组织“公关先生”从事钱与性的交易活动。虽然该交易在同性之间进行，但该行为亦为卖淫行为，被告人李某作为组织者其行为侵害了社会治安管理秩序和良好的社会风尚，符合组织卖淫罪的构成要件，故对该辩护意见不予采纳。该院为维护社会治安管理秩序和良好的社会风尚，依照《刑法》第358条第1款、第64条的规定，判决如下：(1)被告人李某犯组织卖淫罪，判处有期徒刑8年，罚金人民币6万元。(2)被告人李某违法所得1500元予以追缴。

无论从历史解释〔1〕还是从文义解释，〔2〕此处的“他人卖淫”的文义为“女子卖淫”。现在个案解释若将“男子向男子提供性服务”解释至组织卖淫罪所类型化的“抽象事实”，自然需要进行一番论证。裁判理由认为“被告人李宁以营利为目的，组织‘公关先生’从事钱与性的交易活动，侵害了社会治安管理秩序和良好的社会风尚，虽然该交易在同性之间进行，但该行为亦为卖淫行为”。显然，此处采用了类比推理，即“男子同男子之间从事钱性交易服务”与“女子同男子之间从事钱性交易服务”不存在本质差别，均可涵摄于“卖淫”这一“上位概念”之下。

---

〔1〕 曾参与1979年刑法制定的高铭暄教授说，当初在制定该条文时，仅是指组织女子向男子卖淫，参见高铭暄：《中华人民共和国刑法的孕育诞生和发展完善》，北京大学出版社2012年版，第580～581页。

〔2〕 汉语词典对“卖淫”的解释就是“妇女出卖身体”，参见中国社会科学院语言研究所词典编辑室编：《现代汉语词典》(第5版)，商务印书馆2005年版，第913页。

综上,作为类比推理的“暴力”与“泼粪便”本身均可被侮辱罪所类型化的“抽象事实”所包含,而作为类推适用的“与现役军人的配偶”本身则不能被破坏军婚罪所类型化的“抽象事实”所包含,但又与其所类型化的“抽象事实”有某种相似性。同理,在《刑法》第358条组织卖淫罪的罪状没有明确为组织妇女卖淫,而是组织他人卖淫的前提下,将组织男性向男性提供性服务的行为按照组织卖淫罪论处,就属于类比推理的类推;若《刑法》第358条组织卖淫罪的罪状明确为组织妇女卖淫,则将组织男性向男性提供性服务的行为按照组织卖淫罪论处,则属于法律适用的类推制度的类推。[1] 可以说,作为“类推制度”的类推是超出不法类型的类推,而作为“类比推理”的类推是没有超出不法类型的类推。

随着“类推制度”的废止,从罪刑法定原则的司法兑现来说,在司法实践中就不能再存在此种超出罪刑规范(罪状构成要件类型化)的类推。但是,基于“刑法万能”思想、“重刑主义”立场、“重打击犯罪,轻人权保障”的理念、“重实质,轻形式”的犯罪论体系思维和刑法解释方法、法院独立审判体制保障的欠缺、法官抗非法干预审判能力的不足等多方面因素的影响,导致明明是以类推制度的类推方式作出的判决,却不得不表明为“合法”的扩张解释,正所谓“在需要维护某种法益时,只要侵犯这种法益的行为与法律规定的行为实质上相似,都可能发生这种情况;但由于禁止类推,人们就尽力地把一切类推性适用都往扩张解释里塞”。[2] “肖某某以危险方法危害公共安全案”和“何某某投放虚假危险物质案”就是明显的例证。

【案例3】[3]经审理查明:2001年10月18日,被告人肖某某将家中粉末状的食品干燥剂装入两只信封内,在收件人一栏上书写了“上海市政府”和

[1] 参见杨晓娜:《法律类推适用新探》,中国政法大学出版社2014年版,第207页。

[2] 参见[意]杜里奥·帕多瓦尼:《意大利刑法学原理》,陈忠林译,法律出版社1998年版,第32页。

[3] 上海市第二中级人民法院刑事判决书,(2001)沪二中刑初字第132号。

“东方路2000号”(上海东方电视台)后,乘车至本市(上海市)闵行区莘庄镇,将上述信件分别邮寄给上海市人民政府某领导和上海东方电视台新闻中心陈某。2001年10月19~20日,上海市人民政府信访办公室工作人员陆某等人及东方电视台陈某在拆阅上述夹带有白色粉末的信件后,造成精神上的高度紧张,同时引起周围人们的恐慌。经相关部门采取大量措施后,才逐渐消除了人们的恐慌心理。

上海市第二中级人民法院认为,被告人肖某某通过向政府新闻单位投寄装有虚假炭疽杆菌信件的方式,以达到制造恐怖气氛的目的,造成公众心理恐慌,危害公共安全,其行为构成了以危险方法危害公共安全罪,公诉机关指控的罪名成立。依照刑事法相关规定,判决如下:被告人肖某某犯以危险方法危害公共安全罪,判处有期徒刑4年。在法定上诉期间,被告人肖某某未提起上诉。

【案例4】[1]经审理查明:被告人何某某由于投资炒股亏损,遂对中国证券监督管理委员会不满,2001年10月23日,被告人何某某盗用“广汉市人政府”名义,向中国证券监督管理委员会副主席史美伦寄发匿名信一封,对其进行恶毒人身攻击,并故意在信件中投放白色粉末,意图使他人误认为是炭疽病毒而产生恐惧。中国证券监督管理委员会工作人员收到信后,误以为信件中有炭疽病毒,即采取紧急应对措施,并向国家安全机关报案,其正常的工作秩序被严重扰乱。

法院认为,被告人何某某为泄私愤故意投放虚假的传染病病原体物质,制造恐怖气氛,其行为在案发时构成以危险方法危害公共安全罪,依照《刑法》第114条的规定,应处3年以上10年以下有期徒刑。但全国人大常委会在2001年12月29日颁布实施的《刑法修正案(三)》第8条将投放虚假传染病病原体物质的行为规定为妨害社会管理秩序罪中的新增罪名投放虚假

[1] 四川省广汉市人民法院刑事判决书,(2002)广刑初字第071号。

危险物质罪,对未造成严重后果的,处5年以下有期徒刑、拘役或者管制。新法明显轻于前法,依照《刑法》第12条之规定,该案适用新法。据此判决如下:被告人何某某犯投放虚假危险物质罪,判处有期徒刑1年零6个月。

"肖某某案"的判决确实有着特定的国际国内背景,但也确实引发了学界立足于罪刑法定原则的质疑。例如,有学者评论指出,"被告人肖某某以食品干燥剂假冒炭疽杆菌装入两只信封内,并寄给上海市政府某领导和上海东方电视台某工作人员,其结果引起了收件当事人及周围人们的心理恐慌,其行为具有一定的社会危害性。但能否据此认为被告人肖某某实施的行为就构成了以危险方法危害公共安全罪?对此,我们应从其行为是否具有以危险方法危害公共安全罪的构成要件的符合性上去进行考察。从被告人肖某某实施该行为的主观心理状态来看,他明知自己投寄的是食品干燥剂,而不是真正的炭疽杆菌,事实上,根据法院的认定,肖某某通过新闻报道得知人们接触夹带有炭疽杆菌的邮件会致人死亡,因此,认识到他人对收到类似邮件会产生恐慌心理,而投寄了上述信件。如此看来,其主观上明知自己的行为不可能引起危及不特定多数人的生命、健康安全,或者使公私财产遭受重大损害,因此,自然就谈不上希望或者放任这种结果的发生。从被告人肖某某实施的客观行为上看,其所投寄的邮件已明确注明是寄给上海市政府某领导和东方路2000号上海东方电视台陈某,其行为所针对的对象也是控制在特定人员的范围之内的,不存在危及不特定多数人的生命、健康安全,或者公私财产安全损害的现实可能。而且,就一般人的认识角度而言,采用投寄夹带虚假炭疽杆菌邮件的方法,既不具有与放火、决水、爆炸等相同或者相当的危险性;同时,由于食品干燥剂是无毒、无害物品,因此,其行为也不具有引起危害公共安全的现实可能。基于上述对以危险方法危害公共安全罪构成要件的分析,可以认为,采用投寄虚假炭疽杆菌的方法所实施的危害社会的行为,与采用放火、决水、爆炸等危险方法的行为根本不能相提并论。它充其量不过是一种危害社会管理秩序的违法行为。因此,从罪刑法定原则的基本要求上讲,审判机关认定被告人肖某某采用在邮件中夹带虚假炭疽杆菌的方法,图谋制造恐怖气氛,造成公众心理恐慌,危害公共安全的结果,构成以危险方法危害公共安全罪的结论,存在明显的定性上的错误。被告人肖某某采取将食品干燥剂假冒炭疽杆菌,并将其装入信封投寄给他人的行为,虽有一定的社会危害性,但在当时我国的刑法中并无定罪处刑的明文规定,因此,不得对其定罪量刑,而上海市第二中级人民法院在法无明文规定的情况下,以'以危险方法危害公共安全罪'对其定罪并判处4年有期徒刑,是违背罪刑法定原则的。对此,应当通过审判监督程序予以再审改判"。[1]

另有论者分析指出,"病菌"和"虚假病菌"毕竟有质的不同:"病菌"能够引起人体感染,投放"病菌"(传染病病原体)会造成对不特定多数人健康甚至生命的威胁,具有针对公共安全的现实危险性;而"虚假病菌"并不能引起人体感染,投放"虚假病菌"不会造成对不特定多数人健康或生命的威胁,没有针对公共安全的现实的危险性。正是基于这种显而易见的差别,没有理由将"投寄虚假病菌"也看作《刑法》第114条中的一种"危险方法";"投寄虚假病菌"与放火、决水、爆炸、投毒等行为之间,并不具有性质上的相当性。《刑法修正案(三)》第8条规定从一个侧面说明,《刑法》第114条的规定在事实上无法包含"投寄虚假病菌"这样的危害行为——如果第114条当然地能够规制投寄虚假病菌的行为,立法者就完全没有必要再作出《刑法修正案(三)》第8条的规定。法院将肖某某"投寄虚假的炭疽杆菌"的行为认定为"以危险方法危害公共安全罪",具有明显的类推适用的性质。换言之,在"肖某某案"发生之时,投寄虚假病菌的行为不仅不能构成"以危险方法危害公共安全罪",而且不能构成任何犯罪。投寄虚假病菌的行为属于"(刑)

[1] 参见游伟、谢锡美:《论罪刑法定原则的价值及其实现——全国首例投寄虚假炭疽恐吓邮件案定性研究》,载《福建政法管理干部学院学报》2002年第4期。

法无明文规定”的情形,因而只能作无罪处理。[1]

上述评论同样适合于“何某某案”,只是因“何某某案”审判时刑法修正案已经出台,本着从旧兼从轻的原则,最后以投放虚假危险物质罪论处。从裁判说理的角度来说,上述两案的法院均将被告人的此种行为认定解释为以危险方法危害公共安全的行为或者涵摄于以危险方法危害公共安全罪所类型化的“抽象事实”,但未能作出充分的论证,既未对“以危险方法危害公共安全罪”所类型化的“抽象事实”进行分析论证,也未对“危险方法”的本质属性进行论证,更未对“投放虚假危险物质”与“放火、爆炸”“决水”“投放危险物质”进行类比推理与论证,[2]而只是断然地得出“投放虚假危险物质”属于以危险方法危害公共安全罪所类型化的行为。

总之,刑法话语中有关“类推”的争论,在很大程度上是不同学者从不同维度来论说“类推”的结果。为避免此种不必要的论争,必须在同一个层面或者维度来进行言说。随着罪刑法定原则的立法化,作为法律适用的“类推制度”自然不再存在,作为法律解释方法的类推解释也不具有合法性,而作为法律推理的类比推理却始终面临此原则的拷问,即类比推理所依赖的“上位概念”始终要受是否超出罪刑规范(罪状构成要件)的“抽象类型”的检视。

---

〔1〕 参见周少华:《罪刑法定在刑事司法中的命运——由一则案例引出的法律思考》,载《法学研究》2003年第2期。

〔2〕 参见刘树德:《刑事裁判的指导规则与案例汇纂》,法律出版社2014年版,第113页以下;孟庆华:《以危险方法危害公共安全罪理论与实务判解》,北京大学出版社2014年版,第36~39页。

第十五章
裁判文书说理的制度论(一)
——说理制度体系的重塑*

裁判文书是诉讼程序的一个重要节点,说理是裁判文书的实质和灵魂部分。改革开放40余年来,最高人民法院和各级人民法院一直没有停止探索和完善裁判文书说理制度的脚步。尤其是近年来,裁判文书说理制度作为全面深化司法改革的一个关键节点,引起了从中央到地方前所未有的重视,走向快速完善的轨道。党的十八届三中全会提出,要增强法律文书说理性,推动公开法院生效裁判文书。党的十八届四中全会提出,要加强法律文书释法说理,建立生效法律文书统一上网和公开查询制度。党的十九大报告指出,要深化依法治国实践,深化司法体制综合配套改革,全面落实司法责任制,努力让人民群众在每一个案件中感受到公平正义。党的二十大报告指出,深化司法体制

---

* 此部分系与赵朝琴合作而成,曾以《裁判文书说理制度体系的构建与完善——法发[2018]10号引发的思考》为题,原载《法律适用》2018年第21期。

综合配套改革,全面准确落实司法责任制,加快建设公正高效权威的社会主义司法制度,努力让人民群众在每一个司法案件中感受到公平正义。

考察现行诉讼法律制度,可以发现,三大诉讼法、相关司法解释、证据规则等,都有对裁判文书说理的规定,虽然角度不尽一致,内容比较分散,但已成为裁判文书说理研究与说理实践的重要指导。尤其是近几年,最高人民法院发布实施的《人民法院第四个五年改革纲要》、《关于进一步推进案件繁简分流优化司法资源配置的若干意见》、《关于完善人民法院司法责任制的若干意见》(以下简称《司法责任制意见》)中,都有关于裁判文书说理的具体规定和要求。最高人民法院制定的各类诉讼文书样式,对裁判文书说理的规定则比较集中和具体,虽然拘束力有限,但作为法官制作裁判文书的重要依据,一直发挥积极的作用。[1] 最高人民法院《关于人民法院在互联网公布裁判文书的规定》《最高人民法院通过互联网公开审判流程信息的规定》等制度,都有推动裁判文书说理公开的具体内容。[2]

尤其需要关注的是,在司法改革深入推进、裁判文书普遍上网的背景之下,2018 年 6 月 13 日,一个系统化的说理制度开始实施,即最高人民法院《指导意见》,《指导意见》的标志性意义体现在,"以制度回应社会关切,循规律规范释法说理"。[3] 《指导意见》将裁判文书说理带入一个新时期,推动《指导意见》落实的过程,既是解决裁判文书说理问题的过程,也是细化充实裁判文书说理制度的过程。有观点认为,现行《民事诉讼法》的司法解释并没有规定落实判决书说理的细节,判决书说理仍然可能回归到过去那种

---

〔1〕 现行诉讼文书样式主要包括 2015 年 6 月 29 日发布的《行政诉讼文书样式》,2016 年 8 月 1 日发布的《人民法院民事裁判文书制作规范》和《民事诉讼文书样式》,刑事诉讼文书样式正在进行修订。作为裁判文书说理制度体系的重要组成部分,应该被说理制度体系接纳,与之做好衔接,使之在新的制度体系中发挥更大作用。

〔2〕《最高人民法院通过互联网公开审判流程信息的规定》(2018 年 9 月 1 日施行)。

〔3〕 参见赵朝琴:《以制度回应社会关切 循规律规范释法说理》,载《人民法院报—新闻评论》2018 年 6 月 30 日,第 2 版。

司法政策督促,学者、法官以及当事人呼吁的状况之下。[1] 概括而言,在《指导意见》出台以前,裁判文书说理的制度性规定虽然越来越多,但其碎片化特征依然比较明显;说理制度内容的可操作性还不够强,制度条款虚置的脸谱化特征比较明显;说理制度的效力高低不一,制度效力整体偏弱的特征比较明显。《指导意见》对裁判文书说理实践的重要价值毋庸置疑,但《指导意见》毕竟只是从总体上对裁判文书说理进行规制,《指导意见》的贯彻实施需要配套制度的衔接与完善。因此,有必要以《指导意见》出台为契机,依据《指导意见》规定对裁判文书说理制度的内容进行具体梳理,以尊重裁判文书说理基本理论和关照当前裁判文书说理实践为参照系,完善说理制度的内外部机制,为说理实践提供制度支撑和技术指引,使《指导意见》等说理制度倒逼司法改革这一重要功能得以更好实现。

一、裁判文书说理制度的程序理性

法律精神与写作理念是裁判文书说理的双重属性,程序理性是裁判文书说理制度的本质特征。通过制度规范裁判文书说理,根本原因在于,裁判文书是程序的有机组成部分,具有重要的程序价值。重塑裁判文书说理制度体系,应当尊重裁判文书说理的根本属性,应当反映裁判文书说理制度的本质特征。说理根本属性与说理制度本质特征息息相关,重塑说理制度体系的过程,就是尊重说理基本规律、体现说理制度程序理性的过程。认识说理制度体系的本质特征,需要先理解裁判文书说理的属性。裁判文书说理具有法律与写作双重属性。其中,法律属性是说理属性的决定性方面,是说理的根本属性;写作属性对法律属性具有反作用。[2]

---

〔1〕 参见熊德中、韩丹:《判决书充分说理的条件及其应用》,载《甘肃政法学院学报》2017 年第 1 期。

〔2〕 参见赵朝琴:《法律精神与写作理念——浅议司法文书学的根本属性》,载《河南大学学报》1998 年第 6 期。

将裁判文书说理放在程序背景中进行观察，不难发现，裁判文书说理从来就不是孤立的存在，而是诉讼进程的有机组成部分，且是其中一个重要的、必不可少的、无可替代的环节。“民众正是借助判决理由来了解法官判决的”，法官必须就他们所作的判决说明理由，而不能仅仅将结果列出。〔1〕脱离开法律属性去研究裁判文书说理，就容易迷失方向，就容易落入为说理而说理的窠臼，也会严重偏离裁判文书说理的内在要求。

将裁判文书说理放在审判过程纵向的时间轴上进行考察，不难发现，裁判文书说理一定是在案件审理终结、裁判结论得出之后才能进行；如果案件未经审理而得出结论，或者虽经审理但尚未得出结论就制作完成裁判文书（自然包含说理部分），就不仅是写作方面出了问题，更是法律层面发生了错误，有关人员将要承担相应的法律责任。换言之，裁判文书说理一定是在案件经过审理并得出裁判结论之后才能展开。这也意味着，案件审理质量对后续裁判文书说理质量有决定性影响。在实践中，不可能出现案件审理有瑕疵、有错误，而裁判文书说理很完美、质量很高的情形——上述认识是由裁判文书说理法律属性决定的。另外，完全有可能出现下面的情况，即案件审理质量没有问题，而裁判文书说理出现问题——上述认识是由裁判文书说理写作属性决定的。这意味着，说理写作属性对法律属性的反作用虽然存在，但不起决定性作用。裁判文书说理是一个过程，是展示裁判结果（包含证据、事实、法律适用的阶段性结果）何以得出的过程。这一过程的展示需要运用恰当的写作方法，需要法官具备一定的写作能力。

裁判文书具有法律和写作的双重属性，“法律属性”内在地要求规范性，而“写作属性”少不了灵活性。〔2〕重塑裁判文书说理制度体系就应该以反映裁判文书属性为依据和指导，就应该将说理内容、要素、方法、规则、评价等问

〔1〕参见王申：《法官的理性与说理的判决》，载《政治与法律》2011年第12期。

〔2〕参见李少平：《新时代裁判文书释法说理改革功能定位及重点聚焦》，载《人民法院报》2018年6月13日，第5版。

题放在反映裁判文书属性的高度和地位去进行规范,去提出明确的要求。以此为前提,可以对《指导意见》的实施效果进行观察,对裁判文书说理的效果进行检视。裁判文书说理包括实体层面的说理,也包括程序层面的说理。实体层面的说理体现在案件事实、证据及其法律适用等方面,程序层面的说理体现在程序性的内容表述中,是裁判文书中常见的说理事项。实体与程序层面的说理都体现着说理的本质属性,如果裁判文书说理出现当事人姓名、性别、地址、申诉事项等错误,表面上是文字表达问题和写作问题,实质上是涉及司法公平正义的基础性问题。出现这些问题,就不能将其简单理解为属于写作方面的瑕疵而轻易放过,而是应该与裁判文书属性和说理基本要求相结合进行检视,从根本上解决问题,不能将其与说理法律属性割裂开来。

裁判文书说理需要围绕双重核心进行:一方面,要围绕"裁判结论"进行说理,目的是论证裁判结论为何成立,体现司法的公正与权威;另一方面,要围绕争点进行说理,目的是论证争议问题如何解决,体现司法的公开与透明。此处所指"裁判结论",即判决或者裁定的结果,既有实体方面的,也有程序方面的。之所以要围绕"裁判结论"进行说理,是因为裁判结论尤其是实体性的判决结论——是对案件如何处理、纠纷如何解决所作的实体性判断,其要害是展示实体正义价值,体现裁判说理的结果正当性。此处所指争点,是指当事人争议的焦点,争点不一定都是对"裁判结论"具有决定意义的争议焦点,有的争点对"裁判结论"具有决定性影响,有的则没有。[1] 之所以要围绕争点进行说理,固然是因为争点与"裁判结论"的直接相关性,更是因为针对争点的说理,其要害是展示程序正义价值,体现裁判说理的程序法律属性。

"裁判结论"和争点作为裁判文书说理的双重核心,两者同样重要,不可偏废。说理双重核心之间具有内在的联系,"裁判结论"这一核心具有决定

〔1〕 参见美国联邦司法中心编:《法官裁判文书写作指南》(第2版),何帆译,中国民主法制出版社2016年版,第35、36页。

性作用，争点的确定须以“裁判结论”为判断依据。重塑裁判文书说理制度，应该反映说理双重核心、明示说理双核定位，不仅是一个必然选择，也是裁判文书说理制度的鲜明特色。

以双重核心为特色的说理制度，还要体现刑事裁判文书与民事、行政裁判文书在说理核心标准上的区别。刑事裁判文书说理的核心标准是“罪”与“非罪”，民事、行政裁判文书说理的核心标准是“是”与“非”。刑事裁判文书中，以有罪的刑事裁判文书为例，说理围绕的核心，首要是指刑事案件裁判结论认定的罪名以及适用的刑罚；民事、行政案件说理围绕的核心，首要是指民事、行政案件裁判结论对诉辩各方是非责任的划分与决定。在这一核心指导下，说理材料（包含证据、事实、法律材料）的选择，要以具体案件所涉罪名构成要件或者法律关系构成要件为指导，进行有针对性地选择与取舍，裁判文书说理内容要素与结构搭建，要以论证裁判结论何以成立的事实（证据）依据与法律依据为主线。同时，无论是刑事案件，还是民事、行政案件，裁判文书说理需要围绕的另一个核心是争点。争点既然属于说理的核心，理所应当成为说理的重点，围绕争点进行说理，就应当充分分析和评判诉辩各方存在争议的证据、事实和适用法律的意见。另外，对于诉辩各方没有争议的部分，因为不属于说理的核心问题，也就不是说理的重点。

《指导意见》对释法说理的规定具有鲜明的系统性特征。既有总体目标，又有具体标准；既有内容要求，又有方法指引；既建立内部机制，又建立外部机制；既有对释法说理本身的规定，又有与释法说理相关事项的衔接。[1] 以此为基础，重塑裁判文书说理制度体系，应当将裁判文书说理双重核心的基本理论外化在制度的具体内容中。在设计说理制度结构时，需要围绕说理双重核心，将刑事、民事、行政裁判文书说理中具有共性的部分进行归纳，予以总体性和规范化的表述；将其个性化的部分进行分类，予以针

〔1〕 参见赵朝琴：《以制度回应社会关切　循规律规范释法说理》，载《人民法院报》2018年6月30日，第6版。

对性和个别化的表述。说理制度体系中,既要有适合所有诉讼案件说理的共性规则,又要有针对不同类型案件说理的个性要求。无论是围绕裁判结论的制度设计,还是围绕争点的制度设计,裁判文书说理双重核心的基本定位是同质的,都源于裁判文书说理的根本属性,因而也是可以相互支撑和呼应的。

二、裁判文书说理内部机制的完善

裁判文书说理内部机制的完善,具体包括以下方面:

(一)具体阐释裁判文书说理的内涵和特征

裁判文书说理,是指法官在制作裁判文书时,就裁判论点为何成立、争议焦点是否支持进行的阐释和说明。裁判文书说理的主体是法官。案件性质不同,审判程序不同,裁判文书说理针对的对象也会不同。裁判文书说理的对象,广义上讲,包括当事人、代理人、法院、社会公众、上级机关、新闻媒体等不同受众;狭义上讲,主要是指当事人、代理人和法院。就说理针对的当事人、法院而言,一审程序针对诉(控)方和辩方;二审程序针对原审法院、上诉人、被上诉人;再审程序针对原一审、二审法院和申请(申诉)人、被申请(申诉)人等。

裁判文书说理具有鲜明的法律性。法律性是裁判文书法律属性的外化。裁判文书说理反映法律精神,包括实体法精神和程序法精神。裁判文书说理反映法律精神的方式,可以是直接反映,也可以是间接反映,还可以是两者兼有。无论是直接反映,还是间接反映,裁判文书说理都离不开裁判结论这一核心,也离不开诉辩各方争议焦点。围绕裁判结论进行说理,旨在论证裁判结论的准确性,体现说理的实体性价值;围绕争议焦点进行说理,旨在展示裁判文书说理的博弈性,体现说理的程序性价值。

共性个性相统一是裁判文书说理的另一显著特征。说理个性特征,是指裁判文书说理要针对具体案情、适用具体法律进行说理,不能千人一面、千案一理。说理共性特征,是指裁判文书说理要反映说理的规范性要求即共性,将具体案件的说理放在规范的诉讼程序当中进行。没有不受审判程序约束的裁判文书个性化说理。共性特征是说理的底线和规范性要求,个性特征是说理的目标和个性化要求,两者互为补充、相辅相成,是彼此依存、辩证统一的关系。

(二)明确细化裁判文书说理正义价值及说理标准的规定

《指导意见》明确要求,各级人民法院可以根据本指导意见,结合实际制定刑事、民事、行政、国家赔偿、执行等裁判文书释法说理的实施细则。[1] 实施《指导意见》,有必要对裁判文书说理的正义价值及其标准作出具体而细致的要求。

正义是裁判文书说理的根本目标追求。裁判文书说理的正义目标,既包括实体正义目标,又包括程序正义目标。裁判文书说理正义的目标标准,既包括实体正义标准,又包括程序正义标准。刑事、民事和行政案件裁判文书,以及裁判文书中的法院意见和各方意见的说理要素,甚至类型化案件的说理,具有更加具体的正义目标和标准。对说理正义价值与目标标准,应当分层设计,可以先在说理制度体系中予以概括性表述,然后在实施细则中予以明确要求,并与说理效果评价和绩效考评体系有机对接。

裁判文书说理的实体正义目标与说理标准。裁判文书说理的实体正义目标,是指诉讼程序运行中说理的实体正义,又称"结果正义"或"结果公正"。[2] 具体体现在"证据评断""事实认定""法律适用"等部分,最终体现在"裁判结论"部分。说理实体正义目标,与具体的证据评断标准、事实认定标准和法律适用标准有直接联系,要求做到证据评断有力、事实认定清楚、法律适用准确。裁判文书说理的实体正义标准,与庭审的实体性内容息息相关。从实体正义角度审视裁判文书说理,可以将"如实"作为具体的说理标准,即要求法官只要能够"如实"再现审判阶段对案件证据、事实和适用法律的具体意见,就认为是履行了实体意义上的说理义务,符合裁判文书说理

---

〔1〕 最高人民法院《指导意见》第20条。

〔2〕 参见樊崇义主编:《诉讼原理》,法律出版社2003年版,第177页。

的实体正义标准。

裁判文书说理的程序正义目标与说理标准。裁判文书说理程序正义目标、标准不同于实体正义目标、标准,是确保说理程序正义得以实现的必要条件,而非充分条件,是最低限度程序正义标准。正因为这些标准是最低的,才可以被人们普遍地接受和采纳。“一项刑事审判程序即使坚持了这些最低标准,也不能完全抑制不公正的现象发生。但如果法官的刑事审判不符合这些标准中的任何一个,那么审判程序都是不公正的、不合理的。”[1]裁判文书说理实体正义目标必须借助裁判文书说理程序正义目标的实现才能达成,这是由程序正义的内在价值所决定的。实现裁判文书说理程序正义的目标,就是要再现庭审举证、质证、认证等程序进程,充分表达对诉辩各方(二审、再审案件还包括原审法院)关于证据、事实、适用法律不同意见的分析意见等各项说理要素。

说理本身是一种义务。认为说明理由是纠纷裁判者的一种义务,是基于近代民事诉讼法律关系理论。判决书、裁决书是否公平,能否具有说服力,不能靠泛泛引用法律,必须具体回答当事人的主张。[2] 裁判文书说理的程序正义标准,与庭审程序进程的再现和说理要素的充分表达息息相关,是尊重说理程序法律属性的应有之义,是说理的底线要求。这一标准势必会对裁判文书说理制度体系提出如下基本的要求,即要求法官必须如实再现裁判结论何以得出的程序进程与充分表达说理要素。如果法官没有如实再现裁判结论何以得出的程序进程和充分表达说理要素,即应当认定没有尽到程序意义上的说理义务,没有达到裁判文书说理的程序正义标准。

---

[1] “我们尽管不能提出一个普遍适用于一切社会的最高的程序正义要求,却仍可以根据人类的共同心理要求,提出可适用于所有现代文明社会的最低限度程序正义标准。这种标准之所以是最低的,是因为它仅是确保程序正义得以实现的必要条件,而非充分条件。”参见陈瑞华:《刑事审判程序价值论》,载《政法论坛》1995年第5期。

[2] 该理论由德国学者标罗于1868年首次提出。在大陆法系国家和我国的民事诉讼法学理论体系中占据重要地位。参见张建华:《关于说明理由义务》,载《北京仲裁》2011年第2期。

(三)全面具体地规定裁判文书说理的内容

裁判文书说理的内容可以分为三个方面——事实分析、证据分析、法律分析(包含实体法分析与程序法分析)。裁判文书说理具有规律性,一个很重要的标志就在于说理的基本领域相对固定,离不开"事实分析""证据分析""法律分析"三大方面,形成了说理内容的三大支撑,说理制度应当围绕此领域进行具体的建构。

在裁判文书说理结构的内部,存在3个基本要素。这3个要素按照应然层面的表述,其先后次序为:"证据评断""事实认定""法律适用"。相应地,裁判文书的说理规则,应当包括"证据评断环节的说理规则""事实认定环节的说理规则""法律适用环节的说理规则"。需要说明的是,上述说理规则只是最基本的说理规则,没有排除也不应该排除其他说理规则,如情理分析等。同时,还要注意区分一审、二审、再审裁判文书说理规则的差异性。一审裁判文书的说理规则是最基本的,二审、再审文书的说理规则以一审说理规则为基础,各自具有特色。

具体案件的裁判文书说理,应当在依照上述说理规则的前提下,坚持从实际情况出发,说明法理、事理、情理、文理等理由,展示说理应有的个性色彩。要注意刑事、民事、行政案件说理规则的不同。对于刑事案件,需要围绕犯罪嫌疑人(被告人等)的行为是否构成犯罪、构成何种性质的犯罪、有无影响量刑的情节及控辩双方各自的意见是否正确等方面,进行有针对性的分析论证;对于民事、行政案件,需要围绕当事人争执的焦点和诉讼请求、诉辩意见是否有理等方面,逐一进行分析和评述。还要注意区分一审、二审、再审裁判文书说理要素的不同。一审裁判文书的说理要素是最基本的,依次包括证据评断、事实认定和法律适用三个基本要素。二审、再审裁判文书的说理要素以一审裁判文书为基础,结合二审、再审程序特点,在写明上述3个基本要素的基础之上,还要写明对原审法院评断证据、认定事实、适用法律等作出分析评判的内容。

(四)解释裁判文书说理的基本模式

完善裁判文书说理制度体系,一个重要的问题,就是对说理基本模式的解释。应当以司法三段论为基本公式解释裁判文书说理基本模式,既要肯定三段论方法的不可或缺,同时要说明其他说理(法律)方法的重要作用。

如果说,裁判文书说理的属性、核心、价值、原则、内容等构成说理制度大厦中枢神经和框架结构的话,那么,裁判文书说理的方法则构成说理制度大厦的建筑方式。从裁判文书说理的根本属性——法律属性出发进行观察,裁判文书说理的过程也是法官进行法律推理的过程,蕴含形式逻辑的三段论公式。如果将裁判文书作为一篇论说文的话,可以发现说理的基本模式就是三段论推理。裁判适用的法律是大前提,认定的事实(证据)是小前提,裁判结论是推论。梁慧星教授把三段论称为"法官裁判案件的逻辑公式"。这个公式表述了将法律规则适用于具体案件事实得出判决的逻辑推论过程,也是检验、鉴别、衡量判决在形式上是否合格的标准,大前提、小前提、结论,少了任何一部分,都不叫作判决。[1] 并非所有的推理都是法律推理,法律推理并不是指任何推理在法律领域中的运用,它仅意味着只要是法律推理,其大前提就应当是法律。[2]

裁判文书说理虽然离不开三段论的推理模式,但是其属于不完整的司法三段论。言其"不完整",是因为司法三段论大前提(法律规定)、小前提(事实证据)的推出不一定为"真"。但无论如何,三段论推理模式作为建构裁判文书说理的基本公式,其基础地位和重要性是不言而喻的。需要注意的是,要肯定三段式的法律推理的正确性,也要承认三段论式的法律推理具有机械性。克服机械性,可以运用各种方法去建构大小前提,即使事实一般化、使规范具体化。[3] 但一定要明确,克服法律推理形式的机械性,不能改

---

〔1〕 参见梁慧星:《裁判的方法》,法律出版社2003年版,第5页。
〔2〕 参见陈金钊:《司法过程中的法律方法论》,载《法制与社会发展》2002年第4期。
〔3〕 参见郑永流:《法律判断大小前提的建构及其方法》,载《法学研究》2006年第4期。

变法律推理的基本公式。

（五）明晰裁判文书说理的基本架构

依照裁判文书说理属性认知说理双重核心，进而要求法官围绕裁判结论、争议焦点进行说理，就必然会导致裁判文书说理形成主次分明的复线形态结构。裁判文书说理既有主线，也有辅线，主线辅线之间存在内在的关联性并相互作用，共同塑造了裁判文书说理的结构形态。说理主线围绕裁判结论进行，其论据是法院确认的事实（证据）和适用的法律。说理辅线主要是指针对诉辩双方争议焦点进行的说理线索，二审、再审案件裁判文书还包括针对原审法院意见进行说理的线索。主线说理对应的是裁判结论何以得出这一核心，辅线说理对应的是争议焦点能否成立这一核心。主线说理旨在阐明裁判结论的准确性，辅线说理旨在阐明诉辩意见谁对谁错、谁是谁非。主线说理是标尺、是根本，辅线说理以主线说理为根据展开。

在裁判文书说理复线形态结构之内，需要厘定裁判文书说理的“证据评断”“事实认定”“法律适用”3个要素，理性认知三者之间内在的逻辑关系，即案件事实的认定离不开证据的评断，事实的认定离不开法律的适用，法律的适用又需要以事实为基础。也就是意味着，应将每条说理线索的内容分解为3个最基本的说理要素——“证据评断”“事实认定”“法律适用”，这也是说理论证的基础逻辑单元。具体来看，无论是围绕裁判结论的说理，还是针对争议焦点的说理，都离不开“证据评断”“事实认定”“法律适用”。无论是简单案件的说理，还是复杂案件的说理，都可以将案件按照一定方法分解为某一诉讼角色或者具体问题的说理过程，这些说理线索都蕴含“证据评断”“事实认定”“法律适用”3个要素，通过评断证据、认定事实、适用法律，说理各要素及其关系得以阐释，说理主线、辅线及其关系得以展现，说理方法、规则得以运用，说理目标得以实现。

在说理结构的内部流程中，“证据评断”“事实认定”“法律适用”就这样反复纠缠、往返关照、彼此流连地缠结在一起，并以主辅线并进、诉辩审线索相互交织运行的方式,共同展现了裁判的具体过程,并作为一个不可分离的整体体现在裁判文书之中,进而生成为司法实践中千变万化的说理样态。可以发现,裁判文书说理属性决定了说理的双重核心,说理的双重核心决定了说理的复线形态,说理的复线形态决定了说理制度的结构要素及其关系,说理的基本要素及其关系决定了说理的基本模式——三段论推理,尽管其属于不完整的司法三段论,而说理的司法三段论又成为重塑说理制度内部机制的基本逻辑公式。说理的上述根本属性、双重核心、三大要素、三段论推理具有内在的逻辑关系,同时又作为说理基础知识有机融合在一起,共同构筑起裁判文书说理的核心知识理念体系与立体多元表述架构,是重塑裁判文书说理制度的结构钢梁。

三、裁判文书说理外部机制的完善

完善说理制度的外部规范,具体包括以下方面:

(一)完善裁判文书说理的公开机制

司法改革作为政治体制改革的重要组成部分,对推进国家治理体系和治理能力现代化具有重要意义。司法改革要求"推进审判公开",裁判文书公开是审判公开的重要内容,说理公开是裁判文书公开的实质和灵魂。公开性作为裁判文书说理的一项基本原则,业经党的纲领性文件、诉讼法及其司法解释、裁判文书上网的司法解释、《人民法院第四个五年改革纲要》等予以明示。重塑裁判文书说理制度体系结构的外部规范,应当先进一步完善责、权、利相统一的裁判文书公开说理机制。需要深入研究裁判文书说理公开性、裁判文书署名与说理主体统一性、审判委员会的地位与表述等问题。

最高人民法院一直非常重视裁判文书公开问题,2016 年又修订了最高人民法院《关于人民法院在互联网公布裁判文书的规定》(法释〔2016〕19 号)。[1]

---

〔1〕 最高人民法院《关于人民法院在互联网公布裁判文书的规定》(法释〔2016〕19 号,2016 年 10 月 1 日施行)。

在互联网上依法公开的裁判文书，承载着说理的实质内容，可有效规范和限制法官的自由裁量权，阻断权力干预，是司法公开效果能否真正达成的前提和关键。最高人民法院发布的《关于全面深化改革的意见》即《人民法院第四个五年改革纲要》明确提出，依托"裁判文书公开"平台，发挥案件质量评估体系对人民法院公正司法的服务、研判和导向作用。

裁判文书在互联网的公开作为一种制度性的要求，无疑会对裁判文书说理内容的公开产生督促作用，有助于裁判文书说理效果的全面实现。还需要注意的是，与裁判文书在互联网公开在内涵上不完全一致，裁判文书说理内容的公开，不应仅限于公布于互联网的裁判文书。应当在裁判文书说理制度中对裁判文书公开说理作出全面要求，明确裁判文书应当公开裁判结论何以成立的具体理由，应当阐释对诉辩各方异议的分析处理意见。

这样的制度设计不仅非常必要，而且为裁判文书说理效果实现搭建起一个开放式的公开平台，是重塑裁判文书说理结构的必要方式和外在保障。这一平台具有以下重要功能：一是对最高人民法院《关于人民法院在互联网公布裁判文书的规定》（法释〔2016〕19 号）具有内在支撑作用，实现裁判文书从形式到内容的双向公开。而且，裁判文书说理内容的公开是普遍的要求。二是实现裁判文书说理保障制度与本体制度的有机对接，有益于说理公开制度碎片的整合和完善，进一步促进尊重裁判文书说理规律与实现裁判文书说理效果的协调和一致。〔1〕 三是促进司法公开在裁判文书说理层面

〔1〕 说理公开的内涵，随着制度的不断完善而更加丰富。之前，裁判文书中只能见到"本案经审判委员会讨论"的表述，而见不到审判委员会成员的署名。现在，最高人民法院《司法责任制意见》第 11 条明确规定，"审判委员会委员讨论案件时应当充分发表意见，按照法官等级由低到高确定表决顺序，主持人最后表决。审判委员会评议实行全程留痕，录音、录像，作出会议记录。审判委员会的决定，合议庭应当执行。所有参加讨论和表决的委员应当在审判委员会会议记录上签名"。这里规定的审判委员会委员的签名，就是一种重要的公开形式。关于少数意见是否应当在裁判文书中公开的问题，理论上虽然还在讨论，实践中已经有了积极的尝试。有观点认为，在司法公开的背景之下，更应当认识到少数意见制度对于完善裁判文书说理的价值。因为对于一次完整的审判来说，多数意见与少数意见是共生的，二者共同构成了完整的裁判说理。参见贺荣主编：《司法体制改革与民商事法律适用问题研究》，人民法院出版社 2015 年版，第 427 页。

的全面落实,有助于构建以说理公开的技术措施督促司法改革的良性互动机制。

(二)完善裁判文书说理的权利保障制度

法官(包含审判委员会委员)依法在裁判文书、审判委员会会议记录中进行说理的行为应当受到法律保护,已经有相关制度规定予以支撑。法官(审判委员会委员)依法有权在裁判文书、审判委员会会议记录中进行说理,这是法官、审判委员会委员履行审判职责的一个重要体现,是应当受到法律保护的行为。[1] 在最高人民法院《司法责任制意见》第五部分"加强法官的履职保障"中还有更加具体的规定。[2] 相关规定既明确了不同情形下法官(包含审判委员会委员)依法作出裁判的职责,也赋予了其签署裁判文书或者在裁判文书、审判委员会会议记录上签名的权利。

根据最高人民法院《司法责任制意见》的规定,独任审理案件的法官应

[1] 最高人民法院《司法责任制意见》第3条明确规定,"法官依法履行审判职责受法律保护。法官有权对案件事实认定和法律适用独立发表意见。非因法定事由,非经法定程序,法官依法履职行为不受追究"。

[2] 最高人民法院《司法责任制意见》"五、加强法官的履职保障"规定,"38.在案件审理的各个阶段,除非确有证据证明法官存在贪污受贿、徇私舞弊、枉法裁判等严重违法审判行为外,法官依法履职的行为不得暂停或者终止。39.法官依法审判不受行政机关、社会团体和个人的干涉。任何组织和个人违法干预司法活动、过问和插手具体案件处理的,应当依照规定予以记录、通报和追究责任。领导干部干预司法活动、插手具体案件和司法机关内部人员过问案件的,分别按照《领导干部干预司法活动、插手具体案件处理的记录、通报和责任追究规定》和《司法机关内部人员过问案件的记录和责任追究规定》及其实施办法处理。40.法官因依法履职遭受不实举报、诬告陷害,致使名誉受到损害的,或者经法官惩戒委员会等组织认定不应追究法律和纪律责任的,人民法院监察部门、新闻宣传部门应当在适当范围以适当形式及时澄清事实,消除不良影响,维护法官良好声誉。41.人民法院或者相关部门对法官作出错误处理的,应当赔礼道歉、恢复职务和名誉、消除影响,对造成经济损失的依法给予赔偿。42.法官因接受调查暂缓等级晋升的,后经有关部门认定不构成违法审判责任,或者法官惩戒委员会作出无责或者免责建议的,其等级晋升时间从暂缓之日起连续计算。43.依法及时惩治当庭损毁证据材料、庭审记录、法律文书和法庭设施等妨碍诉讼活动或者严重藐视法庭权威的行为。依法保护法官及其近亲属的人身和财产安全,依法及时惩治在法庭内外恐吓、威胁、侮辱、跟踪、骚扰、伤害法官及其近亲属等违法犯罪行为。侵犯法官人格尊严,或者泄露依法不能公开的法官及其亲属隐私,干扰法官依法履职的,依法追究有关人员责任。44.加大对妨碍法官依法行使审判权、诬告陷害法官、藐视法庭权威、严重扰乱审判秩序等违法犯罪行为的惩罚力度,研究完善配套制度,推动相关法律的修改完善"。

当依法作出裁判、制作裁判文书并直接签发裁判文书；合议庭审理案件的法官应当共同参与阅卷、庭审、评议等审判活动，独立发表意见，复核并在裁判文书上签名。[1] 案件提交审判委员会讨论决定的，合议庭对其汇报的事实负责，审判委员会委员对其本人发表的意见及最终表决负责。审判委员会的决定，合议庭应当执行。所有参加讨论和表决的委员应当在审判委员会会议记录上签名。[2]

法官（包含审判委员会委员）依法说理的情形分两大类：一是未提请审判委员会讨论的案件，独任审理案件、合议庭审理案件的法官，有权在裁判文书中就证据评断、事实认定和法律适用独立发表意见；二是提请审判委员

---

〔1〕 最高人民法院《司法责任制意见》第 15 条明确规定，"法官独任审理案件时，应当履行以下审判职责……(2)主持案件开庭、调解，依法作出裁判，制作裁判文书或者指导法官助理起草裁判文书，并直接签发裁判文书"；第 17 条明确规定，"合议庭审理案件时，合议庭其他法官应当认真履行审判职责，共同参与阅卷、庭审、评议等审判活动，独立发表意见，复核并在裁判文书上签名"。

〔2〕 最高人民法院《司法责任制意见》（法发〔2015〕13 号，2015 年 9 月 21 日生效）规定："……（二）审判委员会运行机制。9. 明确审判委员会统一本院裁判标准的职能，依法合理确定审判委员会讨论案件的范围。审判委员会只讨论涉及国家外交、安全和社会稳定的重大复杂案件，以及重大、疑难、复杂案件的法律适用问题。强化审判委员会总结审判经验、讨论决定审判工作重大事项的宏观指导职能。10. 合议庭认为案件需要提交审判委员会讨论决定的，应当提出并列明需要审判委员会讨论决定的法律适用问题，并归纳不同的意见和理由。合议庭提交审判委员会讨论案件的条件和程序，适用人民法院组织法、诉讼法以及《最高人民法院关于人民法院合议庭工作的若干规定》《最高人民法院关于改革和完善人民法院审判委员会制度的实施意见》。11. 案件需要提交审判委员会讨论决定的，审判委员会委员应当事先审阅合议庭提请讨论的材料，了解合议庭对法律适用问题的不同意见和理由，根据需要调阅庭审音频视频或者查阅案卷。审判委员会委员讨论案件时应当充分发表意见，按照法官等级由低到高确定表决顺序，主持人最后表决。审判委员会评议实行全程留痕，录音、录像，作出会议记录。审判委员会的决定，合议庭应当执行。所有参加讨论和表决的委员应当在审判委员会会议记录上签名……31. 审判委员会讨论案件时，合议庭对其汇报的事实负责，审判委员会委员对其本人发表的意见及最终表决负责。案件经审判委员会讨论的，构成违法审判责任追究情形时，根据审判委员会委员是否故意曲解法律发表意见的情况，合理确定委员责任。审判委员会改变合议庭意见导致裁判错误的，由持多数意见的委员共同承担责任，合议庭不承担责任。审判委员会维持合议庭意见导致裁判错误的，由合议庭和持多数意见的委员共同承担责任。合议庭汇报案件时，故意隐瞒主要证据或者重要情节，或者故意提供虚假情况，导致审判委员会作出错误决定的，由合议庭成员承担责任，审判委员会委员根据具体情况承担部分责任或者不承担责任。审判委员会讨论案件违反民主集中制原则，导致审判委员会决定错误的，主持人应当承担主要责任……"

会讨论的案件,需要区分独任审理案件、合议庭审理案件法官与审判委员会委员的不同情况。具体而言,独任审理案件、合议庭审理案件的法官有权就证据评断和事实认定发表意见,审判委员会委员有权就法律适用发表意见。

(三)完善裁判文书说理的考核激励制度

《人民法院第四个五年改革纲要》明确提出,“完善案件质量评估体系。建立科学合理的案件质量评估体系。废止违反司法规律的考评指标和措施,取消任何形式的排名排序做法”。[1] 裁判文书说理质量是审判质量的重要构成要素。应当将裁判文书说理作为法官业绩考核的必要指标项目,明确说理的具体标准和要求。就说理的实体义务而言,考核标准在于,裁判文书说理有没有如实反映庭审过程中关于证据评断、事实认定、法律适用的具体意见;从说理的程序义务而言,考核标准在于,裁判文书说理有没有全面再现证据评断、事实认定、法律适用的说理要素及其产生过程。至于具体指标和权重,需要专门设计、广泛调研,试点试验,逐步推广。

说理质量是审判质量的重要构成要素,绩效考评制度是司法机关内部重要的管理制度,说理标准与要求是进行法官业绩考核的重要依据。应当将裁判文书说理质量纳入法官业绩考评项目。[2] 如果只是要求重视说理,而不注重对说理绩效考评的话,可能会直接影响说理程序理性的展示与说理改革目标的实现。从组织理性的角度研究说理质量评价与绩效考评问题,需要理论界与实务部门倾注更多的精力。在设计裁判文书说理业绩考核制度时,须以裁判文书说理基本理论基础知识为指导,设置合理考核权重,并计入法官业绩考核档案。

优秀裁判文书评选已是各级人民法院一项常规和重要的工作,裁判文书说理制度应当予以合理吸纳,并计入法院审判工作考核指标体系,发挥优

---

〔1〕《人民法院第四个五年改革纲要》第21条。

〔2〕绩效考评制度与刑事程序法治化并非格格不入,完全可以有机统一。参见郭松:《组织理性、程序理性与刑事司法绩效考评制度》,载《政法论坛》2013年第4期。

秀裁判文书的辐射带动作用,引领和普及理性、规范、充分说理的理念。

(四)建立裁判文书说理的评价制度

构建裁判文书说理评价制度,是一项更加具体的任务。应当兼顾内部评价制度与外部评价制度的同步建设,实现裁判文书说理在当事人(尤其是败诉方当事人及其代理人)、法院、法律共同体内部、社会不同层面的广泛的可接受性。一方面,要注意衔接相关制度规定。最高人民法院《司法责任制意见》第三部分“审判管理和监督”指出,“建立符合司法规律的案件质量评估体系和评价机制。审判管理和审判监督机构应当定期分析审判质量运行态势,通过常规抽查、重点评查、专项评查等方式对案件质量进行专业评价。”另一方面,要注意总结和吸收各级法院的成功经验,将上级法院评价、法院自我评价、第三方评价等评价方式有机结合、有效使用,综合发挥各级各类评价方式的优势和效果。

裁判文书说理评价的基本制度,建议最高人民法院以《指导意见》为基础制定,以实现裁判文书说理良好的法律效果与社会效果为目标,科学设计裁判文书质量评估体系,明确裁判文书的具体评价指标及其标准,建立行之有效的评价机制,发挥对裁判文书说理行为普遍的指导作用。地方法院可以根据实际情况细化评价指标体系,采用多元评价方式评价裁判文书说理,应当及时总结经验,做好跟踪评估,建立说理长效评价机制。

在内部评价机制建设方面,判决书与裁定书应有不同的说理标准,普通程序与简易程序应有不同的说理原则,初审、终审、再审法院应有差别化的评价方法。最高人民法院应当适时制定裁判文书说理的评价体系,并注意区分民事、刑事、行政裁判文书的不同特点,区分不同性质、不同审级、不同类型裁判文书的说理评价指标。地方法院应当以最高人民法院说理评价体系为指引,进一步明确不同性质、不同类型裁判文书说理的程序义务与实体义务,并上报上一级法院备案。上级人民法院应当建立对下级人民法院裁判文书说理的监督评价体系。应当细化裁判文书说理的评价指标体系,合理设计具体项目和权重,与法官绩效考核、奖惩制度有机衔接,注意与相关法律、制度配套衔接。

在说理外部评价制度方面,应当适时引进法院外的第三方评价,制订科学合理的裁判文书外部评价指标体系。[1] 各级人民法院应当按照制度要求,定期委托第三方进行评价,并公布评价结果。[2]

建立裁判文书说理刚柔并济的评价体系是裁判文书说理改革的重点,也是难点。[3] 从总体上看,规制裁判文书说理本体制度是本次司法改革的一个显著特点,需要尊重裁判文书说理规律,完成起来需要从跨学科的角度进行梳理;而规制裁判文书说理保障制度,则需要结合司法改革大背景乃至经济社会发展大环境,针对法官队伍现状与未来发展,考虑不同案件、不同审级、不同地域法院裁判文书说理的现状,进行科学评估、综合考量,使之实现文书说理的普法功能与良好效果。[4] 要使其真正成为法官业绩评价和晋级、选升的重要因素,让说理主体和说理受众都能够认同这一评价体系,肯定是一项比较复杂和艰巨的任务。

需要注意的是,裁判文书说理质量是裁判文书质量的核心要素,最高人民法院建立裁判文书质量评估体系和评价机制时,应把尊重说理规律作为一项基本原则,将包括说理的双重核心、双重义务、三大要素、说理方法、说理规则等具有指导性和共性的内容合理纳入评估体系。同时,应把说理共

---

〔1〕 最高人民法院《司法责任制意见》“二、改革审判权力运行机制”“(三)审判管理和监督”规定:“……14.各级人民法院应当依托信息技术,构建开放动态透明便民的阳光司法机制,建立健全审判流程公开、裁判文书公开和执行信息公开三大平台,广泛接受社会监督。探索建立法院以外的第三方评价机制,强化对审判权力运行机制的法律监督、社会监督和舆论监督。”

〔2〕 参见肖宏、潘巧慧:《成都高新区法院委托第三方评鉴“三项精品”—孰优孰劣不再自说自话》,载《人民法院报》2018年1月1日,第4版。

〔3〕 “完善裁判文书说理的刚性约束机制和激励机制,建立裁判文书说理的评价体系,将裁判文书的说理水平作为法官业绩评价和晋级、选升的重要因素。”参见《人民法院第四个五年改革纲要》第34条。

〔4〕 《人民法院第四个五年改革纲要》第47条规定:“推动实行普法责任制。强化法院普法意识,充分发挥庭审公开、文书说理、案例发布的普法功能,推动人民法院行使审判职能与履行普法责任的高度统一。”

性个性协调一致作为一项基本原则，为展示说理个性、彰显说理特色留足空间。构建说理评价体系时，应当兼顾内部评价与外部评价两个方面，尤其是在法院案多人少、工作压力繁重的情况下，外部评价的优势将会进一会凸显，应当鼓励地方各级法院探索各具特色的外部评价方法与机制。

四、裁判文书说理制度体系的结构层级与效力设定

裁判文书说理制度体系的结构，既要有尊重裁判文书说理基本规律、方法、技巧、规则的内在机制的元素，还要有规定说理义务、责任承担、评价标准、奖惩措施的外部机制的元素。在现有制度中，法律、司法解释中有裁判文书说理的规定，制度性、规范性文件中有裁判文书说理的规定，裁判文书格式、样本中有裁判文书说理的要求，这些都是关于裁判文书说理制度的重要规范，有鲜明的层级和一定的拘束力，裁判文书说理应当遵照执行。我国的诉讼法及其司法解释对说理内容的完整性与实施效果等方面尚有需要完善和改进的地方。如不说理的裁判文书是否有效、三大诉讼法及相关司法解释中，有关说理内容是否需要统一协调修改等，都需要在尊重说理规律的基础上，结合多方面因素进行综合分析评估与整体设计。

从理论上讲，裁判文书进行释法说理，离不开事理、法理、情理、文理等方面的分析论证，以系统性的制度来固定说理内容、规则、方法、考评等内容，既是对说理规律的尊重，也是对法官说理能力的要求。《指导意见》从事理、法理、情理、文理 4 个维度分别就释法说理作出具体规定，为法官说理提供了系统性的释法说理指南，为提升法官说理素质提供依据、明确规则、细化方法、制定指引、倡导开展质量评查和质量评价，构建了裁判文书释法说理的内外部机制和基本结构体系。紧接着需要讨论的一个问题是，怎么看待裁判文书说理制度的层级，笔者曾经建议由最高人民法院制定出台裁判

文书说理的规范性文件,并且建议将该文件的层级确定为"司法解释"。[1]

之所以建议以司法解释的方式系统规定裁判文书说理相关内容,一个重要的依据,是来自刑事、民事、行政诉讼法及其相关司法解释和制度性文件中关于说理问题的规定。尽管这些规定在内容上并不十分系统和深入——其实在诉讼法和司法解释的体系内也无法系统和深入,但这些规定明白无误地显示,裁判文书说理的制度性内容已经通过诉讼法和司法解释规范的方式予以规定。只不过基于裁判文书说理涉及法学、写作学、逻辑学等交叉学科的知识这一客观因素,无法在诉讼法和司法解释中予以完整和系统地规范。但这又恰恰说明,对裁判文书说理进行专门、完整、系统地规范,用司法解释的方式是有根据的、是可行的。说理制度的司法解释出台后,与现行法律制度非但没有冲突,而且是其必要的补充。相关诉讼法和司法解释不需要因此而进行修改,裁判文书格式样本不需要推倒重来,内容表述也不存在障碍,施行起来十分方便,具有较强的可操作性。

重构裁判文书说理制度,单就立法完善而言,问题似乎不难解决,要害是抓住裁判文书说理的法律属性,关键是理清说理标准和评价体系,还要注意与现行法律制度做好衔接配套。但这只是走了第一步,更艰巨的工作还在后面。特别需要强调的是,重构裁判文书说理制度,发布系统和具有可操作性的裁判文书说理司法解释,是为了助推裁判文书说理走向更加符合规律、更加规范和良性的轨道,是为了更好地发挥裁判文书说理普遍而良好的法律效果与社会效果,是为了让社会公众通过裁判文书说理感受到司法的公平、公开和公正。

---

〔1〕 参见赵朝琴、刘树德:《关于裁判文书说理责任制度构建的思考》,载《法律适用》2017 年第 23 期。

第十六章
裁判文书说理的制度论(二)
——说理责任制度的构建*

责任,似乎与裁判文书说理不相关;再谈说理责任制度,似乎更不可思议。可是,立足于当下司法改革的"牛鼻子"——司法责任制来看,裁判文书说理责任制度问题,以及包括裁判文书说理责任在内的裁判文书说理乃至法律文书说理的系列相关问题,已然成为近些年理论界和实务界的关注重点。的确,说理责任到了一个迫切需要通过健全制度予以规范的关键时期,而且当下催生制度的法治环境也非常优越。不仅因为党的十八届三中、四中全会对法律文书说理的前所未有的规定和重视,也不仅因为最高人民法院对裁判文书说理的前所未有的规定和重视,从更深远的背景看,全社会在呼唤更多更好的具有说服力的裁判文书。基于此,裁判文书说理的充分性和公正性,作为一个督

* 此部分系与赵朝琴合作而成,曾以《关于裁判文书说理责任制度构建的思考》为题,原载《法律适用》2017 年第 23 期。

促司法公正的无可替代的技术性问题,当然有其自身独有的规律性需要去认识、理解和尊重。其中,一个非常重要的方面就是说理责任。以法治思维和法治方式,从制度的路径来探究说理责任,乃是从制度层面普遍性地解决裁判文书说理存在的诸多问题的有效切口。

"法官依法履行审判职责受法律保护。法官有权对案件事实认定和法律适用独立发表意见。非因法定事由,非经法定程序,法官依法履职行为不受追究。"〔1〕裁判文书说理,既是法官的审判权力,也是一种司法责任。研究裁判文书说理规律性,是从内部视角进行的审视;探索裁判文书说理责任,是从外部视角进行的审视。裁判文书说理的制度建设固然需要尊重裁判文书说理规律性,这是说理制度的根本内容;但是,说理规律性无法自动转化为良好的说理效果,这就需要通过明确说理责任,即必须建立将说理规律性外化为良好说理效果的外部机制,这是说理制度的必要保障。

需要明确的是,基于人的认识能力的局限,裁判结论的得出具有相对性,更具体地说,裁判文书对事实的确认如此,对法律的适用也是如此。诚如黑格尔所言,对事实构成作出判断所应达到的是确信,而不是更高意义的真理。〔2〕同时,从时间顺序看,"裁判理由形成在法庭",〔3〕裁判文书说理肯定晚于庭审过程中裁判理由的形成,故裁判文书说理肯定存在天然的局限性,必须以具体案件的庭审说理为限制条件,因而不可能有超越庭审说理实质性内容的裁判文书说理。但是,这并不影响对裁判文书说理责任的制度探究。现实中的裁判文书说理责任,恰恰以此为基础才能产生,研究受制于庭审说理的裁判文书说理责任才是一个真问题。这一理论预设,也是符合

〔1〕最高人民法院《司法责任制意见》(法发〔2015〕13号)第3条。

〔2〕参见[德]黑格尔:《法哲学原理》,范扬、张企泰译,商务印书馆1961年版,第205页。

〔3〕《最高人民法院司法责任制实施意见(试行)》(2017年8月1日施行)第33条规定:"合议庭开庭审判案件应当严格按照法律规定的诉讼程序进行,充分发挥庭审在查明事实、认定证据、保护诉权、公正裁判中的决定性作用,确保诉讼证据出示在法庭、案件事实查明在法庭、诉辩意见发表在法庭、裁判理由形成在法庭。"

裁判文书说理的基本属性与价值目标的。本章以最高人民法院《司法责任制意见》为背景,以体现具有中国特色的司法改革的内在需求为目标,以说理责任为对象,以说理责任的制度探索为路径,从裁判文书说理责任的制度理性、制度现状、制度设计、制度实施等角度进行分析,尝试拟定裁判文书说理责任的制度条文,供最高司法机关制定裁判文书说理规范性文件时参考。

一、裁判文书说理责任的制度理性

追问裁判文书说理责任的制度理性,是研究说理责任制度的一个基础性问题。裁判文书说理责任的制度理性,应该受到裁判文书说理属性的决定和制约。裁判文书说理具有法律和写作双重属性,法律属性是其根本属性,写作属性对法律属性具有反作用。其中,法律属性又分为实体法律属性与程序法律属性两个方面。[1] 从内容上看,裁判文书说理的三大主要方面,即证据分析、事实分析、法律分析,须臾离不开诉讼程序的推进。换言之,说理内容需要借助一定的程序才能现身。可见,程序法律属性是裁判文书说理法律属性的基础性和决定性因素,程序价值是裁判文书说理的核心价值,程序价值实现是裁判文书说理效果实现的必不可少的路径。从说理价值实现的角度看,"正义",对裁判文书说理责任制度而言,是一个需要重点体现的价值追求。虽然裁判理由形成在法庭,裁判文书说理内容受庭审制约,但无论受到何种制约,都还需要将这种受到制约的裁判文书说理的内容在裁判文书中如实、充分地表达出来。正义(包含实体正义与程序正义)是裁判文书说理的核心价值追求,裁判文书说理正义价值的实现,主要体现为平等回应诉辩意见、证据评断确实、事实认定清楚、法律适用准确等方面,这些方面的说理责任的制度规范,应当成为裁判文书说理责任制度的核心内容。

---

[1] 参见杜福磊、赵朝琴主编:《法律文书写作教程》,高等教育出版社2013年版,第7~9页。

由上可见,裁判文书说理责任的制度理性的关键,就在于其程序法律属性,我们将其称为裁判文书说理的“程序理性”。毋庸置疑,这种程序理性对裁判文书说理责任制度来说,是一个必须要尊重的规律。必须强调,应该以程序理性来解构公信难题,保证改革适度地良性发展。[1] 程序理性,既是认识、理解裁判文书说理责任制度的核心和关键,也是补充、完善裁判文书说理责任制度的核心和关键。党的十八届三中、四中全会报告中要求“增强法律文书说理性”“加强法律文书释法说理”,从程序理性的角度,体现对法律文书(包含裁判文书)属性这一基本规律的尊重,凸显对裁判文书说理公信力的重视。[2]

二、裁判文书说理责任制度的现状

裁判文书说理责任的已有制度规范,概括地说,既有优势,也有不足。从规范的层级分析可以发现:法律与司法解释、最高人民法院制度性文件、地方各级法院制度性文件中,不乏裁判文书说理责任的相关规定,在实践中,它们也发挥了非常积极的作用。上述3个层级的规定,前两个层级的内容对于本书的研究具有重要的指导意义,地方各级法院制度性文件的规定对于本书的研究具有重要的参考价值。

考察相关法律和司法解释,不难发现,刑事、民事和行政三大诉讼法及其司法解释中均有关于裁判文书署名的规定,这是裁判文书说理责任承担的重要根据。《民事诉讼法》《行政诉讼法》还都有裁判文书说理的规定,例如,《民事诉讼法》第152条规定,裁判文书“应当”写明作出判决、裁定的理

---

〔1〕 参见姚志坚、陈传胜:《用程序理性解构公信难题》,载《法制日报》2013年7月3日。

〔2〕 《中共中央关于全面深化改革若干重大问题的决定》明确提出,要“增强法律文书说理性,推动公开法院生效裁判文书”。《中共中央关于全面推进依法治国若干重大问题的决定》明确提出,要“加强法律文书释法说理”。

由。[1] 此处用“应当”一词，就是要求判决书、裁定书“必须”写明理由。《行政诉讼法》第43条，有两处针对证据说理的明确规定，要求无论证据是否采纳，都“应当”“在裁判文书中说明理由”，这里也用了“应当”一词。[2]《刑事诉讼法》没有类似规定，但在《刑事诉讼法解释》中有相关表述。[3] 该司法解释不仅释明裁判文书“应当”说理，还对刑事裁判文书正面说理、针对控辩意见的针对性说理予以明确要求。足见，无论是诉讼法还是司法解释，都明确规定“应当”说理、“必须”说理，或者规定如何署名等内容，其法律规制的层级很高，拘束力很强，是承担说理责任必须依照的根据。

最高人民法院的相关制度性文件也是重要的考察对象，最为我们熟知的是最高人民法院审判委员会通过的诉讼文书样式。现行样式主要包括：2015年6月29日最高人民法院发布的《行政诉讼文书样式》;2016年8月1日最高人民法院实施的《人民法院民事裁判文书制作规范》和《民事诉讼文书样式》;据悉，刑事诉讼文书样式正在紧锣密鼓进行修订。法院诉讼文书样式对裁判文书说理的模式、要素、写作要求等予以规范，是裁判文书说理需要遵循的系统化的文书样本，一直在发挥重要的、普遍的指导和示范作用。

还必须重点提及的，就是《司法责任制意见》。根据该意见的规定，法官（包含审判委员会委员）依法在裁判文书、审判委员会会议记录中进行说理的行为是其应尽的职责。该意见明确指出，案件提交审判委员会讨论决定的，“合议庭对其汇报的事实负责，审判委员会委员对其本人发表的意见及最终表决负责”。“审判委员会的决定，合议庭应当执行。所有参加讨论和

---

[1]《民事诉讼法》第152条规定，判决书“应当”写明“作出该判决的理由”；第154条规定，裁定书“应当”写明“作出该裁定的理由”。

[2]《行政诉讼法》第43条规定，一是“对未采纳的证据应当在裁判文书中说明理由”；二是“以非法手段取得的证据，不得作为认定案件事实的根据”。这就意味着，这种“以非法手段取得的证据”不会被法院采纳，也“应当在裁判文书中说明理由”。

[3]《刑事诉讼法解释》第300条规定：“裁判文书应当写明裁判依据，阐释裁判理由，反映控辩双方的意见并说明采纳或者不予采纳的理由。”

表决的委员应当在审判委员会会议记录上签名”。

综上分析,三大诉讼法及其司法解释中,裁判文书说理责任的相关规定层级虽高,但是不够平衡和系统,特别是由于缺乏保障机制的内容,实施效果会受到一定影响。诉讼文书样式作为最高人民法院的重要制度性文件,其优势与不足也都很明显。优势在于系统、具体、可操作性强,不足在于缺乏强制性。相对而言,虽然《司法责任制意见》对裁判文书说理责任的制度构建至关重要,但其关于裁判文书说理责任的规定,仅仅是局部规范,而不是专门规范,自然就难以全面满足裁判文书说理责任的制度需求。是否存在这样一种可能:将上述制度中关于裁判文书说理责任的内容进行归纳和整合,以说理责任的制度理性为红线,兼顾对说理责任共性规律和个性特征的尊重,进而体现裁判文书说理责任的内在要求和外部保障的双重要求。这是一个比较理想化的目标,也是下文要重点探索的领域。

三、裁判文书说理责任制度的“双核”

说理责任,是指说理主体的责任。就说理责任的承担主体而言,包括认定事实责任、适用法律责任、综合责任等责任承担主体的不同情形,需要区分不同情况做具体的理解。从总体上看,未来最高人民法院关于裁判文书说理的规范性意见中,应当明确和系统规制裁判文书说理责任的相关内容。在设计说理责任的制度条款时,需要同时考虑以下问题:说理责任究竟是谁的责任?说理责任标准如何界定?其关键是制度的双核心:最高目标责任与最低目标责任。

这里需要重点明确的是,《司法责任制意见》出台以前,审判委员会也在讨论案件,但是缺乏对应的责任制度方面的规定,使审判委员会成为一种隐在的诉讼角色。[1]“要想理解案件是如何处理的,我们必须仔细研究案件的

〔1〕 参见赵朝琴:《诉讼角色的沟通与传递》,载《江苏社会科学》2012年第1期。

社会结构”。[1]《司法责任制意见》出台以后，说理的责任主体，既包括裁判文书上署名的审判人员，也包括对案件发表意见的审判委员会委员。“各国间不同的法律制度，体现了不同的法律文化”，“这些制度的确立，都体现了人类在长期的法律实践活动中的一些文化积累和经验”。[2] 在制度层面确认这样的责任主体构成，是将司法实践中说理责任主体的现实经验在制度层面的凝练与肯定，体现出我国说理责任主体的鲜明特色，也是制度设计需要重点反映的必备元素。

《司法责任制意见》的相关表述是确定说理责任主体的直接根据。根据该意见第 31 条的规定，案件经审判委员会讨论的，构成违法审判责任追究情形时，根据审判委员会委员是否故意曲解法律发表意见的情况，合理确定委员责任。[3] 此条规定不仅非常明确地指出了审判委员会委员的说理责任主体地位，同时也对承办法官乃至其他审判人员的主体责任内涵作了说明和解释。在仅仅由承办法官或者合议庭审理决定的案件中，说理责任主体就是裁判文书中署名的审判人员；在合议庭审理的案件中，要具体分析审判人员的责任承担；在案件经过审判委员会讨论决定的情况下，说理责任主体还包括审判委员会委员。

就说理责任的界定而言，应当区分最低限度的说理责任和最高目标的说理责任，这就是说理责任的双重核心。最低限度的说理责任，是指说理程序价值目标而言的责任，满足说理程序价值目标，展示司法裁判的程序正

---

〔1〕 参见[美]唐·布莱克：《社会学视野中的司法》(第 1 版)，郭星华等译，法律出版社 2002 年版，第 104 页。

〔2〕 参见刘作翔：《法律文化理论》，商务印书馆 1999 年版，第 141 页。

〔3〕 《司法责任制意见》第 31 条规定，审判委员会改变合议庭意见导致裁判错误的，由持多数意见的委员共同承担责任，合议庭不承担责任。审判委员会维持合议庭意见导致裁判错误的，由合议庭和持多数意见的委员共同承担责任。合议庭汇报案件时，故意隐瞒主要证据或者重要情节，或者故意提供虚假情况，导致审判委员会作出错误决定的，由合议庭成员承担责任，审判委员会委员根据具体情况承担部分责任或者不承担责任。审判委员会讨论案件违反民主集中制原则，导致审判委员会决定错误的，主持人应当承担主要责任。

义,是裁判文书说理的底线要求,即最低目标责任。最高目标的说理责任,是指说理实体价值目标而言的责任,追求说理实体价值目标,无限接近司法裁判的实体正义,是裁判文书说理的内在要求,即最高目标责任。无论从理论上分析,还是从实践中观察,裁判文书说理均需要围绕双重核心进行:其一,裁判文书需要围绕"裁判结论"——最高目标责任进行说理,实践中容易达成共识,也早已达成共识;其二,裁判文书需要围绕"争议焦点"——最低目标责任进行说理,《人民法院第四个五年改革纲要》已经有了具体规定,越来越成为法官普遍、自觉的行动。双重核心对应的是说理责任的底线要求和最高追求。其中,围绕"裁判结论"进行说理,对应的是说理责任中的实体正义目标,是说理的最高追求;围绕"争议焦点"进行说理,对应的是说理责任中的程序正义目标,是说理的底线要求。正如有学者指出的,对于越权说理、错误说理、失实说理的现象,应该从责任法定的原则出发追究法官的说理责任。[1] 就我国当下司法实践而言,法官遵守程序法更显必要。理由是,受立法指导理念和立法技术等影响,实体法的标准实际上经常处于模糊状态,而合理的程序设置以及完善的说理机制与标准,恰恰可以保证法官运用自己的法律智慧和法律知识公正而不是偏私地处理案件。[2] 说理目标的达成,既要论证裁判结果何以如此得出,又要论证诉辩意见是否成立、是否应予采纳。因而,无论是底线要求、最低标准,还是终极目标、最高标准,都属于说理责任的必要组成部分,都应该在说理责任条款中予以体现。

四、裁判文书说理责任制度的保障

单纯从裁判文书说理责任本身进行观察,孤立地探索裁判文书说理改革,肯定难以实现良好的效果。正如《人民法院第四个五年改革纲要》所言,要"完善裁判文书说理的刚性约束机制和激励机制,建立裁判文书说理的评

---

〔1〕 参见庄绪龙:《裁判文书"说理难"的现实语境与制度理性》,载《法律适用》2015年第11期。

〔2〕 参见葛洪义:《法官的权力——中国法官权力约束制度研究》,载《中国法学》2003年第4期。

价体系,将裁判文书的说理水平作为法官业绩评价和晋级、选升的重要因素”。裁判文书说理责任的外部机制,是保障裁判文书说理责任落到实处、见到实效的必要制度,主要包括以下几个方面。

第一,制度设计应当以说理公开保障说理责任到位。司法改革要求“推进审判公开”,裁判文书公开是审判公开的重要内容,说理公开是裁判文书公开的实质和灵魂。说理公开,包括事实认定、证据评断、法律适用的公开等核心要素。证据评断的公开是基础,在实践中是一个比较薄弱的环节。“认证公开,尤其是认证结果的公开,要求法官们在裁判文书中对证据的取舍及心证过程进行说明,有利于防止由于法官判决的任意性导致对当事人诉讼权利的损害。”[1]最高人民法院《关于人民法院在互联网公布裁判文书的规定》(法释〔2016〕19 号)第 7 条规定:“发生法律效力的裁判文书,应当在裁判文书生效之日起七个工作日内在互联网公布。依法提起抗诉或者上诉的一审判决书、裁定书,应当在二审裁判生效后七个工作日内在互联网公布。”在互联网上依法公开的裁判文书,承载说理的实质内容,可有效规范和限制法官的自由裁量权,阻断权力干预,是评价说理责任的重要尺度。还需要指出的是,裁判文书说理内容的公开,不应仅限于公布于互联网的裁判文书,而应在裁判文书说理制度中对裁判文书公开说理作出全面要求。

第二,制度设计应当以说理权力促进说理主体有为。《司法责任制意见》的相关规定,既明确了不同情形下法官(包含审判委员会委员)依法作出裁判的职责,也赋予了其签署裁判文书或者在裁判文书、审判委员会会议记录上签名的权力。[2] 在案件提交审判委员会讨论决定的情况下,说理权力

---

〔1〕 参见何家弘、刘品新:《证据法学》(第 5 版),法律出版社 2013 年版,第 91 页。

〔2〕 《司法责任制意见》第 15 条规定,“法官独任审理案件时,应当履行以下审判职责……(2)主持案件开庭、调解,依法作出裁判,制作裁判文书或者指导法官助理起草裁判文书,并直接签发裁判文书”;第 17 条规定,“合议庭审理案件时,合议庭其他法官应当认真履行审判职责,共同参与阅卷、庭审、评议等审判活动,独立发表意见,复核并在裁判文书上签名”。

可以划分为合议庭的权力与审判委员会的权力;也就是说,合议庭成员和审判委员会委员都有说理的职责和权力。虽然裁判文书上只有合议庭成员的签名,但是合议庭成员仅对其汇报的事实负责;虽然裁判文书上没有审判委员会委员的签名,但审判委员会讨论记录上有其签名,审判委员会委员应对其本人发表的意见及最终表决负责。裁判文书说理权力的制度设计应当体现《司法责任制意见》上述规定的精神,同时还要站在说理主体的角度,明确说理责任边界,促使相关主体积极履行说理责任。[1]

第三,制度设计应当以说理目标、标准条款提升说理整体水平。裁判文书说理的实体正义目标,不是一般正义,而是个别正义,是指程序运行中的实体正义,又称为“结果正义”或“结果公正”。[2] 这一标准衔接审判阶段的现实情况,对说理标准的要求不是孤立的问题。说理实体正义目标,与具体的证据评断标准、事实认定标准和法律适用标准有直接联系。从实体正义角度审视裁判文书说理,可以将“如实”作为具体的说理标准。裁判文书说理程序正义的目标,就是要再现庭审举证、质证、认证等程序进程,充分表达对诉辩各方(二审、再审案件还包括原审法院)关于证据、事实、适用法律不同意见的分析意见等各项说理要素。裁判文书说理的程序正义标准,与庭审程序进程的再现和说理要素的充分表达息息相关,是尊重说理程序法律属性的应有之义,是说理的底线要求。制度设计体现“双核”目标要求,才能为整体提升说理水平奠定基础,才能为全面提高说理质量提供保障。

第四,制度设计应当以考核激励措施调动说理积极性。有观点认为,刑事司法考评过程中更多关注案件处理的数量与结果,而很少在意案件的处

〔1〕 有学者呼吁,“法官应在刑事裁判文书中对判决理由进行说理性论证,包括对辩护律师的辩护意见采纳、部分采纳或者不采纳的理由(第14页)”。参见陈卫东:《以审判为中心:当代中国刑事司法改革的基点》,载《法学家》2016年第4期。

〔2〕 参见樊崇义主编:《诉讼原理》,法律出版社2003年版,第177页。

理过程。[1] 裁判文书说理质量是衡量审判质量的重要标准,裁判文书说理的考核肯定需要重点关注说理的过程。将裁判文书说理作为法官的业绩考核标准,应当明确具体的要素。可以结合说理的实体义务与程序义务来设计考核的基础标准,将说理责任的制度理性体现在考核激励措施的整个过程中。具体指标和权重需要专门设计、广泛调研,试点试验,逐步推广。至于说理的程度、影响力、社会评价等,可以作为评选优秀裁判文书说理的标准,而不宜将其作为考核说理义务的基础标准。优秀裁判文书评选已经是各级人民法院的一项常规和重要的工作,裁判文书说理制度应当予以合理吸纳,并计入法院审判工作考核指标体系,以发挥优秀裁判文书的辐射带动作用,引领和普及理性、规范、充分说理的理念的养成。

第五,制度设计应当以内、外部评价体系促进说理效果实现。构建裁判文书说理评价制度,是一项更加具体的任务。应当兼顾内部评价制度与外部评价制度的同步建设,实现裁判文书说理在当事人(尤其是败诉方当事人及其代理人)、法院、法律共同体内部、社会不同层面的广泛的可接受性。裁判文书说理评价制度,建议由最高人民法院另行专门制定,以发挥对裁判文书说理行为普遍的指导作用。地方各级法院应当以最高人民法院说理评价体系为指引,进一步在内部明确不同性质、不同类型裁判文书说理的程序义务与实体义务,在外部与法官绩效考核、奖惩制度有机衔接。地方各级法院内部评价制度应当与上级法院监督评价、第三方评价制度等有机结合,合理设计具体项目和权重。

五、裁判文书说理责任制度的设计

(一)关于说理公开责任的制度条文及简要说明

第　条　说理公开。裁判文书应当公开裁判结论何以成立的具体理由

---

〔1〕 参见郭松:《组织理性、程序理性与刑事司法绩效考评制度》,载《政法论坛》2013 年第 4 期。

以及对诉辩各方异议的分析处理意见。

简要说明:审判公开有3个要素:一是审判过程的公开;二是裁判结果的公开;三是裁判理由的公开。[1] 裁判文书公开是司法公开四大平台之一,中国裁判文书网已经成为世界上最大的裁判文书网。之前,裁判文书中只能见到"本案经审判委员会讨论"的表述,而见不到审判委员会成员的署名。《司法责任制意见》实施以后,意味着审判委员会委员讨论案件时,所有参加讨论和表决的委员在审判委员会会议记录上签名,成为一种重要的公开形式。公开裁判文书的形式条件越来越完善,迫切需要与之相匹配的内容的公开,其核心就是裁判文书说理内容的公开,这不仅体现了裁判文书说理保障制度与本体制度的有机对接,也有益于说理公开制度"碎片"的整合和完善。因而,说理公开责任的制度设计是必要的,有助于促进尊重裁判文书说理规律与实现裁判文书说理效果之间的协调和一致,有助于构建以说理公开的技术措施倒逼司法改革的良性互动机制。

(二)关于说理权利保障的制度条文及简要说明

第　条　说理权利。法官(包含审判委员会委员)依法在裁判文书、审判委员会会议记录中进行说理的行为受法律保护。

未提请审判委员会讨论的案件,独任审理案件、合议庭审理案件的法官有权在裁判文书中就证据评断、事实认定和法律适用独立发表意见。

提请审判委员会讨论的案件,独任审理案件、合议庭审理案件的法官有权就证据评断和事实认定发表意见,审判委员会委员有权就法律适用发表意见。

简要说明:法官(审判委员会委员)依法有权在裁判文书、审判委员会会议记录中进行说理,这是法官、审判委员会委员履行审判职责的一个重要体现,是应当受到法律保护的行为。说理权利同时意味着说理的责任,赋予法

[1] 参见陈瑞华:《法律人的思维方式》,法律出版社2007年版,第27页。

官(包含审判委员会委员)的说理权利,既有助于支持法官(包含审判委员会委员)依法说理,也有助于督促法官(包含审判委员会委员)履行说理责任。

(三)关于说理目标、标准的制度条文及简要说明

第　条　说理的实体正义目标。裁判文书说理应当做到证据评断有力、事实认定清楚、法律适用准确。

第　条　说理的实体正义标准。裁判文书说理的实体正义标准,与庭审的实体性内容息息相关。法官在裁判文书中如实阐述对案件证据、事实和适用法律的具体意见,即应认定法官履行了实体意义上的说理义务,符合裁判文书说理的实体正义标准。

第　条　说理的程序正义目标。裁判文书说理应当做到再现庭审程序进程,充分表达各项说理要素。

第　条　说理的程序正义标准。裁判文书说理的程序正义标准,与庭审程序进程的再现和说理要素的充分表达息息相关。法官没有如实再现裁判结论何以得出的程序和依次写明说理要素,即应当认定没有尽到程序意义上的说理义务,没有达到裁判文书说理的程序正义标准。

简要说明:正义是裁判文书说理的根本目标追求。裁判文书说理的正义目标,既包括实体正义目标,又包括程序正义目标。裁判文书说理正义目标标准,既包括实体正义标准,又包括程序正义标准。刑事、民事和行政案件裁判文书,以及裁判文书中的法院意见和各方意见的说理要素,甚至类型化案件的说理,还应有更加具体的目标和标准。

(四)关于说理考核激励措施条文及简要说明

第　条　业绩考核。裁判文书说理质量是审判质量的重要构成要素。各级人民法院应当依照裁判文书说理标准,将裁判文书说理作为法官业绩考核的必要条件,设置合理权重,计入法官业绩考核档案。

简要说明:就说理的实体义务而言,考核标准在于如实反映庭审过程中关于证据评断、事实认定、法律适用的具体意见;就说理的程序义务而言,考

核标准在于全面再现证据评断、事实认定、法律适用的说理要素及其产生过程。上述标准都是基础的标准,是法官应当完成的基本任务。

第　条　说理激励。最高人民法院定期举办全国性的优秀裁判文书评选活动,并将其作为考核地方各级人民法院审判工作的重要指标。地方各级人民法院应当将优秀裁判文书评选作为一项常规性工作,通过评选优秀裁判文书,倡导理性说理、充分说理的理念。

简要说明:优秀裁判文书评选是一种行之有效的鼓励、激励法官重视裁判文书说理的举措,可由最高人民法院组织全国性的优秀裁判文书评选活动,地方各级法院组织各自区域内的评选活动。

(五)关于说理内外部评价体系的制度条文及简要说明

第　条　说理评价。最高人民法院建立符合裁判文书说理规律的裁判文书质量评估体系和评价机制,指导裁判文书说理行为,实现裁判文书说理良好的法律效果与社会效果。

第　条　自我评价。地方各级人民法院应当建立裁判文书说理的自我评价体系。

第　条　上级人民法院评价。上级人民法院应当建立对下级人民法院裁判文书说理的监督评价体系。

第　条　第三方评价。倡导和推动建立法院以外的裁判文书说理第三方评价体系。

简要说明:裁判文书说理质量是裁判文书质量的核心要素,最高人民法院建立裁判文书质量评估体系和评价机制时,应当将说理规律包括说理的双重核心、双重义务、三大要素、说理方法、说理规则等具有指导性和共性的内容合理纳入评估体系,同时又要为展示说理个性、彰显说理特色留足空间。构建说理评价体系时,应当兼顾内部评价与外部评价两个方面,尤其是在法院案多人少、工作压力繁重的情况下,外部评价的优势将会进一步凸显,应当鼓励地方各级法院探索各具特色的外部评价方法与机制。

总之,裁判文书说理是一种社会事实,裁判文书说理责任的制度建设需要在全面深化改革的社会大背景中进行。虽然不断出现诸如史上最牛、最有温度等说理出色、效果显著的优秀判决书,但都是作为个例出现的,并不能由此说明裁判文书说理效果都是如此。依法治国,良法善治,仅靠个别优秀案件裁判文书的充分说理无法真正实现,而迫切需要说理实现应有的、普遍的、良好的法律效果与社会效果。目前,关于裁判文书说理责任的本体制度规范比较丰富,但是比较分散、可执行力不够强;关于裁判文书说理责任的保障制度规范则比较缺乏,难以实现预期的良好说理效果。

法律论证的目的,“是把法官的结论和判决与某些更高原则或具有首要合法性的某机构或制度联系起来”。〔1〕裁判文书的说理涉及多方面的受众,包括说服自己、说服法官同仁、说服当事人、说服法律职业共同体、说服社会公众等方面。无论是本体制度,还是保障制度,得到法官的认同、支持和拥护,说理效果被当事人和社会所接受,才能有生命力。〔2〕现有制度中显然不乏说理责任的规定,但在完整性、拘束力、实施效果诸方面都有需要完善和改进的地方。例如,不说理的裁判文书是否有效、三大诉讼法及相关司法解释中有关说理责任内容是否需要统一协调、补充修改等,都需要在尊重说理规律的基础上,结合多方面因素,进行综合评估与整体设计。

需要注意的是,说理责任的制度条款需要与其他制度配套实施才能实现良好效果,要避免因为制度过于超前或者孤立而导致的负面影响。有关说理责任承担的规制程度要适宜,要考虑当下社会背景和现有法律制度的体系。既要体现说理价值与说理导向,又要起到激励作用,着力营造促进说理效果实现的良好氛围。基于裁判文书说理责任对促进科学、普遍、均衡说理的重要意义,建议裁判文书说理责任的制度条款以最高人民法院司法解

---

〔1〕参见[美]劳伦斯·M.弗里德曼:《法律制度——从社会科学角度观察》(第1版),李琼英、林欣译,中国政法大学出版社2004年版,第276页。

〔2〕参见刘树德:《增强裁判说理的当下意义》,载《人民法院报》2013年12月27日,第5版。

释具体条文的形式予以规范,并在该规范性意见中予以全方位体现,以助力说理主体坚守说理底线、追求说理目标,切实发挥裁判文书说理的应有功能;并通过严格说理责任,进一步规范说理行为,逐步形成良好的说理新风尚,点滴推进司法改革进程,托举起裁判文书说理的时代责任。

第十七章 裁判文书说理的制度论(三)

——少数意见公开制度的构建*

自2000年广州海事法院在一起损害赔偿纠纷的判决书[1]中公开少数意见[2]以来,历经多年的实践,公开少数意见的裁判文书仍是屈指可数。裁判文书公开少数意见,这种对以统一的裁判观点为传统的裁判文书说理的突破做法,仍局限于发挥法治宣传作用,[3]其运行的制度环境、正负效果、操作规范等并未得到应有重视。随着司法体制改革尤其是司法责任制的全面落实,这一问题又引发了学界和实务界的讨论。

---

* 此部分系与姜源合作而成,曾以《司法责任制全面落实背景下裁判文书少数意见公开的再思考》为题,原载《法律适用》2019年第11期。

〔1〕 广州海事法院民事判决书,(2000)广海法商字第109号。

〔2〕 少数意见是指合议出现意见不一致时,和多数意见不一致的“并存意见”和“反对意见”。

〔3〕 2000年起各地法院零星有将少数意见载入裁判文书的实践,但直到2015年新闻媒体报道北京知识产权法院在判决中载明少数意见时,仍采用“少数意见首次入写判决书”的新闻标题。参见《“少数意见”首次写入判决书》,载新华网,http://www.xinhuanet.com/local/2015-12/15/c_128529570.htm,最后访问日期:2018年5月23日。

司法责任制改革强调“让审理者裁判,由裁判者负责”。最高人民法院出台的司法改革文件针对合议庭审理的案件,作出了“在审判权运行上按具体角色区分职责,在责任承担上由合议庭共同负责”的顶层设计。〔1〕在具体的角色分工上,裁判文书的撰写系由承办法官负责;在案件质量的承担上,合议庭系作为整体共同对案件的事实认定和法律适用负责。然而,从审判实践来看,合议庭对案件系采用“少数服从多数的原则”〔2〕作出决定,合议庭的意见并非始终处于一致;尤其是,合议庭意见分歧较大的案件,亦可能通过法定程序被提交审判委员会讨论,审判委员会作出的决定与合议庭意见亦不一定一致。显然,在这种分工与责任配置的模式下,从权责统一的角度看,需要对案件质量共同负责的合议庭少数意见持有者或者需要对本人发表的意见负责的审判委员会成员应当有权要求在裁判文书中公开少数意见,以展现合议庭意见的全貌。

而从现行法律规定看,法律既未明确规定裁判文书应当公开合议庭或者审判委员会的少数意见,亦未禁止在裁判文书中公开少数意见,而是予以留白,交由审判实践自行探索。但在审判实践中,在裁判文书中公开少数意见极为罕见,〔3〕其理论价值亦存在利弊之争。〔4〕在裁判文书中公开少数意见如何在推进司法责任制全面落实的视野下予以价值挖掘并改进都有待在

---

〔1〕参见最高人民法院《司法责任制意见》中“明确司法人员职责和权限”的相关规定。

〔2〕2012年修正的《刑事诉讼法》第179条规定:“合议庭进行评议的时候,如果意见分歧,应当按照多数人的意见作出决定,但是少数人的意见应当写入笔录。评议笔录由合议庭的组成人员签名。”2017年修正的《民事诉讼法》第42条规定:“合议庭评议案件,实行少数服从多数的原则。评议应当制作笔录,由合议庭成员签名。评议中的不同意见,必须如实记入笔录。”2017年修正的《行政诉讼法》第101条规定:“人民法院审理行政案件……本法没有规定的,适用《中华人民共和国民事诉讼法》的相关规定。”

〔3〕在中国裁判文书网,笔者以“少数意见”“少数人意见”“个别意见”为关键词进行搜索,仅搜集到有效裁判文书25份,与中国裁判文书网公布的45,585,260份裁判文书相比数量悬殊。最后访问日期:2018年5月23日。

〔4〕具体参见杨月萍:《论合议庭少数意见的公开》,载《河南大学学报(社会科学版)》2017年第6期;孙笑侠、诸国健:《判决的权威与异议——论法官“不同意见书”制度》,载《中国法学》2009年第5期;张泽涛:《判决书公布少数意见之利弊及其规范》,载《中国法学》2006年第2期;等等。

实证分析基础上予以检视。

一、少数意见公开的样本分析

在前期样本收集时，笔者在中国裁判文书网以“少数意见”“少数人意见”“个别意见”分别为关键词，不设定裁判时间和地域限制，共搜集到97份裁判文书，通过逐一筛查，剔除重复和无关样本，仅剩余25份裁判文书为有效样本。[1]

25份裁判文书呈现以民商事案由为主，刑事、行政案由为特例以及一审、二审程序比例相当的总体特征，具体情况如下（见图17－1）：

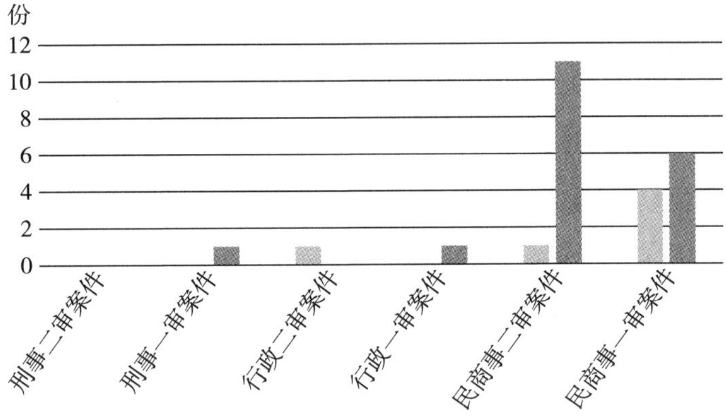

	刑事二审案件	刑事一审案件	行政二审案件	行政一审案件	民商事二审案件	民商事一审案件
审委会少数意见	0	0	1	0	1	4
合议庭少数意见	0	1	0	1	11	6

图17－1　载明少数意见裁判文书总体特征

从图17－1可以看出，样本裁判文书中，少数意见的主体呈现以合议庭为主、以审判委员会为辅的特点。此外，样本裁判文书中，一般不指明少数意见的持有人，仅有3份裁判文书在论述少数意见时明示了持有少数意见的

[1] 样本收集时，以“少数意见”“少数人意见”“个别意见”为关键词分别搜集到54份、33份、10份裁判文书，排除重复和无效样本后，共剩余25份有效样本。

具体法官,且在该3个案件中,持有少数意见的法官为审判长。[1]

同时深入考察样本裁判文书,还发现存在以下四大问题:

1. 多数意见和少数意见的分歧焦点类型繁杂

在样本裁判文书中,合议庭或者审判委员会发生意见分歧的具体类型见图17-2所示:

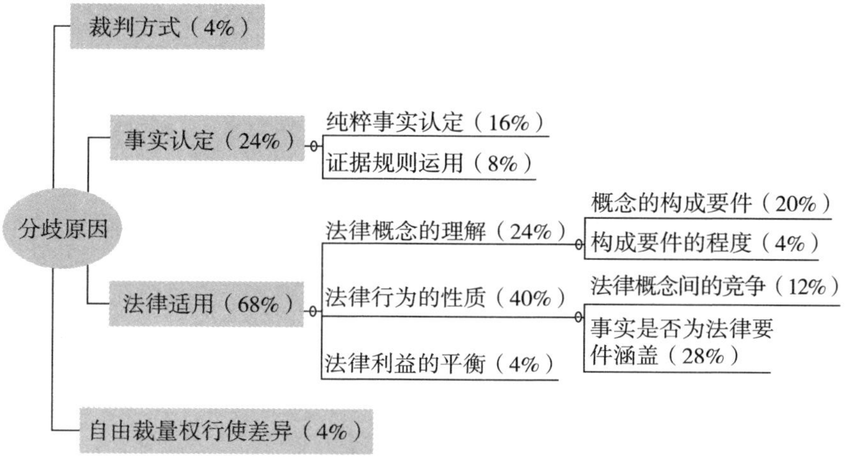

图17-2　合议庭或审判委员会发生意见分歧的具体类型

从图17-2可以看出,产生意见分歧的焦点类型繁多,包含事实认定、法律适用、自由裁量权的行使及具体裁判方式的选择等裁判过程的方方面面,其中,细分类项以事实是否为法律要件涵盖、概念的构成要件理解、纯粹事实认定为最常见类型,分别占比28%、20%、16%,但这三者亦无绝对优势。

2. 多数意见和少数意见的表达顺序不一致

在样本裁判文书中,多数意见和少数意见的行文与论证顺序具体如下(见图17-3):

[1] 3份裁判文书案号为(2017)苏04民终2389号、2391号、2393号。

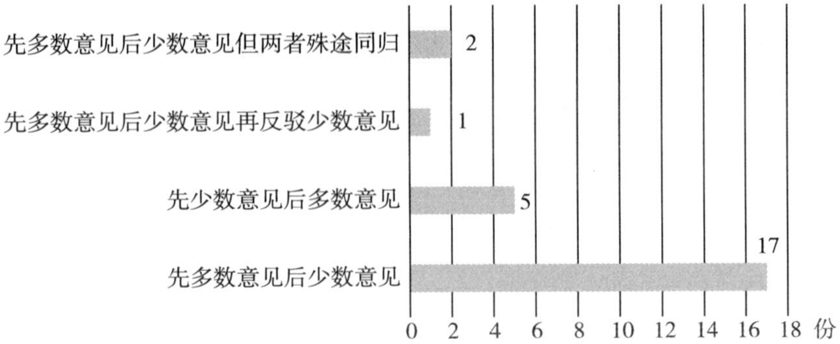

图 17－3　少数意见论证顺序类型

从图 17－3 可以看出，在论证顺序上，主要以先论证多数意见再论证少数意见为主，仅有 5 份裁判文书系先载明少数意见再阐述多数意见；在论证模式上，以两种意见并行论证为主，只有 3 份裁判文书在写明多数意见和少数意见后，对少数意见再次予以简要批驳或者对两种意见予以整体论述，剩余裁判文书均仅罗列多数意见和少数意见，且两者之间并无交锋与回应，致使裁判文书的论理变成两种意见的简单铺陈。

3. 部分裁判结论的推理过程不清晰

在样本裁判文书中，部分裁判文书在载明多数意见和少数意见后，分别在多数意见和少数意见的理由后载明适用该意见指向的具体裁判结果，但并未强调最终裁判结论，致使裁判文书产生多种裁判结果的错觉。具体类型如下（见表 17－1）：

表 17－1　裁判文书推理及结论的具体情形

具体类型	具体示例
完整式	合议庭多数意见＋引用法条＋裁判主文＋诉费分配；合议庭少数意见＋引用法条＋裁判主文＋诉费分配
部分完整式	合议庭多数意见＋裁判主文；合议庭少数意见＋裁判主文
意见在先式	合议庭多数意见结论＋理由；合议庭少数意见＋理由

表 17－1 中 3 种类型的共同之处在于，多数意见和少数意见的结论形式

相同,同时在分别论述后戛然而止,直接署名。在传统裁判文书以裁判主文为行文结尾的惯性思维下,极易产生误解,以致把少数意见当成结论性意见。

4. 部分裁判文书论理的比例失调

样本裁判文书中,多数意见与少数意见论证篇幅如图 17 – 4 所示:

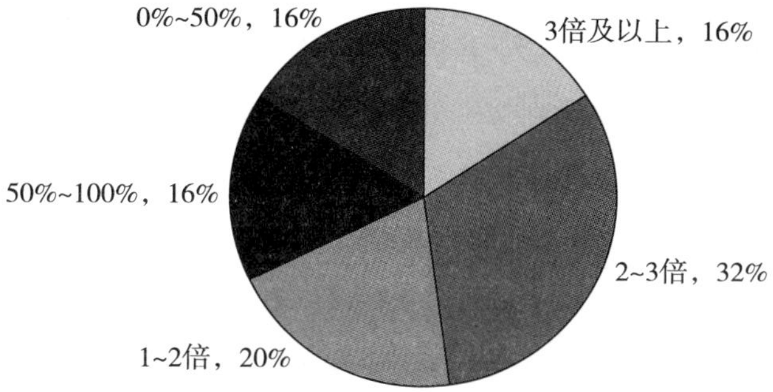

图 17 – 4　多数意见与少数意见论证篇幅比

从图 17 – 4 可以看出,32% 的裁判文书对少数意见的论证多于多数意见,在论证篇幅上比例失调,致使裁判文书说理出现轻重不分的问题。

上述四个方面问题的存在,至少受到以下因素的影响:

1. 理论认识尚不到位

就法理而言,裁判文书能否公开少数意见,为何要公开少数意见,如何公开少数意见等,均值得进一步研究,例如,在裁判文书中公开少数意见的主体类型、具体形式、焦点类型均需要体系性思考。裁判文书中少数意见的载明更多的是一种为存在而存在,也可以说,少数意见的公开变成纯粹的摆设,甚至显得格格不入,往往删除少数意见对于“本院认为”的论述并无影响,反而会增强裁判文书的说理性。

2. 原有路径依赖

从目前既有的裁判文书样式看,少数意见的载明并不在考量范围。以民事裁判文书样式为例,在新版民事裁判文书样式中,裁判文书的体例仍采用“当事人身份信息—诉辩意见—争议证据认证—事实认定—本院认为”五大部分。采用“本院认为”行文开头内含法院观点的统一，给了裁判者只书写统一观点的心理暗示。在这种统一样式下，撰写少数意见成为一种不顺畅的选择，需要裁判者打破常规，发挥个人智慧。[1]

3. 外在压力依存与内在动力不足

目前，法律规定的空白和法官工作量的饱和，使裁判者并无撰写少数意见的动力。对于主要执笔裁判文书的承办法官来说，在裁判文书中撰写少数意见是一种负累，只要裁判文书的裁判主文是正确的，适当的论述就可以达到定分止争的目标，过多的论述反而容易在不经意间产生错误，成为当事人攻击的把柄，带来当事人上诉率、再审申请率增加的负面作用。对于合议庭少数意见持有人来说，只要在合议中持少数意见就可以免责，是否在裁判文书中公开少数意见对于工作量的计算亦无实益。而且一旦投入精力撰写少数意见，不仅会减少自身承办的案件时间和精力的投入，也不利于同事之间的和谐。

二、少数意见公开的改革语境

司法责任制作为党的十八大以来司法体制 4 项基础性改革的核心和“牛鼻子”，已经得到有效落实。[2] 但在司法责任制全面深化过程中，受到经济社会形势发展、法律立改废释频率的加快、人民群众法治意识提升和司法需求增多、立案登记制的推出等多重因素的影响，人民法院收案量大幅增加，“案多人少”矛盾突显，使作为基层审判组织的合议庭的“合议”有形式化

---

〔1〕 对此，部分裁判文书系采用“本院认为：合议庭多数意见认为……合议庭少数意见认为……”的行文方式，如(2018)京01民终152号民事判决书；部分裁判文书采用了“本院认为……但是合议庭存在意见分歧，少数意见认为……”的论述形式，如(2015)京知民终字第2184号民事裁定书。

〔2〕 参见周强：《关于人民法院全面深化司法改革情况的报告》，载最高人民法院网站，http://www.court.gov.cn/zixun-xiangqing-66802.html，最后访问日期：2018年5月23日。

的倾向;[1]审判委员会的职责功能定位包括对于具体案件的讨论范围均有继续调整和规范的空间;新类型案件的涌现要求人民法院对新型法律问题予以准确回应;等等。面对这些现实难题,裁判文书公开少数意见的价值功能日趋重要。

(一)少数意见公开之于合议制度的规范价值

合议制度是我国审判的核心制度之一,但目前由于人民法院收案量的大幅增加、"难办案件"[2]"公案"[3]的增多、"信访不信法"等司法外在环境仍有待改变等的影响,使作为"理性人"的法院院长和法官主动或被动地规避"刚性法律"规定,进而使得"合议"的规范性受到严重削弱。从司法责任制改革的"让审理者裁判,由裁判者负责"目标追求看,在让审判权归位于合议庭的同时,更要切实让合议庭成员担起审理之重担,避免合议者逃避责任。裁判文书公开少数意见无疑可以压缩避责空间,促进有效合议。

1. 压缩避责空间

从违法审判责任追究的角度看,合议时提出少数意见,能够使少数意见持有者在合议博弈过程中保持免责的优势地位。以一审案件为例,作为合议庭少数意见的持有者,如果案件在二审程序中被改判或者发回,因少数意见持有者提出的意见并非定案意见,故在责任追究过程中无须承担责任;[4]如果案件被判决维持并生效,则因案件不会出现被定为错案的情况,少数意见的持有者亦无被追究责任的风险。而对于审判专业人士来说,少数意见的提出并不困难,审判过程中任一环节都有提出少数意见的空间。虽然司法责任制明确要求拟作出裁判结果的理由是所有合议庭成员在发表意见时

---

〔1〕 参见左卫民、吴卫军:《"形合实独":中国合议制度的困境与出路》,载《法制与社会发展》2002年第2期。

〔2〕 参见苏力:《法条主义、民意与难办案件》,载《中外法学》2009年第1期。

〔3〕 参见顾培东:《公众判意的法理解析——对许霆案的延伸思考》,载《中国法学》2008年第4期。

〔4〕 最高人民法院《司法责任制意见》规定:"进行违法审判责任追究时,根据合议庭成员是否存在违法审判行为、情节、合议庭成员发表意见的情况和过错程度合理确定各自责任。"

应当予以重点说明的内容，[1]但鉴于合议是不公开进行的，且少数意见依据的理由亦不需要公布于众，即使理由不充分，也不影响意见发表者坚持少数意见，进而成为司法责任制推进下的避责者。

司法责任制的全面落实要求不给裁判者留下懈怠的安全区。裁判文书公开少数意见，可以起到限缩责任安全区的作用；同时，少数意见在裁判文书中公开的心理预期，可以阻却为反对而反对者，让意见的提出更加谨慎、理性，减少为避责而提出少数意见的情形发生，让合议从形式化重新向实质化发展，让裁判结果所依据的每一个意见和理由都扎实可靠。

2. 促进有效合议

就合议而言，曾对在裁判文书中公开少数意见存有一种批评及担忧，即在裁判文书中公开少数意见违反了合议秘密原则；[2]还有主张因担心少数意见被公开，反而会使少数意见的提出变得不易，打消案件审理者提出少数意见的积极性，致使合议庭审理的案件离真正的合议更远。[3]

在司法责任制全面落实的语境中，合议追求的并非各类意见的泛泛而谈，而是对于核心问题的有的放矢。少数意见在裁判文书中公开，只会起到有效筛选作用，增强合议的实效。一方面，对于秉持负责态度的法官来说，在裁判文书中公开少数意见的要求并不会导致其放弃己见，反而因为对自身所持少数意见及理由公开的合理预期会增加其寻求支撑自身意见依据的动力，并在合议时有理有据地阐述意见；另一方面，对于多数意见持有者，迫于少数意见公开带来的裁判理由相互竞争的压力，其在合议中也必须正视

---

〔1〕《最高人民法院司法责任制实施意见（试行）》规定："所有合议庭成员均应对事实认定、法律适用发表意见，重点说明证据采信情况及拟作出裁判结果的理由。合议庭成员发表最终处理意见时，应当按法官资历由低到高的顺序进行。"

〔2〕《人民法院工作人员处分条例》第42条规定："故意泄露合议庭、审判委员会评议、讨论案件的具体情况或者其他审判执行工作秘密的，给予记过或者记大过处分；情节较重的，给予降级或者撤职处分；情节严重的，给予开除处分。"

〔3〕参见朱峰：《浅议合议庭少数意见的公开》，载《重庆科技学院学报（社会科学版）》2010年第14期。

少数意见的裁判理由,用更严谨的论证去回应。这样自然会使裁判文书的公正性有了更强的保障。

另外,合议秘密原则的产生本是为了保护合议庭独立审理案件,防止合议庭受不当干预,其关注的时间点是合议决定作出之前。[1] 裁判文书公开少数意见时,合议庭的决议已经作出,此时对于个案来说,合议庭独立公正审判的目标已经实现,接下来更应关注的是如何将公正审理的裁判结果以有说服力的方式加以呈现。

(二)少数意见公开之于审判委员会运行的规范价值[2]

司法责任制落实的一项重要内容,就是完善审判委员会制度,即通过明确审判委员会讨论案件的类型、流程等,让审判委员会规范运行,同时实现案件尽可能留在合议庭的目标。但是,对于审判委员会讨论案件所设定的疑难、重大、复杂的标准仍难以从正面统一规定,存在较大的弹性空间;而在裁判文书中公开少数意见,则可以起到反向监督审判委员会对个案的指导与提高公信力的作用。

1. 反向监督审判委员会的个案指导

司法责任制全面落实要求审判委员会限缩对个案的具体处理,转向统一裁判尺度、类案研究等方面的宏观指导。从审判实践来看,除从正面对审判委员会讨论决定个案的范围予以设定标准与类型界定外,裁判文书公开审判委员会的少数意见亦能够起到反向监督的作用。

从审判委员会讨论的案件类型看,审判委员会只讨论重大、疑难、复杂案件的法律适用问题,特别是对于合议庭提请审判委员会讨论的案件,应当是在法律适用上具有理论与实践争议的问题。此时,审委会委员在审判委员会上发表的法律意见通常是具有研究价值的观点与意见。而从审判委员会的人数构成上看,其一般在5人以上。人数较多的审判委员会要对重大、

〔1〕 参见张泽涛:《判决书公布少数意见之利弊及其规范》,载《中国法学》2006年第2期。
〔2〕 公开审判委员会少数意见对于审判委员会合议的规范价值与合议制度部分相同,不再赘述。

疑难、复杂案件形成一致意见难度远远大于普通合议庭，少数意见的存在是一种常态。如果裁判文书显示并无少数意见，在一定意义上说明该个案以及未来的类似个案就不宜提请审判委员会讨论决定，而应由合议庭合议处理。

2. 提高审判委员会的公信力

在落实司法责任制的过程中，审判委员会对于民众来说仍有某种程度的神秘性。而在裁判文书中公开审判委员会委员的少数意见，实际上创设了审判委员会与当事人之间对话的一种方式，自然地有利于揭开审判委员会的神秘面纱，降低神秘感引发的当事人及公众的不信任。同时，审判委员会对案件的讨论存在少数意见乃是一种正常状态，裁判文书公开少数意见无疑展示了人民法院正视此种常态的鲜明态度，必将有助于提高审判委员会的公信力。

（三）少数意见公开之于推进法律体系完善的反思价值

随着立案登记制的全面落实和社会发展的快速变化，人民法院受理的新类型案件逐渐增多。此类案件的法律适用问题并非都能直接在条文中一一找到对应，法官需要运用适当的法律解释方法和法律论证方法予以妥善处理。〔1〕而在裁判文书中公开少数意见，特别是公开少数意见背后的理由，并形成少数意见与多数意见的依据及理由的理性竞争，可以为法律体系的完善提供反思的素材。

1. 正视多元观点

传统上，反对在裁判文书中公开少数意见的理由之一就是少数意见的公开会扰乱法的安定性，将少数意见公开在阳光下，会暴露法院本身认识的

---

〔1〕 最高人民法院《指导意见》第7条规定："民事案件没有明确的法律规定作为裁判直接依据的，法官应当首先寻找最相类似的法律规定作出裁判；如果没有最相类似的法律规定，法官可以依据习惯、法律原则、立法目的等作出裁判，并合理运用法律方法对裁判依据进行充分论证和说理。"

不统一,损害司法权威。[1] 特别是针对争议的法律问题,各方当事人向法院提供类案裁判文书作为参考已是常态,同类型案件本来就可能因为细节差异产生不同的裁判结果。如果裁判者刻意回避本就存在的少数意见,更容易引起当事人对案件是否得到公正审理产生怀疑;而如果能在裁判文书中公开少数意见,反而可以显示出法院考虑的周全与司法自信。

2. 增进法律认知

法律从来不是一成不变的,无论是立法者还是司法者,抑或是其他主体对法律的认知也是随着社会生活的变迁而不断增进的渐进过程。从某种程度上说,法律的变化亦是法律理性和认知累积的产物。裁判文书公开少数意见可以起到促进理性提升的功能,具体包括:一是在裁判文书中公开少数意见可以形成理性竞争,为多数意见带来不同角度的思考,增进裁判共识,提高裁判文书的说理性;二是少数意见的公开可以为法律职业共同体提供研究素材,并在共同体中形成思想、学术和理论共识。新类型等疑难案件裁判理由的充分论证,既能促进法官法律适用能力的提升,也能促进法教义学和法律适用方法论[2]的丰富,还能为法律规范的发展和法律体系的完善提供坚实的实践素材。

三、少数意见公开的操作规制

尽管由于定位不明、缺乏传统、动力不足等因素的影响,目前,实务中极少在裁判文书中公开少数意见,且实际公开少数意见的裁判文书亦存在种种问题,但是相较在裁判文书中公开少数意见对于司法责任制全面落实的价值功能来说,这些困难和问题并非不可克服。此处以推进司法责任制全面落实为目标指引,在明确裁判文书少数意见公开的总体原则的基础上,提

---

〔1〕 参见吴庆宝:《裁判的理念与方法》,人民法院出版社2004年版,第146页。

〔2〕 参见[德]马蒂亚斯·耶施泰特:《法理论有什么用?》,雷磊译,中国政法大学出版社2018年版,第57页。

出“三进三退”的具体操作方案。

(一)总体原则:目标指引与传统理念的平衡

如前文所述,裁判文书中公开少数意见在全面落实司法责任制的视角下具有规范合议制度、规范审判委员会运行及提供法律体系完善素材等多方面的价值功能,对在裁判文书中公开少数意见的完善就必须着眼上述目标的实现,但是纯粹的目标指引不一定能实现价值最大化,目标的实现还依赖少数意见公开的有效落实。故,在少数意见公开的具体推进过程中,应正视我国裁判文书的传统理念与习惯,在目标指引与传统理念之间寻求纳什均衡,实现价值最大化。

(二)裁判文书中少数意见公开的“进”路

1. 明确少数意见公开的推进计划:以审判委员会少数意见的公开为原则,以合议庭少数意见的公开为自由选择。在推进司法责任制全面落实的目标下,在裁判文书中公开审判委员会的少数意见具有合理性和可行性。合理性在于审判委员会的决定只涉及法律适用问题;对于本就存在重大争议的法律问题,在裁判文书中公开少数意见是对此争议的正视和重视,可接受度更高,亦能彰显司法的严谨与自信。可行性在于随着司法责任制的全面推进落实,审判委员会决定的个案数量有限,工作量的增加不会成为法官难以负荷的重任。

相较审判委员会讨论的案件,目前要全面推进合议庭少数意见的公开仍然不具有成熟的土壤。一方面,在裁判文书中公开少数意见要求法官充分把握争议,一旦论证不当则有削弱裁判文书说理性的可能,全面公开社会风险过大;另一方面,全面公开少数意见,对目前的法官工作量是一种巨大负担,因而较稳妥的做法是在审判委员会少数意见公开运行较成熟以后再逐步推进合议庭少数意见的公开。

2. 规范少数意见公开的载明方式:以多数意见—少数意见—多数意见对少数意见的回应为路径。在少数意见的公开方式上,以美国为首的英美法系国家采用后附式,[1]理由是少数意见并非裁判的依据,不适宜置于裁判文书正文中。[2] 而采用大陆法系的日本在公开最高法院判决少数意见时则将少数意见置于裁判文书正文的理由部分,叙述于多数意见之后。[3]

从当下来看,这两种公开形式均不适合我国裁判文书的制作传统和少数意见公开的定位。对于前者,后附式少数意见与我国裁判文书的制作传统差距过大,且我国少数意见的公开目标并不在于彰显法官的个性,而是通过少数意见理由的公开实现对合议制度的有效、审判委员会运行的规范以及法律体系的完善等方面的作用。

最早开始探索这项改革的广州海事法院采取如下做法:合议庭成员意见一致的,表述为"合议庭认为",合议庭意见不一致的,多数意见合写,具体列明"审判长(员)×××、审判员×××认为""审判员×××认为",以体现合议庭负责和审判公开。在遵循本部分说理的基本顺序的前提下,合议庭一致意见写在前,不同意见写在后;多数意见写在前,少数意见写在后。[4] 最早公开少数意见的裁判文书有如下表述:审判长×××、代理审判员×××认为:……原告的证据5所涉12份原告为承运人的提单均为"运费到付"提单,即运费应由收货人支付,并且除HK98-SH2-0411提单外,记载的收货人均为被告。因此,根据提单中托运人与承运人约定的运费支付方式,该11份提单被告有义务向原告支付运费。尽管HK98-SH2-0411是到付运费提单,但原告未能证明该提单的收货人是被告,故被告没有义务支付该提单项下的运费……代理审判员×××认为:对于证据5所涉12份提单,原告未能证明其与托运人约定运费由收货人即本案被告支付,原告依据该12份

[1] 参见孙笑侠、诸国健:《判决的权威与异议——论法官"不同意见书"制度中"(一)英美法上的多种意见制"》,载《中国法学》2009年第5期。

[2] 参见杨月萍:《论合议庭少数意见的公开》,载《河南大学学报(社会科学版)》2017年第6期。

[3] 参见刘风景:《不同意见写入判决书的根据与方式——以日本的少数意见制为背景》,载《环球法律评论》2007年第2期。

[4] 《广州海事法院关于使用统一样式制作判决书的通知》(2000年10月9日)。

提单请求被告支付运费及该款项的逾期付款违约金,不予支持。原告依据证据6的8份提单请求被告支付运费及违约金,但原告未能证明被告委托其办理该8份提单项下的货物运输,对原告的该项请求,不予支持。综上,应驳回原告的诉讼请求。根据合议庭多数意见,依照《海商法》第69条第2款、第78条的规定,判决如下……

笔者认为,从更好地融合和适应现有的裁判文书传统来看,目前对少数意见公开的方式宜采用"本院认为内化式",即以多数意见—少数意见—多数意见对少数意见的回应为叙述思路,将少数意见内化为裁判文书说理的有机组成部分。在最终对少数意见的回应中,应当阐明多数意见与少数意见的分歧之所在及多数意见的考量角度,通过挖掘两者差异的理据来增强裁判文书的说理性。

3. 提升少数意见公开动力:与司法责任制错案追究挂钩。目前,司法责任制错案追究系以合议时发表的意见为依据的,通过审查合议笔录以确定案件相关人员的责任承担,是否在裁判文书中公开少数意见对责任承担没有影响。如果对于应当公开的少数意见,不再以合议笔录作为司法责任制错案追究的依据,而是以裁判文书载明的意见为主要依据,则可以为推进少数意见公开提供制度保障。这一进路并非要求公开少数意见的具体持有人,而是将裁判文书公开的少数意见与合议笔录及责任追究形成互相对应的一体,对于应当公开但未公开的少数意见,即使合议笔录中存在少数意见,亦因未在裁判文书中公开不予采信,从而有效地开展司法监督。

(三)裁判文书中少数意见公开的"退"路

1. 规范少数意见公开的内容:公开少数意见理由,不公开少数意见指向的裁判主文

从司法责任制全面落实的目标看,在裁判文书中公开少数意见指向的裁判主文并无必要,反而与我国裁判文书的传统行文思路产生冲突,造成裁判结果不唯一的错觉,故应当避免现行实践中部分裁判文书采用的载明少

数意见后写明依据少数意见指向的裁判主文的做法,明确禁止写明少数意见指向的主文,保障裁判主文唯一性、确定性和权威性。

2. 明确少数意见公开的限度:公开少数意见,不公开少数意见持有人

在司法责任制全面落实的情况下,亦不应当公开少数意见持有人。这主要基于以下考虑:一方面,不公开少数意见持有人可以保障法官个体不会因为少数意见的提出而遭受不应承担的社会责难;另一方面,少数意见公开的目的是规范合议和审判委员会的运行,并为法律体系的完善提供有理有据的反思,这些目标价值并不需要以公开少数意见的持有人为前提。故在裁判文书中公开少数意见应当以具体意见和理由为限,不宜公开少数意见持有人。

3. 限制少数意见公开的类型:不公开纯粹事实认定、自由裁量权行使、事实是否为法律要件所涵盖、裁判方式类争议

裁判文书公开少数意见是对传统裁判文书的突破,实有必要采取渐进的方式。与常规的限定少数意见公开的级别法院、案件类型路径与思路不同,[1]更可行的是对少数意见的聚焦点予以类型化,限定公开焦点类型。从前述审判实践累积的公开类型看,不应当公开纯粹事实认定、自由裁量权行使、事实是否为法律要件所涵盖、具体裁判方式方面的少数意见。理由是,单纯的事实意见争议对于法律的反思并无意义,且容易引发个案当事人的情绪不满;具体裁判方式、自由裁量权行使方面的争议亦往往无客观衡量的标准,少数意见的公开更容易异化为无法调和的各持己见;对于事实是否为法律要件所涵盖的问题,其实质是在法律规范与法律事实之间的来回穿梭,更多的是法律规范在个案中的运用,围绕此争议点形成的多数意见与少数

〔1〕 2015年12月6日最高人民法院《关于人民法院裁判文书说理的若干规定(稿)》第61条规定:“积极探索在中级以上人民法院审理的知识产权、海事等不会导致当事人情绪严重对立或社会不稳定的民事案件中,公开合议庭对法律适用问题的不同意见,但不得披露评议的具体过程及其他不宜公开的内容。”

意见之间很难形成有价值的竞争,故不应当公开;对于法律概念的理解、法律概念间的竞争、法律利益的平衡以及证据规则的理解与运用,则具有普遍性价值,这些方面的少数意见应当一律予以公开。

在推进司法责任制全面落实的进程中,裁判文书公开少数意见实有再讨论的必要。综上,当下的主要问题,已不是应否公开少数意见,而是如何公开少数意见。特别是随着裁判文书上网公开、裁判文书释法说理加强和规范、案件繁简分流、多元纠纷解决机制、法官专业化和职业化等综合配套机制改革的推进,既为裁判文书公开少数意见奠定基础,也为裁判文书公开少数意见带来压力。我们要立足传统和国情,采取渐进的方式逐步地推进少数意见在裁判文书中的公开。

第十八章

裁判文书说理的具象论(一)

——量刑说理的类案运用*

在刑事裁判文书中,量刑说理是裁判结果正当性、权威性和可接受性的重要载体,“正义不仅要实现,而且要以看得见的方式实现”。然而,现阶段刑事裁判文书普遍重定罪说理轻量刑说理,量刑说理中重结论而轻分析、重定性而轻幅度、重叙述而轻回应,量刑说理仍处于不完全说理阶段,普遍简单陈述事实、援引法律条文后直接得出判罚结果。千篇一律、公式化的量刑说理忽视个案特征,难以满足人民群众对司法公正、司法公开的期待。有学者统计,当事人因刑罚过重提出上诉的比例不断提高,其中,80% 在二审阶段均维持原判且该比例逐年增长。[1] 量刑说理现状与民众期待间存在落差,提示我们急需探索新的

---

* 此部分系与江洛伊合作而成,曾以《量刑说理中类案运用的审思与规制》为题,原载《法律适用》2022 年第 1 期。

[1] 参见张武举、胡泽恩:《辅助量刑说理的量刑模型附表制度研究》,载《公安学刊(浙江警察学院学报)》2020 年第 3 期。

说理方法和说理规范。

说理是司法裁判的特有过程，但说理却不仅是一项司法问题，说理的过程实际上是对依据立法规范及司法解释等大前提进行司法推理的过程说明，是一项体系化的工程。有论者认为，“理”蕴含在成文法中，要件规制了法官说理的范围，法官只要正确适用法律就可以充分说理。[1] 这种观点是在法律规范完备时的一种理想情境，但反观现阶段宽泛的量刑规范，并不足以为量刑说理提供明确的推理大前提，仅凭逻辑亦无法从宽泛的量刑规范中推理出待决事实的刑量。因而仅提高说理要求、增设量刑说理考核指标、提高量刑说理责任负担，而不提供说理方法（包括量刑指导和说理规范）对于法官来说是过于严苛的。

对于量刑，各国普遍通过细化规范来解决量刑不均衡的问题，包括判例法国家在内，如美国《量刑指南》通过量化方法，将罪行划分等级并对应相应刑罚；英国没有采用统一的法典，通过《刑事司法法》（Criminal Justice Act）、《验尸官和司法法》（Coroners and Justice Act）等单行本的模式。[2] 在我国，《关于常见犯罪的量刑指导意见（试行）》《关于规范量刑程序若干问题的意见（试行）》等都旨在进一步规范量刑活动，针对具体罪名法律适用的司法解释中也普遍对量刑幅度进行分级和细化。但除幅度宽泛外，问题还在于现有量刑规范仅列出某诉争量刑行为对应的刑罚幅度，而司法中评估待决案件事实是否属于诉争行为及其程度判断需要的理论基础、认定要素，及诉争量刑行为对应刑罚的判断中需要的司法趋势、相关数据等均未涉及，未为量刑司法提供方法指导和数据参照，且其中缺失的部分在实践中并不能得到充足培训的支持。同时，仅仅通过刑罚幅度无法倒推出立法者的思考过程，现有规范实际上并未说明落实的方法和路径。不仅使单个诉争行为的刑罚

---

〔1〕 参见胡云腾：《论裁判文书的说理》，载《法律适用》2009 年第 3 期。

〔2〕 参见［英］安德鲁·阿什沃斯：《量刑与刑事司法》（第 6 版），彭海清、吕泽华译，中国社会科学出版社 2019 年版，第 20～38 页。

幅度难以确定,法庭的实践可能由于量刑规范的分散性而变得更加困难,在存在多个诉争行为时易出现重复评价问题,对于"隐蔽式"的量刑过程亦无法进行有效的监督。

以此为基础,针对上述量刑说理中的诸多问题,尤其是量刑不均衡的问题,笔者试以类案为基础为量刑推理提供更精细但不具备强制适用效力的参考,以此丰富量刑指导方式,缓解量刑推理大前提难以应用的问题;同时通过规范说理将量刑方法、量刑尺度、量刑思维融入量刑说理过程,探索缓解量刑不均衡问题的路径。从而规范、细化、均衡量刑说理,使量刑过程可视化,从形式公开向实质公开转变,减少量刑环节的腐败滋生,满足人民群众不断增长的司法需求和同案同判的司法期待。

一、量刑类案参照的逻辑基础

司法的本质是通过适用法律来实现正当的个案裁判,个案裁判的"正当"不仅要求罪量与刑量相适应,而且要求"对相同情形或极为相似的情形予以平等对待",[1]因而量刑中参照类案是实质正义的内在要求。此外,量刑中类案参照的必要性还体现在更具体的层面上。

(一)量刑三段论推理的必然选择

在刑事司法三段论推理中,依据罪刑法定这一"底线"原则,法律规范未涵盖待决案件事实的情形应当认定为无罪没有争议;对于法律概念含义模糊的情况,应当对法律概念进行解释,对待决事实进行加工,不断往返于法律规范和待决事实之间,以认定二者之间是否存在涵摄关系。法律解释实际上是适用法律原则、解释方法,[2]从不同角度对某一法律概念含义、范围

---

[1] 参见[美]E. 博登海默:《法理学:法律哲学与法律方法》,邓正来译,中国政法大学出版社1999年版,第319页。

[2] 法律解释的分类存在多种观点,一般的解释方法包括语法解释、逻辑解释、系统解释、历史解释、目的解释和当然解释等,参见张文显主编:《法理学》,高等教育出版社、北京大学出版社2002年版,第331~332页。

具体化的过程,已决类案针对相似事实通过法律解释得到结论并发生效力,从中可以提取解释过程、解释方法、解释结论。因而与普通法系类案的司法应用不同的是,大陆法系类案在司法推理过程中不是作为大前提存在的,而是为待决案件的法律解释过程提供参照,成为强化判决结论或所持立场的理由,已决类案与待决案件间是否真正具有实质相似性依然取决于实践者的理性证成(事实相似性判断 + 价值相似性判断),类案检索并不能直接取代类案判断。[1] 这意味着,普通法系判例中凝练出的规则一般抽象程度较高,本身即作为法律规则,而大陆法系判例中提炼出的规则一般抽象程度较低,只是对法律规则在某一类案件适用中的细化解释。对此有观点认为,参照已决类案进行法律解释的方法违反了刑事司法中禁止类推解释的原则性规定,有违罪刑法定原则。这种观点实际上混淆了类推解释和类比推理两个概念的含义。[2]

类推解释是与扩大解释相关联的概念,按照法律解释与法律概念词义的对应关系,法律解释可以分为文义解释、扩大解释和缩小解释,其中,扩大解释按照解释后的含义是否明显超过法律概念词义范围以致违反罪刑法定原则分为一般的扩大解释(不违反)和类推解释(违反)。而类比推理是一种依据案件相似性(包括基本事实、争议焦点、法律适用问题等方面具有相似性),由前提推导结论、适用法律原则进行实质推理(辩证推理)的思维过程,"法是一种对应,因此法的整体并非条文的复合体,并非规范的统一体,而是关系的统一性。关系统一性与对应,便意味着类比推理"。[3] 类比推理中类案仅是法律解释过程中的参照,不同于英美刑法中以先例作为推理起点的类比推理,亦不同于解释含义超出罪刑规范的类推解释。

---

〔1〕 参见孙海波:《类案检索在何种意义上有助于同案同判?》,载《清华法学》2021 年第 1 期。

〔2〕 参见刘树德:《无理不成"书":裁判文书说理 23 讲》,中国检察出版社 2020 年版,第 105 页。

〔3〕 参见[德]亚图·考夫曼:《类推与"事物本质":兼论类型理论》,吴从周译,台北,学林文化实业有限公司 1999 年版,第 41 页。

定罪过程和量刑过程中参照类案的类比推理亦存在差异。司法权是一种判断权,与其他判断权相比,其“特色”在于以个案的方式将抽象的法律具体化,从而为人们未来的行动提供具体的指南。[1] 定罪过程的判断是“是非”判断,而量刑过程的判断主要是“程度”判断,这决定了:其一,罪量和刑量间没有自然或必然的对应关系,因而充分的个体思辨和论证可以作为定罪过程中“是非”判断的依据,但却不能为量刑中的“程度”判断提供充分的理由,逻辑性的法律解释方法难以适用于量刑过程,经验性的类案参照可适用性更强;其二,定罪过程中参照的类案可以是个案,而量刑过程中参照的类案必须是“大样本”意义上的,因为从我国现有裁判文书量刑说理现状来看,多个量刑过程(包括量刑基准、量刑起点、量刑情节幅度的确定)对应一个量刑结果,量刑裁判中缺少对各量刑阶段的划分,其中的规律往往是隐性的,从个案刑罚结果中难以倒推出各阶段的量刑结果及某一阶段的量刑“程度”。因而较之定罪过程中作为辅助方式的“个案”视角的类案参照,量刑过程中从“大样本”视角参照类案是必要的。

(二)自由裁量中法官刑罚观念的平衡参照

量刑说理的根基在于法官自由裁量权的范围,现有量刑规范规定量刑过程包括确定量刑起点、基准刑和宣告刑 3 个步骤,[2] 其中,在法定刑范围内依据基本犯罪构成事实选择量刑起点、根据其他影响犯罪构成的犯罪事实在量刑起点的基础上确定基准刑、酌定情节的认定、量刑情节幅度的确定、综合全案情况确定宣告刑等阶段均存在较大的自由裁量空间,而多个阶段的叠加使量刑的不确定性呈指数倍增大,同时在实践中也存在不分阶段整体量刑的情况,这无疑将进一步增大量刑的不确定性。以故意伤害致一人重伤、具有自首情节这一事实为例,根据现有量刑规范,故意伤害致一人

---

[1] 参见陈景辉:《同案同判:法律义务还是道德要求》,载《中国法学》2013 年第 3 期。

[2] 参见 2021 年 6 月 17 日印发的最高人民法院、最高人民检察院《关于常见犯罪的量刑指导意见(试行)》。

重伤的法定刑区间为3～5年有期徒刑，具有自首情节的可以减少基准刑的40%以下，犯罪较轻的可以减少基准刑的40%以上或者依法免除处罚。理论上法官可以在3～5年有期徒刑中选择任一点作为基准刑，对于一般的自首情节可以在0～40%的幅度内选择减少基准刑的幅度，从刑罚幅度范围来看，选择3年有期徒刑作为基准刑同时因自首情节减少基准刑的40%和选择5年有期徒刑作为基准刑同时因自首情节减少基准刑的5%，二者的宣告刑分别为1年9个月18天有期徒刑和4年9个月有期徒刑，相差约3年有期徒刑，当然如果法官判断自首情节量刑幅度时认定属于"犯罪较轻"的，宣告刑的差异可能进一步扩大。可见，量刑中法官自由裁量范围明显过于宽泛。同时"鉴于根据宽泛的规范量刑之法官为数众多这一事实"，〔1〕量刑不均衡的问题日益凸显，无法满足民众对量刑公平、均衡、可预测的合理期待。

自由裁量宽泛带来的量刑不均衡只是表象问题，更严峻的问题是，其中包含了法官个体的刑罚观念。量刑方法、评判标准是立法问题，将其纳入司法中自由裁量的范围是对立法和司法边界的混淆，法官可以对不同于立法规范的观念以个人名义进行论述和表达，可能以建议的形式体现在修法中，但不能借用自由裁量权的名义。

"一致的价值经验是认识正义的基础，认可此种主张并不困难，难处正在于实际获得一种广泛一致的价值经验。"〔2〕需要关注的是，客观法律价值本身带有一定的"主观性"，一方面，关于法律概念的客观性（是否同与之相关的外部世界客体种类之间存有一种对应关系）长期以来存在争论；〔3〕另一方面，价值判断亦不可避免地带有主观性。即便认可存在完全客观的法律价值，客观的法律价值与主观的"价值经验"亦并非相对立的概念，客观法律

---

〔1〕 参见[德]汉斯·海因里希·耶赛克、托马斯·魏根特：《德国刑法教科书》，徐久生译，中国法制出版社2017年版，第1173页。

〔2〕 参见[德]卡尔·拉伦茨：《法学方法论》，陈爱娥译，商务印书馆2004年版，第7页。

〔3〕 "唯实论"认为，概念同与之相关的外部世界客体种类之间存有一种对应关系；"唯名论"认为，概念不是现实世界中事物的复制品，人心智的世界必然同客观世界相分离。

价值仅能通过法官主观“价值经验”选择的概率来趋近。正如海因里希·胡布曼指出的，假使不仅若干人认定这些价值是宝贵的；反之，其可以满足所有具有人类本质的人的需求，并实现他们的希望，那么这些价值就是“客观的”，或者说一般有效的。[1] 而类案正是在法官主观“价值经验”选择概率载体的意义上作为趋近客观法律价值的参照，进而成为约束量刑自由裁量权、平衡法官刑罚观念的参考标准制定的基础。

（三）刑量尺度“普遍性”的合理来源

罪量和刑量间没有自然或必然的对应关系，其不可避免地受到刑罚观念、社会价值理念、民众认知、刑事政策、社会治理情况等多重因素的影响，在司法中将“幅对幅”的规范细化到“点对点”，仅通过逻辑推导是不可行的；同时，不能追求对应关系的绝对性、唯一性，只能讨论其相对性、合理性。从量刑公平和均衡出发，笔者认为，合理的对应关系至少需要满足两个条件：横向上，量刑是公共谴责的一种方式，所施加的刑量应当合理表达对某个罪行的谴责程度，诉争行为对应的刑罚幅度符合一般观念，即适用的刑罚具有普遍性；纵向上，行为、结果与刑罚的程度间能够成比例地对应，即刑罚的轻重具有阶梯性。

理想的普遍性来源是涵摄所有民众观念的统计结果，而该结果在操作层面上难以获取，部分民众的代表性亦存疑，同时，公众对犯罪趋势和量刑实践的了解有限，因而往往关注“纸面上的正义”，相信裁判文书中量刑严苛性与威慑效果间存在因果关系。一方面，犯罪黑数、侦查起诉、刑罚执行、附带后果（职业限制、后代影响等）均影响刑罚系统，如剑桥大学一项研究发现高风险的侦查要比刑罚更具有威慑效果[2]；另一方面，更广泛的社会因素可能对犯罪率产生影响，如贫困人口比例、毒品形势、监控覆盖率、防盗技术

---

[1] 参见[德]卡尔·拉伦茨：《法学方法论》，陈爱娥译，商务印书馆2004年版，第8页。

[2] 参见[英]安德鲁·阿什沃斯：《量刑与刑事司法》（第6版），彭海清、吕泽华译，中国社会科学出版社2019年版，第89页。

的发展等,一项关于机动车犯罪的研究表明,20 世纪 60 年代转向锁的引入在减少盗窃车辆方面远比更严厉的量刑政策有更多的作用。[1] 因此关于刑罚威慑力的过于简单的想法是不成立的。因而虽然以比例为基础的量刑制度是通过对犯罪严重性和刑罚严厉性的公众评估而为人知,与民意的紧密性将强化量刑制度可感知的合法性,必须重视吸收基于社会变化的国民规范意识的变化,但民意仅是讨论中的一个要素,同时应当在使民众知情这一方面提供方法和路径。

从普遍性来看,类案相较民意更适合作为确定刑罚幅度的基础。类案实质上是司法领域的民意,代表了法官在个案中的选择,相较民意,其具有专业、明确、易获取等优势,同时裁判中参照类案也是司法产品统一性的内在要求。量刑阶段与定罪阶段的类案参照不同,需要以大量甚至全部类案为基础:一方面,个案对比中无法讨论量刑均衡,亦无法评价优劣,大样本中多数选择内含的公共理性和"客观"规律是讨论的基础。其中,刑法作为公共规范,其正当性、权威性、有效性源于公共理性;[2]"客观"规律,是指在量刑过程中普遍存在的某些因素之间相对客观的联系。因此,大样本类案中量刑活动的规律可以作为量刑参照或评判量刑的标准,这是基于法律权威性来源的合理论断。另一方面,基于量刑说理现状,已决个案中普遍仅能提取部分量刑事实、法定刑、量刑情节类型及宣告刑,只有在大样本视角下,通过控制变量的方式,才能还原个案司法裁判中的具体过程。因而与定罪过程不同的是,量刑中类案的可参考性不仅源于已决案件的裁判效力,更源于已决案件裁判结果的趋势中体现的"普遍性"。或许正义所要求的量刑幅度的"普遍性"是一个只能靠近而永远无法达到的理想,但所有具有参照性的已决类案裁判的统计结果是实践意义上距离理想"普遍性"最近的一点,且

---

〔1〕 参见[英]安德鲁·阿什沃斯:《量刑与刑事司法》(第 6 版),彭海清、吕泽华译,中国社会科学出版社 2019 年版,第 82 页。

〔2〕 参见刘军:《刑法学中的被害人研究》,山东大学 2010 年博士学位论文,第 139 ~ 170 页。

此行为本身即具备了程序上的“普遍性”。因而类案可以作为量刑幅度标准的参照基础,同时量刑中参照的类案应尽量覆盖所有具有参照性的已决裁判,随着类案样本的扩大,统计的结果逐渐接近理想的“普遍性”来源。

综上,量刑过程中的类案应用思路不同于案例指导制度和类案检索制度,后二者是个案意义上的,而量刑中的类案应用是大样本意义上的,随着样本容量的扩大,类案的统计结果越接近普遍性的要求。同时,基于现阶段司法中案多人少的矛盾、司法责任制的要求,也为了避免个案中重复性统计工作对司法资源的浪费、统计样本差异导致的结果差异,量刑中的类案参照应着手规范细化层面,补充、细化、明确量刑推理的大前提。

二、量刑中大样本类案参照的功能衔接

大样本类案参照与个案参照的区分不仅在于类案数量的多少,随着量变引发的质变,大样本类案可以在以下方面拓展其参照功能,更好地与量刑中的程度判断相衔接。

(一)差异化判决合理性的判断

参照类案裁判受到的最广泛的质疑:一是大样本类案应用实际上依赖概率,裁判结果所占的比例可能与其合理性并不相关,且随着类案样本的扩大,占大概率的裁判结果可能是变化的,这本质上等同抛硬币或掷骰子,仅是一种随机正义(random justice)。[1] 二是已决类案的裁判结果并不必然是正确的,在“前案”存在缺陷时,参照类案仅是“错上加错”,且社会是不断发展变化的,已决类案的裁判理由是否仍适用于待决案件需要检验。

对此,笔者认为,第一点质疑对于定罪阶段的类案参照可能是合理的,但并不适用于量刑阶段。如上所述,定罪阶段的推理是“是非”判断,仅以类案结果的概率进行判断,必然存在结果不确定等问题,因而定罪阶段的类案

〔1〕 参见孙海波:《反思智能化裁判的可能及限度》,载《国家检察官学院学报》2020年第5期。

参照不应当依赖概率,而应注重基础事实间的实质相似性和裁判理由的可参照性。参照类案并不改变原三段论推理的结构,并不是将占大概率的已决类案的裁判结果直接作为推理的大前提,仅是将已决类案的推理过程作为参照,因此对于定罪阶段的类案参照,裁判结果的概率仅是参考的一个因素,核心是类案裁判理由中的三段论推理是否对于待决案件具有参考价值或指导意义。而量刑阶段的推理是"程度"判断,占大概率的类案裁判结果在一定程度上代表了刑罚幅度的"普遍性",这本身即为量刑正当性的重要来源。因而与定罪过程不同的是,类案结果的概率对于量刑幅度的确定具有重要参照价值。对于第二点质疑,差异化判决是客观存在的,可以分为正当的差异化判决和不正当的差异化判决,正当的差异化判决是基于事实差异性通过法官自由裁量进行区分的合理结果,因而对于第二点质疑应对的关键是对不正当差异化类案的筛选和排除。在这一点上,基于量刑推理的特点,可以从大样本视角改变类案裁判结果的参照方式,以大样本类案裁判趋势中所包含的司法规律和代表的程序正义为基础,通过幅度修正划定差异化判决中刑罚的正当范围,排除正当范围外的已决类案,为差异类案的合理性判断提供标准。因而上述质疑无法从根本上否定类案的参照价值,合理运用大样本类案可以为评价量刑合理性,进而筛选可参照类案、细化量刑幅度、弥合程度判断的主观差异等提供方法和路径。

(二)类案规律的积累和修正

现阶段,宽泛的量刑规范使自由裁量的空间过大,法官在量刑中缺少量刑尺度的参照和量刑方法的培训。在量刑中参照类案可以有效缓解量刑不均衡的问题,但其一,量刑中参照的类案是"大样本"意义上的,鉴于可获取的司法案件数量巨大,期待法官在每个个案中进行"大样本"的类案检索和统计未免要求过高,也是对司法资源的浪费。其二,虽然从普遍性来看类案适合作为划定刑罚幅度的基础,但基于司法人员在教育背景、工作内容等方面的相似性,接触犯罪的频繁性、非亲历性,与其他群体的刑罚观念间可能存在差异,类案中的司法趋势与“普遍性”的要求仍存在差距。其三,司法量刑与社会治安间并不是直接相关的,犯罪形势、司法政策、刑罚执行状况、替代刑罚方式,甚至监狱管理现状等因素的变化均会对刑罚适用产生影响,同时只有通过相关数据的变化方能反映刑罚的实际影响,确定调整方向。因而,量刑良性循环的形成需要以相关数据作为支撑,才能把握好尺度,避免刑罚幅度沦为一种“数字游戏”。

量刑规范设计不仅是一项纯粹逻辑、经验的比较与判断问题,更是一项科学的统计分析工作。在类案、民意、相关数据的基础上,需要全局视角的加入,从整体上对刑罚幅度进行阶梯性的宏观调控:其一,量刑规范本身蕴含了公正,只有在全面把握诉争行为客观表现的基础上才能合理划定其程度;其二,某些政策调整只有通过宏观调控的方式才能实现。因而在刑罚幅度的确定中,类案、民意、相关数据、宏观调控都必不可少,将大样本类案统计结果进行积累和修正是量刑过程中类案应用的必经之路,将其进行规则化和推广,将极大减少再试错成本,亦是司法效率、资源分配与责任落实的共同导向。同时,“法律必须是稳定的,但不可一成不变”,[1]法律通过修订与解释日益适应生活的复杂多样性与变幻无穷性,其导向与内容亦会随着时间发展、变化,因而类案筛选中应当注重时效性。

问题的关键在于,如何平衡量刑规范的强制性与精确性,作为基础的一点是,相较客观事实的复杂多样,规范类型化的能力是有限的,强制性规范需要严格的制定程序作为其合理性与合法性的保障,同时亦应当具有稳定性,这决定了强制性规范不可避免地存在无法涵盖特殊事实及滞后于社会发展等问题,因而强制性的量刑规范在幅度上不能过于精确,否则量刑自由裁量权的丧失将使不公平从不同事实被同等评价中产生。量刑规范中强制性与精确性是一对“矛盾”概念,现有强制性量刑规范的宽泛性是难以避免

〔1〕 参见[美]罗斯科·庞德:《法律史解释》,邓正来译,中国法制出版社2002年版,第2页。

的,因而提高量刑精确性的同时必需舍弃其强制性。在现有量刑规范的基础上,可以尝试构建非强制性的、更精确的量刑参考,以平衡量刑指导方式的强制性与精确性。结合类案样本的实时更新性、类型丰富性,可以运用类案作为构建量刑参考的数据基础,按照事实类型等进行分类,提供全面化、类型化、个性化的量刑指导。

(三)与网络技术结合的方式及限度

大样本类案应用需要进行大量的提取、统计、筛选、修正等工作,因而如何将大样本类案与网络技术相结合,利用网络技术计算准确、便捷的优势将大量、繁杂的重复性工作简化,提供多视角、多标签的量刑参考是需要关注的一个重要问题,关乎量刑中类案应用构想的落地。2016 年发布的《国家信息化战略发展纲要》和《"十三五"国家信息化规划》将建设"智慧法院"列为国家信息化发展战略,2017 年最高人民法院针对智慧法院建设专门发布《关于加快建设智慧法院的意见》,网络技术融入司法是科技发展和司法效率的必然要求,但对于如何融入及融入的限度存在争议。

从导向层面来说,完全理性的司法需要具备司法适用法律而不创造法律、法体系完美无缺、概念主义、裁判的非道德性 4 个条件。[1] 仅在满足这些条件的情形下,司法裁判中可以排除价值判断,但这些条件均是法律规范完备时的理想情境,是法律规范制定的目标与追求。当前,基于规范的滞后性、事实的多样性、价值的多元性,司法的本质,它是一种依靠人类理性通过争辩和对话获致裁判结论的过程,逻辑推理与价值判断共同组成了司法的推理过程。其中,价值判断的过程是复杂多样的,往往需要进行协商甚至妥协(立法中的价值判断亦是如此),这也是司法推理的核心。而司法裁判智能化采取的"简化裁判过程"和"消解价值判断"的双重策略均与司法的一般

---

〔1〕 参见[美]斯科特·夏皮罗:《合法性》,郑玉双、刘叶深译,中国法制出版社 2016 年版,第 311 ~ 314 页。

性质相悖,因而机械化司法可能会走向实质正义的对立面。[1] 从操作层面来看,网络技术是否可以识别裁判文书中的语言亦受到质疑,因为法律语言是一种活生生的语言,单义性法律语言的理想是不能去达到的,[2]因而裁判的"智能化"必须是有限度的。其具体应用可以分为辅助性功能与决定性功能,[3]现有网络技术的应用范围主要涉及辅助性功能,同时应以司法裁判中的"理性"部分为限。

就量刑中类案应用而言,如民意等数据的融入、政策性调整、量刑中程度的对应等应当在网络技术应用中作出保留。网络技术主要可以应用于类案智能化识别、检索、归类(从数据库中归纳出规则模型)、统计、通过编程和算法进行运算以及裁判偏离预警几个方面。具体而言,第一步尝试可以在以下几个方面进行:其一,中国裁判文书网对可以公开的文书进行了汇总,但作为研究样本的类案应当涵盖不可以公开的文书,因而可以在中国裁判文书网的基础上,构建涵盖不公开案件、供内部研究的类案案例库,共同作为类案智能化应用的基础样本库。其二,将类案样本库与法院结案系统相对接,由法官在结案上传文书时自主为文书设定标签(如量刑事实类型、量刑基准、认定的量刑情节类型与幅度等),系统也可以自主识别案件的地域、时间、审级等特征,由系统进行自动化识别、汇总、计算,并根据计算结果对类案进行筛选,以筛选后的类案趋势作为量刑参考制定的数据基础,同时在运用智能系统自动计算类案量刑幅度时,在选项的设定上,除作为参照主体的量刑因素外,应当为使用者提供更多细化、分类的选项,如地域、时间、当事人基本情况等,便于法官在应用时获得更贴近待决案件事实的类案量刑趋势,以实现动态化调整和更新、个性化选择和应用。其三,依据量刑参考

[1] 参见孙海波:《反思智能化裁判的可能及限度》,载《国家检察官学院学报》2020年第5期。
[2] 参见[德]考夫曼:《法律哲学》,刘幸义等译,法律出版社2003年版,第187页。
[3] 参见冯洁:《人工智能对司法裁判理论的挑战:回应及其限度》,载《华东政法大学学报》2018年第2期。

定期对量刑裁判进行自动检测,针对偏离量刑参考较远的裁判文书进行复核,一方面核查其偏离理由,另一方面通过合理的偏离理由进一步调整量刑参数。

三、量刑参考机制的再构建

已决裁判文书量刑说理的概括性、模糊性、多因一果性为量刑过程的类案参照提出了新的要求,基于“普遍性”作为统计基础的样本应尽可能全面涵盖可参照的类案,并将类案量刑中的认定要素和刑罚幅度进行个案还原和宏观调整,笔者试以类案为基础、以刑罚评价要素为核心,在量刑规范的基础上,通过降低强制性、提高精确性丰富量刑指导方式,构建一种新的量刑参考机制。

(一)“类案”发现

类案应用的首要问题是确定“类案”的范围,对于何为类案存在不同观点,不仅如此,在更基础的层面上亦存在争议。概念否定论认为“同案同判”的逻辑前提本身不成立;本质消解论认为“同案同判”是一种道德性要求,而非强制性的法律义务;方法怀疑论着眼“同案同判”在实践运行中面临可操作性的困难和障碍。[1] 对于本质消解论,现阶段,类案参照不是司法的必经程序和必然要求,其原因在于没有明确的参照方法和路径,定罪过程中“是非”判断如何参照类案尚存在诸多争议,更遑论规范幅度宽泛、先例表述不明、诸多环节交融的量刑过程中的“程度”判断了。但这仅是方法上的困难,并不影响类案参照的底层逻辑,类案参照在司法中,尤其在量刑过程中,是完善法治的必经过程:一方面,法律旨在创设一种正义的社会秩序,如果法律制度不满足正义的要求,长远来看,其无力为政治提供秩序与和平,如果

---

〔1〕 参见孙海波:《“同案同判”:并非虚构的法治神话》,载《法学家》2019 年第 5 期(“同案同判”与“类案类判”在词语含义上虽存在差别,但其在法学研究中的实质意义上是相同,或者说是相近的)。

没有有序的司法执行制度来确保相同情况获得相同待遇,正义也不会实现。[1] 因而同样情况被同等对待是实质正义的必然要求,司法的内在性质决定了类案参照的必要性和不可放弃性。另一方面,司法产品应当具有统一性,司法的外在期待赋予了法官参照类案的责任。而概念否定论和方法怀疑论是对于"类案"概念划定和应用路径的质疑,本质上均集中于应用层面,并不影响同案同判的司法导向。而概念划定与应用路径是相互关联、相互影响的,"类案"的范围决定了其应用路径,应用路径构建的可行性亦影响"类案"的范围,因而合理的"类案"范围可以同时回应上述两个方面的质疑。

如何判断案件的相似性,不同学者可能提供不同的方案,但其核心是从案件的关键性事实(material facts)中区分出"相同点"和"不同点"并进行比较,当相同点更重要时,可以认为属于类案。[2] 量刑问题的研究中,如何尽可能多地筛选出对诉争量刑行为、量刑事实或其中的某一因素具有参照性的类案,其关键在于事实拆分与变量控制。不同案件实际上是不同诉争行为、事实的不同组合,量刑中通过类案还原个案裁判思路的基础是通过控制变量或大样本抵消的方式排除诉争行为外其他因素的影响,因而量刑中的类案不要求事实整体上的相似程度,而是诉争行为、事实本身的相似性,进而拆解为其组成要素间的相似性。

以某一酌定量刑情节 A 为例,量刑中诉争行为可以划分为构成要件行为和量刑情节行为,多个诉争行为对应一个刑罚结果,第一步,是控制量刑基准、排除构成要件行为对量刑的影响,筛选构成要件行为类型、主观过错、损害结果(包括犯罪数额、后果、次数)均相同的案件,假设筛选结果见表18－1,案件1～6均为研究范围中的"类案"。第二步,是控制其他量刑情节行为的影响,一方面,需控制其他量刑情节的类型,案件1～4为一组研究的

---

〔1〕 参见[美]E. 博登海默:《法理学:法律哲学与法律方法》,邓正来译,中国政法大学出版社1999年版,第332～333页。

〔2〕 参见孙海波:《"同案同判":并非虚构的法治神话》,载《法学家》2019年第5期。

"类案";另一方面,需控制其他量刑情节程度,根据情节 B1 ~4 的程度划分,如 B1 和 B2 程度相近,B3 和 B4 程度相近,则案件 1 和 2 为一个对照组,案件 3 和 4 为一个对照组,该过程实际上是将 A1 和 A2 的差异与刑罚 1 和刑罚 2 的差异相对应,将 A3 和 A4 的差异与刑罚 3 和刑罚 4 的差异相对应。第三步,是将诉争量刑行为 A 的组成要素进一步细分为组成事实、程度、认定结果、基本情况及刑罚等(见表 18 -2),在确定某一要素为研究对象后,重复上述控制变量过程进一步细分类案,进而得到情节 A 各组成要素的变化对刑罚变化的影响。

表 18 -1　酌定情节与刑罚对应中的类案说明

<table>
<tr><th rowspan="2">案件</th><th colspan="2">诉争行为</th><th rowspan="2">刑罚</th></tr>
<tr><th>构建要件行为</th><th>量刑情节行为</th></tr>
<tr><td>案件 1</td><td rowspan="6">1. 构成要件行为类型相同
2. 主观过错相同
3. 损害结果相同:包括犯罪数额、后果、次数
(表示量刑基准相同)</td><td>A1、B1</td><td>刑罚 1</td></tr>
<tr><td>案件 2</td><td>A2、B2</td><td>刑罚 2</td></tr>
<tr><td>案件 3</td><td>A3、B3</td><td>刑罚 3</td></tr>
<tr><td>案件 4</td><td>A4、B4</td><td>刑罚 4</td></tr>
<tr><td>案件 5</td><td>A5、C1</td><td>刑罚 5</td></tr>
<tr><td>案件 6</td><td>A6、B5、C2</td><td>刑罚 6</td></tr>
</table>

表 18 -2　情节要素与刑罚对应中的类案说明

<table>
<tr><th>研究情节</th><th>组成事实</th><th>程度</th><th>基本情况</th><th rowspan="4">……</th><th>认定结果</th><th>刑罚</th></tr>
<tr><td>A1</td><td>a1、b1</td><td>一</td><td rowspan="3">案件情况
行为人情况
被害人情况</td><td>认定 A 情节</td><td>刑罚 1</td></tr>
<tr><td>A2</td><td>a2、b2</td><td>二</td><td>未认定 A 情况</td><td>刑罚 2</td></tr>
<tr><td>……</td><td>……</td><td>……</td><td>……</td><td>……</td></tr>
</table>

可见,"类案"是一个相对概念,其涵盖的范围是根据研究的问题划定的,随着研究问题的细化,"类案"的范围亦不断缩小。同时,已决案件与待决案件的时间与地域差异需要得到关注,在保证样本数量的同时,应尽可能缩小类案样本的时间和地域范围。

(二)量刑参考幅度的划定

如何在类案的基础上划定量刑幅度是量刑说理中类案应用的核心问题,与定罪过程相比,一方面,基于罪刑法定原则,定罪推理有明确的法律规范作为大前提,而在量刑推理中,尤其对于酌定量刑情节,推理大前提需要法官进行概括和归纳;另一方面,量刑说理中往往缺少作出"程度"判断的理由,法官在参照时难以进行判断和取舍。因而在量刑幅度的划定中,总的思路是"将案件的各种属性换算为可比的量值,将案件之间绝大部分在法律上有意义的异同点科学、合理地组合起来,使千变万化的个案获得综合的可比性,进而做到等量之罪等量配刑"。〔1〕

具体而言,可以分解为如下步骤:第一步,识别关键事实,基于事实间的相似性对类案样本进行类型化,分别讨论以保证行为间刑罚意义的可比性,将量刑事实通过类型化由无限变为有限。第二步,筛选认定要素,在各类型事实中分别将诉争量刑行为的各组成要素(包括组成事实、程度、基本情况等)与认定结果进行显著性检验,以保证类案量刑可参照的普遍性基础,检验结果具有显著性,进一步通过刑罚评价要素进行筛选,从而确定各类型事实中影响量刑的认定要素。第三步,量刑事实分级,根据认定要素组成及刑罚情况对量刑事实的刑罚影响程度进行分级。第四步,量刑类案筛选,以分级后的量刑事实为基础,通过划分刑罚等级,对类案进行筛选,选取量刑均衡的类案。第五步,量刑幅度确定,通过构建量刑体系,结合政策、民意和相关数据等进行调整确定量刑幅度范围。第六步,在量刑均衡的类案中,根据确定的量刑幅度范围,选取具有一定代表性和典型性的类案作为量刑的个案参照,以弥补量刑幅度参照中案件事实缺位的问题。

在幅度划定中,应当构建以类案为基础,以民意及相关数据为参考,以行为程度阶梯性和相关政策为宏观调控的刑罚幅度参考体系。在量刑参考

---

〔1〕　参见刘树德:《刑事司法语境下的"同案同判"》,载《中国法学》2011年第1期。

幅度的制定中,定时对类案幅度、民意数据、相关政策等进行更新,并确定责任主体,可以由司法部门和学者共同组建量刑委员会,负责量刑参数和量刑参考案例库的制定,以司法裁判为基础,结合调研数据进行修正与完善,同时为法官和民众意见的提出提供规范化途径。

(三)量刑参考的说理规范

参考幅度的构建可以为量刑提供更加明确的指引和参考,减轻法官的论证负担,增强裁判结果的可接受性。但量刑终究是"点到点"的过程,从某一量刑幅度具体到某一行为、某一事实仍存在距离,基于量刑幅度参考的非强制性,这最后"一步"的问题可以尝试通过筛选典型案例提供个案参考的方式来解决。

1. 幅度参考

基于量刑幅度参考划定过程中所包含的普遍性,一般而言,法官在量刑推理中应当将其作为大前提,即幅度参考的适用是非强制的,法官可以决定是否参照。因量刑幅度参考的数据源于对已决类案量刑结果的统计,且幅度范围更小,因而应当为存在特殊情况的未决案件预留空间。量刑幅度参考在司法中的效力可以通过要求法官在幅度外量刑时应当就偏离幅度参考的原因进行说明的方式来体现。同时,控辩双方可以针对幅度参考的适用性发表意见,以此为量刑辩论提供焦点,使量刑意见充分表达,促进量刑庭审的实质化。

现有量刑说理一般仅包括构成罪名(法定刑范围)、量刑情节、量刑情节对量刑的整体影响(从轻、减轻、从重、加重)和宣告刑4个部分,注重性质认定,而缺少幅度说明。一方面,缺少量刑基准、量刑起点和各个情节量刑影响的说明,[1]难以获取各量刑阶段(量刑基准、量刑情节)的程度和刑罚;另一方面,裁判文书应当结合庭审举证、质证、法庭辩论以及法庭调查核实证

---

[1] 参见周光权:《量刑的实践及其未来走向》,载《中外法学》2020年第5期。

据等情况,针对裁判认定的事实或者争点进行释法说理,而现阶段量刑说理中仅罗列部分法条和结论,没有事实、事实对应和刑罚选择过程,普遍将量刑事实与定罪事实混合在一起,难以区分与识别。针对上述问题,量刑说理中应当包括如下内容:第一,阐述已查明的量刑事实(认定证据,未认定原因);第二,阐述法院量刑依据、适用的量刑幅度(包括量刑规范和幅度参考);第三,按照量刑基准、量刑情节分别说明适用上述量刑依据、量刑幅度的理由;第四,分别说明各量刑阶段的量刑结论;第五,回应控辩双方量刑意见;第六,对各项量刑结论进行综合,注重审查量刑要素在量刑过程中的单一性,避免重复评价和遗漏评价。

需要注意的是,其一,关注各量刑要素对应的刑罚评价要素的同时,注重其对应的刑种及执行方式,各刑罚类型间不单是层级关系,亦存在性质差异。如死刑立即执行在刑罚严厉程度量变的过程中产生质变,这个质变表现为其不可逆性所带来的政治上或者社会上的象征意义及影响力;再如,缓刑主要依附于被告人人身危险性的判断,虽然实质上极大地减轻了监禁刑执行所带来的痛苦,但除确定是否可以适用缓刑的刑罚范围外,缓刑适用与行为人的行为严重程度之间并不存在直接的因果关系。其二,注重特殊地域、时间及个体的差异。量刑幅度划定的基础是类案中大概率所体现的普遍性,但如果待决案件中存在特殊因素,其特殊性足以超越普遍观念,量刑幅度适用的基础也就不存在了。其三,在选定的量刑幅度内确定具体的量刑点,可以参照该量刑因素的认定要素及其对刑罚的影响程度,结合案件事实进行调节和判断。

2. 个案参考

个案参考不同于指导案例,其不具有指导或必须遵照的效力,仅供法官量刑过程中参考。个案参考在量刑中的优势在于:第一,规范中的语义需要进一步解释,法官在适用中可能存在不同理解,而个案中行为是特定的,所对应的刑罚是明确的。第二,应规范稳定性的要求,一般而言规范的语句都具有一定概括性,量刑规范仅规定某一情节的刑罚范围,但对某一案件中的具体情节,在规范适用中如何把握其在该量刑情节中的等级和程度,则缺乏参照,个案参考的设置正是为了补足这一参照的缺失。第三,规范无法针对某一情节的具体情形进行描述,无法将每一种可能发生的情况涵盖在内。第四,规范难以将当下的政策调控、量刑相关因素的变化纳入其中,而个案参考案例可以结合当下的变化及时进行调整。综上,相较量刑规范,个案可以为法官提供更明确、精确、灵活、全面的参考。

在参考案例的筛选中应当注意:其一,应当在符合类案量刑幅度的案例中进行选择;其二,筛选出的诉争行为应当具有典型性和代表性;其三,尽量控制其他量刑情节的变化,为诉争行为和刑罚的变化间提供明确的对应关系;其四,应当注重案件中行为程度和刑罚轻重间的阶梯关系。

个案参考是非强制性的,且即便偏离参考案例的裁判结果,法官亦不必在说理中进行说明,即法官可以基于待决案件的具体情况决定是否参照个案,当然如果在量刑中参考个案,应当在说理中说明所参照的个案,并说明待决案件与参照案例之间的相似性。控辩双方可以对量刑参考案例发表意见,法官在说理中应当对意见进行回应。对于偏离参考案例量刑的不设置强制说理义务是由自由裁量的必要性和案件事实的多样性决定的,一方面,个案中案件事实直接对应一个量刑点,而量刑规范中精确性和强制性是不能同时存在的,否则将剥夺法官量刑中自由裁量的权利;实际上,量刑规范所追求的是明确规定和裁量空间的平衡,进而在参照对象精确性提高的同时,应当降低其强制性。另一方面,正如前文提到的对“同案”是否存在的质疑,在实践中存在完全相同案件的概率微乎其微,如果要求强制参照典型个案,将使量刑辩论的重点集中于个案事实的形式相似性上,与个案事实中具有参考性的行为人的实质可罚性背道而驰。

总之,量刑不仅要合理、合法还要合群,所谓“合群”即要求法官个体与法官职业共同体中他人的职业行为保持一致,即“同案同判”,这是实质正义所内含的要求,也是民众对司法的合理期待。随着最高人民法院《关于统一法律适用加强类案检索的指导意见(试行)》等规范的发布与实行,裁判均衡与类案应用日益受到关注,大样本视角的类案应用是对个案视角的类案参照在量刑领域的改良与革新,为量刑均衡的实现提供了可能性,也为智能化的应用提供了契机。而如何进一步应用"类案"这一宝库,同时与现有案例库、智能算法等相结合,以此为契机完善司法大数据应用、推进智慧法院建设,有待今后进一步探索。

第十九章
裁判文书说理的具象论(二)
——刑法总则“但书”适用的说理*

1997 年《刑法》第 13 条“但书”规定,被认为是我国刑法总则中一项具有特色的规定,理论界对其争议从未停止过,但在司法实践中却一直被作为出罪依据适用。最早为人所熟知的是“中国安乐死第一案”,陕西省汉中市中级人民法院依据 1979 年《刑法》第 10 条之规定,以“情节显著轻微危害不大”为由宣告被告人浦某某、王某某无罪,[1] 而后比较典型的案例有南昌市西湖区人民法院判决的“文某盗窃案”[2]、上海市静安区人民法院判决的“张某某伪造居民身份证案”。[3] 特别是《刑法修

---

* 此部分系与潘自强合作而成,曾以《裁判说理视野下的“但书”研究——基于 157 份无罪裁判文书的分析》为题,原载《中国应用法学研究》2020 年第 1 期。

[1] 参见王鸿鳞:《关于我国首例“安乐死”案件》,载《人民司法》1990 年第 9 期。

[2] 参见最高人民法院刑事审判庭主编:《刑事审判参考》(第 13 辑),法律出版社 2001 年版,第 24 ~ 29 页。

[3] 参见最高人民法院办公厅编:《中华人民共和国最高人民法院公报》(2004 年卷),人民法院出版社 2005 年版,第 347 ~ 350 页。

正案(八)》增设“危险驾驶罪”以后,围绕醉驾是否可以适用“但书”规定出罪展开了持续讨论。最高人民法院以顾某某等人虚报注册资金“情节显著轻微危害不大”为由,撤销原判对顾某某等人虚报注册资金罪的判决款项。[1] 顾某某再审一案的裁判文书在适用“但书”规定的说理上作出了很好的示范,但不可否认,在司法实践中,“但书”规定的适用仍存在一定的混乱。此处通过回溯“但书”规定的基本蕴含,在梳理司法实践中适用《刑法》第13条后半段“但书”规定进行出罪的裁判文书的基础上,进而分析“但书”规定的适用现状及存在问题,以裁判文书说理为视角,对裁判文书援引但书条款如何释法说理作进一步研究。

一、“但书”适用的理论争点

此处通过梳理“但书”规定的立法渊源,考察其基本法理及内涵,以便于在案件审理中更加准确地理解和判断“情节显著轻微”与“危害不大”,进而确保“但书”规定的适用更加说理充分和论证到位。

(一)立法沿革

“但书”规定是我国刑法关于犯罪的法定概念的一部分,只有结合犯罪的法定概念才能对“但书”规定作出正确的解读,而犯罪的概念又经历了形式概念、实质概念和混合概念3个演变过程。

1. 犯罪的形式概念

犯罪的形式概念是被资产阶级近代刑事立法确定的,仅仅是对犯罪法律特征的描述,主要表现形式是从形式方面界定,以此来表现其刑事违法

---

[1] 最高人民法院刑事判决书,(2018)最高法刑再4号。

性。[1] 但是,由于犯罪的形式概念未能在刑法中规定具有实体内容的犯罪一般概念,自然就不存在具有出罪功能的"但书"规定。

2. 犯罪的实质概念

在苏联建国初期,为有效地打击犯罪,对犯罪概念进行了实质规定,在苏俄《刑法典》中抛弃了罪刑法定原则,进而规定了类推制度。犯罪的实质概念因为类推制度而具有强大的入罪功能,由此,以社会危害性为根基的"但书"规定随之而生,"但书"规定将轻微违法行为或者未发生危害结果的行为予以出罪。

3. 犯罪的混合概念

1958 年《苏联和各加盟共和国刑事立法纲要》首次确立了犯罪的混合概念,[2]同时揭示了犯罪的社会危害性和刑事违法性。后来,1962 年苏俄《刑法典》[3]以及苏联解体后的俄罗斯联邦《刑法典》[4]均采用了"犯罪"的混合概念,"但书"规定也一直保留下来。

我国刑法关于犯罪的法定概念,无论是 1979 年《刑法》第 10 条还是 1997 年《刑法》第 13 条,均表述"犯罪 + 但书"的混合概念。

(二) 理论争辩

如前所述,犯罪实质概念为类推制度提供了理论根基,而"但书"规定正

---

[1] 如 1810 年法国《刑法典》第 1 条规定:"法律以违警刑处罚之犯罪,称违警罪;法律以惩治刑处罚之犯罪,称轻罪;法律以身体刑或者名誉刑处罚之犯罪,称重罪。"法国《刑法典》只是以所受刑罚为标准将犯罪分为重罪、轻罪和违警罪,并没有对犯罪的实体内容作出定义性的规定;1871 年德国《刑法典》也将犯罪分为重罪、轻罪和违警罪;1937 年瑞士《刑法典》将犯罪表述为"法律作禁止,且受刑罚制裁的行为"。

[2] 1958 年《苏联和各加盟共和国刑事立法刚要》第 7 条第 1 款规定:"凡是刑事法律规定的危害苏维埃社会制度或国家制度,破坏社会主义经济体系和侵犯社会主义所有制,侵犯公民的人身、政治权利、劳动权利、财产权利和其他权利的危害社会的行为,以及刑事法律规定的违反社会主义法律秩序的其他危害社会的行为,都是犯罪。"

[3] 1962 年苏俄《刑法典》第 7 条规定:"形式上虽然符合本法典分则所规定的某种行为的要件,但是由于显著轻微而对社会并没有危害性的作为或者不作为,都不认为是犯罪。"

[4] 俄罗斯联邦《刑法典》第 14 条第 2 款规定:"行为虽然在形式上具有本法典规定的某行为要件,但由于情节显著轻微而不具有社会危害性的,不是犯罪。"

是对犯罪实质概念的救济,其逻辑基础是社会危害性理论。经考察相关文献,刑法学界对“但书”的争议具体表现为以下几个方面:

1.“但书”规定与罪刑法定原则

对“但书”规定与罪刑法定原则的关系,理论上主要有“矛盾说”和“符合说”。“矛盾说”的主要理由为:一是罪刑法定原则要求刑法对个罪构成的规定要具体、确定,而“但书”规定则使刑法各罪的罪与非罪的标准永远处于一个不确定的状态;〔1〕二是“但书”规定要求司法者依据行为的社会危害性及其程度大小判断成立犯罪与否,但社会危害性本身具有不确定性,导致“但书”的适用如同类推制度一样漂泊不定;〔2〕三是“但书”的价值判断与罪刑法定的形式合理性相违背。〔3〕“符合说”的主要理由为:一是我国刑法罪刑法定原则缺少人权保障功能,与经典罪刑法定原则不符,“但书”规定补缺这一功能;〔4〕二是“但书”规定符合罪刑法定要求的形式合理性与实质合理性的统一;〔5〕三是罪刑法定原则应当是形式与实质的统一,“但书”规定是法律的形式规定与犯罪构成的实质内涵的统一。〔6〕

笔者认为,“但书”规定并不违反罪刑法定原则,“但书”规定的价值取向、存在方式、内在含义均契合罪刑法定原则要求的形式与实质的统一。尽管在司法实践中“但书”规定存在一定的“滥用”和“错用”。但正如陈兴良教授所言,“但书”规定被善意滥用的根源在于“出罪须有法律规定”的思想在作祟。如果树立起“出罪无须法定”的理念,“但书”规定或者可以作为提

---

〔1〕 参见王尚新:《关于刑法情节显著轻微规定的思考》,载《法学研究》2001 年第 5 期。

〔2〕 参见樊文:《罪刑法定与社会危害性的冲突——兼析新刑法第 13 条关于犯罪的概念》,载《法律科学》1998 年第 1 期。

〔3〕 参见田宏杰:《中国刑法现代化研究》,中国方正出版社 2001 年版,第 359 页。

〔4〕 参见储槐植、张永红:《刑法第 13 条但书的价值蕴涵》,载《江苏警官学院学报》2003 年第 2 期;王政勋:《定量因素在犯罪成立条件中的地位——兼论犯罪构成理论的完善》,载《政法论坛》2007 年第 4 期。

〔5〕 参见黎宏:《罪刑法定原则下犯罪的概念及其特征——犯罪概念新解》,载《法学评论》2002 年第 4 期。

〔6〕 参见唐稷尧:《罪刑法定视野下犯罪成立要件的实质化》,载《现代法学》2004 年第 3 期。

示性规定而存在,或者只限于那些确属情节显著轻微危害不大的行为的出罪根据。[1]

2. “但书”规定与刑事违法性

立法工作机关王尚新主任认为,“但书”规定直接对抗的是刑事法律对犯罪的规定,对抗的是刑事违法性。根据对“但书”规定的理解,刑法分则规定的应受刑罚惩罚的行为还不都是犯罪,最后还要司法机关用社会危害性这一把尺子量一量才能算数。[2] 张明楷教授认为,构成要件符合性与刑事违法性不能简单地认为是形式与实质的关系,构成要件所描述的事实不是价值中立的事实,符合性的判断也并非只是事实判断,同时也包含有价值判断,刑事违法性的判断亦然。[3]

笔者认为,“但书”规定并不排斥刑事违法性的标准。从立法上说,由于立法是一种规范的构造,社会危害性在刑事立法中对界定罪与非罪具有决定性作用,因而可以说社会危害性决定刑事违法性;从司法上说,面对的是具有法律效力的规范和具体案件,因而某一行为是否具有刑事违法性就成为认定犯罪的唯一标准。因此,“司法活动中,对于认定犯罪来说,社会危害性的标准应当让位于刑事违法性的标准”,而“让位”并不等于“排斥”。[4] 总之,在司法实践中应先考虑刑事违法性的形式标准,而不是先考虑社会危害性的实质标准,刑事违法性制约社会危害性,即使行为具有社会危害性但不具有刑事违法性的,司法者不能认定为犯罪;同时,社会危害性决定并修正着刑事违法性,即使行为具有刑事违法性但不具有社会危害性的,司法者也不能认定为犯罪。

---

〔1〕 参见陈兴良:《但书规定的法理考察》,载《法学家》2014 年第 4 期。
〔2〕 参见王尚新:《关于刑法情节显著轻微规定的思考》,载《法学研究》2001 年第 5 期。
〔3〕 参见张明楷:《刑法学》(第 5 版),法律出版社 2016 年版,第 127 ~ 129 页。
〔4〕 参见刘树德:《论刑法第十三条“但书”规定》,载《华东刑事司法评论》(第 7 卷),法律出版社 2004 年版,第 93 页。

3.“但书”规定与罪状定量模式

“在犯罪中蕴含定量因素是我国刑法的创新”,[1]这样使“但书”规定成为判断行为社会危害性程度的尺子,我国刑法分则中的罪状设置也采取了定量模式,并且定量化日益突出。1997年《刑法》分则修改的目标之一就是“在刑法分则条款里既体现犯罪的定性因素,又包含犯罪的定量因素,使刑法在实践中具备可操作性”。[2]

针对我国刑法分则罪状定量模式,不少学者指出,立法定量的思路应作出适度的修正与调整,即减少数额数量犯的出现率及其直接与法定刑挂钩的情形,以便适应社会发展水平和国家管理需要;[3]同时,立法定性才是严密设计刑法条文(包括法定刑规范)的核心思路,因为定性因素对事物有较强的涵盖力,以此保证将法定的犯罪行为纳入司法过程。[4] 当然,通过立法一体性地将犯罪概念的定性因素和定量因素明确起来,事实上是不可能的,以这种期望来进行立法是思维误区,必然导致立法者负担太重(使尽浑身解数,终觉难以全面、准确地订立法律条款)。[5] 我国刑法分则罪状定量因素的存在具有制度语境(context)合理性,即我国刑法分则中的具体犯罪定量因素与刑法总则的一般犯罪“但书”的规定具有契合性。[6]

笔者认为,“但书”规定将“情节显著轻微危害不大的”的危害行为排除在犯罪之外,受刑法总则制约的刑法分则自然就不能只着眼具体犯罪构成要件的定性因素(特别是那些根据刑事政策的需要,只将达到应受刑罚惩罚程度的社会危害行为才犯罪化的情形),否则势必将所有符合具体构成要件定性因素的社会危害行为都纳入“犯罪”范畴中,而导致总则“一般犯罪”与

---

[1] 参见储槐植:《再论我国刑法中犯罪概念的定量因素》,载《法学研究》2000年第2期。
[2] 参见陈兴良主编:《刑事法评论》(第3卷),中国政法大学出版社1999年版,第10页。
[3] 参见储槐植:《再论我国刑法中犯罪概念的定量因素》,载《法学研究》2000年第2期。
[4] 参见周光权:《法定刑配置研究》,中国人民大学1999年博士学位论文,第121页。
[5] 参见陈兴良主编:《刑事法评论》(第3卷),中国政法大学出版社1999年版,第7~8页。
[6] 参见陈兴良:《社会危害性理论》,载《法学研究》2000年第1期。

分则“具体犯罪”的冲突。

(三)内涵界定

对“但书”的基本内涵,学者的批评主要集中在其适用范围及具体内容的把握上。

一是“但书”规定的适用范围的不明确,在实践中易产生错用“但书”规定出罪。王尚新主任从刑法分则的具体规定分析,认为刑法总则的“但书”规定不能完全适用刑法分则的全部条款。[1] 高铭暄教授指出,刑法分则中犯罪性质特别严重、犯罪后果特别严重的犯罪不能简单适用“但书”规定,如故意杀人、放火、爆炸、强奸等。[2] 陈兴良教授指出,立法机关已经对定罪标准作了规定的,不应在法律规定的犯罪标准之上,再去适用“但书”的规定。[3]

二是“但书”规定是一个模糊的概念,使实践中易滥用“但书”规定出罪。虽然从该规定中已可以看出立法者对文字的反复推敲,力图将这种情节描述成特别轻微的情节。但面对复杂的司法实践,仍然不能划出一个清楚的界限。[4] 首先,“但书”规定中的“情节”是否特指犯罪行为的情节,还是包括行为人的犯罪前、犯罪后情节?是特指法定情节,还是包括酌定情节?其次,“显著轻微”是“但书”规定中对“情节”的定量要素,如何准确判断情节是否属于“显著轻微”?再次,“危害不大”并不是指没有发生结果,而是说这种结果的危害不是很大,判断“危害不大”的标准又如何确定?最后,“不认为是犯罪”与“不是犯罪”存在根本区别,“不认为是犯罪”的前提是行为人实施的行为符合刑法规定的构成要件,只是因为行为的社会危害性没有达到刑罚处罚的程度,不作为犯罪处理,但是不排除违法责任、民事责任的

---

〔1〕 参见王尚新:《关于刑法情节显著轻微规定的思考》,载《法学研究》2001 年第 5 期。
〔2〕 参见高铭暄主编:《刑法学原理》,中国人民大学出版社 1993 年版,第 391 页。
〔3〕 参见陈兴良:《“但书”规定的规范考察》,载《法学杂志》2015 年第 8 期。
〔4〕 参见王尚新:《关于刑法情节显著轻微规定的思考》,载《法学研究》2001 年第 5 期。

适用。

笔者认为,"情节"应当是与犯罪有关的情节,包括行为人的主观要素,比如,走私珍贵动物制品不以牟利为目的〔1〕、误以为休息数小时或者隔夜之后醒酒了〔2〕、非自愿参加黑社会性质组织且参加后没有实施违法犯罪活动〔3〕等;行为的客观要素,比如,近亲盗窃情况下所窃取的财物系家庭财物或近亲属财物〔4〕、已满16周岁不满18周岁的人盗窃未遂或者中止、已满14周岁不满16周岁的未成年人与幼女偶尔发生性行为〔5〕等;不应当包括行为后的情节,如积极退赔、被害人谅解、全部退赃。但与犯罪无关的情节,比如,行为人的一贯表现、前科等,可以和犯罪有关情节进行综合考虑,用于论证说理的补强理由。

二、"但书"适用说理的实证分析

笔者在中国裁判文书网上以"《中华人民共和国刑法》第十三条"为关键词,〔6〕在刑事案由中进行搜索,共搜得裁判文书289篇,其中,一审裁判文书176篇、二审裁判文书86篇、再审裁判文书27篇。〔7〕 经过仔细查阅,将仅在文书中提及"《中华人民共和国刑法》第十三条",却未作为裁判理由或裁判依据的文书进行排除。之后,得到有效一审裁判文书148篇、二审裁判文书82篇、再审裁判文书26篇,累计裁判文书256篇。

---

〔1〕 黑龙江省林区中级人民法院刑事判决书,(2014)黑林刑终字第40号。

〔2〕 新疆维吾尔自治区哈密地区中级人民法院刑事判决书,(2016)新22刑终113号。

〔3〕 湖北省武汉市洪山区人民法院刑事判决书,(2001)洪刑初字第163号。

〔4〕 参见最高人民法院刑事审判庭主编:《刑事审判参考》(第13辑),法律出版社2001年版,第24~29页。

〔5〕 最高人民法院《关于审理未成年人刑事案件具体应用法律若干问题的解释》(法释〔2006〕1号)。

〔6〕 以"《中华人民共和国刑法》第13条"为关键词是为了更精准地获取适用"但书"规定的裁判文书,若以"情节显著轻微"或"危害不大"为关键词进行搜索,再根据所得样本找出适用"但书"规定的裁判文书无异于在大海捞针。

〔7〕 载中国裁判文书网,http://wenshu.court.pcc/list/list/?sorttype=1&conditions=searchWord+QWJS+++全文检索:《中华人民共和国刑法》第13条,最后访问日期:2019年3月30日。

(一)“但书”规定适用的整体描述

从司法实践的适用现状看,法院直接援引“但书”规定作出无罪判决属于较普遍的现象,在所得样本中,法院作无罪裁判的判决有157份,即无罪率高达61.33%;[1]定罪免处的判决有21份;定罪处罚的判决有78份(见图19-1)。

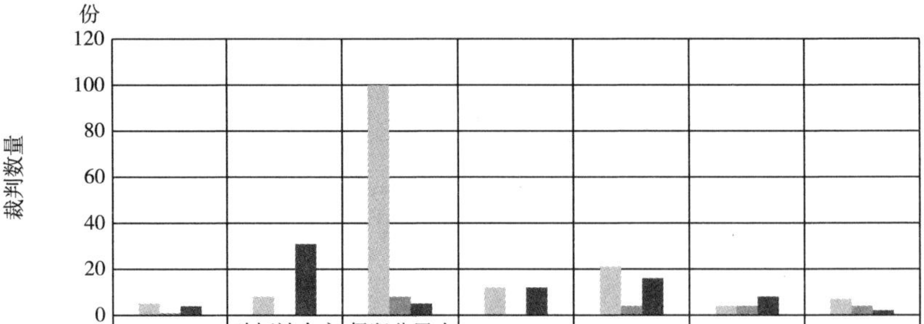

	危害公共安全犯罪	破坏社会主义市场经济秩序犯罪	侵犯公民人身权利、民主权利犯罪	侵犯财产犯罪	妨害社会管理秩序犯罪	贪污贿赂犯罪	渎职犯罪
无罪判决	5	8	100	12	21	4	7
定罪免处	1	0	8	0	4	4	4
定罪科刑	4	31	5	12	16	8	2

图19-1 涉“但书”规定的文书裁判情况

注:侵犯公民人身权利、民主权利犯罪中74份无罪判决系故意伤害罪。

从涉及的案由来看(或者说从司法实践中“但书”规定的适用范围来看),256篇裁判文书中既含有放火罪、故意杀人罪、强奸罪、抢夺罪等传统意义上的重罪,也包括诸如非法侵入住宅罪、侮辱罪、寻衅滋事、强迫交易罪等一般意义上的轻罪。经统计,运用“但书”规定进行出罪的包含七大类44个罪名157份裁判文书(见表19-1)。

[1] 由于本书数据选取时已将辩护人提出“情节显著轻微危害不大”,但法院未根据《刑法》第13条予以出罪的裁判排除在外,故造成适用“但书”规定出罪的无罪率偏高。

表 19－1　无罪裁判文书统计情况

类罪	具体罪名	入罪是否有罪量限制	数量/件	小计/件
危害公共安全犯罪	非法制造爆炸物	无	1	5
	交通肇事	有	3	
	危险驾驶	无	1	
破坏社会主义市场经济秩序犯罪	销售假药	无	1	8
	生产销售有毒有害食品	无	2	
	非法经营同类营业	有	1	
	信用卡诈骗	有	2	
	侵犯著作权	有	2	
侵犯公民人身权利、民主权利犯罪	故意杀人	无	1	100
	故意伤害	无	74	
	非法拘禁	无	4	
	诬告陷害	无	1	
	非法搜查	无	1	
	非法侵入住宅	无	5	
	侮辱	有	3	
	诽谤	有	2	
	重婚	无	2	
	虐待	有	2	
	遗弃	有	4	
	组织未成年人违反治安管理活动	有	1	
侵犯财产犯罪	诈骗	有	2	12
	挪用资金	有	3	
	故意毁坏财物	有	5	
	破坏生产经营	无	2	

续表

类罪	具体罪名	入罪是否有罪量限制	数量/件	小计/件
妨害社会管理秩序犯罪	招摇撞骗	无	1	21
	伪造国家机关证件	无	1	
	伪造事业单位印章	无	1	
	伪造居民身份证	无	1	
	聚众扰乱社会秩序	有	2	
	聚众斗殴	有	1	
	寻衅滋事	有	4	
	利用邪教组织破坏法律实施	无	1	
	开设赌场	无	1	
	妨害作证	无	1	
	帮助毁灭、伪造证据	有	1	
	掩饰、隐瞒犯罪所得	无	2	
	非法运输珍贵、濒危野生动物	无	1	
	非法占用农用地	有	1	
	滥伐林木	有	2	
贪污贿赂犯罪	贪污	无	3	4
	挪用公款	有	1	
渎职犯罪	滥用职权	有	4	7
	玩忽职守	有	2	
	徇私枉法	无	1	

从审判阶段和审判程序来看，一审援引“但书”规定进行出罪的有77件（其中自诉案件52件，公诉案件25件），占全部的30.08%；二审适用“但书”规定进行出罪的有59件（其中，维持一审无罪判决的案件有44件，改判无罪的案件有15件），占全部的23.05%；再审适用“但书”规定出罪的有21件，占全部的8.2%。

从入罪是否有罪量要素限制[1]来判断是否有适用“但书”规定的空间,笔者对157份无罪裁判文书进一步统计,其中,罪状中具有罪量要素规定的犯罪有48份,涉及21个罪名;没有罪量要素规定,但性质严重的犯罪有2份,分别是非法制造爆炸物和利用邪教组织破坏法律实施;没有罪量要素规定,但性质较轻的犯罪有107份,涉及21个罪名。

从无罪判决中评价的具体“情节”来看,评价主体要素而适用“但书”规定出罪的判决有53份,基本是评价行为人的主观恶性、没有犯罪故意等;评价行为要素而适用“但书”规定出罪的判决有57份,主要是故意伤害案件中被害人对结果的发生存在一定的过错、行为人出于正当目的但行为不当;评价结果要素而适用但书出罪的判决有79件,大多没有危害结果或者危害结果未达到个罪的入罪标准、行为人积极赔偿、被害人谅解等,评价结果要素的裁判文书约占判决书总数的56.05%;未进行说理而直接适用“但书”规定出罪的判决有73份,约占无罪判决书总数的46.5%(见表19-2)。

表19-2　适用“但书”出罪所考虑的相关因素

要素	具体情节	出现频次
主体要素	主观恶性小	23
	缺乏目的、动机	6
	缺乏违法性认识	4
	没有犯罪故意	14
	与被害人近亲属关系	6

〔1〕本书仅讨论我国刑法条文的罪量因素,在总则中,体现在《刑法》第13条的“但书”规定中;在分则中,则表现为刑法明文规定的、体现行为程度、作为犯罪成立必要条件的“数额较大”“情节严重”“造成严重后果”等类似内容。

续表

要素	具体情节	出现频次
行为要素	目的正当,行为不妥	9
	履职不规范	2
	挪用时间短	1
	双方均有过错	42
	行为未遂	3
结果要素	被害人谅解	8
	因果关系不明确	24
	积极承担民事责任	18
	全部退赃或积极退赔	6
	危害结果未达到入罪标准	18
	没有危害结果发生	23
未进行说理(或说理不清)	—	73

(二)“但书”规定适用的说理分析

1.“但书”规定的“错用”

“但书”的错用,是指行为不符合犯罪构成要件(或形式上不符合刑事违法性),却运用“但书”规定进行出罪。如“王某某非法拘禁案”,[1]法院认为,被告人王某某邀约蔡某某向李某某索要债务,既没有非法拘禁他人的主观故意,也没有限制他人人身自由的客观行为,却错误援引“但书”规定宣告王某某无罪。这不仅是法律援引的错误,更重要的是真正的出罪理由不能彰显,同时也降低了裁判文书的说理性。究其原因,是目前出罪体系的建构方面不足,司法者只有将这种出罪的诉求通通赋予《刑法》第13条“但书”规定,因而造成了“但书”被错用。

[1] 湖北省武汉市蔡甸区人民法院刑事判决书,(2013)鄂蔡甸刑初字第00226号。

运用“但书”规定评价行为主体身份。行为主体是否适格直接关系犯罪构成，一般只存在“有无”判断，难以进行程度“大小”的判断，运用“但书”规定对行为主体身份进行评价，属于“但书”规定的明显错用。如“崔某某非法进行节育手术案”中，巴彦淖尔市中级人民法院认为，被告人崔某某有副主任医师的专业技术资格，其个人诊所在开业时，也曾取得过“医疗机构执业许可证”，且工商部门又为其换发营业执照，对崔某某不能完全等同“未取得医生执业资格的人”看待，其行为不符合非法进行节育手术罪的要件，构不成犯罪。最后却依照《刑事诉讼法》第 189 条第 2 款和《刑法》第 13 条，撤销一审刑事判决部分，改判被告人崔某某无罪。[1] 文书通过评价上诉人崔某某主体资格“显著轻微”而不认为是犯罪，其实完全可以因不具备犯罪构成要件中的主体要件而直接出罪，没有必要适用“但书”规定出罪。

运用“但书”规定评价因果关系。因果关系或者客观归责，主要是解决危害后果是否归属于行为的判断过程，而且因果关系也主要是“有无”判断，与“但书”规定的程度判断不可等同。如“范某某自诉张某故意伤害刑事附带民事案”，一审法院认为，被告人张某主观上没有伤害自诉人范某某的故意，客观上自诉人范某某的伤情并非被告人张某殴打所致，加之自诉人的年龄、体质及受伤后就医诊断结果，不能认定自诉人伤害的结果由被告人行为直接造成，二者之间没有因果关系，张某的行为不构成故意伤害罪。依照《刑法》第 13 条之规定，判决被告人张某无罪。[2] 又如，“曾某某玩忽职守再审案”，再审法院认为，被告人曾某某不依法正确履职的行为是桥南市场特大火灾的原因之一，其履职行为与案件事实、危害后果之间的关联性较低，应认定情节显著轻微，不构成犯罪。依据《刑法》第 13 条和《刑事诉讼法》第 206 条、第 187 条第 2 款之规定，认定原审被告人曾某某无罪。[3] 对

〔1〕 内蒙古自治区巴彦淖尔中级人民法院刑事附带民事判决书，(2000)巴刑终字第 25 号。

〔2〕 宁夏回族自治区银川市金凤区人民法院刑事附带民事判决书，(2017)宁 0106 刑初 63 号。

〔3〕 湖南省常宁市人民法院刑事判决书，(2010)常刑再字第 4 号。

于此类案件,可直接通过因果关系理论或者客观归责理论即可判断,无须再援引“但书”规定出罪。

新法优于旧法,错引“但书”规定出罪。根据从旧兼从轻原则可以不认为是犯罪的,可直接依据该原则出罪,不需要运用“但书”规定进行评价其行为的情节是否显著轻微。如 2018 年 12 月 1 日起施行的最高人民法院、最高人民检察院《关于办理妨害信用卡管理刑事案件具体应用法律若干问题的解释》中规定,恶意透支数额在 5 万元以上不满 50 万元的应认定为数额较大。在“杨某某信用卡诈骗案”中,杨某某恶意透支数额为 17,514 元,依照该司法解释,未达到信用卡诈骗罪的构罪标准。深州市人民法院依照《刑法》第 13 条和《刑事诉讼法》第 16 条、第 200 条第 2 项之规定,判决被告人杨某某无罪。[1] 又如,“包某某等人故意伤害案”中,新的人体损伤鉴定标准于 2014 年 1 月 1 日正式施行,存在根据新旧不同标准所鉴定的损伤程度不一致的情形,根据新的鉴定标准达不到轻伤以上,可直接通过损伤结果不构成轻伤以上予以出罪。吉林省延吉市人民法院可根据清公刑技活检字第(2015)107 号法医损伤检验鉴定书(根据新的人体损伤鉴定标准作出),被害人顾某甲的损伤系轻微伤,不应追究被告人包某甲、王某甲的刑事责任。但在无罪的理由上,延吉市人民法院还是依据“但书”规定,认为“指控被告人包某甲、王某甲故意伤害他人的情节显著轻微,危害不大,应依法宣告被告人无罪”,最终根据《刑法》第 13 条判决被告人包某甲、王某甲无罪。[2]

此外,还有诸如缺乏犯罪客体,而援引“但书”规定出罪的。如黄某某作为一人公司法定代表人,其挪用资金的行为并不损害其他股东利益,也不存在其他社会危害性,无须运用“但书”规定评价其情节是否“显著轻微”、危害大小。[3] 又如,“郭某某、鲁某某非法生产有毒有害食品案”中,没有证据证

---

〔1〕 河北省深州市人民法院刑事判决书,(2018)冀 1182 刑初 434 号。

〔2〕 河北省清河县人民法院刑事判决书,(2015)清刑初字第 38 号。

〔3〕 吉林省延吉市人民法院刑事判决书,(2015)延刑初字第 786 号。

明两名被告人在豆芽上喷洒的物质对人体能造成何种危害,喷洒物质的安全性尚不清楚,本可以证据不足宣告无罪的,却强行运用"但书"规定评价其行为"情节显著轻微"而出罪。[1]

2."但书"规定的"泛用"

"但书"的泛用,是指在行为符合犯罪构成要件(或形式上符合刑事违法性),本不该出罪却随意运用"但书"规定进行出罪。在这种情形中,"但书"规定难免会成为任意出罪的工具,不利于维护司法的稳定性和权威性,因此,亟须稳定的"但书"规定适用规则以规范司法者的自由裁量权。裁量倘若过于宽泛,正义就面临专断或不平等之虞。[2]

不可否认,"但书"规定是对抽象危险犯进行适用性限制的唯一根据,但在司法实践中,运用"但书"规定对没有危险结果发生的抽象危险犯进行出罪,易存在滥用之嫌。抽象危险犯与具体危险犯不同,只要行为人实施了刑法规定的犯罪行为,即具有产生某种后果的危险,并不要求在具体案件中出现作为结果的危险。以醉驾型危险驾驶罪为例,行为人在酒精作用下对自己行为的认识能力和控制能力明显减弱,此时,醉酒驾驶机动车对道路交通安全造成了普遍的风险,即使行为人在个案中没有造成任何损害,只要检测出了行为人的酒精含量超出一定标准,即被认为醉酒驾驶行为具有可罚性。

在司法实践中,还存在风险阙如情况下,援引"但书"规定进行出罪的情形。如"新疆维吾尔自治区哈密市中级人民法院改判岳某某无罪案",岳某某隔夜醉驾,其并未意识到自己还处于醉驾的状态,且第二天在交警的指挥下短距离低速挪动车辆,交警亦未发现其处于醉酒状态,岳某某不存在危险驾驶的主观故意;虽然岳某某血液中的乙醇含量刚刚超过危险驾驶罪的标准,但其在交警指挥下短距离挪车行为的危险性已经大大降低,符合情节显

[1] 辽宁省葫芦岛市连山区人民法院刑事判决书,(2015)连刑初字第00114号。
[2] 参见王华伟:《中国刑法第13条但书实证研究——基于120份判决书的理论反思》,载《法学家》2015年第6期。

著轻微危害不大的情形，可不认为是犯罪。[1]

由于抽象危险犯行为的危险性是立法者拟制的，如果行为人没有证据证明实际上不存在任何风险，不应运用"但书"规定进行出罪，否则就有"但书"滥用之嫌。如"赵某某盗窃案"，天津市宝坻区人民法院认定，赵某某酒后采取将车驾离的手段实施盗窃，在其将车发动并驶向路面时，已经摆脱车辆所有人的控制，其盗窃行为应认定为既遂，之后其驾驶车辆短距离行驶的行为，应视为其盗窃手段行为的自然延伸，且案发时为凌晨3时许，路面车辆、行人稀少，驾驶距离较短，对公共安全所构成的危害不大，因此不宜以危险驾驶罪定罪处罚，但宝坻区人民法院最后依照的却是《刑法》第13条、第264条之规定，判处被告人赵某某犯盗窃罪，判处拘役6个月，并处罚金人民币4000元。[2]

3. "但书"规定说理不清或不说理

《刑法》第13条本身规定得比较笼统，已经受到理论界的质疑和批评，如果再不展开说理，难免令人质疑裁判结论形成的正当性。经统计，援引"但书"规定出罪，但未进行说理（或说理不清）的有73件，约占无罪判决书总数的46.5%。如"木某某自诉何某某故意伤害刑事附带民事案"中，[3]法院认定自诉人木某某在吵打过程中，被何某某用烟筒打伤，经鉴定自诉人木某某的损伤构成轻伤二级，而在"本院认为"部分，仅"自诉人木某某控诉被告人何某某犯故意伤害罪，其情节显著轻微，应宣告被告人何某某无罪"一句话，没有进一步深入、具体地展开分析。经统计，在收集到的故意伤害自诉案件中，均援引"但书"条款宣告无罪。在故意伤害罪的二审案件中，也存在判决书中简单描述伤情（被告人存在故意伤害的行为，伤情鉴定为轻伤），

[1] 新疆维吾尔自治区哈密地区中级人民法院刑事判决书，(2016)新22刑终113号。

[2] 天津市宝坻区人民法院刑事判决书，(2015)宝刑初字第246号。

[3] 云南省寻甸回族彝族自治县人民法院刑事附带民事判决书，(2016)云0129刑初192号。

而后直接援引“但书”规定作出无罪判决,未进行进一步分析说理的现象。[1]

三、“但书”适用说理的规则构建

从规范和谨慎行使出罪裁量权的角度来说,笔者主张先由司法者作出构成要件的客观判断,再援引《刑法》第13条的“但书”规定作出整体判断,若确属“情节显著轻微,危害不大”,则直接援引“但书”规定宣告无罪,但必须遵循以下有关“但书”规定适用说理的具体规则。

(一)前提判断:是否存在“但书”规定的适用空间

尽管刑法总则指导刑法分则,分则所有规定都适用总则的规定,但由于立法机关对分则中具体的罪名已考虑社会危害性程度,因此,总则的“但书”规定有相当一部分条文是不适用的。从刑法分则条文的罪状规范考察,可分为以下几类:

第一类是有罪量要素限定的罪状,没有“但书”适用空间。一是罪状中直接规定了数量限制,多数为数额犯,如盗窃罪、合同诈骗等经济犯罪,数额犯的社会危害性主要是通过数量反映的,立法者一般都会提出数额或数量要求;二是罪状中直接写明“情节恶劣”“情节严重”“造成严重后果”等入罪条件限制,即通常所说的情节犯,如非法经营罪。

第二类是严重危害国家、社会安全的犯罪,一般没有“但书”适用空间。这些罪状中虽未直接进行定量限制,如杀人等,但因侵害的利益重要或特殊,或因其行为本身具有严重的社会危害性,立法者未再对其社会危害性作特殊的量的限制,只是对情节较轻的,作了量刑上的减轻处罚。

第三类是没有罪量要素的罪状(包括在司法解释、立案标准等规定上有规定数额、后果、情节的犯罪),可以有“但书”的适用空间。如《刑法》第127

---

[1] 榆林市中级人民法院刑事判决书,(2010)榆中法刑一终字第59号。

条规定:“盗窃、抢夺枪支、弹药、爆炸物的,或者盗窃、抢夺毒害性、放射性、传染病病原体等物质,危害公共安全的,处……”虽然在罪状中没有规定定量限制,但通过司法解释的形式予以定量限制。可以看出,诸如非法制造爆炸物的行为形式上符合犯罪构成要件,但因其未达到刑罚的程度,人民法院也可根据“但书”将其宣告无罪。[1]

(二)逻辑位阶:社会危害性让位于刑事违法性

德国学者宾丁曾言:“规范处于优先地位,法益只是附体于规范并支持其规范理论的一个概念;犯罪的本质是侵害法益,形式上违反规范,但是这对规范本身的权威没有削弱,因为规范先于法益而存在,受制于立法机关主观上的决定。”[2]大陆法系中的“规范”相当于我国刑法理论中的“刑事违法性”,“法益侵害”则相当于“社会危害性”。

在立法阶段,社会危害性决定刑事违法性,同时也修正着刑事违法性。从《刑法》第13条对犯罪概念的规定来看,前半段是对犯罪概念一般性、类型化和积极成立面的判断;后半段“但书”规定则是对犯罪概念具体性、个别化和消极阻却面的判断。前半段的逻辑重心是刑事违法性的形式判断,“但书”规定则是阻却犯罪成立的社会危害性的实质判断。

在司法阶段,社会危害性必须让位于刑事违法性。如果行为具有一定的社会危害性,但不符合刑事违法性的形式标准,当然不能认定为犯罪,这是罪刑法定原则的基本要求;如果行为符合刑事违法性的形式标准但不具有社会危害性,也不能认定为犯罪。在一般情况下,司法者只要进行完刑事违法性的符合性判断就意味着实质判断的完成,因为大多数案件事实都停留在犯罪类型的核心范畴,但是仍有少数案件位列犯罪类型核心范畴之外,需要进一步的实质判断来检验先前的形式判断。也就是说,只有行为符合刑事违法性的形式标准,才需考虑行为社会危害性的实质标准。

---

[1] 重庆市第三中级人民法院刑事再审判决书,(2015)渝三中法刑再终字第00001号。
[2] 参见丁泽芸:《刑法学说论略》,载《刑事法学要论》,法律出版社1998年版,第281页。

实践层面如何操作,应该具体问题具体分析,根据个罪的具体类型分别加以考虑:(1)不含定量要素的罪状。若一行为客观上符合具体犯罪构成要件的部分要素时,应先形式判断此行为是否符合犯罪构成要件,再进行实质判断行为是否具有刑罚处罚的社会危害性,而后决定是否援引“但书”规定出罪。(2)含有定量要素的罪状。如果处在临界点或者略微超出一点,但综合考虑行为(人)主、客观等情节显著轻微且危害不大,也可援引“但书”规定作无罪处理。

值得注意的是,运用“但书”规定进行出罪不能机械化,应当对“情节显著轻微危害不大”进行整体把握,综合考虑犯罪的时空环境、主观状态、双方关系、手段工具、实际危害、是否具有替代刑罚处罚措施等问题。

(三)“二阶”说理:情节要素的整体评价和社会危害性的实质判断

第一,“但书”规定中“情节显著轻微”和“危害不大”的关系不是并列关系,而是递进关系,必须同时具备,方可“不认为是犯罪”。如果仅仅“情节显著轻微”或者仅仅“危害不大”,则不能运用“但书”规定出罪,因为“但书”规定的适用是一个整体,而且情节显著轻微、危害不大是一种综合判断。

第二,“显著轻微”的判断应当坚持整体评价。首先,应绝对排除具有个罪罪状规定的从重处罚情节;其次,一般需要同时满足两个以上的主客观情节轻微。以醉驾为例,一方面,行为人不应当具有《关于办理醉酒驾驶机动车刑事案件适用法律若干问题的意见》第2条规定的从重处罚情形;另一方面,从主、客观两个方面综合考虑醉驾行为是否属于“情节显著轻微”。主观方面包括:行为人的目的动机,如为治病救人无法及时联系代驾和救护车;行为人的主观故意,如酒后经过长时间的休息,对自己处于醉酒状态并不知晓;行为人的犯罪态度,如是否主动停止醉驾,是否认罪认罚。客观方面包括:醉酒程度,如行为人血液中的酒精含量刚超过80mg/100ml的醉酒标准;行为人驾驶车辆的速度、时长、距离、空间等,如低速驾驶、短时间驾驶、驾驶距离较短、驾驶路面人烟稀少等。

第三,“危害不大”的标准应当高于个罪构成要件所预设的危险,但必须低于犯罪未遂的危险。因为行为所造成的危险低于个罪构成要件所预设的危险,则可以在刑事违法性判断环节直接予以排除,再通过行政处罚或者民事赔偿予以惩处,这也是刑法谦抑性的要求;如果行为所造成的危险高于未遂犯罪的危险,则会造成许多有预谋的犯罪提供出罪的可能空间。在实践中,应当结合具体案情,回归个罪立法本意进行实质性判断行为的社会危害性。对有罪量要素的罪状来说,如情节犯、数额犯,立法者已经将“危害不大”通过情节限定、数额限定的方式排除出犯罪圈了,但仍有适用的可能,如“文某盗窃案”[1]的裁判理由指出,因为盗窃自己家庭和近亲属的财物行为的社会危害范围和程度是有限的,与社会上盗窃的案件有实质性的区别。如果未成年人盗窃自己家的财物,数额较大,认定为达到盗窃罪所预设的危险,也不符合一般社会人的判断。对没有罪量要素的罪状来说,则需要实质判断行为的社会危害程度在此区间之内,通过充分阐述裁判理由,以符合一般社会人对相当危险性的判断。如“张某某伪造居民身份证案”[2]的裁判理由指出,张某某伪造并使用居民身份证是为了解决身份证遗失后无法补办,给日常生活带来不便,而且仅将此证用于正常的个人生活。张某某使用的身份证虽然是伪造的,但上面记载的姓名、住址、身份证编号等信息却是真实的,不存在因使用该证实施违法行为后无法查找违法人的可能。由此判断张某某的行为属于情节显著轻微危害不大。作为典型的抽象危险犯醉酒驾驶行为也存在“危害不大”的情形,如酒后在小区车库挪正车辆、隔夜醉酒在交警指挥下挪动车辆等行为所造成的危险远远低于在一般道路上的酒驾行为所造成的危险,即使挪车过程造成轻微物损,也可以通过民事赔偿进

---

〔1〕 参见最高人民法院刑事审判庭主编:《刑事审判参考》(第13辑),法律出版社2001年版,第24~29页。

〔2〕 参见最高人民法院办公厅编:《中华人民共和国最高人民法院公报》(2004年卷),人民法院出版社2005年版,第347~350页。

行解决,不必科处刑罚。

裁判文书说理,总体上应当立足事理、严守法理、辅以学理、佐以情理、善用文理。[1] 裁判文书适用“但书”规定(情节要素的整体评价和社会危害性的实质判断)的说理,具体可以从行为的性质、代替刑罚的手段、处罚的公正性、处罚的目的与效果等方面进行展开。评价一行为是否构成犯罪还必须考虑是否会导致禁止对社会有利的行为,是否会破坏公民的法感情、降低刑法的权威性,是否具有预防或抑止该行为的效果。以非法侵入住宅罪为例,其立法目的是保护公民的住宅安全和生活安宁,但并非任何未经法定机关批准或主人同意,强行侵入他人住宅的行为均构成犯罪。在“郝某非法侵入他人住宅案”[2]中,如果能在裁判文书中对“情节显著轻微危害不大”展开说理,则更能体现裁判的正当性。理由阐述:(1)被告人郝某出于好意将房屋借予同事暂住,其动机是善良的,而后来郝某之所以将张某屋内的物品移出,是基于与同事王某商量未果,且自认为对该房屋具有使用权的情况作出的,且未造成张某物品的损失,可认定为情节显著轻微;(2)被告人郝某在张某不在的时候,擅自进入张某未上锁的屋子,处置张某个人物品的行为,对张某来说既没有造成人身上的伤害,也没有造成较大的财产损失,亦没有对张某的生活安宁产生严重影响,可认为郝某的行为社会危害性不大;(3)对介于民事纠纷和刑事犯罪之间的行为,可以通过其他民事途径解决的,没有必要动用刑法手段,这也是刑法谦抑性的体现;(4)判决社会效果的考量。如果将郝某后期的不当行为认定为犯罪,则间接地否定了郝某先前善意的借房行为,这样的裁判结果将会损害热心助人的善良风俗,造成负面的社会效果。

总之,“但书”规定对于司法实践的意义不仅体现在宏观的理念指导上,也体现在微观的个案裁判中。司法实践直接援引“但书”规定并不违背罪刑

---

〔1〕 参见胡云腾:《论裁判文书的说理》,载《法律适用》2009年第3期。
〔2〕 北京市宣武区人民法院刑事判决书,(2009)宣刑初字第64号。

法定原则,但“但书”规定的适用应具备一定的条件、遵循一定的逻辑、统一判断的标准。具体办案法官应当高度重视适用“但书”规定宣告无罪案件的裁判文书说理工作,结合行为人的主观方面、客观行为以及可能造成的危害结果等因素,根据案件的实际情况综合对情节是否显著轻微,客观危害结果的大小作出评价,将是否适用“但书”规定的事实依据、证据依据、法律依据、政策依据、情理依据说清楚、讲明白,通过阐明裁判结论的形成过程和正当性理由,提高裁判的可接受性,实现法律效果和社会效果的有机统一,努力让人民群众在每一个司法案件中感受到公平正义。[1]

---

〔1〕 最高人民法院《指导意见》(法发〔2018〕10号)。

第二十章
裁判文书说理的具象论(三)
——被害人过错适用的说理*

被害人过错情节的量刑说理是司法实践中的难题,一方面,被害人过错情节是酌定量刑情节,量刑司法推理大前提的缺失,致使被害人过错在司法中量刑说理不均衡的问题凸显;另一方面,被害人过错具有一定特殊性,认定在刑事案件中受到损害的被害人方存在过错,需要充足的理由和充分的说理,因而存在一定规避被害人过错认定的问题,[1]被害人过错的量刑说理亟待规范。而如何确定被害人过错说理要素,即针对是否认定被害人过错情节,法官从哪些要素进行说理,或者说,法官根据哪些要素判断是否认定被害人过错,是量刑说理的首要问题。因侵

---

* 此部分系与江洛伊合作而成,曾以《被害人过错量刑说理要素的现状、基础与规范——以侵害公民人身权利罪为例》为题,原载《法治现代化研究》2023年第1期。

〔1〕 参见陈兴良:《被害人有过错的故意杀人罪的死刑裁量研究——从被害与加害的关系切入》,载《当代法学》2004年第2期。

害公民人身权利罪中的被害人过错是最典型、最集中、最受关注的,[1]笔者在研究中以侵害公民人身权利罪中的被害人为例。

正当防卫是被害人过错最严重的表现形式,其假定是人类对于过错行为的自然反应是立即对过错行为的实施者实行反击。[2] 广义上的被害人过错包含正当防卫,但因刑法已明确将正当防卫规定为正当化事由,且二者影响量刑的理论基础存在差异(被害人过错程度的量变产生质变,正当防卫因制止不法侵害使行为不具有实质违法性),故文中"被害人过错"限于酌定情节范畴。

一、被害人过错说理要素量化分析

笔者通过无讼案例网,在侵害公民人身权利罪的判决中以"被害人过错"进行全文检索,共检索出 1026 份判决,涉及 1029 个诉争被害人过错行为,通过阅读整理,探析其中存在的问题和问题背后的成因。

(一)说理要素存在的问题

整体上说理少,说理格式化、形式化、公式化、不均衡,重结论而轻分析,忽视个案独特性,"综合以上情节",反映不出单一情节功能,量刑事实缺失,仅罗列部分法条和结论,没有事实、事实对应和选择过程、对双方建议是否采纳的理由。

1. 要素分歧

样本文书中,仅 7.58% 在说理部分表明被害人过错的认定要素,大部分文书在说理中未说明认定或不认定被害人过错的标准,进而难以判断构成或不构成被害人过错的原因。表明的认定要素组成存在多样化、差异化、概

---

〔1〕 参见罗灿:《刑法三元结构模式下被害人过错的认定与适用——以侵犯人身权利命案为视角》,载《中国刑事法杂志》2011 年第 2 期。

〔2〕 See Aya Grube, *Victim Wrongs: The Case for a General Criminal Defense Based on Wrongful Victim Behavior in an Era of Victims' Rights*, Temple Law Review, 2003, Vol. 76, p. 66.

括化及循环定义等问题:其一,多样化。样本中认定要素标准主要可以划分为"二要素""三要素""四要素"3种类型,各类型中根据要素组成又可分为不同类型,如"二要素"中包括"过错类型+行为间关联""过错类型+程度""过错程度+行为间关联"3种类型。其二,差异化。不同认定标准在过错类型、程度、主观,被害人和行为人行为间关联性、相对性等方面均存在分歧。其三,概括化。过错类型中"不当行为""不正当行为""不符合社会一般伦理要求""显而易见,根据社会常理即能得出否定性评价而非一般否定性评价"等表述,过错程度中"比较恶劣的影响或严重的损害""有过错""应受非难""达到一定程度""必须受到社会之严厉否定性评价"等表述均较概括,在实践中难以作为判断标准。其四,循环定义。如"被害人不当行为达到刑法所能评价的过错程度"这一表述,被害人过错的认定标准是用来说明、判断达到什么标准、程度的被害人不当行为可以认定为被害人过错情节,进而在量刑中对被告人从宽处罚,而以"刑法所能评价的过错程度"作为标准实际上是在用问题来回答问题,并没有给出可以适用的标准(见表20-1)。

表 20－1　样本中被害人过错说理要素梳理

认定要素		频数	要素内容						
			过错			关联		对象范围	其他
			类型	程度	主观	因果关联	时间关联		
二要素	类型 关联	16	不当行为/不正当行为/错误或不当行为/不合法或不道德/违法或违背伦理道德、善良风俗	—	—	直接影响犯罪行为/与犯罪行为存在关联/导致或激起被告人实施犯罪行为/引发双方矛盾/诱发犯罪行为人产生犯罪意识或者激化犯罪行为/使行为人出于激愤或在感情强烈压抑的情况下当场实施犯罪或导致危害结果加剧	（间隔短）	无限制/被告人	（行为持续时间、强度、次数、具体内容等）
	类型 程度	9	损害精神或其他利益/侵害人身、财产权利/违反法律法规、道德规范或公序良俗	比较恶劣的影响或严重的损害/常人所不能容忍/造成严重后果/一定严重程度/损害正当法益或社会公共利益	—	—	—	被告人/被告人及其亲属	（限于婚姻家庭、邻里纠纷等民间矛盾）

续表

认定要素		频数	要素内容						
			过错			关联		对象范围	其他
			类型	程度	主观	因果关联	时间关联		
二要素	程度关联	8	—	有过错/应受非难	—	刺激被告人/与犯罪行为有直接或间接关系	—	—	—
三要素	类型程度关联	6	不当行为/不符合社会一般伦理要求/显而易见的依据社会常理即能得出否定性评价而非一般否定性评价的行为/侵犯正当法益或社会公共利益/违反法律、道德规范(社会常理)	必须受到社会之严厉否定性评价/达到一定程度/侵犯正当法益或公共利益	—	直接影响犯罪行为的产生、发展和结果/激起犯罪行为且关联性依照一般常理就能为普通人所感知/与犯罪行为或结果有关联	—	无限制/被告人	—
	类型主观关联	5	违法犯罪、违背道德或者其他社会规范的行为	—	故意或过失	与加害行为存在刑法意义上因果关系	—	—	—
		2	违反法律或社会伦理	—	故意	引发实施犯罪或激化危害程度	—	被告人	—

续表

<table>
<tr><td colspan="2" rowspan="3">认定要素</td><td rowspan="3">频数</td><td colspan="7">要素内容</td></tr>
<tr><td colspan="3">过错</td><td colspan="2">关联</td><td rowspan="2">对象范围</td><td rowspan="2">其他</td></tr>
<tr><td>类型</td><td>程度</td><td>主观</td><td>因果关联</td><td>时间关联</td></tr>
<tr><td rowspan="2">三要素</td><td rowspan="2">类型程度主观</td><td>3</td><td>不当行为/违反法律法规、道德规范和公序良俗</td><td>损害正当法益或公共利益</td><td>故意或过失</td><td>—</td><td>—</td><td>被告人</td><td>—</td></tr>
<tr><td>2</td><td>严重的违背法律或者违背社会伦理的行为</td><td>侵犯合法权利或正当利益</td><td>故意</td><td>—</td><td>—</td><td>被告人</td><td>—</td></tr>
<tr><td rowspan="3">四要素</td><td rowspan="2">类型程度主观关联</td><td>21</td><td>(严重的)违反法律或社会伦理(公序良俗)</td><td>侵犯合法权利或正当利益</td><td>故意</td><td>(必然)引发实施犯罪或激化危害程度/客观上导致了犯罪行为的发生</td><td>—</td><td>被告人</td><td>(被害人过错与被告人行为具有相当性)</td></tr>
<tr><td>1</td><td>不正当行为</td><td>侵犯合法权益</td><td>故意或过失</td><td>对被告人实施犯罪行为具有诱发、促成、激化等作用,并最终导致被害</td><td>—</td><td>他人</td><td>—</td></tr>
<tr><td>类型程度关联期待可能</td><td>1</td><td>不当行为</td><td>侵犯正当法益或公共利益</td><td>—</td><td>与犯罪行为存在关联性</td><td>间隔短</td><td>被告人</td><td>在当时情况下无法律期待可能性</td></tr>
</table>

续表

<table>
<tr><th rowspan="3">认定要素</th><th rowspan="3">频数</th><th colspan="7">要素内容</th></tr>
<tr><th colspan="3">过错</th><th colspan="2">关联</th><th rowspan="2">对象范围</th><th rowspan="2">其他</th></tr>
<tr><th>类型</th><th>程度</th><th>主观</th><th>因果关联</th><th>时间关联</th></tr>
<tr><td rowspan="2">循环定义</td><td>3</td><td colspan="7">被害人诱使或促使犯罪人实施加害于己的犯罪行为，对犯罪人定罪量刑产生影响的被害人故意、过失等错误</td></tr>
<tr><td>1</td><td colspan="7">被害人不当行为达到刑法所能评价的过错程度</td></tr>
<tr><td rowspan="2">相对性争议</td><td>9</td><td colspan="7">双方均负一定责任，可适当减轻被告人的罪责</td></tr>
<tr><td>3</td><td colspan="7">双方均负一定责任，不能单独强调被害人过错而据此对行为人从轻处罚</td></tr>
</table>

2. 主观介入

通过对诉争行为各事实因素与刑种、刑期进行交互分析、方差分析、回归分析等，将故意杀人罪、故意伤害罪和非法拘禁罪中检验出具有显著性[1]的因素进行汇总：其一，具有显著性的多为被害人与行为人关系、被害人心理状态、起因类型等较易感知的事实因素，而直接反映过错行为客观的过错类型、程度、作用等均不显著。其二，不同罪名、刑种、刑期对应的显著因素差异较大。其三，诉争行为从宽幅度与法定刑轻重、范围存在明显的同向变化趋势。其四，除被害人谅解外，量刑情节对宣告刑的影响普遍较小。故意伤害罪适用有期徒刑的样本中，在3个法定刑区间分别以各量刑情节为自变量、刑期为因变量，通过回归方程得到量刑情节对宣告刑的解释程度仅为11%、15.6%、10.2%。其五，故意杀人罪样本中具有显著性的因素大多与被害人死亡结果相关。其六，诉争行为的量刑影响普遍不显著，表明文书中表述的与实际的量刑影响普遍不对应，单一情节的影响未在宣告刑中有效体现。上述现象一定程度上反映出司法中“打包”式的量刑方式，被害人过错的量刑较大程度地受到法官主观感受和刻板印象的影响（见表20－2）。

---

[1] 社会科学中 $p<0.05$ 一般即表明检验结果具有显著性，表示检验因素存在差异性或相关性的概率在95%以上，本书采此标准，表述为有显著影响或关联。

表 20－2　故意杀人罪、故意伤害罪、非法拘禁罪样本中部分因素间关联显著性检验结果汇总

检验对象		故意杀人罪（112 件）	故意伤害罪（822 件）	非法拘禁罪（66 件）
诉争行为量刑影响	诉争行为认定结果	有显著关联	有显著关联	无显著关联
	其他显著因素	被害人与行为人关系	法定刑区间、被害人死亡结果、起因类型、基础矛盾过错方、被害人心理状态	有无辩护人
量刑情节整体影响	诉争行为认定结果	无显著关联	有显著关联	有显著关联
	诉争行为量刑影响	无显著关联	有显著关联	有显著关联
	其他显著因素	自首、坦白、前科、情节恶劣	自首、坦白、认罪悔罪、积极赔偿、累犯、情节恶劣、救治被害人、防卫过当	累犯
主刑种类	诉争行为认定结果	无显著关联	有显著关联	无显著关联
	诉争行为量刑影响	有显著关联	有显著关联	无显著关联
	量刑情节整体影响	有显著关联	有显著关联	无显著关联
	其他显著因素	死亡结果、未完成形态、起因类型、被害人谅解	行为类型、法定刑区间、被害人死亡结果、犯罪停止形态、辩护人情况、被害人与行为人关系、被害人谅解、认罪悔罪、积极赔偿	无

续表

<table>
<tr><th colspan="3">检验对象</th><th>故意杀人罪(112 件)</th><th colspan="3">故意伤害罪(822 件)</th><th>非法拘禁罪(66 件)</th></tr>
<tr><td rowspan="5">有期徒刑刑期</td><td colspan="2" rowspan="2">诉争行为认定结果</td><td rowspan="2">无显著关联</td><td>三年以下有期徒刑</td><td>三到十年有期徒刑</td><td>十年以上有期徒刑</td><td rowspan="2">有显著关联</td></tr>
<tr><td>无显著关联</td><td>有显著关联</td><td>无显著关联</td></tr>
<tr><td colspan="2">诉争行为量刑影响</td><td>无显著关联</td><td>无显著关联</td><td>有显著关联</td><td>有显著关联</td><td>无显著关联</td></tr>
<tr><td colspan="2">量刑情节整体影响</td><td>有显著关联</td><td>无显著关联</td><td>有显著关联</td><td>有显著关联</td><td>有显著关联</td></tr>
<tr><td colspan="2">其他显著因素</td><td>被害人死亡结果、犯罪停止形态；单个情节均无显著关联</td><td>积极赔偿</td><td>被害人谅解、自首、坦白、防卫过当</td><td>被害人谅解</td><td>起因归属、自首、坦白、认罪悔罪</td></tr>
<tr><td rowspan="8">缓刑</td><td rowspan="4">是否适用</td><td>诉争行为认定结果</td><td rowspan="8"></td><td colspan="3">有显著关联</td><td>有显著关联</td></tr>
<tr><td>诉争行为量刑影响</td><td colspan="3">有显著关联</td><td>无显著关联</td></tr>
<tr><td>量刑情节整体影响</td><td colspan="3">有显著关联</td><td>无显著关联</td></tr>
<tr><td>其他显著因素</td><td colspan="3">无</td><td>被害与行为人关系</td></tr>
<tr><td rowspan="4">刑期</td><td>诉争行为认定结果</td><td colspan="3">无显著关联</td><td>无显著关联</td></tr>
<tr><td>诉争行为量刑影响</td><td colspan="3">无显著关联</td><td>无显著关联</td></tr>
<tr><td>量刑情节整体影响</td><td colspan="3">有显著关联</td><td>无显著关联</td></tr>
<tr><td>其他显著因素</td><td colspan="3">被害人谅解、救治被害人</td><td>被害人谅解</td></tr>
</table>

3. 标准模糊

一方面,实质性削弱问题。样本中 11.95% 的诉争行为认定为被害人过错外的其他酌定情节(如图 20－1):其一,认定为被害人过错和其他情节的行为并无实质区分;其二,认定为其他情节的在量刑中共同从轻、不予死刑立即执行、酌情考虑的比例均高于认定被害人过错的样本,其中不予死刑立即执行的在认定为因民事矛盾纠纷激化的样本中分布最多;其三,整体检验中是否认定为被害人过错与刑种、刑期普遍无显著关联。综上,被害人过错与其他情节在认定和从宽幅度上无明显区分,削弱了被害人过错在量刑中的实质作用。

另一方面,重复评价问题。其一,同一行为认定为多个情节。如同一诉争行为既认定为被害人过错又认定为行为人主观恶性小。其二,同一情节正反多次评价,"通常犯罪情形"模糊。如将激情犯罪作为从轻情节,将蓄意犯罪作为从重情节。其三,同一刑罚要素多次评价。量刑情节简单并列可能使某一要素对量刑的影响幅度过大,如自首、坦白、认罪认罚、认罪悔罪均评价行为人的认罪态度。其四,同一行为多次影响量刑,可能表现为既影响量刑基准又作为量刑情节,既影响刑种又影响刑期,既影响刑罚又影响民事赔偿。经检验,未认定被害人过错的样本中,诉争行为过错程度与有期徒刑刑期存在明显反比关系,说明诉争行为对量刑基准存在影响。

诉争行为认定结果 \ 诉争行为量刑影响		无罪	轻罪	单独减轻	单独从轻	共同作为减轻情节	共同作为从轻情节	死刑但不立即执行	适用缓刑	单独免除处罚	共同免除处罚	酌情考虑	不认为是手段残忍	无影响或未说明
认定被害人过错		1	0	5	170	6	113	7	8	1	7	25	1	57
认定为其他酌定情节	被害人不当行为	0	0	0	3	0	1	1	0	0	0	3	0	6
	民事纠纷激化	0	0	1	21	0	35	8	3	0	0	2	0	1
	防卫行为	0	0	7	1	0	0	0	0	0	0	0	0	0
	主观恶性小	0	0	0	1	0	0	0	0	0	0	0	0	1
	双方都有损失	0	0	0	1	0	0	0	0	0	0	0	0	1
	被害人对引发本案有一定责任	0	0	0	9	0	2	1	0	0	0	3	0	4
	事出有因	0	1	0	4	0	1	0	0	0	0	0	0	0
	第三人过错	0	0	0	0	0	0	0	0	0	0	0	0	1
	合计	0	1	8	40	0	39	10	3	0	0	8	0	14
未认定被害人过错及其他酌定情节		0	2	2	1	0	4	0	0	0	0	1	0	399
未明确说明		0	0	0	0	0	0	0	0	0	0	0	0	95

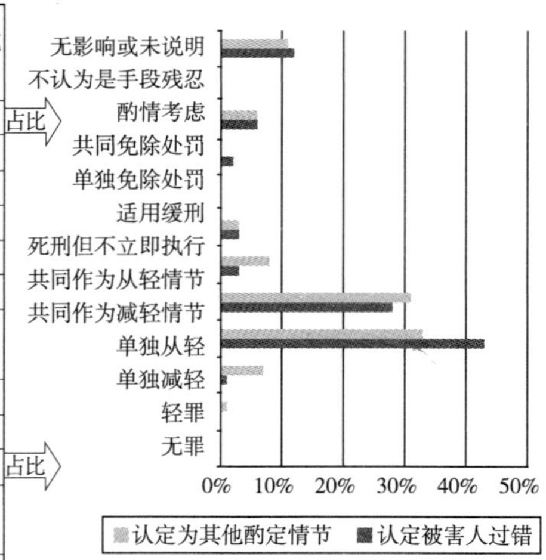

图20－1　样本中诉争行为认定结果与量刑影响分布说明

(二)说理要素问题的成因

反思上述说理要素存在的差异化、主观化及模糊化问题,直接原因是作为酌定量刑情节的被害人过错缺少明确、具体、可适用的规范,同时还基于量刑过程中观念上、基础上、方法上更深层的原因:

1. 罪的理解:从"单向"到"互动"

"判决书是法官代表主权者传递法律秩序与价值的载体",〔1〕因而裁判文书说理要素反映的是法官对犯罪过程中被害人过错行为的评价,其基础是被害人在犯罪中的地位问题。"在传统刑法理论中,犯罪一直被视为个人针对社会或国家实施的侵害行为",〔2〕被害人不过是某一具体法益的载体,是判断某一犯罪行为社会危害性和行为人人身危险性的"媒介",或者说一个"指标"。在立法研讨、法律适用和理论研究中都着眼行为和行为人,将与行为和行为人相关的因素从事实上的犯罪过程中抽象出来,作为定罪量刑的判断因素,而将其他因素剥离。问题在于我们所剥离的是否都是与罪量无关的因素?这涉及对"罪"的理解,即犯罪的本质究竟是什么?

犯罪究竟是罪行还是罪人,这是对犯罪存在方式的理解、阐释、分析的两个出发点,影响我们对犯罪现象分析的单位、控制犯罪的对象和否定评价的标准,并延伸、发展、演变出两种不同的罪责刑基础、重点及原则。犯罪是罪行的观点是古典犯罪学的基本观点,从客观环境与人的相互作用出发解释犯罪,认为评价犯罪的根据是犯罪行为本身及其社会效果,是现阶段受到普遍认可的主流观点。犯罪是罪人的观点是实证主义犯罪学的基本信念,从行为人的角度出发解释犯罪,认为犯罪是人实施的,认为评价犯罪的依据是人身危险性、主观恶性和未然的犯罪倾向,这种研究思路逐渐与规范学相分离,发展成为犯罪学的一部分。〔3〕 这两种观点的共性是将行为或行为人

---

〔1〕 参见刘树德:《无理不成"书"——裁判文书说理23讲》,中国检察出版社2020年版,第19页。

〔2〕 参见初红漫:《被害人过错与罪刑关系研究》,西南政法大学2012年博士学位论文,第25页。

〔3〕 参见白建军:《从犯罪互动看刑罚立场》,载《北大法律评论》2003年第1期。

从加害—被害关系中剥离出来，只是逻辑起点或侧重点不同。但“这真是绝妙的讽刺，那些直接遭受犯罪侵害的人们反而不是解决犯罪方案中的组成部分，实际上，他们甚至没有被纳入我们对这一问题的理解的框架之中。”[1] 在行为人主体化之后，又如何正当化地将被害人客体化？

所以思考这一问题，我们不妨回到起点，回到在对犯罪进行抽象之前。在存在被害人的犯罪中，犯罪的过程实际上是行为人和被害人的互动过程。第一，刑法作为其他部分法的保障法，刑事案件的发生一般源于民事、商事、行政等纠纷的升级，既然本质上都源于纠纷，那么作为纠纷主体之一的被害人因素就不应当被排除。第二，在互动关系中，除行为和行为人外，我们可以看到被害人对行为人的刺激和影响，行为对被害人的伤害和痛苦，甚至对社会的不同意义，这些因素对衡量罪量有重要的意义。第三，“德国犯罪学家汉斯·冯·亨蒂指出，被害人与犯罪人之间是互补的合作者，被害人在很多场合影响并塑造了犯罪人”。[2] 挫折攻击理论假定了侵犯行为的发生中有挫折的存在，侵犯行为是否发生取决于挫折的强弱、范围、频率以及可能受到惩罚的程度。[3] 这些观点的落脚点都在于犯罪是在互动中发生的，甚至可能是在互动中产生的。以此为基础，被害人逐渐从刑事古典学派刑罚观中“犯罪的附属者”，发展为刑事近代学派刑罚观中“被动的承受者”，直到新社会防卫理论中“主动的参与者”。[4] 第四，犯罪作为社会事件的一种，犯罪人、被害人及双方的作用、环境（居民和社会特点、文化观念、对被害危险的认知以及其他间接影响犯罪事件的因素）组合构成了犯罪事件。所以在犯罪的研究中需要分析具体人际关系，特定的心理和行为，与环境的相互

[1] 参见劳东燕：《事实与规范之间——从被害人视角对刑事实体法体系的反思》，载《中外法学》2006 年第 3 期。

[2] 参见姜良浩：《被害人过错责任制度之构建》，载《江西警察学院学报》2014 年第 5 期。

[3] 参见吴纪奎：《刑讯逼供的社会心理学阐释——以挫折攻击行为理论为分析工具》，载《刑事法评论》2009 年第 2 期。

[4] 参见许辉：《量刑中的被害人因素研究》，中国财经政法大学 2018 年博士学位论文，第 18 ~ 22 页。

作用,双方的相互作用、过程及结果等。

基于此,“罪”所关注的不仅仅是行为,也不仅仅是行为人,而是互动关系。对犯罪的分析、调整和评价单位应当是“加害—被害关系”,从而使国家摆脱“被害人总代理”的角色,获得相对中立的刑罚立场。正是因为关注到了被害人在犯罪过程中的作用,被害人因素由排除在定罪量刑之外,逐渐发展成为通过影响行为人人身危险性进而影响量刑的酌定量刑情节。[1] 但笔者认为,现有司法中适用的被害人因素的相关规定,仍是基于犯罪是罪行兼之考虑罪人的立场。基于犯罪是互动的观点,被害人过错不仅影响行为人人身危险性的判断,也可能影响行为的社会危害性,因为在互动中,被害人因素对行为人的影响是全过程、多方面、密不可分的。

2. 刑的把握:重规范而轻均衡

在量刑中,首先要做到的是合法,在罪名对应的量刑区间确定量刑基准,再根据量刑情节进行调节,法定量刑情节的影响根据法律的规定,酌定量刑情节的影响根据情节程度和法官的裁判尺度。同时,量刑要做到合理,在法定刑范围内依据行为人罪行合理确定量刑基准,再根据法定、酌定量刑情节在此基础上合理调整量刑,进而确定宣告刑。但是基于法官个体的差异、文化观念的差异及地区发展的差异,即便是合法、合理的量刑亦存在整体量刑不均衡的问题,在此基础上,刑罚裁量不仅要合理、合法,还要合群。所谓合群就是要求法官个体与法官职业共同体中他人的职业行为保持一致,即“同案同判”。这是实质正义所内含的要求,也是民众对司法的合理期待。[2]

量刑,或者说罪量和刑量的对应在法律规定的范围内,不可避免存在一定的主观性,这部分差异可以由法官的自由裁量权覆盖,但超过合理范围的

---

〔1〕 参见彭新林:《被害人过错与死刑的限制适用》,载《法学杂志》2017 年第 11 期。

〔2〕 参见刘树德、胡继先:《关于类案检索制度相关问题的若干思考》,载《法律适用》2020 年第 18 期。

极易出现同案异判的问题。为此,应尝试从司法判决的共性规律上寻找办法,将研究视角从个案对比扩展到大样本中的规律,在二选一的主观性问题中难以分辨对错,但基于制定法与自由裁量本质均是从应然(社会中具支配力的法伦理、通行的正义观等)到实然(规范的构成要件、个案的裁判结果)的类推,[1]多数人的主观选择中存在一定的规律性和合理性。此处的"合理性"不是客观意义上的,而是主观意义上的;同时刑法作为公共规范,其合理性的论证本身就依据于公共理性,即多数人的主观选择。因此,大量司法判决中所体现的量刑活动的规律可以作为量刑的参照或评判量刑合理性的标准,这是基于法律权威性来源的合理论断。而所谓量刑活动的规律,是指在大量日常量刑实践中反复出现、普遍存在的、不能创造也不能消灭的、可检验的一些客观联系。

在对包括被害人过错等量刑问题的研究中,为保证司法适用的统一性,应当立足于对大量司法判决的研究,总结司法量刑活动中的规律。在分析规律合理性的基础上进一步根据现实需要、政策导向等进行改良,将改良结果通过规范或指导案例等方式固定下来,作为今后量刑的参照,基于此司法中类似案件的量刑将不断向改良后的结果靠拢。同时,该过程是可以不断重复的,随着司法样本的增多结果的准确性将得到进一步的提高。根据现实需要重复上述总结、改良、应用的过程,从而不断提高量刑均衡,彰显刑法公正价值,实现刑罚个别化。

3. 情节评价:量刑影响路径的欠缺

现有量刑情节的规范和研究,均注重对量刑情节实际量刑影响幅度的讨论,往往忽视对其影响量刑的理论基础的讨论。对理论基础讨论的缺失,导致量刑情节与刑罚评价要素间关联的欠缺,难以构建客观的评价标准;各量刑情节间的涵盖幅度、影响程度的关系模糊;量刑规范是量刑合理性判断

---

〔1〕 参见[德]考夫曼:《法律哲学》,刘幸义等译,法律出版社2003年版,第216页。

的唯一依据,从中难以倒推出量刑情节影响量刑的理论基础,量刑幅度合理性判断标准缺失,量刑合理性缺少有效监督,只要在法律规定的幅度内、未遗漏法定量刑情节,一般而言,量刑即是形式上正确的,进而导致实践中重定罪轻量刑的观念和庭审中控辩双方量刑辩论虚置。

这一问题在被害人过错的司法适用中表现更明显:一方面,大多数被害人过错行为属于犯罪原因。犯罪原因影响量刑本身具有一定的模糊性,“犯罪原因,大多并无实证研究为其基础,几乎任何人均可以靠着玄想功能,信手拈来就可以列出一大堆犯罪原因,举凡在我们日常生活中,包括个人方面和社会方面,只要是在我们通常的价值判断中,可以当作负面的价值判断者,包括所有偏差现象、行为和事实,均可作为犯罪原因,例如,私生子、低智商、精神病、心理变态、出身贫寒或者破碎家庭、居住于贫困区中、父母离婚等”。〔1〕另一方面,基于被害人在刑事诉讼中地位的缺失,被害人相关因素在量刑中极易受到忽视;同时在刑事案件中认定被害人具有过错似乎是在向已经受到损害的被害人进行归责,因而我国司法实践对被害人过错的认定持保守态度,只认定程度极为严重的过错行为,〔2〕即便法官认为诉争被害人过错情节可以影响量刑,也往往趋向不认定为被害人过错情节,而通过其他酌定量刑情节来影响量刑,这一点在上述检验结果中已经得到检验。因而在量刑情节的研究中,需要把各量刑情节影响量刑理论基础的讨论摆在首位,只有在明确了各量刑情节影响量刑的路径,即量刑情节与刑罚评价要素关系的基础上,才能合理评估某一案件的事实行为是否可以认定为某一量刑情节及其对量刑的影响程度,才能梳理、对比各量刑情节之间涵盖范围、影响幅度的关系,才能为法官量刑幅度的确定、控辩双方量刑辩论的观点提供基础。

---

〔1〕 参见林山田、林东茂:《犯罪学》,中国人民公安大学出版社1990年版,第99页。

〔2〕 参见张金玉:《暴力犯罪案件中被害人过错的认定》,载《中国刑事法杂志》2014年第4期。

4. 要素关联:体系化构建欠缺

现有规范中量刑基准、量刑情节之间的关系是扁平的,没有充分说明量刑基准和量刑情节之间的关系,及各量刑情节之间的关系,没有构建出合理的量刑评价体系。一方面,量刑基准的认定要素与量刑情节之间的划分不明确,对于部分因素是在量刑基准中考量还是在量刑情节中考量存在争议;[1] 另一方面,各量刑情节间的关联上,现有法定量刑情节和酌定量刑情节的种类较多,但是量刑规范对于各量刑情节之间的规定是并列的,没有对量刑情节之间的关系进行进一步的讨论。

这样的方式造成:其一,量刑情节对量刑影响程度不均衡,法官在量刑时仅通过法律规定的"从轻""减轻"或某两个百分数划定的影响范围来进行衡量,但是"从轻""减轻"及现有的量刑幅度都较为宽泛,法官在缺少参考的情况下只能凭借个人对规范理解和主观感觉作出裁判,量刑的随意性在所难免。其二,可能造成重复评价问题,在对样本中各量刑情节的检验中,被害人是否谅解与行为人是否积极赔偿,自首与坦白、认罪悔罪之间均存在显著关联。从上述量刑情节的关系来看,实际上获得被害人谅解的被告人往往是在积极赔偿被害人损失的基础上,而自首的被告人往往在案件办理阶段认罪认罚,自首与认罪认罚,这些情节实际上都是对被告人认罪态度的评价,仅依据量刑规范对符合条件的量刑情节一并认定是否存在重复评价问题都需要进一步的研究。其三,量刑情节实际上是一种"人造概念",对于"人造概念"中认定范围和量刑影响的讨论应当建立在二者的对应关系之上。即对量刑情节的认定范围和量刑影响的讨论不是独立的,概念所划定的认定范围决定了其量刑影响,其量刑影响亦决定了认定范围。对于被害人过错情节,其与相关的正当防卫、防卫过当、被害人对引发矛盾存在一定责任、被害人不当行为等关系如何、孰轻孰重,直接影响了被害人过错行为

---

〔1〕 参见周光权:《量刑的实践及其未来走向》,载《中外法学》2020 年第 5 期。

的认定范围及从宽幅度,在量刑情节体系未构建的情况下,单独讨论某一情节的范围和幅度,将造成整体上量刑情节间不均衡、不协调的问题。

5. 量刑方法:“打包”式量刑问题

我国现阶段司法中的量刑过程是“打包”式的、“估堆”式的,是一个概括的、笼统的、主观的过程。在文书中,法官一般不逐一说明每个量刑情节对最终刑量的影响,而是只列举量刑中考量的情节,至多表述量刑情节对刑量的影响程度是从轻、减轻,还是从重、加重。这说明了大多数法官在量刑中的思维路径,确定基本犯罪事实和相关量刑情节后,根据对罪行程度和所有量刑情节的综合印象,依据法官的办案经验和主观感受,在法定刑范围内选择最终的刑量。这一过程虽然给法官的自由裁量权留下了充足的施展空间,虽然可以保证量刑结果的大体公正,但无法保证整体上的量刑均衡,且司法的不确定性最容易出现在这个“打包汇总”的过程中。〔1〕“打包”量刑的现象存在很多原因:一是我国一直存在重定罪轻量刑的传统,无论是刑事司法、理论研究,还是法律、司法解释等规范的制定,都侧重对行为的认定、对此罪与彼罪之间的辨析,往往忽视定罪后的量刑过程。这一倾向影响规范制定和司法责任导向,致使量刑过程在立法方面缺少规范,在司法方面缺少重视。二是量刑的过程是根据个案的罪量对应刑量的过程,一方面,案件中的行为方式、涉及因素不胜枚举、难以衡量并与有限的刑量相对应;另一方面,如上文所述,对“罪”的理解、量刑是侧重惩罚还是预防都存在不同观点,每个法官对同一案件所评估的罪量可能不同,对各个量刑情节影响的衡量也可能不同。因而量刑过程本身存在较大的主观性、模糊性、概括性,行为的千姿百态难以用规范将其与刑罚影响一一对应。三是我国现有量刑规范都较为概括,没有形成系统的、规范的量刑参考体系,法官在司法中难以根据现有规范对每个量刑情节给出“精准”的刑量。

---

〔1〕 参见白建军:《法秩序代偿现象及其治理——从妨害公务罪切入》,载《中外法学》2020年第2期。

这种概括式量刑的问题在酌定量刑情节的适用中尤为明显，被害人过错作为酌定量刑情节，没有明确的、具体的规范予以参照，同时在上述犯罪本质观念的发展过程中，对被害人相关因素影响量刑的理解存在较大的分歧与争议，[1]使被害人过错的认定与量刑在司法中难以达成统一的共识，进而影响量刑均衡和量刑公正。对此笔者认为，量刑是刑事法律适用的最后过程，量刑的结果是评价刑事司法、衡量公平正义的重要"指标"，应改良现有"打包"式量刑，通过明确说理要素、细化量刑规范、多样化指导方式等"精细"化量刑说理。

基于对上述问题的反思，量刑基础和量刑方法是应用层面的问题，其基础是量刑观念问题，因而对被害人过错的讨论建立在其影响量刑的理论基础之上。

二、被害人过错影响量刑理论基础的反思

被害人过错影响量刑的理论基础存在多种观点，[2]结合样本统计数据，笔者认为，诉争被害人过错行为可以划分为影响行为主观的被害人过错（主观型）和参与行为客观的被害人过错（客观型）。主观型被害人过错，是指被害人过错行为对行为人的主观产生影响，进而引发行为人实施不法行为，如因被害人过错引发争执、行为人殴打被害人，被害人实施人身伤害行为或其他不当行为致使行为人反击等；客观型被害人过错，是指被害人过错行为与行为人行为相结合共同导致损害结果的发生，或者进一步扩大了损害结果。

客观型被害人过错影响量刑的理论基础在于被害人行为与行为人行为同向叠加、互相促进、产生合力共同组成犯罪行为或扩大了损害结果。例

---

〔1〕 参见车浩：《被害人教义学在德国：源流、发展与局限》，载《政治与法律》2017年第10期。

〔2〕 包括"责任分担说"、"谴责性降低说"、"期待可能性降低说"、"主客观合并说"、有条件的权利理论、自我创设危险理论、被害人自我答责理论、"被害人义务违反说"、"成本与效率说"、值得保护理论、社会标准理论等。

如,被害人违反交通规则在先如闯红灯,因而与另一个违反交通规则的行为人,如酒驾或超速的车辆相撞。对于此种情况,应按照过错比例来分担后果,最高人民法院《关于审理交通肇事刑事案件具体应用法律若干问题的解释》中确立了按事故过错比例认定“重大事故”的标准,这也是责任分担原则的体现,符合公平正义的一般要求。正因为这二者的过错叠加才导致最后危害结果的出现,双方行为的结合在客观表现上类似共犯,但行为人与被害人一般无意思联络,仅对自身行为承担责任(分担给被害人的“责任”不是刑事责任,而是因果责任)。

主观型被害人过错影响量刑的理论基础争议较大,笔者认为,对此问题的讨论需要反思自由意志的含义和产生。“自由意志”是刑法学中老生常谈的概念,意志自由集中反映了人类心理与认知结构的复杂,也正是这种复杂使人与万物有别。[1] 现有规范通过排除部分因年龄、精神疾病或他人胁迫等意志自由丧失或受限的情形来判断意志是否自由,不完整且不直接,对意志自由的讨论还需回到何为“我”,即主体性哲学之中。

(一)个体理性和公共理性视野中的意志自由

主体性哲学经历了主体性认识论的兴起、主体性实践论的发展、主体性本体论的思考数个阶段的发展,[2] 在发展的过程中形成了主体性理论和主体际理论两种观点:主体性理论支持纯粹理性之意志自由,源于形而上学的论证,将“我”定义为“一个在怀疑,在领会,在肯定,在否定,在愿意,在不愿意,也在想象,在感觉的东西”,[3] 使“主体”脱离了“自在之物”而成为另一

---

〔1〕 参见[古罗马]奥古斯丁:《独语录》,成官民译,上海社会科学院出版社1997年版,第100页。
〔2〕 参见刘军:《刑法学中的被害人研究》,山东大学2010年博士学位论文,第37~45页。
〔3〕 [法]笛卡尔:《第一哲学沉思集:反驳和答辩》,庞景仁译,商务印书馆1986年版,第25~26页。

实体。[1] 将人的主体性,即自由意志置于至高无上的地位,行为人负担责任是因为个体只受个体理性的支配,个体的意志是完全自由的,因此个体基于自由意志选择实施违法行为应当受到刑罚处罚。无论受到何种威胁或挑衅、辱骂或欺凌,行为人是否实施反击行为都是自由的,强调个体理性,是刑罚可归责性的基础。正如康德所说:"有意选择行为的自由,在于它不受感官冲动或刺激的决定。"[2] 在此基础上逐渐发展出主体际理论,认为人与世界的关系并不是并存的,而是"在之中",人的本质在于"是其所是",人是与"他人"共在的。[3] 对主体的思考逐渐脱离于自我的范围,将空间扩展到人与他人的关系上,自我在某种意义上仍然依赖自然世界,受因果律的支配,强调公共理性,是刑罚正当性的来源。[4] 责任不再是一种自我责任,而是一种对他的社会责任,同时认可犯罪主体行为所受到的来自他者主体的影响。

对于自由意志,一方面,主体性理论是从外在的自我意志形成的角度来说明,通过对理性进行纯化,去除感性部分,强调的是人对自身行为的控制是完全自由的,强调纯粹理性之意志自由,对于完全刑事能力人在自愿的前提下,无论在何种情况下行为人是否实施某一反击行为都是自由的、是自身可以控制的,每一个行为的实施都是理性作用的结果,均源于行为人的选择,从这个角度来看意志是完全自由的。主体际理论则是从意志形成过程去关注其起因和规律性,人的意志源于自我的思维结构和当下的感受刺激,

---

〔1〕 哲学中实体的概念源于亚里士多德,他将实体和其他范畴,即属性相区别,实体只为其他范畴所述说而不述说其他范畴。申言之,实体就是其自身,凡是用来说明实体的只能是范畴或者属性,而实体并不能用于说明其他范畴或属性。参见[古希腊]亚里士多德:《正位篇》。转引自萧诗美:《从"它是"到"我是":西方哲学主体性转向的内在逻辑》,载《江海学刊》2002年第4期。

〔2〕 参见[德]康德:《法的形而上学原理——权利的科学》,沈叔平译,商务印书馆1991年版,第29页。

〔3〕 参见[德]海德格尔:《存在与时间(读本)》,陈嘉映编译,生活·读书·新知三联书店1999年版,第67页。

〔4〕 这种规律虽未经过世界上所有人的检验,但基于长期积累的普遍共识和感知是普遍存在的,且不受行为人自身意志所控制,故使用"客观规律"这一表达。

当下的感受刺激影响行为人形成不同的感受,如他人的辱骂激发出行为人报复的欲望,这是普遍存在于人的意志中的一般规律或者说客观规律,当这种感受刺激输入行为人的思维结构中,或是足够理智认为报复行为今后造成的负面效应带来的痛苦大于当下报复的快乐,或是对刑罚的恐惧已经无法抵挡想要报复的欲望,即不同人对于不同价值存在不同的排序,进而输出报复或忍耐的意志,基于该意志实施后续的行为。首先,其中的感受刺激与意志输出之间具有一定的规律,即挑衅、辱骂等伤害行为会使对方产生报复的意志,而给予帮助、好处等会带来对方感恩的意志等;其次,个人的自我思维结构的形成很大程度上也受到外界的影响,且其中也具有一定的规律,如原生家庭对孩子性格的影响等。所以从这个角度来看行为人意志的形成与存在,在很大程度上受客观环境、客观规律的影响,可以说不仅意志自由本身是相对的,意志自由的载体的形成也不是完全自由的。

另一方面,自由意志是刑法理论的责任基础,是罪责自负的应有之义。刑法中自由意志的概念起源于报应主义的刑罚观,即人有自我选择、自我决定、自我完善的能力,基于恶有恶报的朴素正义观念,可以选择不违法的犯罪人因其自由意志选择了违法,所以可以通过刑罚对其进行惩罚,刑罚是对其犯罪行为和违法自由意志的报应。而在功利主义的视角看来,刑罚通过带给犯罪人痛苦的预期来压制其实施犯罪的欲望,使其选择遵守法律。[1]刑法具有主体性与主体际性的双重属性,对于刑法中的自由意志亦需要从个体和社会,即个体理性和公共理性两个角度来理解。从宏观来看,刑法是一种公共理性,符合公共理性是其合法性、权威性、正当性的来源和基础;从微观来看,刑法是一种个体理性,基于个体理性选择的违法行为是刑罚可归责性的基础。在对行为人"自我"的内在理性,即个体理性进行思考的基础上,必须承认"他者"是一个与"自我"并存共在的主体,即需要对公共理性进

---

〔1〕 参见张明楷:《刑法学》,法律出版社2016年版,第504~506页。

行思考。公共理性不是个体理性的集合，也不是个体理性的放大，无法从个体理性中推导出公共理性。而反观古典刑罚理论，无论是功利主义还是报应主义都从其个体主义的立场出发，都存在从个体理性直接推演出公共理性的问题。[1] 因而对于自由意志，主体性理论和主体际理论并不存在本质矛盾，区别在于如何理解“归责中的责任”。

（二）定罪责任和量刑责任的划分

笔者认为对“责任”需进一步进行划分，一是成立犯罪所必须具备的责任（定罪责任），二是所有责任要素所表明的责任（量刑责任）。将其应用于定罪过程和量刑过程的评价中不仅能够化解两种观点的矛盾之处，也能进一步划分定罪和量刑。定罪过程中评价的责任讨论的是行为人对自身行为的控制，即整体的行为自由，也是主体性理论中的自由意志；量刑过程中评价的责任讨论的是排除长期思维结构和短期刺激等客观规律作用下的选择自由，这是主体际理论中的自由意志。因为在具有完全刑事责任能力且自愿的情况下，行为人对自身行为具有完全的控制能力，其行为构成犯罪的，行为人应当构成犯罪并承担责任，这也是我们通常意义上所使用的自由意志的含义。但同时我们不能忽视意志自由的相对性，正如恩格斯所言：“意志自由只是借助于对事物的认识来作出决定的那种能力。”[2] 人的主体性不在于其是否具有绝对的意志上的自由，而在于其具有反思、批判进而行动的能力。意志的形成和发展不可避免地受到客观规律的影响，包括短期刺激和长期形成的思维结构的影响，这些客观因素经由客观规律对意志自由造成的影响非行为人自身所控制，这些因素的影响在量刑中应当予以考虑（见图20－2）。

---

〔1〕 参见刘军：《刑法学中的被害人过错研究》，山东大学2010年博士学位论文，第56页。

〔2〕 中共中央马克思恩格斯列宁斯大林著作编译局：《马克思恩格斯选集》（第3卷），人民出版社2012年版，第153～154页。

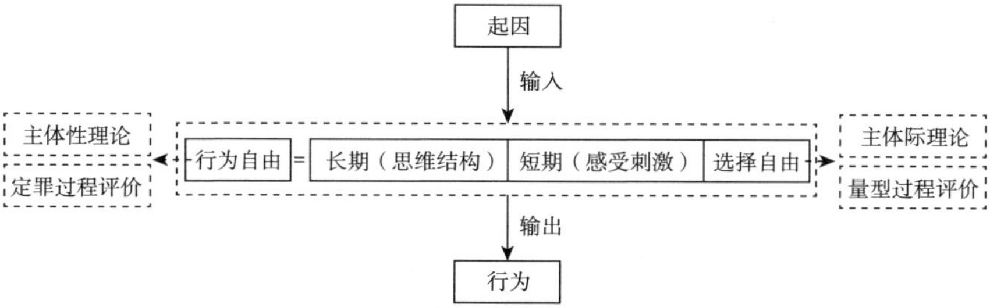

图 20－2　定罪过程对应的行为自由与量刑过程对应的选择自由区分说明

需要说明的是:其一,上图中行为自由对应的是个体理性的视角,是对个体外在行为表现、是否受到外界干扰、胁迫、是否受到客观上年龄或精神状态的影响等因素的评价。而选择自由对应的是公共理性的视角,即在对被告人进行量刑时考虑在自然人中普遍存在的情绪及理智缺陷、客观存在的被害人行为与行为人意志之间的因果关系,区分因客观规律对自由意志的影响和行为人具有绝对自由的意志范围。公共理性不仅独立于个体理性而存在,同时亦对个体理性的判断产生影响;个体理性和公共理性共同组成了论证规范正当性的视角,因而在规范因缺失或模糊而有限时,法律解释与适用的过程中要从个体理性和公共理性两个角度来论证其正当性和合理性。刑法规范的公共理性之中包含对社会规范之共同价值,即社会相当性的论证,是对个体所服从的社会规范之正当性、相当性和必要性的论证。从公共理性的视角来看,因被害人过错而从宽行为人的刑罚是基于过错行为对行为人反击行为意志的引起具有社会相当性。是否具有社会相当性的判断是从一般人的角度出发,判断某种行为是否超过了一般人的行为限度。在被害人过错的判断中,亦应依据长期社会伦理秩序沉淀所形成的一般人的道德观和价值观来对被害人的行为给予评价以确定被害人有无过错。[1]因而,诉争行为是否认定为被害人过错情节进而影响行为人的责任可以通

〔1〕 参见潘庸鲁:《被害人过错认定问题研究》,载《法学论坛》2011 年第 5 期。

过社会相当性进行判断。具体来说,主要看是否在大多数情况下或者对于一般人来说,被害人的行为足以引起对方的反击意图,是否足以让有理智者与被告人实施的相同的行为。其中作为基础的,必须承认被害人过错行为对行为人反击意志的引起符合自然人情绪、意志的变化规律,而这种规律虽未经过世界上所有人的检验,但基于长期积累的普遍共识和感知是普遍存在的,且不受行为人自身意志所控制,故笔者使用"客观规律"这一表达。

其二,定罪过程关注的是不法行为,对行为人主观评价的是其是否具有实施不法行为的行为自由,即无论影响因素对意志的作用如何,行为人都有控制是否实施行为的自由。而这种经过行为人整体意志,包括思维结构、感受刺激及自由权衡后,所输出的结果是行为人对其行为的意志体现,其权衡后得出实施行为的意志输出结果即是其行为可归责于行为人的原因所在。而量刑过程中所评价的行为人在人身危险性上的主观问题,更多关注行为人行为自由中除思维结构和感受刺激之外的,行为人有"绝对"控制权的自由,因为其他客观规律作用的结果是行为人自身不能控制的,这种绝对自由中行为人主观恶性的大小是评估其再犯可能性、对其进行处罚的原因所在,在量刑的过程中需要进行评估。对量刑中自由的评估,需要排除长期思维结构和短期感受刺激的影响,即对于在客观规律作用下影响行为人意志的因素应当排除,短期的如被害人明显的挑衅刺激、伤害亲人等行为,长期的如行为人遭受长时间的家暴等。修正的道义责任论认为,只有应归属于行为人之责的人格的形成可以成为且必须成为责任的根据。[1] 需要注意的是,对于长期影响因素,如果在排除其主要因素后所形成的思维结构展现出明显的反社会性,严重影响其自由选择判断的,则纳入量刑评价中。

其三,长期思维结构、短期感受刺激和选择自由并不是相互独立的,在短期感受刺激作用于个体时,其对个体的影响通过两个方面起作用,一方

---

〔1〕 参见[日]西田典之:《日本刑法总论》,刘明祥、王昭武译,中国人民大学出版社2007年版,第159页。

面,短期感受刺激的客观规律,如辱骂、挑衅等对个体带来的反击冲动,这种冲动的存在是基于人的意识中的共性;另一方面,冲动的大小、作用力的大小也受到个体主观上的长期思维结构的影响,即个体通过其个人经历、对行为后果反馈的学习等过程所形成的个体化的思维结构,一般外在表现为个性,内在表现为对不同利益的排序、对不同事件重要性、影响力的认识和反应等。换言之,长期思维结构是个体处理短期感受刺激,并对其赋予权重的过程。短期感受刺激通过客观规律和个体主观长期的思维结构影响行为人的意志,其中,客观规律是所有个体共性的、普遍存在的,更偏重影响输出冲动的“质”,而长期思维结构是个性化的、不同个体存在显著分化的,更偏重影响输出冲动的“量”(当然,特殊的长期思维结构也会影响输出冲动的质,如存在受虐倾向或因特殊经历而形成的对某一行为的特殊认知和反应等),在二者共同的影响下输出个体对该短期感受刺激的意志冲动情况。该冲动进而与违法成本进入个体的比较“天平”,最终的选择结果即为该个体的选择自由,可以说,选择自由是在自然的行为冲动与其对违法成本认知共同作用下的选择,最终如何选择是个体自由的体现,也是不法行为及其后果可归责于个体的原因。

根据这一个体意志模型,能很好地解释很多问题,比如,为什么在挑衅或攻击后,短时反击较之间隔一段时间的长期反击更值得宽宥,[1] 再如,为什么累犯作为法定量刑情节要加重对行为人的处罚等。

基于上述观点,影响行为人主观的被害人过错属于短期的感受刺激,如辱骂、殴打等行为所引起的反击符合意志的客观规律,进而引起行为人反击冲动,从而影响其选择自由。此时行为人自我意识控制并未减弱,但因冲动的影响其违反规范的主动性相应减弱,这属于量刑责任的评价要素,应当在量刑中予以考量。同时,因为被害人行为的不当性,量刑评价中应当减轻行

---

〔1〕 参见陈旭文:《西方国家被害人过错的刑法意义》,载《江南大学学报(人文社会科学版)》2014年第1期。

为人的责任。这种设计在很大程度上是建立在法律对普通人人性弱点的体谅之上,“因为刑法视野中的‘人’是普通人,而非在任何情况下都能坚守规范的圣人”。[1]

三、被害人过错说理要素拟定

明确了被害人过错影响量刑的理论基础后,下一个问题是如何在实践中把握标准,进一步明确认定的说理要素。结合样本中说理要素统计结果、被害人过错影响量刑的理论基础、被害人过错与其他相关情节关系,结合样本案例认定情况,笔者认为,可以从以下方面来拟定被害人过错的说理要素。

(一)客观型

客观型被害人过错在样本中发生的比例较小,存在的争议也较少。根据上文检验结果及被害人行为与行为人行为相结合的方式,当被害人行为对犯罪行为(客观性质和程度)和结果存在实质影响时,一般可以认定为被害人过错,因而说理要素为是否存在“实质影响”。实质影响一般通过排除被害人行为后,行为人实施的不法行为是否会造成损害结果来判断。主要分为两种情形:一是影响客观行为;二是影响损害结果。

影响客观行为的被害人过错,主要是指被害人行为和行为人行为共同构成犯罪行为的情况。与主观型被害人过错行为不同的是,主观型被害人过错行为作用的对象是行为人,即通过威胁或损害行为人利益的行为,引发行为人实施针对被害人利益的犯罪行为;而客观型被害人过错指向的是被害人自身的法益,与行为人行为侵害法益的对象和方向相同。

影响损害结果的被害人过错,主要是指在行为人行为造成被害人损害后,被害人实施的致使损害结果扩大的行为。在认定中应具体分析被害人致使损害结果扩大的行为是否超过一般限度,分为两种情况:第一,如果被

---

〔1〕 参见张金玉:《暴力犯罪案件中被害人过错的认定》,载《中国刑事法杂志》2014年第4期。

害人后续实施了其他造成结果扩大的积极行为,如自行使用偏方致使伤情扩大或不顾身体情况参与危险活动致使伤情进一步严重的,其行为足以切断行为人先前伤害行为与扩大的损害结果间的因果关系,扩大部分的损害结果不应由行为人承担。第二,如果诉争的被害人过错行为为被害人受伤后不及时就医或未就医等消极行为的,笔者认为,就医行为不完全受被害人主观所控,还受其经济情况、居住地医疗水平等多方面客观条件的限制。[1]所以,如果认为生病就应治疗未免使被害人承担了太多的期待责任,故因被害人未就医而扩大的损害结果仍应由行为人承担。

(二)主观型

基于意志自由的"相对性",受到客观规律的限制,被害人过错行为的"不当性"引起行为人行为意志符合客观规律,因而行为人因被害人过错而实施的反击行为相较于一般的同类型的犯罪行为,其选择违法的主动性更小,主观恶性整体更小,具有一定的可谅解性。同时,因为被害人行为的不当性,行为人的反击行为因而具有了一定在刑罚中可以考虑的"正当性"。这是主观型被害人过错作为量刑情节的本质原因。结合样本文书说理检验结果,分别从行为不当性、行为关联性和行为相对性三个方面细化说理要素。

1. 行为不当性

经检验,被害人过错类型与被害人过错的认定存在显著关联,不同的过错类型与互动过程和行为程度密切相关。从检验出的对被害人过错认定具有显著影响的因素来看,普遍集中在被害人过错类型及程度、对行为人的影响和被害人和行为人之间的关系,均旨在还原被害人和行为人之间的互动过程。除被害人和行为人关系外,前两个因素与理论基础讨论中的被害人行为不当性、行为人行为意图被引起中的客观规律这两点相互对应。

[1] 参见江珞伊、徐宇翔:《以危险方法危害公共安全罪认定的规范与完善——基于对1124份相关判决的考察》,载《山东法官培训学院学报》2019年第1期。

(1)过错类型

从过错类型来看,除去样本中数量较少的行为,按照认定为被害人过错行为比例从高到低的顺序依次为非法入户,动作挑衅,人身伤害行为,道德或观念上不正确的行为,言语不当,争吵打斗,侵夺财产或欠钱不还,违约行为,争吵、争夺凶器行为。无被害人过错情节认定的行为包括不谨慎行为、防卫或保护行为。过错行为类型可以反映出一定的过错程度,从行为类型认定比例的排序中可以看出:形式上,所有的诉争行为均是不当的,包括违反法律及道德规范的行为,违反法律的如人身伤害、非法入户等,违反道德的如出轨、对异性动手动脚等;也包括侵犯他人法益或存在侵害他人法益风险的行为,如侵夺财产、动作挑衅等,及其他可能引发行为人反击冲动的不当行为,如争吵打斗、无故招惹等。实质上,对于被害人过错情节的认定,不是以行为的违法程度或可归责程度等来评判,而是依据被害人行为对行为人主观的影响,是否达到对于一般人来说可以引起反击冲动的程度。如违反道德的行为,认定为被害人过错的比例相对较高,但从行为的不法程度来看尚未达到违法或严重侵害法益的程度,其中,很多行为如婚外情、对异性动手动脚、骚扰他人女友等行为当下对行为人的刺激程度可能较大。有观点认为,伦理道德方面的被害人过错不能作为刑法上的被害人过错,因为道德是在法律之外、可以自由抉择的领域,即使被害人实施了违反道德的行为,亦不能影响刑事责任。同时,将过错解读为对非法律规范的违反会导致判断上的不确定性。[1] 从上文对被害人过错影响量刑理论基础的讨论和实践中认定的情况来看,违反道德规范的行为本身虽不为法律所规制,但并不代表违反道德的被害人行为不具有刑法意义。如丈夫发现妻子存在出轨行为,在中国的传统伦理观念中,妻子出轨行为对丈夫产生的刺激甚至超越一般的犯罪行为,在此情况下,丈夫由于遭受强烈精神刺激伤害甚至杀害妻子

---

〔1〕 参见陈恺:《被害人过错的类型化研究》,载《上海公安学院学报》2019 年第 4 期。

及其情人的行为,应当认定具有被害人过错情节并进而减轻其责任。[1] 同时,习惯和宗教通常受到特定领域个体的普遍认可,违背特定领域风俗习惯或者宗教规范的行为也可能对特定个体产生较大程度的刺激,可以认定为被害人过错。当然,如果习惯或宗教中部分内容严重不符合现代社会普适理念的,即使被害人违反这些内容也不应作为被害人过错考虑。

同时,对于诉争行为为被害人不谨慎行为的,因单纯的不谨慎行为一般未达到引起对方反击的程度,在样本中亦均为诱发行为人犯罪意图,这种诱发和引起行为人反击具有本质区别。反击是在一定客观规律所支配的主观意志下所实施的行为,而诱发是行为人基于犯罪实施的便捷性或成功率的考量而选择实施的行为,故不谨慎行为一般不属于被害人过错。同理,言语挑衅行为,如被告人说“来打我啊”的情形,[2] 虽是一种刺激,但并未损害行为人利益,也不存在损害行为人利益的风险,因而并不属于合规律地引起行为人反击意志的情形。

综上,认定为被害人过错的行为应当是不当的,类型上具体包括:①违反法律或道德规范的行为;②侵犯他人法益或存在侵害他人法益的风险的行为(不包括非法法益);③其他可能引发行为人反击冲动的不当行为。认定为被害人过错的在说理中应当说明行为属于哪一类型及判断的原因。

(2)过错程度

划定过错行为类型后,下一个问题是如何理解及判断上文所述的“客观规律”。笔者认为,可以参考《模范刑法典》确立的“处于行为人情形中的理智人在当时的情形下是否也相信行为人会那样做”的“行为人”标准,[3] 其核心是社会相当性理论。德国学者韦尔兹尔(Welzel)认为,社会相当性是

[1] 参见贵州省黔西县人民法院刑事判决书,(2016)黔0522刑初184号;浙江省杭州市中级人民法院刑事判决书,(2015)浙杭刑初字第201号。

[2] 参见广西壮族自治区上林县人民法院刑事判决书中事实认定部分,(2018)桂0125刑初91号。

[3] See James J. Sing, *Culture as Sameness: Toward a Synthetic View of Provocation and Culture in the Criminal Law*, Yale Law Journal, Vol. 108, p. 1849(1999).

指社会生活中历史所形成的社会伦理秩序范围内，存在这种秩序所允许的行为。[1] 社会相当性行为，是指社会秩序允许的一种自由行为，只有明显侵害社会秩序的行为属于逾越社会相当性的行为，被评价为一种社会危害行为。如上所述，一方面，从逻辑层面，主观型被害人过错，其影响量刑的核心在于被害人过错行为对行为人反击意图的引起符合客观规律，而此处的"客观规律"是否客观存在无法通过对世界上的每一个人进行测试而得到验证，其本质上是通过大样本汇总而获得的一种经验。既然这种经验的获得是通过大样本的汇总，那么，对这种"客观规律"的判断亦可以大样本为代表，即一般人的标准进行判断。另一方面，从应然层面，如果被害人过错行为对行为人反击冲动的引起符合一般人的观念，或者处于行为人情形中的一般人在当时的情形下也会选择实施类似的行为，那么行为人反击冲动的产生本身在刑罚上就是应当考量的，这是刑罚评价要素所包括的内容。

在此基础上，对被害人过错程度的说理中应当说明该行为达到足以在一般情况下合规律地引起行为人的反击意图的程度。其中，是否符合客观规律或者"足以"的判断主要看是否在大多数情况下或者对于一般人来说，被害人的行为足以引起反击意图，是否足以让有理智者实施与被告人相同的行为。实际上是通过长期社会伦理秩序沉淀所形成的一般人的道德观和价值观来对被害人的行为给予评价以确定被害人有无过错。[2] 在判断中有以下几个要点：其一，判断时应以一般社会民众的认知为基础，事发后站在案发当时的情景角度，判断该过错是否足以引发一般人处于情绪失控或不可期待其继续保持理性继而实施犯罪行为。[3] 其二，判断的核心是诉争被害人过错行为对行为人的刺激和影响，而不是被害人过错行为的类型和程

---

〔1〕 参见李海东：《刑法原理入门（犯罪论基础）》，法律出版社1998年版，第39页。

〔2〕 参见潘庸鲁：《被害人过错认定问题研究》，载《法学论坛》2011年第5期。

〔3〕 参见初红漫：《故意杀人案件死刑限制之被害人过错情节的提取与界定》，载《重庆大学学报（社会科学版）》2018年第5期。

度。二者虽对行为人刺激的程度存在较大影响,但只是其中一个判断因素。其三,判断标准为"一般人"的认知。"一般人"既不指社会整体,也不指当事人个体,而是当事人所处的社会阶层。因为"具有相似特征的人有着基本一致的想法,他们对某些社会事件的评价具有相似性;他们对某种社会政策执行结果的感知具有相似性;他们对某一社会演化结果的欲求也具有相似性"。[1] 其四,要将被害人和行为人的特殊性,及二者之间关系的特殊性考虑在内。在判断时不能单纯从被害人行为类型和程度来判断,行为人、被害人相关的特殊影响因素同样应纳入其中。如地域、民族等风俗、传统、习惯;再如,父母、祖父母等对晚辈不当行为的数落、责备甚至是一般的体罚,一般不认为是不害人过错。其五,判断时考虑被害人和行为人行为程度的相对性,选择严重刑事犯罪行为本身可以说明行为人的犯罪倾向,因而行为人和被害人行为之间程度差距越大的,被害人行为成立被害人过错的可能性应当越小,相应地,因被害人过错情节对行为人量刑从宽的幅度越小。其六,被害人的行为是否构成犯罪并不直接影响被害人过错对被告人责任的从宽幅度,过错行为对行为人的影响程度始终是判断的核心。被害人过错程度和对行为人的影响程度的认定是两个独立的评价过程,不能相互替代。

(3)被害人和行为人主观问题

其一,被害人实施过错行为的主观心态是否限于故意。部分样本文书说理中认为被害人过错要求被害人故意实施不当行为,表述如"并未实施故意激化行为人的不当行为""被害人没有恶意引发矛盾""被害人的行为属于过失行为,不是刑法意义上的过错"等,进而未认定为被害人过错。样本中,经检验被害人对其不当行为是否故意与被害人过错的认定间无显著关联($p=0.386$)。被害人主观呈故意的占比98.7%,过失占比0.5%,无过错的占比0.5%,主观未知的占比0.3%。其中,被害人对诉争行为主观为过失的

---

[1] 参见郑成良、杨力、宾凯、李学尧:《司法推理与法官思维》,法律出版社2010年版,第139页。

认定比例为11.8%。理论上,认为被害人过错限于故意的观点可能来自对"过错"的字面理解,或是认为足以影响量刑的被害人过错是对被害人的一种负面评价,所以要求被害人的主观需为故意。但被害人过错的认定不是对被害人的一种负面评价,量刑本质上是对行为人实施犯罪的客观行为和主观心态的评价,所以被害人过错认定的核心是被害人行为对行为人的影响,既包括对客观行为的影响,也包括对主观心态的影响。因此,虽然被害人对其行为的故意与过失的主观心态不同,但如果被害人的过失行为与行为人反击冲动的引起之间存在客观规律的,同样应当通过认定为被害人过错情节影响行为人的刑事责任,而不应以被害人主观上的故意或过失来进行划分。在此基础上,笔者不同意对于行为人因发现配偶出轨而杀害配偶情人的案件中,根据被害人(配偶的情人)是否明知行为人配偶已婚、是否明知自己的行为侵害他人夫妻关系而在被害人过错的认定中区别对待的观点。[1] 从行为人中心的量刑视角出发,被害人是否明知并不影响其行为对行为人的短时刺激,亦不影响其行为的客观不当性,故对于行为人杀害配偶情人的,被害人是否明知其行为侵害他人夫妻关系并不影响相应案件中被害人过错情节的认定,但可以在从宽幅度中进行考量。可见被害人过错的核心不是对被害人行为不当性的"归责",而是从被害人行为对行为人影响的角度将行为人因受被害人不当行为影响而产生的反击冲动与其自身实施不法行为的主观恶性区别开来,进而对行为人进行"减责"。

其二,行为人实施行为的主观是否限于故意。部分样本文书说理中认为仅在故意犯罪中存在认定被害人过错的空间。[2] 样本中过失犯罪共20件,占其中的1.94%,其中过失致人死亡罪19件,过失致人重伤罪1件。过

---

〔1〕 该观点参见张金玉:《暴力犯罪案件中被害人过错的认定》,载《中国刑事法杂志》2014年第4期。

〔2〕 参见广西壮族自治区上林县人民法院刑事判决书,(2016)桂0125刑初92号,"被害人过错必须是被害人出于故意,实施侵犯了被告人的行为,而本案是过失犯罪,不可归咎于被害人的其他行为,不能认定被害人有过错"。

失致人死亡罪中5件认定为被害人过错,约占其中的25%,与样本整体中认定被害人过错的比例38.9%相比略低。行为人故意犯罪的,被害人不当行为足以影响其实施犯罪行为意图的,应当在量刑上考虑,但如果行为人对于犯罪行为的实施本身就是过失的,被害人行为对其主观的影响是否仍影响量刑?对此,笔者认为,在过失致人死亡罪和过失致人重伤罪中,行为人对于行为的实施是故意的,是基于自身对行为的控制而实施的,而对行为造成被害人的损害结果是过失的,即行为人在实施行为时因疏忽大意未能预见行为的后果或轻信可以避免损害结果的发生。与故意伤害或故意杀人相比,相同的是过失致人重伤或死亡罪中行为人所实施的行为客观上造成了被害人重伤或死亡的结果;不同的是,过失犯罪中行为人的行为程度较轻,一般情况下不会造成损害结果,但因行为人疏忽的或者轻信可以避免的特殊因素而造成了损害结果。过失犯罪行为的客观侵害性程度一般较弱,但性质和表现上与故意犯罪相同,都是针对被害人的人身伤害行为,被害人过错行为对行为人的影响与故意犯罪相比,并不应因其主观意图而产生本质区分。因而如果被害人的不当行为对行为人过失犯罪行为的引起确实符合客观规律的,亦应当在量刑中考虑。但如果引起的行为人反击的行为不是针对被害人的伤害行为,仅因其他因素作用下共同导致损害结果发生的,一般不影响行为人的刑事责任。即主观型被害人过错作为量刑情节的理论基础在于被害人行为对行为人实施犯罪行为的意图(包括目的和是否实施)的引起符合一般人的认知,或者说意志产生中的客观规律。

其三,行为人特殊主观情况是否需要考虑其中。有观点认为,判断行为人因被害人的言语挑衅而实施不法行为是否合理时,需要考虑两个因素:一是是否存在特殊原因致使挑衅对于行为人的影响严重程度明显重于普通人,如行为人特殊的信仰或疾病等;二是行为人的控制能力是否显著低于普通人,如年龄或者精神障碍等。[1] 笔者同意该观点,该观点实际上是在讨论行为人长期思维结构在被害人过错认定中的影响。既然被害人过错影响量刑的理论基础立足于对行为人面对被害人不当行为而实施不法行为的谅解之上,同样的行为对不同人的影响可能不同,而这是被害人过错评价的核心内容,故影响行为人思维和反应的特殊因素应当在被害人过错的认定中予以考虑;而对于年龄和精神障碍,本身即作为法定量刑情节,在认定被害人过错时可以适当考量,但要关注重复评价问题。

2. 行为关联性

(1)事实关联

主观型被害人过错行为对行为人的影响可能发生在3个阶段:一是起因阶段,在多数情况下,行为人与被害人存在争执或者基础矛盾,进一步演变而发展成打斗、人身伤害等行为,在此阶段被害人可能存在过错。二是质变阶段,在存在争执或基础纠纷的情况下,将双方从言语争执变为使用暴力的往往是由于其中一方的"先动手"行为,一般情况下先动手一方对损害结果的发生负有一定过错,是判断被害人过错的一个重要节点。当然,一方在基础矛盾上存在较大过错足以引发另一方使用暴力,或者双方存在斗殴故意的,先动手一方的行为不应单独认定为过错。三是量变阶段,即在打斗过程中,某一方暴力升级,致使另一方使用更严重的暴力,从而促成损害结果发生的情况。经检验,样本中前两个阶段的过错对被害人过错的认定影响显著,而暴力升级方的影响不显著。笔者认为,理论上,一方暴力升级很有可能会导致另一方使用更严重的暴力,直接导致双方打斗升级,此种行为的性质类似先动手行为,与另一方使用严重暴力存在一定的引起与被引起的客观规律,故应当作为考察被害人过错的一个因素。但样本中对被害人过错认定结果影响不显著可能是因为很多情况下在打斗中暴力升级并无明显的

---

[1] 参见张金玉:《暴力犯罪案件中被害人过错的认定》,载《中国刑事法杂志》2014年第4期。

节点,打击部位或打击力度的改变很难从客观上辨识出来,除打斗双方外其他人很难察觉暴力程度的变化,故暴力升级的节点和过错方在有效识别和诉讼举证上存在困难。但对于可以从客观有效识别出来的暴力升级,如在打斗过程中一方拿酒瓶砸、掐脖子、使用利刃等行为,应当作为被害人过错的考察因素。对于互动关系中的事实关联应当在说理中进行表述。

对于因其他因素介入因果关系进程、行为人行为与损害结果间可能存在偶然因果关系的,〔1〕需进一步判断该介入因素是否可以阻却行为人行为与损害结果间的因果关系,可以阻却的属于意外事件,未能阻却的需进一步评估行为人的主观心态。对于第三人的行为引发行为人反击致使被害人受伤的情况,基于上述主观型被害人过错作为量刑情节的理论基础在于行为人反击意图的引发,如果他人过错行为引发行为人反击,符合被害人过错认定基础条件的,行为人的反击行为误伤被害人的,仍可以减轻行为人的责任,当然这并不属于被害人过错的范围。但如果行为人可以预见到反击行为会伤害被害人仍实施的,一般不能因此减轻行为人的责任,因为第三人的过错行为引起行为人针对被害人实施的反击行为意图并不符合一般人的认知。如被害人因邻里纠纷殴打行为人的妻子,行为人基于气愤将被害人打伤的,从一般的社会观念出发,殴打妻子的行为足以引发一般人的反击意图,因而可以认定存在被害人过错。〔2〕 同时,参考正当防卫及紧急避险,可以防卫或避险的前提不仅包括自身的法益遭受侵害,而且包括行为人之外的他人的法益遭受侵害,因而被害人过错行为指向的对象不应限于行为人。

(2)时间关联

经检验,行为人反击行为是即时反击还是蓄意反击对被害人过错的认定影响显著且影响力较大,行为人的反击目的对是否认定被害人过错存在显著影响。行为人即时反击或蓄意反击对应的被害人行为的过错类型和程

---

〔1〕 参见上海市第二中级人民法院刑事判决书事实认定部分,(2016)沪02刑初86号。

〔2〕 参见李洁晖:《被害人过错对定罪量刑的影响》,载《法律适用》2016年第5期。

度可能不同,引发即时反击的多为侮辱、暴力等不当行为,而引发蓄意反击多为欠钱不还、婚外情等相对长期的行为。行为人的反击冲动会随着时间逐渐减轻,反击行为与被害人不当行为之间的时间间隔越长,被害人行为对行为人反击意图的影响就越小,但是减小后的影响仍然足以引起行为人的反击冲动的,仍符合被害人过错情节的认定条件。所以在蓄意反击中,相较即时反击的情况,被害人行为对行为人的影响要达到更高标准,足以在时间间隔增大、冲动减少的情况下仍对行为人的反击意图具有一定的影响。对于双方打斗停止后再动手的行为,一般认为,打斗的双方各有过错,停手后再动手的一般不属于被害人过错,但如果被害人在打斗前存在严重不当行为,打斗后再动手的,也可能符合被害人过错的认定条件。

需要说明的是,有观点认为,仅即时反击中存在被害人过错认定的空间,[1]蓄意的反击中已经不是一种“冲动”,经过一段时间的思考后行为人的犯罪意图与被害人不当行为刺激间的关系已经被切断,故在此情况下考虑被害人过错的认定实际上是对“以牙还牙”的传统暴力复仇观的支持。笔者不同意此种观点,反击的冲动不仅指没有足够时间思考、考虑不完全的一种非理性状态,而是指行为人想要反击被害人的一种自身难以控制、产生于客观规律的感觉。这种主观意图产生的过程,与一般情况下犯罪意图的产生相比,恶性较小,应当在量刑中予以考虑。因此,蓄意反击中,虽然时间间隔带来了理性思考的空间,同时削弱了行为人的反击倾向,但是并不能完全切断被害人行为对行为人反击冲动的影响。这种量刑评价并不是鼓励私力复仇,行为人需要为实施的行为负刑事责任,只是在责任承担中排除掉不应归责于行为人的、被害人行为和主观意图产生规律对于行为人的影响。

(3)必要性关联

部分样本文书说理中认为认定为被害人过错的,行为人的反击行为需

---

〔1〕 参见王新清、袁小刚:《论刑事案件中的被害人过错》,载《中国刑事法杂志》2008 年第 3 期。

要具有“必要性”,即可以有效避免被害人的进一步侵害或行为人已经无其他可选择的方法在不得已的情况下进行反击。[1] 这种对反击行为必要性的要求,实际上是对被害人过错影响量刑理论基础的误解。如上所述,被害人过错评价的是被害人对行为人的影响,而不是立足行为人行为的正当性。要求行为人是为了避免进一步侵害或无其他选择而反击的,过于强调反击行为的正当性,对正当性的要求过高,一般属于防卫行为认定中考量的因素。

3. 相对性问题:“足以”的判断

被害人过错的认定需达到足以在一般情况下合规律地引起行为人的反击意图的程度,对“足以”的判断不仅需考量行为人和被害人之间过错的相对性,也需考量两者间关系的相对性。

(1)过错相对性(短期相对性)——评价标尺

对被害人过错的评价不仅是性质认定,也是程度评估。在犯罪互动过程中,被害人和行为人之间的关系是动态的,从损害结果发生后的时间节点反观整个互动过程,双方的过错是相对的,在被害人过错认定中既要考量被害人一方的“绝对”过错,也要考量其在犯罪互动过程中相较行为人行为的“相对”过错,这两方面都影响过错程度的评价,需在说理中进行说明。

在绝对过错评价上,是否“足以”应以一般人的标准进行评判,即是否超过了日常生活中一般人可以包容理解的范围,如单纯的争执、不谨慎等行为,程度上不符合认定被害人过错、从宽处罚的程度要求。一般而言,人身伤害、侵夺财产、欠钱不还、打斗、非法入户等行为具有一定的法益侵害性;其他如动作挑衅、招惹、言语辱骂、道德或观念上不正确的行为等虽无上述行为的危害性,但对行为人的影响一般较大,均可认定行为超过了一般人的忍受程度。

---

〔1〕 参见广东省珠海市香洲区人民法院刑事判决书说理部分,(2015)珠香法刑初字第2933号。

相对过错的评价上,被告人行为程度明显超过被害人行为程度的,[1]不能认定被害人过错情节。以此为基础,笔者认为,如果行为人在反击前也对被害人实施了程度相近的过错行为的,二者间程度相近的行为可以相互抵销。如行为人与被害人相互辱骂,行为人之后因被害人辱骂而实施殴打,一般不应减轻其量刑,因为其辱骂对方的行为已经抵销了被害人的辱骂行为,不应再因此而减轻其责任。再如,被害人先动手是因为行为人过错的情况,[2]要评估行为人在先过错和被害人动手的过错程度之间的关系,以此为基础评价被害人行为的过错程度。样本文书说理中亦认可过错程度相对性的要求,[3]以争执打斗过程为例,在双方都未能理性处理的情形下,要考察整个互动过程,比较行为人和被害人的行为,评价被害人在应对行为人行为时是否存在不当行为,及该不当行为对行为人的影响。面对纠纷,被害人与行为人发生口角,行为人殴打被害人的,被害人的口角行为不属于不当行为;如果被害人在口角中辱骂行为人,或者先动手殴打行为人,或在行为人使用轻微暴力手段时被害人实施程度明显严重的暴力升级等行为,致使行为人反击的,都可以认定为被害人过错情节。

(2)关系相对性(长期相对性)——调解砝码

部分样本文书的说理中将行为人与被害人之间的关系作为被害人过错的认定要素,主要划分为以下3种类型:其一,二者身份关系,在犯罪互动中,自然人情绪和意志受到多种因素影响,因素间的影响作用可能是相互叠加的,双方的基础身份关系会影响行为的作用,即表现相同的行为在不同的主体之间意义是不同的,行为对象对其反应也可能是不同的。不仅包括形式上的关系,如父子、亲属等,也包括实质上的监护、照顾、长时间相处等关系。

---

[1] 参见姜伟:《被害人过错行为在量刑中的定量分析》,载《犯罪研究》2009年第6期。

[2] 参见福建省诏安县人民法院刑事判决书中事实认定部分,(2017)闽0624刑初113号。

[3] 参见甘肃省金昌市金川区人民法院刑事判决书,(2017)甘0302刑初266号;广东省珠海市香洲区人民法院刑事判决书,(2017)粤0402刑初127号。

样本文书说理中对于特殊身份关系在认定被害人过错情节中是有所考虑的,如针对发生在家庭内部晚辈和长辈之间的纠纷,表述为“被害人有违尊敬长辈的家庭道德,对被告人使用暴力,进而引发本案,辩护人称被害人在案发起因上存在过错的意见成立,予以采纳”。[1] 其二,二者职业关系。部分样本文书说理中在被害人过错的认定时考量了双方的职业因素,如(2016)粤0404刑初306号刑事判决书说理部分,认定被告人作为小区保安,系所在小区安宁秩序的维护者,拥有高于普通人的容忍期待,有责任采用冷静克制的态度处置有损秩序的行为,必要时应当联系公安机关介入处理,而非采用暴力手段直接殴打强行闯入小区的被害人,因而未认定被害人过错。可见,不同职业的要求所带来的职业义务造成了对被害人行为期待可能性的差异,在对被害人过错行为的不当性及对行为人影响的判断中应当考量被害人和行为人的职业因素。其三,二者间长期关系。一般来说,在亲密程度超过一般人的关系中,对对方的不当行为应有更大的包容度,如父母打骂孩子和陌生人的打骂行为不同,亲密关系可以削弱被害人行为对行为人反击意图的引起。对于被家暴一方反击家暴一方致其伤亡的案件,如果犯罪发生前二者间存在长期暴力关系,即便在犯罪时被害人对行为人实施轻微暴力或者尚未实施暴力的,因过去行为人在长时间暴力行为中累积的恐惧,行为人难以评估本次行为的伤害程度,而选择实施犯罪行为进行反击的,应当考虑二者间长期暴力关系的影响。在实践中部分判决亦将二者之间长期的暴力关系作为被害人过错认定的考量因素。[2]

综上,在刑法研究和司法实践中,习惯性地将被害人视为一个标准化角色,带着无辜、不幸、同情等一系列标签,而忽视其有血有肉的存在。还原到生活中,被害人往往以更鲜活的面孔、更主动的姿态,影响、改变甚至推动犯

---

〔1〕 参见内蒙古自治区通辽市中级人民法院刑事判决书,(2017)内05刑初30号。

〔2〕 参见湖北省当阳市人民法院刑事判决书,(2017)鄂0582刑初58号;甘肃省庆阳市中级人民法院(原甘肃省庆阳地区中级人民法院)刑事判决书,(2017)甘10刑初15号。

罪的发生。在定罪量刑中重新定位"被害人",不仅是基于量刑规范化改革对实质正义的追求,也是司法实践、学术研究对被害人"刻板印象"去标签化的人性还原,对这一角色的关注是我们对犯罪究竟是罪行还是罪人、定罪是针对行为还是行为人、量刑是侧重惩罚还是预防等一系列问题研究和思考的逻辑起点。规范说理要素、明确说理要点是规范被害人过错说理的起点,如何在说理中清晰、简练地释明法律,同时兼顾司法温度、落实司法为民理念,为公众了解、监督、评价司法提供有效途径,从而提升司法公信是说理规范研究需要关注的问题。

代跋：裁判文书样式结构调整三问

作为国家公文的刑事裁判文书，往往由首部、事实、理由、判决结果和尾部5个部分组成。刑事裁判文书样式对这些部分的不同结构安排，自然会直接影响刑事法官的裁判思维逻辑和刑事裁判文书说理的最终样态。从新中国成立以来，刑事裁判文书样式经历了一个逐步演变的过程。[1] 笔者在执笔起草最高人民法院《指导意见》文件稿的过程中，围绕裁判文书样式及结构对说理的影响进行溯源的“知识考古”，意图借此机会破解较长时间以来困扰脑际的以下3个问题：其一，我国现行裁判文书的主文即结论具体是在新中国成立后什么时段作出的位置调整，使其既不同于革命根据地时期和陕甘宁边区时期的做法（如“黄克功案”的判决书，即陕甘宁边区高等法院刑事判决刑字第二号[2]），也不同于民国时期的做法，还不同于大陆法系主要国家的做法（如德国、日本）。其二，为何要作出这样的调

---

〔1〕 参见李滇：《建国60年刑事判决说理制度的回溯与展望》，载《行政与法》2009年第10期。

〔2〕 参见熊先觉：《司法文书学》（修订版），中国法制出版社2011年版，第23～25页。

整。其三,此种调整是否受苏联的影响。《指导意见》出台至今,笔者一直恪守"不能放弃,继续寻找"的决心,广泛寻求法学前辈、老领导、同事、朋友的帮助,或打电话询问,或发微信交流,或当面请教,虽然至今尚未找到前述问题的满意答案,但令人高兴的是有了一些进展与收获。

就第一个问题而言,目前抱持一个尚待最终确证的结论:中央人民政府司法部1951年制发的《诉讼用纸格式》并未对裁判文书样式结构作出专门调整。很遗憾,笔者通过多种途径寻求帮助,最高人民法院档案室、司法部档案室、国家图书馆、中国人民大学图书馆、北京大学图书馆、中国政法大学图书馆均未发现这一文件;后来经过最高人民法院相关领导批准,正式去函商请中央档案馆查找,2022年10月27日又前往中央档案馆查阅6份相关档案[1]后终于得知了以下讯息:(1)1951年司法部确实制发了《诉讼用纸格式》,这从1955年司法部有关业务部门起草的《关于诉讼用纸格式(草稿)的几点说明——附:〈诉讼用纸格式(草稿)〉》的如下表述可得到证明,"本部在一九五一年三月曾印发了诉讼用纸格式十九种(另有簿册格式十六种),使各地法院的诉讼用纸有了一个初步统一的规定"。另外,1951年5月30日《湖南省人民法院通知》(法审字第七七七号)亦有这样的内容,奉中央人民政府司法部五一年四月四日司一函字第三三九号函:"本部为了便利各级法院审判工作的进行,特草拟诉讼用纸格式二十种、簿册格式十六种,分印成册,随文发送,希你院(部)斟酌实际需要情况,自由参考采用,并希各省人民法院分别转印发交各省所属各级司法机构先行参考试用,在本年年底

[1] 具体包括:(1)1955年《关于诉讼用纸格式(草稿)的几点说明——附:诉讼用纸格式(草稿)》;(2)1955年12月6日《关于征求拟制诉讼用纸格式意见的函》;(3)1956年3月20日《关于重新规定"诉讼用纸格式(样本)"的函——附:诉讼用纸格式(样本)》;(4)1957年2月《关于修改"诉讼用纸格式"的说明》;(5)1957年12月16日《关于修改和印发"诉讼用纸格式"的通知——附:诉讼用纸格式》;(6)1980年7月21日《关于下发诉讼文书样式(试用)的通知——附:诉讼文书样式(试用)》。

前将试用情形及经验汇报本部以便修订，再行正式制发。"[1]（2）1955年《诉讼用纸格式（草稿）》中包括的刑/民事判决（第一式）、刑/民事判决书（第二式）、裁定（第一式）、裁定书（第二式）的样式的结构均为"事实—理由—判决主文"。（3）1956年3月20日司法部印发了《关于重新规定"诉讼用纸格式（样本）"的函——附：诉讼用纸格式（样本）》[（56）司普字第二四一号]。该函重新规定各高级人民法院、中级人民法院适用的诉讼用纸格式31种（刑事判决、裁定，民事判决、裁定的样式为"事实—理由—主文"），基层人民法院适用的诉讼用纸格式25种。该函应该是1955年的前述《几点说明》如下所指的最终成果：由于这些格式（是指1951年3月《诉讼用纸格式》规定的19种）不够完备，各地在工作中又自行拟制了一些格式，因而近几年来诉讼用纸格式不一致的情形又增加了。《人民法院组织法》颁布后，各地法院要求中央制定统一的诉讼用纸格式，为此，我们在过去格式的基础上，参考了各地新的经验及尽可能满足工作需要，草拟了诉讼用纸格式22种，[2]但仍由于诉讼法典尚未制定，目前诉讼用纸格式不可能做到十分完全，我们只希望在道理上说得通，在实用上简便易行。（4）1957年12月16日司法部印发了《关于修改和印发"诉讼用纸格式"的通知——附：诉讼用纸格式》。该通知记叙了如下修改过程：1956年6月28日司法部发电征求各地诉讼用纸格式的意见；根据这些意见对原来的诉讼用纸格式进行修改，于1957年2月发至山东、江苏、

[1] 该通知提到的诉讼用纸格式为20种，具体包括：（1）诉讼卷宗面；（2）诉状；（3）传票；（4）通知；（5）送达证书；（6）拘票；（7）提票；（8）押票；（9）搜索票；（10）验伤单；（11）通缉书；（12）证人结；（13）笔录；（14）调解笔录；（15）通知书（宣告缓刑通知书）；（16）通知书（宣告剥夺政治权利通知书）；（17）刑事处分书；（18）判决执行通知书；（19）证据物品目录；（20）五联收据。而前述《说明（草稿）》提到的则为19种，两者尚存在差别。另外，《说明（草稿）》的如下表述，"不论内容与形式上都稍有变动，除较过去增加了判决、裁定、逮捕证等格式外，较显著的改变，主要是我们把传票、逮捕症、搜查证等格式采取命令式和通知式的形式，改变了过去的表格式，藉以明确法律责任与执行法律的严肃性"，表明1951年3月印发的《诉讼用纸格式》并未对判决、裁定的样式加以规定。此点从该通知也可得到间接的证明。

[2] 1957年2月《关于修改"诉讼用纸格式"的说明》中有如下表述："为了统一全国各级人民法院诉讼用纸格式，在1956年3月间我们印制了诉讼用纸格式29种（样本）发给各级人民法院使用。"

湖南3省的7个中级人民法院、9个基层人民法院试用3个月后再作修改,又于1957年11月邀请北京、河北省的3个中级人民法院、9个基层人民法院讨论修改,最后正式制定用纸格式33种(其中,刑事判决、裁定书,民事判决、裁定书的样式均为"事实—理由—判决主文")。(5)1980年7月21日司法部印发《关于下发诉讼文书样式(试用)的通知——附:诉讼文书样式(试用)》[(80)司发普字第124号]。《诉讼文书样式(试用)》(1980年6月)合计8类64种,另附判决书样式4种,其中,刑事判决书、裁定书及民事判决书、裁定书样式各规定了两种:一为"事实—理由—判决(主文)";二为"主文—事实—理由"。

为了确认上述初步的结论,笔者在获悉苏州市中级人民法院正在编纂1949~2021年典型优秀裁判案例后,邀请该院办公室有关同志帮助复印了1950~1953年的20多份裁判文书。笔者阅读后发现,1950年的裁判文书的主文均在前部,〔1〕而1952年的裁判文书的主文既有在前部的,已有在后部的,〔2〕例如,1951年6月9日昆山县(现昆山市)人民法院刑事判决一九五一年度刑自第84号("顾某梅伤害吴某妹案")的主文"顾某梅伤害他人之身体应予训诫。吴某妹之医药费计二万五千元应由被告顾某梅负担"是置前的;1952年7月昆山县人民法院刑事判决一九五二年度特刑字第24号("被告王某宝反革命等罪案")的主文"依惩治反革命条例第十三条及惩治贪污条例第三条之规定判处徒刑五年,剥夺政治权利五年"是置后的;1952年6月4日昆山县人民法院民事判决一九五二年度民字第九二号("徐某大与王某三离婚案")的

〔1〕从浙江省嘉兴学院李滇同志2022年11月15日回复的微信得知:(1)1951年报纸上刊登的一份上海市人民法院判决书全文的结构为"主文—事实—理由";(2)1951年河北省宣城县(现宣城市)法庭一份刑事判决的正文从右到左为"主文—事实—理由";(3)1952年江苏省大丰县(现盐城市大丰区)人民法院一份判决书的正文为"主文—事实理由"两部分;(4)1953年江苏省溧阳县(现溧阳市)人民法院一份刑事判决书正文只有"案由—判决理由(含结论)"两部分;(5)1954年四川省成都市一份刑事判决书的正文只有"事实—判决结果及理由"两部分;(6)1955年四川省宜宾法院一份判决的主文移到后部,且没有"主文、事实、理由"字样。

〔2〕此时,不同法院的不同做法可能还是沿袭既往习惯使然。这也间接地说明1951年司法部《诉讼用纸格式》并未对裁判文书的样式结构作出统一规定。

主文“准许徐某大与王某三离婚”是置前的。上述档案文献和个案判决书亦可说明熊先觉先生的如下论断并不完全准确：民国时期的民刑判决书格式的正文部分是“主文—事实—理由”的三段论结构形式。这为革命根据地的人民司法工作所采用，新中国成立后也一直沿用到20世纪50年代后期，才演变为“事实—理由—结论（判决结果）”的结构形式。[1] 综上，从1949年新中国成立直至1956年中央司法机关（司法部或者最高人民法院）统一出台有关裁判文书样式的规范性文件或者指导意见[2]的较长时间内，各地法院在审判实践中存在不同做法。

就第二个问题而言，就笔者的阅读所限，熊先觉先生[3]作的如下论述是最丰富和最有权威性的：用“主文”一词不通俗，便改为“结论”，实际上连“结论”一词也不用，而直书“根据上述事实和理由，判决如下”。并认为“主文”置前不合乎“逻辑”……[4]另外，1949年12月《北京市人民法院审判工作总结》第二部分乙二“关于文风（判决书之制作）”有这样的论述，“现在我们用的格式，还是旧日的一套，这是三段论法的倒转（结论，小前提，大前提）。主文即结论，事实是小前提，政策法令是大前提。究竟是好是坏，应深入研究讨论。但如果不会用这格式，也可以不用，只要写得清楚明白就可以”。[5]

---

〔1〕 参见熊先觉：《司法文书研究》，人民法院出版社2003年版，第20页。

〔2〕 从浙江省嘉兴学院李滇同志2022年11月15日回复的微信得知，1956年10月17日最高人民法院发布的《各级人民法院刑事案件审判程序总结》第四部分“裁判”中提出，“在被告人有罪的判决书中应当说明事实、理由、判决3项内容。事实部分应当写明具体的犯罪事实，包括犯罪的时间、地点、手段、动机、结果等。理由部分应当说明认定事实的证据和适用政策、法律、法令的根据或者应受刑罚或者免于刑事处分的理由。判决部分应当写明被告人所犯罪名，判处的刑罚或者免于刑事处分……在具体写法上，有罪的判决书中的事实与理由两部分可以合并写，也可以分开写……关于第一审人民法院所用的裁定书的格式、写法和署名，与判决书基本相同，内容一般比较简单”。参见最高人民法院办公厅编：《最高人民法院重要司法文献选编》，人民法院出版社2010年版，第11～12页。

〔3〕 熊先觉，于1950年2月被调任中央人民政府司法部部长史良业务秘书。

〔4〕 参见熊先觉：《司法文书研究》，人民法院出版社2003年版，第21页；熊先觉：《司法文书学》（修订版），中国法制出版社2011年版，第29页。

〔5〕 从浙江省嘉兴学院李滇同志2022年11月15日回复的微信得知，该总结收录在《新中国法制史料通鉴》（第10卷），中国政法大学出版社2003年版，第11946页。显然，该总结仍只停留在“应深入研究讨论”层面，尚未进行理论层面的分析。

在笔者看来,熊先觉先生对此处“逻辑”所指仅作了实践(心理学)层面的进一步阐述,即“主文”置前更契合旁听当庭宣判者和当事人的心情(“旁听者急切想听到的是‘主文’,当事人首先关注的也是‘主文’”[1]),可以称为“实践逻辑”,但尚未从“理论逻辑”即从规范(法律科学)层面进一步展开。基于赫尔曼·康特洛维茨的如下系列论述,“假如法律科学是一门经验科学,则其主要方法将是通过原因与结果(cause and effect)作出说明(explanation);假如它是一门理性的规范科学,则其主要范畴将是通过理由与后果(reason and consequence)进行证立(justification)”“证立明确体现在判决书的论证说理之中”“可控的不是法官的思维过程,而是他对判决的外在证立”“受约束的不是法官是如何想的,而是他在判决书中如何说”,[2]可以说,裁判文书“主文”置后反映的是法官实际思考得出判决结论的思维过程,而“主文”置前反映的是法官对判决结论之所以成立的事实理由和规范理由两个层面的推理论证过程。[3]

就第三个问题而言,基于曾电话询问最高人民法院研究室原副主任张泗汉(1933 年生人)获得的如下讯息,“在上世纪 80 年代,最高人民法院研究室讨论这方面的工作时,询问过熊先觉教授新中国初期调整裁判文书样式是否受苏联的影响,答案是没有受其影响”,与其有关论著不一致(或许记忆有误),新中国成立初期,在批判地继承中国司法文书格式的优良传统的基础上,主要根据新中国法制建设实际,适当参照苏联的某些经验,创制了有自己特色的司法文书格式。早在 1951 年,中央人民政府司法部就制定了《诉讼用纸格式》,1956 年又制定了《公正文书格式》,[4]笔者心存疑惑,继续

[1] 参见熊先觉:《司法文书研究》,人民法院出版社 2003 年版,第 22 页。

[2] 参见[德]赫尔曼·康特洛维茨:《为法律科学而斗争:法理论文选》,雷磊、姚远译,商务印书馆 2022 年版,第 27、271 页。

[3] 参见袁力、邵新:《德国民事裁判文书结构与说理的关联分析》,载《法律适用》2017 年第 1 期。

[4] 参见张泗汉:《司法文书的历史沿革》,载周道鸾主编:《新编司法文书教程》,法律出版社 1999 年版;《张泗汉文集》,人民法院出版社 2012 年版,第 552 页。

寻找答案。幸运的是，笔者在中央档案馆查到两则讯息：第一，1955 年《诉讼用纸格式（草稿）说明》中有这样的表述："判决书格式，我们草拟了两种，第一式的判决书首部主要依照各地常用的格式中加上了法庭组成人员及写明了审理案件的时间等……第二式主要是根据苏联和人民民主国家的判决格式草拟的，这与现在通行的判决格式的不同处，主要表现在：(1)判决书是以国家的名义宣布的；(2)在判决书首部部分增加了法院名称，法庭组成人员，审判的时间地点，以及出庭的当事人姓名等。"第二，1955 年 12 月 6 日《关于征求拟制诉讼用纸格式意见的函》[(55)司普字第二六七三号]中有这么一段话："判决和裁定采用了苏联的格式。六月间我们所拟诉讼用纸格式，曾经送苏联专家提意见。巴萨温〔1〕同志精心用意地拟制了几个判决和裁定的格式，作我们的参考。"〔2〕与此同时，笔者又拜托同门庞冬梅教授（现就职于河南大学法学院）及上海政法学院龙怡教授了解苏联及俄罗斯这方面的相关情况，得知现在的俄罗斯及苏联的裁判文书的主文是置于后部的。〔3〕

〔1〕 从浙江省嘉兴学院李滇同志 2022 年 11 月 15 日回复的微信得知，苏联法学专家供职政法委员会 3 人（苏达里柯夫、贝可夫、鲁涅夫），全国人大常委会法案委员会 1 人（叶甫盖涅夫），司法部 4 人（巴萨文、科尔金、柯勒马柯夫、柯瓦连科，供职时间分别为 1955 年 7 月至 1957 年 6 月，1954 年 11 月至 1957 年 5 月，1957 年 10 月至 1959 年 9 月，1954 年至 1957 年）。

〔2〕 该函还包含如下一条有关裁判文书排版调整的重要信息："我们拟制诉讼用纸格式，有两点主要变更：一、诉讼用纸格式一律改为横写。理由是：(1)文字改革会议建议国家机关采用横行横写，我们估计这个前途有其必然性。(2)公安部门早已实行横排横写。目前法院收到公安部门函件装订卷宗已感很大不便，我们应取得一律。(3)我们征求过几个县、区法院意见，他们都说横写没有困难，开始可能别扭些，熟惯就好了，而且有很多干部已习惯于横写。(4)浙江等省高级法院曾向本部要求把搜索用纸格式改为横写。因此把诉讼用纸改为横写，不是困难很多，而是有各方面的群众基础。"

〔3〕 2022 年 11 月 14 日上海政法学院龙怡教授微信回复：据其俄罗斯籍学生唐佳怡（Davydova Valeriia）提供的信息可知，俄罗斯革命前的时期（直至 1917 年）、苏联时期（1918～1991 年）、现代俄罗斯时期（1991 年至今）的刑事裁判文书的裁判结论均放在后面，例如，1912 年 4 月 3 日萨拉托夫地方法院作出的一份入室盗窃案件判决书，1918 年 6 月 21 日最高法庭作出的海军上将沙斯特尼（Shchastny）准备反革命政变案件判决书，2016 年 9 月 8 日莫斯科市巴斯曼区法院作出的一份欺诈案件判决书。另外，2022 年 11 月 11 日，留学德国的徐澍博士微信回复：(1)1834 年巴伐利亚州的一个判决的主文在后，德国统一后，判决的主文均在前；(2)法国的判决主文在后；(3)我国香港特别行政区、澳门特别行政区的判决主文在后。

后　记

裁判文书说理较长时期以来，一直是一个被实务界和理论界关注和热议的话题，尤其是在近些年中央决定将法律文书释法说理纳入司法体制改革范畴以及最高人民法院强力推行裁判文书上网的背景下，法官为什么不愿意说理、裁判文书为何要说理、裁判文书如何说好理、裁判文书改革有无成效、裁判文书说理性有无实质性进步以及有多大程度的进步、法官说理的内外动力在哪里、裁判文书说理与司法公正及司法公信力有何关系、裁判文书说理与“两个效果”存在何种关联、裁判文书说理如何达至国法天理人情的有机融合与统一等，再次引发社会各界的思考。因本职工作需要，我始终秉持理论与实践相结合的立场，密切关注各级法院裁判文书说理改革的创新举措和学术界有关裁判文书说理的研究成果，并作些相关的理论思考。尤其是本人接手执笔起草最高人民法院《关于裁判文书释法说理指导意见(稿)》这一作为《人民法院第四个五年改革纲要》重要改革内容的任务之后，更是“被动地”对裁判文书说理系列相关问题，包括裁判文书说理的多维界定、裁判文书的结构安排与裁判说理的关系、裁判理由与裁判依据的关系、裁判文书说理论据的类型化及运用、裁判文书说理与法律论证及法律解释方法的关系、裁判文书少数意见的公开、裁判文书说理制度体系的构建、刑事裁判文书说理与犯罪论体系的关系、裁判文书说理与案例指导制度的良性互动等,进行了较系统深入的研究。该指导意见(稿)经过多次专家论证座谈会讨论修改完善,最终由最高人民法院审判委员会审议通过,并于2018年6月1日发布。《指导意见》得到了实务界和理论界的普遍点赞和高度认可,大家一致认为它将对法律话语空间的改善、裁判文书说理质量的提高、司法公信力的提升等产生长久、基础且积极的意义。

为了更好地助推这一重要司法改革举措落地,我应部分地方法院的邀请,分专题对《指导意见》的主要内容进行了10余次的讲授。后应出版社好友之约,我在不断修改完善讲义的基础上,又汇集整理了既有的部分研究成果,分成"理论言说"与"文本诠释"上下两编,编辑成了《无理不成"书":裁判文书说理23讲》(中国检察出版社2020年版)。此书受到了读者的认可和欢迎,不到4个月第一版就已全部销售。

继《指导意见》下发后,最高人民法院不仅于2021年1月19日又发布了《关于深入推进社会主义核心价值观融入裁判文书释法说理的指导意见》,而且继续举办"百篇优秀裁判文书""百场优秀庭审"活动等。这些文件的出台和评选活动的常态化,进一步展示了最高人民法院对裁判文书说理的高度重视和坚定立场。基于我目前从事的审判管理工作直接或者间接地与裁判文书说理相关联,近些年来仍秉持既有的研究路径与思路先后对民事证据裁判说理、间接证据裁判说理、刑事裁判事实说理、量刑说理、被害人过错情节适用说理、裁判文书运用指导性案例说理等进行专题研究。正如某同仁所言,就法学研究而言,裁判文书说理既是充足的"富矿",又是较好的"切入口",无疑是值得深耕细耘的"宝地"。随着这些具有一定深度的专题研究成果的增多,有一日突然心中产生了出版一部有关裁判文书说理方面的更纯粹的理论著作的想法。因缘际会,这一想法得到了法律出版社法治与经济分社分社长沈小英编审的支持与认同后，我立即趁热打铁，除将部分“休眠”于电脑文件夹中未完成论文整理完成外，开始构思这本书的整体框架与结构安排。经过多次打磨，最终形成了如今的《裁判文书说理原论》。

《裁判文书说理原论》共包括20章，分为“概念论”“本体论”“方法论”“制度论”“具象论”。“概念论”从文件与学理两个维度对“裁判文书说理”这一范畴与相关范畴包括“裁判说理”“裁判论证”“裁判推理”等进行深入的辨析；“本体论”结合《指导意见》的相关规定，重点就裁判文书结构与说理的关联、裁判依据与裁判理由的辨析、审查判断证据说理、民事证据裁判说理、间接证据裁判说理、刑事裁判文书的事实认定说理、运用道德话语说理、援引文件说理、运用立法资料说理、援引法律学说说理、援引指导性案例说理等进行深入研究，除从理论层面阐释原理外，同时更加注重从实践操作层面构建具体的说理规则。例如，在“刑事裁判文书的事实认定说理”中，构建“三环九步法”的说理步骤，即“庭审证据争议解决环节的事实说理”环节包括“第一步：客观记载证据申请”“第二步：明确评价证据申请”“第三步：全面记载庭审证据”；“定案根据争议解决环节的事实说理”环节包括“第四步：客观记载质证意见”“第五步：双向评价质证意见”“第六步：记载排列定案根据”；“判决事实争议解决环节的事实说理”环节包括“第七步：客观记载事实主张”“第八步：详尽评价事实主张”“第九步：精确表述判决事实”。“方法论”之一主要论述犯罪论即“三阶层犯罪论体系”与“四要件犯罪论体系”对刑事裁判文书说理的思维影响与模式制约，“方法论”之二主要对“作为法律解释方法的类推解释”“作为法律推理的类比推理”“作为法律适用的类推制度”进行论述，进而提出“类推”在刑事裁判文书说理中的可能空间与运用情境。“制度论”既有宏观层面的裁判文书说理制度体系重塑，亦有中观层面的裁判文书说理责任制度的构建，还有微观层面裁判文书少数意见公开制度的设想。“具象论”意味着对裁判文书说理的某一具体方面的论题进行切片式研究，力图达至“片面的深刻”，例如，不作为犯罪的裁判说理、罪状空白条款适用的说理、裁判适用经验法则的说理、民事裁判适用基本原则的说理、抗诉案件的说理、再审改判案件的说理、热点舆情案件的说理等，目前仅就量刑说理、刑法总则“但书”适用的说理、被害人过错情节适用的说理进行了研究。

此书得以出版，我要感谢赵朝琴教授、袁力博士、程能博士、周维平法官、姜源法官、刘贝法官、江洛伊法官助理、潘自强法官助理、杨惠惠法官助理、王坤法官助理的良好合作并允许将合作论文纳入该书！感谢最高人民法院原副部级专委，二级大法官胡云腾先生，四川大学法学院资深教授龙宗智先生为本书拨冗赐序并给予出乎我意料的肯定与表扬！感谢法律出版社法治与经济分社分社长沈小英编审、陈妮副编审和毛镜澄编辑的大力支持与辛苦工作！感谢家人长期以来对我工作、学术、生活的理解、宽容、关心与帮助！

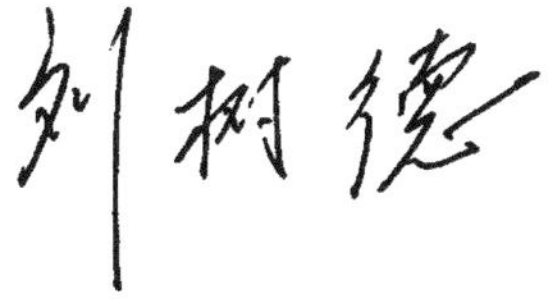

2022 年 3 月 18 日初记于一区东 214

2022 年 12 月 18 日补记于鲁园 · 上河村